ÉTICA del ANÁLISIS APLICADO de CONDUCTA

lecturas seleccionadas

JAVIER VIRUÉS ORTEGA BCBA-D
SARAH MEAD JASPERSE BCBA-D
MIGUEL ÁVILA BCBA
Editores

ABA España
Publicaciones

Traducción: Isaac Jiménez, Javier Virués Ortega
Maquetación: Bogdan Matei, Javier Virués Ortega
Diseño de cubierta: Javier Virués Ortega
Edición y ensayo introductorio: Javier Virués Ortega, Sarah Mead Jasperse, Miguel Ávila

Crédito fotográfico de portada: *Shutterstock*, asset ID 465550217

Citar esta obra

Virués Ortega, J., Mead Jasperse, S., & Ávila, M. (Eds.) (2025). *Ética del Análisis Aplicado de Conducta: Lecturas Seleccionadas*. ABA España. https://doi.org/10.26741/978-84-09-72618-9

ABA España es una organización dedicada a la difusión, enseñanza e investigación del análisis aplicado de conducta en el mundo de habla hispana con iniciativas educativas, editoriales, tecnológicas y científicas, visítanos en aba-elearning.com

ABA España
Publicaciones

ISBN-13 978-84-09-72618-9 (Edición en rústica)
https://doi.org/10.26741/978-84-09-72618-9
Colección: ABAI / SABA International Development Grant
Año de publicación: 2025

CONTENIDOS

PREFACIO

El libro que tiene entre sus manos, *Ética del análisis aplicado de conducta: Lecturas seleccionadas*, es una recopilación de artículos cuidadosamente seleccionados sobre ética profesional para analistas de conducta que se desempeñan hoy en día en la práctica profesional. Extraídos de revistas publicadas por *Association for Behavior Analysis International*, la mayoría de los artículos incluidos han sido publicados en los últimos años, y todos (excepto uno) lo hicieron en *Behavior Analysis in Practice*. La selección incluye una combinación de artículos de discusión, tutoriales, guías y artículos empíricos centrados en áreas clave de la ética profesional, de especial interés tanto para los analistas de conducta en ejercicio como para quienes forman o supervisan a futuros profesionales, y también como material de estudio para estudiantes de análisis de conducta.

La obra se divide en seis secciones que permiten al lector abordarla de dos maneras: de forma secuencial, como una narración coherente y completa sobre el estado actual de la ética profesional en el campo del análisis de conducta, o bien seleccionando artículos individuales de las secciones que resulten más relevantes o interesantes en un momento dado.

Las dos primeras secciones ofrecen una sólida base sobre la historia de la ética profesional y el concepto de toma de decisiones éticas en análisis de conducta. Las secciones tercera y cuarta abordan la ética profesional desde dos ángulos de marcado impacto: la enseñanza y supervisión de la conducta ética, y las estrategias que pueden aplicarse a nivel organizacional para promover una toma de decisiones ética. La quinta sección dedica un espacio específico a la importancia de tener en cuenta el contexto cultural del cliente y su familia al proveer servicios analítico conductuales, y la sexta y última sección presenta recomendaciones sobre cómo llevar a cabo investigaciones éticas en contextos aplicados. A continuación, ofrecemos un resumen de cada sección.

Sección I: Bases conceptuales e históricas

Esta sección contextualiza cómo ha evolucionado el campo del análisis de conducta hasta alcanzar los estándares éticos actuales. El Capítulo 1 comienza con un análisis del sistema de ética naturalista de B. F. Skinner realizado por Vogeltanz y Plaud (1992), que introduce al lector en la visión del comportamiento ético desde una perspectiva analítico-conductual, situando este campo dentro del ámbito del escrutinio científico, es decir, ofreciendo una perspectiva de la conducta ética como conducta operante. A continuación, en el Capítulo 2, Mead Jasperse y Kelly (2023) guían al lector a través de acontecimientos históricos clave y desarrollos normativos del último siglo que han dado lugar a las guías y códigos éticos actuales, especialmente en lo relativo a la investigación en análisis de conducta. Finalmente, Sellers et al. (2023) presentan en el Capítulo 3 una cronología y descripción de la evolución de los requisitos éticos, códigos y otros documentos normativos de Behavior Analyst Certification Board® (BACB). Aunque actualmente BACB solo acepta solicitudes de certificación procedentes de EEUU, Canadá y Australia (BACB, s.f.), su recorrido en materia ética puede resultar de gran interés para una audiencia internacional como referencia y modelo en la elaboración de códigos éticos y procedimientos en una entidad profesional certificadora.

Sección II: Toma de decisiones éticas

Esta sección presenta marcos conceptuales para comprender y guías para la toma de decisiones éticas por parte de los analistas de conducta. Iniciamos la sección con el ensayo de Rosenberg y Schwartz (2019) en el Capítulo 4 que ha despertado un gran interés en el campo por aportar un marco de toma de decisiones en lugar del enfoque normativo o deontológico y que, como tal, se ha hecho acreedor de una base más amplia de aplicación. Ello resulta de especial interés para la transculturalidad de la toma de decisiones éticas. En el Capítulo 5 incluimos el estudio de Cox y Javed (2023) que adopta un enfoque desde la economía conductual para analizar cómo los analistas toman decisiones éticas, sopesando sus diversas implicaciones. El Capítulo 6 de Contreras et al. (2022), último de esta sección, sostiene que el uso de prácticas basadas en la evidencia puede servir de marco para guiar la toma de decisiones éticas en el ejercicio profesional.

Sección III: Ética de la formación y la supervisión

Esta sección aborda la ética profesional tanto como contenido formativo como conjunto de habilidades prácticas. En el Capítulo 7, Sellers et al. (2016) abren la sección con ejemplos de casos aplicados a la supervisión de profesionales en formación desde un punto de vista ético. En segundo lugar, el Capítulo 8 de Piazza et al. (2023) presenta un paquete de formación online en formato piramidal destinado a enseñar a futuros analistas de conducta, ya sea en el contexto de su formación supervisada o durante su periplo académico, a instruir a otros, es decir, a sus futuros profesionales noveles bajo supervisión, en la toma de decisiones éticas. El Capítulo 9 de Schreck et al. (2023), se centra en cómo formar a estudiantes de posgrado en análisis de conducta para que puedan afrontar infracciones y dilemas éticos, evaluando un enfoque didáctico que hace uso de la gamificación.

Sección IV: Promoción de la ética profesional en la provisión de servicios

Esta sección amplía el foco para analizar qué se puede hacer a nivel organizacional a fin de promover conductas profesionales éticas dentro de entidades proveedoras de servicios. En primer lugar, en el Capítulo 10 LeBlanc et al. (2020) nos presentan un sistema propio (denominado la Red Ética o *Ethics Network*) con recomendaciones específicas para facilitar discusiones y toma de decisiones éticas en contextos clínicos. A continuación, Cox (2020) ofrece en el Capítulo 11 una guía paso a paso para constituir un comité ético en una organización que preste servicios analítico conductuales. Por último, el Capítulo 12 de Logue et al. (2023) presenta los resultados de una evaluación sobre el impacto de la creación de un comité ético de procedimientos de intervención restrictivos (p.ej., procedimientos basados en extinción) dentro de una clínica conductual.

Sección V: Factores culturales en la provisión de servicios ABA

Esta sección se centra el valor de la diversidad cultural en la prestación de servicios analítico-conductuales y en cómo debe integrarse la conducta ética profesional en este ámbito. Uher et al. (2024) abordan en el Capítulo 13 la sensibilidad cultural y la diversidad, especialmente en relación con grupos que han sido objeto de discriminación por motivos raciales, étnicos o religiosos, proponiendo cuatro recomendaciones para una práctica ética y sensible culturalmente. El Capítulo 14 de Arango y Lustig (2023) destaca la necesidad de reconocer los propios sesgos, limitaciones y puntos ciegos cuando se abordan cuestiones relacionadas con la diversidad cultural, las contingencias culturales, la conciencia y la humildad cultural. Además, presentan situaciones que ilustran la relevancia de tener en cuenta estos factores en la prestación de servicios. El

Capítulo 15, de McCabe et al. (2023), analiza las implicaciones éticas de ofrecer intervenciones en contextos con recursos limitados, a través del análisis de un caso de servicios de intervención temprana en personas con autismo llevado a cabo en China, donde las restricciones económicas, al igual que en muchos otros contextos (incluido el hispanohablante) condicionan la prestación de servicios.

Sección VI: Ética de la investigación clínica

Por último, esta sección examina la investigación ética en entornos de práctica profesional del análisis aplicado de conducta. El Capítulo 16 de Normand y Donohue (2023) ofrece recomendaciones específicas para analistas de conducta que ejercen como profesionales y que deseen realizar actividades de investigación en contextos clínicos.

Consideraciones para la comunidad hispanohablante

Cerramos estas líneas introductorias destacando la importancia de llevar la ética a la práctica cotidiana considerando nuestras realidades locales. Sabemos que nuestras circunstancias presentan desafíos particulares: en muchos países de habla hispana no contamos con certificaciones o regulaciones profesionales formalmente establecidas que orienten nuestra labor, lo cual nos deja sin un marco normativo local específico. Esta ausencia de certificaciones y referentes reglamentarios nos exige un compromiso ético individual aún mayor, guiándonos por códigos internacionales y la propia conciencia profesional. A la vez, la diversidad cultural de nuestras comunidades exige que los principios éticos deban aplicarse con sensibilidad y respeto a las idiosincrasias locales. Lo que es apropiado en un contexto puede requerir adaptación en otro; nuestras intervenciones deben alinearse con los valores y prácticas culturales de las personas a quienes servimos. De hecho, el código ético mismo reconoce que sus estándares no pueden prever cada situación y deben aplicarse de forma contextualizada, atendiendo a factores relevantes como la diversidad cultural (ver, por ejemplo, los Capítulos 13 y 14).

A menudo nos enfrentamos también en muchos contextos de habla hispana a la realidad de la escasez de recursos: servicios con presupuestos reducidos, escasez de materiales especializados, falta de apoyo institucional o difícil acceso a oportunidades de formación. Como es el caso de otros lugares del mundo, estas circunstancias condicionan la prestación de servicios en nuestros entornos de trabajo (ver, por ejemplo, el Capítulo 15). Sumado a ello, en no pocas regiones existe una escasez de supervisores formados en ABA, lo que dificulta el desarrollo de un sector profesional sólido. Sobre este último aspecto el modelo ofrecido por Piazza et al. (ver Capítulo 8) podría suponer una interesante aportación a la comunidad de analistas de conducta de habla hispana.

Todos estos retos, en fin, no son menores; sin embargo, lejos de ser obstáculos insuperables, se convierten en un reclamo a la optimización de recursos, la colaboración y la resiliencia ética. Nos recuerdan que la ética profesional no ocurre en el vacío, sino que se construye día a día en nuestras decisiones, calibrando lo ideal con lo posible en cada situación.

En este contexto, este volumen ofrece aportaciones valiosas como herramienta para navegar tales desafíos. Sus lecturas recopilan conocimientos actualizados y casos prácticos que servirán de guía y referencia para la toma de decisiones éticas, como libro de consulta y también como material de referencia para programas de formación universitaria y formación continua para analistas que se desempeñan ya en el sector profesional. Ahora bien, esta obra no pretende ejercer una influencia prescriptiva o imponer uniformidad. No obstante, sopesada la notoria escasez de obras publicadas en español en este ámbito, actualmente limitada a otros dos títulos editados por esta casa (Bailey & Burch, 2019, 2021, 2022), creemos que esta puesta al día en ética profesional puede ser un referente para el profesional y para el estudiante de análisis de conducta de habla hispana. Aspiramos a que sea un apoyo flexible, un punto de partida para la reflexión ética de cada lector. Son ustedes, con su criterio profesional y conocimiento de su realidad, quienes deberán contextualizar y adaptar estas lecturas a sus entornos específicos. La verdadera guía ética emerge de la integración entre los principios éticos generales y las particularidades locales a las que cada día nos enfrentamos (véase, por ejemplo, los Capítulos 4 y 6).

Queremos subrayar el valor de contar con publicaciones en español dedicadas a nuestra disciplina. La literatura sobre ética en el análisis de conducta está dominada por fuentes en lengua inglesa, limitando el acceso para muchos colegas. Disponer de obras como esta en nuestra lengua es un aporte significativo para la comunidad profesional hispanohablante. Facilita la comprensión del material eliminando la barrera del idioma, y es un modesto paso hacia la construcción de un corpus de conocimiento propio, accesible y pertinente para los analistas de conducta de habla hispana.

Por último, cerramos estas líneas con un agradecimiento especial a *Association for Behavior Analysis International*, entidad a la que se haya afiliada la editorial que suscribe este volumen y que ha concedido a los editores su premio anual sobre desarrollo internacional (gestionado por su entidad hermana *Society for the Advancement of Behavior Analysis*, SABA) y haber permitido la traducción y consiguiente publicación de textos de sus revistas. Los fondos de este galardón han sido invertidos en la edición del presente volumen que pretende ser el primero de una colección limitada de volúmenes monográficos de lecturas seleccionadas sobre áreas que se encuentran infrarrepresentadas en los siempre breves estantes de obras de análisis de conducta en español.

Javier Virués Ortega | Sarah Mead Jaspersel | Miguel Ávila

Arango, A., & Lustig, N. (2023). Ignorance and cultural diversity: The ethical obligations of the behavior analyst. *Behavior Analysis in Practice, 16*(1), 229–238. https://doi.org/10.1007/s40617-022-00701-z

Bailey, J. S., & Burch, M. R. (2019). *Ética para analistas de conducta* (J. Virues-Ortega Ed. & Trans.). ABA España Publicaciones. https://doi.org/10.26741/abaspain/2019/Bailey

Bailey, J. S., & Burch, M. R. (2021). *Análisis de dilemas éticos propuestos por analistas de conducta* (J. Virues-Ortega Ed. & J. Alonso Vega, eds.). ABA España publicaciones. https://doi.org/10.26741/978-8409267804

Bailey, J. S., & Burch, M. R. (2022). *Ética para analistas de la conducta,* 4ª ed. [Ethics for Behavior Analysts, 4th ed.]. (J. Virues-Ortega, ed. & trans.). ABA España. https://doi.org/10.26741/978-84-09-43992-8

Behavior Analyst Certification Board. (s.f.). *International development & support.* https://www.bacb.com/international-development/

Contreras, B. P., Hoffmann, A. N., & Slocum, T. A. (2022). Ethical behavior analysis: Evidence-based practice as a framework for ethical decision making. *Behavior Analysis in Practice, 15*, 619–634. https://doi.org/10.1007/s40617-021-00658-5

Cox, D. J. (2020). Developing an ethics committee in an applied behavior analysis agency. *Behavior Analysis in Practice, 13*(2), 482–491. https://doi.org/10.1007/s40617-020-00455-6

Cox, D. J., & Javed, A. (2023). Influence of televisibility and harm probability on clinical-ethical decision making. *Behavior Analysis in Practice.* https://doi.org/10.1007/s40617-023-00824-x

LeBlanc, L. A., Onofrio, O. M., Valentino, A. L., & Sleeper, J. D. (2020). Promoting ethical discussions and decision making in a human service agency. *Behavior Analysis in Practice, 13*, 905–913. https://doi.org/10.1007/s40617-020-00454-7

Logue, J. J., Hustyi, K. M., Toby, L. M., & Outlaw, E. E. (2023). Promoting ethical and evidence-based practice through a panel review process: A case study in implementation research. *Behavior Analysis in Practice, 16*(1), 312–324. https://doi.org/10.1007/s40617-023-00807-y

McCabe, H., Barnes, R. E., & Jiang, T. (2023). Ethical issues in ABA-based service provision for autism in limited-resource contexts: A case example of the People's Republic of China. *Behavior Analysis in Practice, 16*(1), 184–194. https://doi.org/10.1007/s40617-022-00692-x

Mead Jasperse, S. C., & Kelly, M. P. (2023). Contextualizing contemporary research ethics policies and practices in significant historical events. *Behavior Analysis in Practice.* https://doi.org/10.1007/s40617-023-00865-2

Normand, M. P., & Donohue, H. E. (2023). Research ethics for behavior analysts in practice. *Behavior Analysis in Practice, 16*(1), 174–183. https://doi.org/10.1007/s40617-022-00698-5

Piazza, J. L., Hickey, J., Leaf, J. B., Weiss, M. J., & Brodhead, M. T. (2023). Implementing a training package to instruct trainees in the assessment of ethical scenarios: Building supervisory repertoires. *Behavior Analysis in Practice.* https://doi.org/10.1007/s40617-023-00802-3

Rosenberg, N. E., & Schwartz, I. S. (2019). Guidance or compliance: What makes an ethical behavior analyst? *Behavior Analysis in Practice, 12*, 473–482. https://doi.org/10.1007/s40617-018-00287-5

Schreck, K. A., Ivy, J. W., & Zane, T. (2023). Teaching behavior analysts to address unethical behavior: Developing evidence-based ethics instructional methods. *Behavior Analysis in Practice.* https://doi.org/10.1007/s40617-023-00845-6

Sellers, T. P., Alai-Rosales, S., & MacDonald, R. P. F. (2016). Taking full responsibility: The ethics of supervision in behavior analytic practice. *Behavior Analysis in Practice, 9*(4), 299–308. https://doi.org/10.1007/s40617-016-0144-x

Sellers, T. P., Seniuk, H. A., Lichtenberger, S. N., & Carr, J. E. (2023). The history of the Behavior Analyst Certification Board's ethics codes. *Behavior Analysis in Practice.* https://doi.org/10.1007/s40617-023-00803-2

Uher, A., Dunnigan, M., & Fisher, M. H. (2023). Putting concepts into action: A brief description of 2022 BACB Ethics Code Standard 1.07 & actionable recommendations for evolving practices of behavior analysts. *Behavior Analysis in Practice.* https://doi.org/10.1007/s40617-023-00818-9

Vogeltanz, N. D. & Plaud, J. J. (1992). On the goodness of Skinner's system of naturalistic ethics in solving basic value conflicts. The *Psychological Record, 42*(4), 533–548

SECCIÓN I

BASES CONCEPTUALES E HISTÓRICAS

1 ÉTICA NATURALISTA SKINNERIANA Y LA RESOLUCIÓN DE CONFLICTOS ÉTICOS FUNDAMENTALES[1]

Nancy D. Vogeltanz | Joseph J. Plaud

Resumen

El sistema de ética y valores propuesto por B. F. Skinner ha conseguido "naturalizar" la ética y ser capaz de resolver conflictos a través de medios empíricos. Skinner ha demostrado que la falacia naturalista propuesta por Moore (1903-1966) es un argumento teórico que no tiene fundamento, y que el "bien" puede naturalizarse de manera eficaz en el marco científico. El sistema ético naturalista de Skinner ha tendido un puente entre lo que "es" y lo que "debería ser" en un sentido ético. En cuanto a los conflictos individuales, la ciencia de la conducta puede decirnos quién tiene razón cuando se abordan los mejores métodos para alcanzar los objetivos. Y éstos pueden formar parte de la capacidad de supervivencia. Los críticos del sistema ético de Skinner han afirmado que no ven una buena razón para trabajar por el bien de la cultura, lo que socava el argumento del psicólogo estadounidense sobre el valor de supervivencia para la especie. A lo largo de este artículo, se presentan y analizan las implicaciones de la

[1] Vogeltanz, N. D. & Plaud, J. J. (1992). On the goodness of Skinner's system of naturalistic ethics in solving basic value conflicts. *The Psychological Record, 42*(4), 533–548.

ética naturalista de Skinner, y se puede concluir que, en el grado en que nuestra sociedad se acerque cada vez más a la extinción por la imposición del deseo individual por encima del bien común, comenzarán a producirse de forma inmediata efectos aversivos para esas conductas. El análisis ético skinneriano nos invita a modificar las contingencias de reforzamiento para que estas alteren la conducta de numerosos individuos, a fin de que dicho grupo pueda emitir conductas coherentes con lo que es bueno para nuestra cultura y nuestra especie.

Los trabajos empíricos y teóricos de B. F. Skinner han abarcado muchas áreas de la psicología. Se podría afirmar sin que sea motivo de controversia que las contribuciones de Skinner a la psicología han sido inmensas, y también se podría argumentar que su teoría de la conducta ha contribuido en gran medida a la comprensión del objeto de la psicología. Pero la controversia nace del argumento, planteado por muchos, de que Skinner es uno de los psicólogos más tergiversados y difamados de nuestro tiempo (Catania, 1988). Aparte de ser un prominente investigador y explicador de la conducta, Skinner ha llamado la atención como filósofo. Como ha afirmado Epstein (1987): "Sólo en un tema hay acuerdo universal, Skinner ha hecho contribuciones significativas a la comprensión científica de la conducta. Como investigador y metodólogo, es intocable; no hay discusión. Otros temas, por ejemplo, de carácter más filosófico, despiertan la ira de los críticos... y se han convertido en una controversia que se prolonga en el tiempo y que, tal vez, pueda ser interminable" (pág. 333).

Las áreas de la filosofía que han recibido más atención han sido las presuposiciones del conductismo radical de Skinner, su eliminación de la libertad y su rechazo del mentalismo como categoría explicativa en psicología. Destacan también las ideas de Skinner sobre éticas y valores (1971) que, aunque no se hayan analizado a fondo, son igual de controvertidas. Éstas se encuentran especialmente en la obra *Más allá de la libertad y la dignidad*, como indica

Rottschaefer (1980). El objeto de este artículo es ofrecer una explicación de los puntos de vista de Skinner sobre ética y valores. Se intentará aclarar sus afirmaciones y demostrar que el sistema de Skinner puede ser un sistema ético tanto viable como avanzado.

De esta forma, como ocurre con tantas contribuciones de Skinner, la controversia se cierne sobre el tema. Igualmente, los que aceptan la teoría ética de gran parte de la obra de Skinner, lo hacen con mucho entusiasmo. Hocutt (1977) dijo que era "posiblemente la obra más importante de filosofía moral producida en nuestro tiempo" (pág. 319). Del mismo modo, Rottschaefer (1980) afirmó que se encuentra "entre las obras más importantes de la filosofía moral de la historia" (pág. 99). Por otro lado, los que no aceptan su teoría son igualmente inflexibles: "La postura de Skinner implica un peligroso error filosófico" (Hinman, 1979, pág. 292). Mucho de lo que se ha escrito en defensa o crítica del sistema ético de Skinner es de naturaleza filosófica. A continuación, se realizará un análisis filosófico.

Definición de conceptos

A Skinner se le ha considerado como un naturalista ético. El naturalismo ético no es un concepto que haya sido acuñado exclusivamente por Skinner, sino que este sistema se funda en una filosofía más amplia del naturalismo. Entre los primeros defensores de un sistema de naturalismo ético se encuentran Jeremy Bentham, John Stuart Mill y Herbert Spencer (Harrison, 1967). Este sistema afirma que la ética debe ser "naturalizada", es decir, que está dentro del ámbito de la ciencia empírica en el mismo grado que todo lo demás en el mundo natural. Los naturalistas éticos niegan que exista una distinción primordial entre lo que "es" y lo que "debe ser". El naturalismo ético afirma que los enunciados morales definen una subclase especial de hechos sobre el mundo natural. Las dos tesis principales del naturalismo ético afirman, por un lado, que los juicios sobre la rectitud de las acciones son juicios fácticos sobre la cantidad de placer que producen las acciones; y, por otro, los juicios sobre la moralidad de las instituciones humanas son juicios sobre si estas instituciones favorecen la supervivencia de la cultura o de la especie (Harrison, 1967).

Un concepto estrechamente relacionado con el naturalismo ético es el relativismo ético, una teoría ética que asevera que lo que es ético o "bueno" depende totalmente del individuo o, en algunas versiones, es relativo al grupo o la cultura. En otras palabras, los principales desacuerdos sobre lo que tiene sentido ético se derivan del hecho de que diferentes personas tienen gustos muy diversos. También existe un subconjunto del relativismo ético, el relativismo cultural, que se aplica a las distintas culturas que valoran cosas diferentes. Como se verá en este artículo, el punto de vista de Skinner sobre lo que es "bueno" o valioso es, en cierto modo, un sistema ético que es relativo y, como tal, Kitchner (1980) ha atribuido este punto de vista al psicólogo estadounidense.

El desacuerdo con el punto de vista naturalista ha sido más elucidado por G. E. Moore (1903/1966). Moore ha argumentado que cualquier afirmación inferencial de un "es" a un "debería" moral es ilícita y ejemplar y él lo describe como "la falacia naturalista" (Garrett, 1987). Einstein expresó opiniones similares cuando argumentó que el conocimiento de lo que es no permite el acceso directo al conocimiento de lo que debería ser. Como consecuencia, Einstein ha asegurado que la ciencia sólo puede ayudar a determinar los medios más eficaces para buscar ciertos objetivos, pero que no puede determinar cuáles son los fines más apropiados que se deben buscar en primer lugar. Según Garrett (1987), "pocos científicos o filósofos actuales estarían en desacuerdo con Moore o Einstein en esta cuestión. B. F. Skinner destaca como la excepción más importante a esta regla" (pág. 319).

Skinner (1971/2023) ha argumentado que, aunque otras ciencias no son capaces de salvar la distancia entre lo que es y lo que debería ser, una ciencia de la conducta es la única cualificada para hacerlo:

> Las decisiones sobre los usos de la ciencia exigen un tipo de sabiduría que, por alguna razón, se les niega a los científicos. Si han de emitir juicios de valor, es sólo con la sabiduría común que comparten con la gente. Sería un error que los científicos de la conducta estuvieran de acuerdo. Cómo siente la gente los hechos, o qué significa sentir algo, es una pregunta para la que una ciencia de la conducta debería tener una respuesta (pág. 102)

Skinner (1971/2023) propone un sistema ético basado en las conceptualizaciones conductistas de la sociedad. Este intenta resolver el problema del "ser" frente al "debe ser", y se remite a los métodos objetivos, naturalistas y empíricos utilizados por la ciencia (Zuriff, 1987). Desde un marco conductista se pueden investigar los hechos morales como un subconjunto de los hechos empíricos, salvando así la distancia entre el ser y el deber ser. Para Skinner, saber cómo deben tratarse, moralmente hablando, el aborto, la guerra, el crimen, etc., no son cuestiones que sólo deban debatir sin fin los teólogos y los políticos, sino que son cuestiones que pueden resolverse mejor en el ámbito de una ciencia de la conducta.

La teoría ética naturalista de Skinner

Para analizar la validez del sistema ético de Skinner, será importante revisar lo que Skinner ha escrito sobre el tema. Gran parte del desacuerdo se debe a que se han hecho diversas interpretaciones de su teoría. El siguiente resumen se basa en una síntesis de varios escritores que han intentado describir este sistema ético. En primer lugar, Skinner ha propuesto un sistema de valores (es decir, una ética naturalizada) que implica que los juicios de valor son descriptivos y, por lo tanto, capaces de verdad y falsedad; si se encuentran verdaderos, afirman hechos relacionales; son empíricamente verificables; y, por lo tanto, el método científico es aplicable a la solución de conflictos de valor y problemas morales (Rottschaefer, 1980). El sistema ético naturalista de Skinner puede lograr estos objetivos definiendo con precisión qué es "bueno" o valioso.

Skinner ha definido el término "bien" de tres maneras: Lo que es bueno es lo que refuerza positivamente la conducta del individuo; lo que es bueno es lo que refuerza positivamente la conducta de los demás; y, por último, lo que es bueno refuerza positivamente determinadas prácticas culturales (Graham, 1977). En general, Skinner ha definido lo que se considera "bueno" o "malo" en términos de reforzadores positivos y negativos. De acuerdo a las tres formas diferentes en que algo puede calificarse de bueno o malo, se deduce que, para Skinner, también hay que elaborar de manera más concreta lo que es bueno o malo (Graham, 1977).

Skinner ha ofrecido unas definiciones explícitas de lo que es "bueno". Zuriff (1987) ha llamado a esto la "Deducción Naturalista" (pág. 309). El sistema de Skinner propone que, una vez establecidas las contingencias de reforzamiento que controlan lo que llamamos bueno o malo y correcto o incorrecto, se puede establecer la distinción entre los hechos y lo que una persona siente por tales hechos y cómo lo siente (es decir, la ética se ha naturalizado y se ha superado la distinción entre el ser y deber ser). En otras palabras, las relaciones ambientales que controlan los hechos también llegan a controlar la forma en que una persona siente dichos hechos, incluidas las implicaciones éticas. Zuriff ha denominado "principio naturalista" a esta superación de la brecha de ser y debe ser (pág. 310). Una vez realizada esta afirmación, se trata simplemente de aconsejar al individuo o a la cultura sobre la mejor manera de resolver una disputa basándose en hallazgos empíricos. Consideremos la explicación lógica de Zuriff (1987, pág. 310) de la "Deducción Naturalista":

1. La gente dice "X es bueno" sólo si X tiene R (donde R es una de las tres definiciones de Skinner de lo que es bueno, presentadas anteriormente).
2. Por lo tanto, X es "bueno" sólo si X tiene R.
3. Hay que hacer el bien.
4. Por lo tanto, uno debe hacer X sólo si X tiene R.

En este análisis está implícita la concentración de Skinner en la importancia de los factores relacionados con el uso de la conducta verbal: el lenguaje ético. Los juicios de valor como "X es bueno" son producto de contingencias de reforzamiento establecidas por comunidades verbales en un análisis skinneriano. Como ha definido Day (1977):

> Uno aprende a abordar ciertas situaciones que son buenas, de otras que son interesantes, y así sucesivamente... Al hacer tales juicios de valor lo que uno está haciendo básicamente es responder discriminativamente a la situación en cuestión (pág. 10)

El desacuerdo básico con Skinner, y con la ética naturalista en general, puede decirse que consta de dos partes: En primer lugar, ¿puede lo que es "bueno" ser realmente definido en términos de lo que es reforzador positivo? (si es que se puede definir); y, en segundo lugar, aunque se acepte esta definición, ¿puede el sistema ético de Skinner manejar los conflictos de valor y hacer determinismos sobre el tipo de valores que la gente debería tener (Waller, 1982)? En otras palabras, ¿puede el sistema ético naturalista de Skinner supera la distancia del ser y debe ser?

"El bien" según la postura de Skinner

Se hablaba de que Moore rechazaba todas las formas de naturalismo ético porque esta postura incurría en la denominada "falacia naturalista". Moore argumentaba que la bondad es una propiedad no natural, no analizable, e intentar definir la bondad como cualquier propiedad natural es definir la línea de lo indefinible (es decir, una falacia naturalista). En lo que a veces se denomina el argumento de la "pregunta abierta", Moore insistió en que nunca se puede responder a la pregunta de si algo que posee lo que uno llama bueno es realmente bueno o no (Harrison, 1967).

Varios argumentos han defendido la sostenibilidad del *Principio Naturalista*. En concreto, Hocutt (1977) ha afirmado que el uso que hace Skinner de la palabra "bien" para implicar lo reforzador es básicamente descriptivo para los tres usos de la palabra porque, para Skinner, las evaluaciones son fundamentalmente descripciones. Hocutt ha sostenido que las recomendaciones como, por ejemplo, dar consejos éticos, resulte reforzador y sea ésta precisamente la razón por la que se seguirán los consejos.

Por lo tanto, el autor afirma que "los consejos y los mandatos morales son eficaces por su vínculo a una descripción exacta" (pág. 321). De acuerdo a Skinner, los juicios de valor son reales y pueden evaluarse empíricamente según si son reales o falsos. Y aquí está la clave. Es por tanto un hecho deducible empíricamente si cualquier juicio de valor dado es verdadero o falso, ya que es posible determinar empíricamente si funciona como reforzador o tiene valor de supervivencia.

Un problema con el análisis de Hocutt de la ética de Skinner es que, dado todo lo anterior, no responde necesariamente a la acusación de Moore de que aún estamos en el momento de llamar bueno a algo (describir un reforzador) sin el conocimiento de si ese reforzador es realmente bueno o no. Hocutt responde a esta acusación diciendo que la objeción de Moore es confusa y tiene aún menos fuerza contra Skinner que contra otros filósofos como Mill, que definen la palabra "bien" con referencias mentalistas como el placer. Skinner ha definido el nivel de análisis de las cuestiones éticas:

> Lo que es bueno para el individuo o la cultura puede tener consecuencias negativas para la especie, como cuando el reforzamiento sexual conduce a la superpoblación. Esto que es bueno para la especie o la cultura puede ser malo para el individuo, como cuando las prácticas diseñadas para controlar la reproducción o preservar los recursos restringen la libertad individual. No hay nada incoherente o contradictorio en estos usos de "bueno" o "malo", o en otros juicios de valor, siempre que se especifique el nivel de selección (pág. 18).

Muchos críticos de la ética skinneriana y la naturalista están dispuestos a considerar que vale la pena definir términos como «bueno» y «malo» (con la excepción de Moore). Como ha señalado Harrison (1967), decir que un concepto ético como bueno no puede definirse como concepto no ético reforzador es lo mismo que decir que los conceptos biológicos no pueden describirse como un concepto no biológico, es decir, bioquímico.

Una vez definido el planteamiento de Skinner de describir el bien con una función reforzadora, y permitir así que una ciencia de la conducta analice adecuadamente el bien, este documento se ocupará de la parte de la teoría de Skinner que intenta explicar cómo resolver los conflictos fundamentales sobre los valores. Como ya se ha dicho, esta parte de la discusión ha sido explicada y debatida con mucho más detalle y, como se verá, por muy buenas razones.

Conflictos éticos o el abismo entre el bien y el mal

El reto al que se enfrenta al sistema ético de Skinner es si dicho sistema puede o no zanjar los conflictos éticos y resolver los dilemas morales. Una cosa es defender la ética naturalista frente a las afirmaciones de Moore sobre la falacia naturalista y otra muy distinta es responder eficazmente a la pregunta de "cómo se decide lo que se debe valorar de manera que podamos utilizar apelaciones racionales como medio de adjudicar conflictos de valores" (Graham, 1977, pág. 97). En cuanto a la conducta verbal, en un análisis skinneriano los mandatos éticos como el tacto "debería" identifican contingencias de control. Por ejemplo, Skinner (1971/2023) señala lo siguiente: "'Deberías decir la verdad' es un juicio de valor en la medida en que se refiere a contingencias reforzantes" (pág. 107). Los enunciados de valore funcionan como remiendos cuando el hablante está controlado por la privación o la estimulación aversiva (Day, 1977) y, por lo tanto, especifican la conducta en función de las consecuencias que han de seguir a la conducta. Así, los mandatos éticos pueden servir funcionalmente como remiendos o como hechos (Day, 1977).

Según el análisis de Hocutt presentado anteriormente, se puede decir que lo que uno debe valorar es sólo lo que uno valora, pero esto no nos dice cómo resolver los conflictos cuando dos individuos o culturas discrepan sobre lo que valoran. Graham tiene serias dudas porque que Skinner define los valores (bienes) como lo que es reforzante. Por ejemplo, si una persona valora (se ve reforzada por) tener contacto sexual con un niño, ¿podemos nosotros, como miembros de la sociedad de esta persona, considerar esta conducta como buena? Es decir, ¿puede el sistema ético de Skinner proporcionar un medio racional para la afirmación de que el abuso sexual de niños está mal? Las dudas de Graham de que el sistema ético de Skinner pueda resolver este problema se han denominado el aspecto "racionalmente intratable" de la teoría de Skinner.

Garrett (1979) ha respondido al desafío de Graham y propuso que los conflictos racionalmente intratables (imposible saber quién tiene razón y quién no) no son el dominio del sistema ético de Skinner:

> La objeción supone que cualquier análisis de lo "bueno" con dichos resultados es inadecuado. Concretamente, la objeción implica, aunque Graham no lo dice explícitamente, que esto demuestra que la reducción de Skinner de "bueno" a "reforzador" debe ser incorrecta o, en todo caso, inaceptable.

Creo que esta objeción es bastante errónea y que, especialmente el principal argumento que se maneja se mueve de lo ilícito al pasar de hablar de "lo bueno" y "lo malo", que han sido amplia y minuciosamente analizados, a hablar de "lo correcto" y "lo incorrecto", que no han sido analizados (pág. 10).

En el caso de un pederasta, Garrett afirmaría que el tercer tipo de bien descrito por Skinner (lo que es bueno para la cultura) es el bien que debe analizarse. Si se analiza el primer tipo de bien, es decir, lo que es bueno para el individuo, el argumento es racionalmente intratable. Garrett asegura que las afirmaciones del tercer tipo son derechos morales y, por tanto, de dominio público. De ahí que, en el sistema ético de Skinner, los derechos morales puedan adjudicarse al determinar si la conducta o el bien en cuestión (por ejemplo, el abuso sexual de niños) es bueno para la cultura. Está claro que Skinner podría demostrar empíricamente que el pederasta es algo malo.

Esta solución no es tan apropiada como parece ser. Se puede adoptar el punto de vista de que el abusador de niños no se limite a tener en cuenta sus intereses reforzadores, sino que puede afirmar que, para él, mantener relaciones sexuales con niños es bueno para la sociedad, del mismo modo que los antiguos griegos aceptaban esta práctica como útil para su sociedad. Entonces, ¿cómo lidiar con este conflicto? De nuevo, muchos críticos del sistema ético de Skinner se echan las manos a la cabeza en este punto y afirman que el conflicto no puede resolverse en el sistema de Skinner, que es racionalmente intratable.

Aunque se podría argumentar que Hocutt hizo un trabajo concienzudo al defender la teoría de Skinner contra la falacia naturalista, no consigue resolver la cuestión anterior. Hocutt (1977) recurre a decir que lo que uno debe valorar es lo que es valioso (es decir, moralmente bueno) y que los conflictos del tipo anterior son "armas en la lucha por ver qué valores prevalecerán, un conjunto de procedimientos para dirimir conflictos, un método para decidir quién se queda con qué" (pág. 332). Hocutt no ha reconocido que Skinner no estaría de acuerdo con esta postura. Skinner sostendría que el maltratador de niños se equivoca, siempre según su sistema ético.

Por su parte, Rottschaefer (1980) está de acuerdo en que Skinner encontraría la conducta del agresor éticamente incorrecta. Argumenta que Skinner ofrece un "estándar más alto" al insistir en que la ciencia de los valores de Skinner está interesada principalmente en lo que es bueno en general, es decir, lo que es bueno para la supervivencia de la especie. Además, Rottschaefer asevera que Skinner abogaría por la supervivencia de una cultura que funcione bien y no por la mera supervivencia para reproducirse.

Como se desprende del análisis anterior, Rottschaefer ha hecho una interpretación de lo dicho por Skinner para señalar que su ética puede resolver las disputas del tipo anterior. Pero, según Garrett, Skinner no es lo suficientemente cuando considera si las prácticas de un grupo, como no molestar, son más importantes que las prácticas de un individuo simplemente porque son las prácticas de un grupo. Rottschaefer ha establecido una forma en la que se pueden resolver las disputas básicas del tipo anterior, pero esto no significa que el sistema de Skinner pueda lidiar con este tipo de disputas. La noción de "sociedad que funciona bien" es algo que, según Waller (1982), aleja aún más el problema:

> "Ahora debemos preguntarnos qué constituye una sociedad que funciona bien" (pág. 31).

Rottschaefer ha respondido: "Una sociedad que funciona bien intentará maximizar el reforzamiento positivo para todos sus miembros" (pág. 109). El problema aquí, tal y como ha señalado Waller, es que una sociedad que funciona bien no es aquella que maximiza necesariamente el bien para sus miembros. Uno puede imaginar varias culturas que hayan prosperado, lo que significa que han sobrevivido y se han desarrollado, sin que por ello proporcionasen un bien a muchos segmentos de su sociedad. Skinner (1987) ha reconocido en sus escritos posteriores que, aunque una sociedad no maximice los reforzadores para todos sus miembros, debe ser lo suficientemente reforzante como para conservar la lealtad de la mayoría de ellos, al tiempo que logra asegurar su propia supervivencia. Si consideramos que nuestra propia cultura occidental sobrevive sin atender a todos los bienes de todos, cabe señalar que en un futuro no sabremos si seguiremos sobreviviendo o no.

Por su parte, Waller (1982) responde a estas críticas señalando que, independientemente de si la mayoría de la gente la llamaría buena o que funcionara bien, uno puede imaginar que una sociedad basada en el sufrimiento y la injusticia es bastante viable (es decir, las opiniones de Nietzsche). No se puede decir que la noción de Nietzsche de lo que sería una buena sociedad es irracional. Una vez más, este tipo de controversia no es fácil precisamente por el sistema de Skinner.

Waller ha expuesto argumentos convincentes contra las afirmaciones de Garrett, Hocutt y Rottschaefer de que el sistema ético de Skinner puede lidiar adecuadamente con este tipo de conflictos, y que describe dos concepciones fundamentalmente diferentes de lo que es bueno: una concepción para los individuos y otra para el bien de la cultura o la especie. Entonces, ¿qué nos queda? Nos queda decir que en este punto (como han hecho muchos) dichas disputas son racionalmente intratables, es decir que el sistema ético de Skinner no puede informarnos de cómo resolver nuestros conflictos de valores más básicos. Como se demostrará, Waller ha redibujado la cuestión de modo que el sistema ético de Skinner puede lidiar con la mayoría de nuestros conflictos y a los que no puede, el propio Skinner ha respondido de forma interesante.

Limitaciones de la teoría de Skinner

Antes de profundizar, lo mejor sería resumir lo que el sistema ético de Skinner controla mejor y lo que parece controlar peor. Waller ha afirmado:

> Skinner dispone de un medio bastante bueno para tratar la mayoría de los temas referidos a los valores. Puede emplear la ciencia de la conducta como una herramienta eficaz para aclarar los efectos y las implicaciones de varias de las conductas. Y cómo el uso de una ciencia de la conducta le permitirá mejorar en gran medida los cálculos que beneficiarán a todos los miembros de la sociedad. Para estos objetivos (como Rottschaefer deja claro) la ciencia skinneriana de la conducta

> es muy beneficiosa. Y puesto que estos propósitos abarcan los valores fundamentales que la mayoría de nosotros compartimos, una ciencia que ayude a su realización es una importante contribución. Pero si bien no hay que descuidar las capacidades de esta ciencia, tampoco hay que exagerarlas. En cierto modo, la ciencia de la conducta de Skinner no puede resolver los conflictos de valor (pág. 34)

Waller continúa explicando que muchos críticos han afirmado de forma errónea que, debido a que el sistema de Skinner no puede controlar los conflictos a un determinado nivel, su sistema es defectuoso y no puede proporcionar un medio para resolver dichos conflictos. En general, los defensores de Skinner podrían argumentar que su sistema puede controlar todos los conflictos a cualquier nivel. Skinner ha reconocido el nivel de conflicto que su sistema puede tratar de manera adecuada y cuál no. Como ha señalado Waller, una limitación dentro de una teoría no es un error en la ciencia de la conducta. De hecho, Laudan (1978) emplearía un sistema de ponderaciones a la teoría de Skinner y a otras teorías éticas para determinar qué sistema puede resolver de manera más eficaz los problemas de la ética. De manera más tajante se puede decir que Laudan descubriría que la ciencia de la conducta de Skinner puede resolver el conflicto de valores en nuestra sociedad, en el caso de que se adopte y se aplique de una forma mucho más eficaz y exitosa de lo que han demostrado otros sistemas.

Entonces, se puede afirmar que el sistema de Skinner ha fracasado si una disputa no puede resolverse por medios racionales, es decir, racionalmente intratable. Pero conviene recordar que las disputas de este tipo son poco frecuentes. Skinner (1988) señaló que la mayoría de nosotros tenemos historias de condicionamiento similares y, por lo tanto, no seremos "fanáticos" en el sentido de creer que una buena sociedad es aquella en la que la mayoría de sus miembros deben sufrir. Además, en cuanto a las disputas individuales, Skinner apunta al bien de la especie (la supervivencia) para resolver el conflicto. Parece que el ejemplo del pederasta, que afirma que abusar sexualmente de los niños contribuirá al bien de la sociedad, no es una cuestión irresoluble después de todo. Skinner puede señalar estudios empíricos y sociológicos que pueden abordar si la afirmación del pederasta es cierta. Ahí es cuando el agresor responde que no tiene ningún interés en trabajar por el bien de la sociedad cuando la disputa se vuelve racionalmente irresoluble. Si nos quedamos con individuos que afirman que no tienen una buena razón para trabajar por el bien de la sociedad o la supervivencia de la especie, Skinner (1971/2023) responde:

> "La única respuesta sincera a ese tipo de [situación] parece ser la siguiente: No hay una buena razón por la que deba preocuparse, pero si su cultura no le ha convencido de que la hay, tanto peor para su cultura (pág. 137)

Finalmente, parece que este tipo de conflictos no pueden resolverse racionalmente y sólo se pueden buscar las causas de estos valores. Pero este punto no tiene por qué ser alarmante. Como ya se ha mencionado, este tipo de disputa es poco frecuente. Y, si se produce, la ciencia de la conducta de Skinner puede ayudarnos a identificar por qué una persona mantendría tales creencias, sugiriendo así formas en las que el valor del "fanático" puede remodelarse para asemejarse a un conjunto de valores más "normales".

Se cree también que a medida que la sociedad avance hacia un intercambio de historias de condicionamiento, la situación anterior será aún más extraña. Estas historias son posibles de dos maneras: en primer lugar, si se utilizan las prácticas sociales descritas por Skinner (1971/2023) en *Más allá de la libertad y la dignidad*, la sociedad podrá maximizar mejor el reforzamiento positivo para todos. En segundo lugar, debido a los problemas comunes que comparte nuestra sociedad, ésta se verá obligada a elegir una ciencia de la conducta y de los valores para abordar problemas sociales acuciantes como la degradación del planeta. Nunca antes en la historia tanta gente era consciente de que su propio planeta y, por tanto, sus especies, están en peligro de extinción. A medida que el mundo se incline más por resolver este problema, se apuntará más al bien de la supervivencia como criterio para evaluar el bien. Así, problemas como el despilfarro de recursos valiosos y la contaminación de nuestro medio ambiente se resolverán más fácilmente porque cada vez más miembros de nuestra sociedad estarán menos dispuestos a afirmar que no les importa trabajar por la supervivencia de nuestro planeta si las consecuencias inmediatas de no hacerlo son tan evidentes. Es lógico que una ciencia de los valores como la de Skinner funcione mejor cuando los reforzadores positivos y los negativos sean más significativos y sostenibles (como ha explicado Skinner en detalle en sus numerosos escritos; cf. Skinner, 1988).

Conclusión: El valor del sistema ético de Skinner

Hemos mostrado cómo el sistema de valores de Skinner ha "naturalizado" el pensamiento ético y, por ello, es capaz de resolver conflictos a través de medios empíricos. Skinner y sus defensores han demostrado que la falacia naturalista es un argumento infructuoso y que el bien puede naturalizarse adecuada y eficazmente. Y, por tanto, situarse en el escrutinio científico. Además, Skinner ha tendido un puente muy eficaz entre lo que es y lo que debería ser. En lo que concierne a los conflictos individuales, una ciencia de la conducta puede decirnos quién tiene razón al realizar un sondeo científico y racional con el objetivo de lograr nuestros propósitos. Dichos propósitos pueden operacionalizarse mejor como capacidad de supervivencia. Se ha demostrado que sólo en un nivel (los irracionales que afirman no ver ninguna buena razón para trabajar por el bien de la cultura, p.ej., la supervivencia) el análisis de Skinner es inadecuado. Sin embargo, se cree que este caso es poco frecuente y no puede ser resuelto por ningún sistema ético.

Se reconoce que el nivel de argumentos racionalmente intratables que se ha abordado anteriormente no es una limitación pequeña para una teoría de la ética. Pero se ha sugerido que, a medida que nuestra sociedad y nuestro mundo se acercan cada vez más a la extinción de los deseos individuales que se elevan por encima del bien de la sociedad, comenzarán a producirse consecuencias aversivas inmediatas para estas conductas. Es decir, nuestro planeta está remodelando las contingencias de lo que es reforzador para nosotros como individuos. Puede decirse que cada vez más personas empiezan a darse cuenta de que lo que significa bueno y qué es bueno para nuestra cultura y sociedad.

Como ha concluido Waller (1982) sobre el sistema de valores de Skinner, éste presupone que, aunque sea imposible justificar ante un individuo que no puede darse cuenta por qué nuestro mundo debería sobrevivir o por qué no debería favorecer una sociedad explotadora y desigual orientada a servir a una élite, aún podemos oponernos a esas opiniones. El motivo es que es poco probable que esos puntos de vista conduzcan a una sociedad que sea igualitaria y que logre sobrevivir. Los trabajos empíricos y teóricos de Skinner nos recuerdan continuamente que hacerlo sólo llevará a un mundo más justo y racional en el que la supervivencia esté asegurada y en el que la equidad sea reforzante para todos los miembros de la sociedad.

2 CONTEXTUALIZACIÓN DE LAS PRÁCTICAS ÉTICAS EN LA INVESTIGACIÓN CIENTÍFICA AL HILO DE ALGUNOS EVENTOS HISTÓRICOS[1]

Sarah C. Mead Jasperse | Michelle P. Kelly

Resumen

El *Código ético para analistas de conducta* (Behavior Analyst Certification Board, 2020) incluye seis puntos en el apartado 6 sobre la "Responsabilidad en la investigación". Éstos cubren la protección de las personas que participan en actividades de investigación realizadas por analistas de conducta asistentes certificados (*Board-Certified Assistant Behavior Analysts*) y por analistas de conducta certificados de grado superior (*Board-Certified Behavior Analysts*). Este artículo ofrece una breve introducción sobre importantes eventos históricos y documentos fundacionales que han dado lugar a las normas y prácticas contemporáneas en ética de la investigación en el campo del análisis de conducta. Esta revisión que se remonta al siglo pasado, desde el Código de Nuremberg hasta la Declaración de Helsinki, el Informe Belmont o el título 45 del Código de Regulación Federal de EEUU (Sección 46 sobre protección de participantes humanos), proporciona un resumen de por qué era necesaria la codificación de requisitos

[1] Mead Jasperse, S. C., & Kelly, M. P. (2023). Contextualizing contemporary research ethics policies and practices in significant historical events. *Behavior Analysis in Practice*. https://doi.org/10.1007/s40617-023-00865-2

como el consentimiento informado y el control por parte de un comité ético. Se revisará a lo largo de este documento los vínculos entre los acontecimientos históricos y el Código de la BACB. Además, se considerarán las situaciones en las que el Código de la BACB no presenta instrucciones claras, aunque los documentos fundacionales sí pueden proporcionar una orientación adicional. Por último, se mostrarán futuras oportunidades para tomar decisiones con apoyo empírico en el campo de la ética de la investigación.

El *Código ético para analistas de conducta de Behavior Analyst Certification Board* (en adelante, el Código de la BACB) reafirma lo que ha sido un pilar durante mucho tiempo en el campo del análisis de conducta: Todas las actividades clínicas y de tratamiento deben apoyarse en resultados de investigación (Behavior Analyst Certification Board [BACB], 2020). La sección 2.01 establece que los analistas de conducta ofrecen servicios que son conceptualmente consistentes con los principios conductuales, basados en la evidencia científica y diseñados para maximizar los resultados deseados y proteger al cliente de cualquier daño, así como a partes interesadas, supervisados, estudiantes y participantes en investigación (BACB, 2020, pág. 10). Esto posiciona a la investigación como una actividad crítica dentro del campo: si no hay una evidencia científica, no hay trabajo clínico.

Dada la naturaleza de la investigación, el Código de la BACB también incluye una sección dedicada íntegramente a las normas éticas relacionadas con la investigación (Sección 6, Responsabilidad en la investigación). Esta sección incluye 11 puntos que están diseñados para guiar las actividades de investigación realizadas por los analistas de conducta certificados bajo las credenciales BCaBA y BCBA. Los seis primeros puntos abordan concretamente la protección de las personas que participan como sujetos en la investigación analítico conductual. Como es habitual en un código profesional, estos puntos están redactados como instrucciones directas sin ninguna referencia explícita a las variables históricas responsables del desarrollo de dicho contenido. Sin embargo, los investigadores del análisis de conducta pueden beneficiarse de una contextualización de las normas y prácticas contemporáneas de la ética de la investigación en importantes eventos históricos y en los documentos fundacionales que desempeñaron un papel crítico en la creación de las normas modernas.

La ventaja puede ser doble. Por un lado, los investigadores del análisis de conducta pueden comprender mejor el porqué del contenido del Código de la BACB y tener en cuenta las consecuencias devastadoras que podrían derivarse de no adherirse a sus preceptos; y, por otro lado, cuando se enfrentan a nuevas situaciones de naturaleza ética en su investigación, ya que si los investigadores analítico-conductuales están familiarizados con el contexto histórico y los documentos éticos fundacionales sobre los que se construye el Código de la BACB, estos podrán responder con seguridad y eficacia a circunstancias para las que el código no proporciona una orientación directa. Del mismo modo, los analistas de conducta que no están certificados por la BACB y, por lo tanto, no están obligados a adherirse al Código, pueden valorar la reflexión sobre las mismas variables históricas al considerar su práctica. Por ejemplo, si los analistas de conducta están certificados por otros organismos (como por *Qualified Applied Behavior Analysis Credentialing Board* [QABA, por sus siglas en inglés]), pueden encontrar que las normas éticas pertinentes (p.ej., el Código Ético de Conducta de QABA; QABA, 2021) enlazan con los mismos documentos éticos fundamentales. Esta contextualización puede ser oportuna, ya que los profesionales contribuyen actualmente de forma sustancial a la investigación que se publica en medios revisados por pares en el campo del análisis aplicado de conducta (ABA). Desde 2017, casi la mitad de los artículos de investigación publicados en el *Journal of Applied Behavior Analysis* (JABA) han incluido al menos un autor con una afiliación clínica (Normand & Donohue, 2023, pág. 14). Además, los analistas de conducta que ejercen fuera de EEUU y están desarrollando sus normas profesionales nacionales, incluidos los puntos relacionados con la práctica ética, pueden encontrar útil la discusión de importantes eventos históricos y documentos fundacionales de la ética de la investigación durante la redacción de normas nuevas (para un debate sobre el desarrollo de normas profesionales nacionales para el análisis de conducta, véase Kelly & Trifyllis, 2022).

Por lo tanto, los objetivos del presente artículo son:

- Proporcionar una breve introducción a los importantes eventos históricos y a los documentos fundacionales sobre ética de la investigación relevantes para las prácticas contemporáneas sobre la ética de la investigación en el campo del análisis de conducta.
- Identificar los vínculos entre estos acontecimientos históricos y los documentos fundacionales de la ética de la investigación con los puntos de la Sección 6 del Código de la BACB.
- Ofrecer ejemplos de escenarios en los que el Código de la BACB (o los códigos profesionales alternativos del análisis de conducta) puede que no ofrezcan una orientación explícita a los investigadores analítico-conductuales, aunque los documentos fundacionales sobre ética de la investigación sí pueden proporcionar una orientación.
- Sugerir formas en las que los investigadores en análisis de conducta podrían tomar decisiones basadas en datos sobre la ética de la investigación en consonancia con el Código de la BACB y los documentos fundacionales.

Cronología histórica y documentos fundacionales en ética científica

Lo que sigue es una breve introducción a algunos importantes eventos históricos y documentos fundacionales que han sido fundamentales para el desarrollo de las normas éticas de investigación contemporáneas. Esta introducción no pretende contar toda la historia de los eventos ni sustituir lo que se puede aprender revisando directamente las fuentes primarias. Más bien, pretende reducir el esfuerzo de respuesta reuniendo y resumiendo convenientemente la información que se ha publicado en diferentes lugares, así como proporcionar al lector una sólida lista de referencias que puedan utilizarse como punto de partida para profundizar en cada uno de los eventos y documentos descritos. Pretendemos también proporcionar la base sobre la que puedan establecerse vínculos con el campo del análisis de conducta.

Primeras investigaciones médicas y conductuales con humanos (1920-1939)

Aunque las preguntas sobre cómo funciona el cuerpo humano y por qué las personas se comportan como lo hacen probablemente han existido desde que el ser humano está en la Tierra, este documento comienza a principios de la década de 1920 para hacer hincapié en las actividades de investigación que se han producido en circunstancias razonablemente similares a las actividades actuales (por ejemplo, en un entorno universitario o clínico, para responder a preguntas de investigación específicas, con el propósito de difundir los hallazgos para cambiar la práctica o la normativa). Los tres proyectos de investigación que aquí se resumen se seleccionaron para representar los tipos de actividades de investigación que se producían con cierta regularidad antes de que se establecieran las normativas modernas. Cabe señalar que los resúmenes no hacen justicia a las historias tan complejas de quienes sufrieron estos proyectos de investigación. Se anima a los lectores a consultar las fuentes citadas para obtener más detalles.

El pequeño Albert (1920)

La historia del pequeño Albert se cuenta con frecuencia en los libros de texto de introducción a la psicología, tanto como un cuento con moraleja como una advertencia para compartir los hallazgos empíricos (Harris, 1979). En 1920, John Watson y Rosalie Rayner describieron un proyecto de investigación en el que condicionaron una respuesta de miedo de un bebé, llamado Albert, en respuesta a un estímulo previamente neutro (una rata blanca) emparejando el estímulo con el fuerte sonido de un martillo pegando contra una barra de acero. A través de varios análisis de seguimiento para comprobar la generalización y el condicionamiento posterior, la respuesta de miedo de Albert se condicionó posteriormente a otros estímulos y nunca se tomaron medidas explícitas para invertir el condicionamiento (Harris, 1979). Muchas incertidumbres y también misterios rodean las actividades de investigación del pequeño Albert (para más información sobre el tema, véase Digdon, 2020; Digdon et al., 2014; Frilund et al., 2020; Harris, 2020). Algunas de estas afirmaciones incluyen sugerencias de que Albert podría haber nacido con una deficiencia neurológica (Frilund et al., 2020) y que Watson y Rayner sabían que Albert iba a ser dado de alta del hospital antes de que se pudiera revertir el condicionamiento (Harris, 1979). Establecer la veracidad de estas afirmaciones va mucho más allá del alcance del artículo; pero, igualmente, la historia del pequeño Albert es un cuento con moraleja sobre la responsabilidad que debe asumir un investigador cuando trabaja con un participante vulnerable y estudia un fenómeno de la conducta que podría ser perjudicial para el individuo y su salud.

El estudio de sífilis de Tuskegee (1932-1973)

En 1932, un grupo de investigadores médicos comenzó a estudiar la sífilis en el Instituto Tuskegee de Alabama, EEUU (Tobin, 2022). Cientos de hombres racializados con sífilis, muchos de los cuales eran económica y socialmente vulnerables y desconocían su diagnóstico, se inscribieron en el estudio con la ilusión de que recibirían atención médica gratuita. En lugar de ello, los investigadores estaban interesados en conocer más sobre la sífilis no tratada y ocultaron deliberadamente los regímenes de tratamiento conocidos. Incluso después de que muchos de los participantes fallecieran, el estudio continuó hasta que la información sobre el proyecto llegó a las noticias en un artículo en el periódico *Washington Star* en 1972 (Tobin, 2022). El estudio, que duró 40 años, se interrumpió posteriormente y se trató en sesión legislativa sentando las bases para el desarrollo de la Ley Nacional de Investigación de 1974 (que se trata más adelante).

El trato deleznable que recibieron los participantes de este estudio nos recuerda que el engaño en la investigación puede ser un juego de vida o muerta, especialmente cuando se trabaja con poblaciones vulnerables. Además, éste es un ejemplo de un grupo que soporta una carga indebida en la investigación. Los participantes en este proyecto estuvieron expuestos a un riesgo extremo mientras que los beneficios de la investigación se proporcionaron exclusivamente a un grupo distinto. Cabe destacar que no se trataba de un proyecto secreto llevado a cabo fuera de los límites de la revisión por pares, sino que las actualizaciones sobre los hallazgos del estudio se publicaron en el *Journal of the American Medical Association* en 1936 y cada media década aproximadamente hasta 1973 (Tobin, 2022). Esta atrocidad no puede achacarse únicamente a un grupo de científicos sin escrúpulos. Las variables responsables del tratamiento poco ético de los participantes en investigación debían abordarse de una manera sistemática que tuviera en cuenta el contexto en el que se produjo la investigación.

Estudio de la tartamudez de Tudor (llamado "El estudio de los monstruos") (1939)

A principios del siglo XX, Wendell Johnson, profesor de la Universidad de Iowa (EEUU), dirigía un laboratorio de investigación que evaluaba variables relacionadas con la tartamudez (Ambrose & Yairi, 2002). En 1939, una de sus estudiantes de posgrado, Mary Tudor, realizó un estudio en un orfanato cercano para determinar si era posible inducir tartamudez en niños con disfluencias en el habla. Los resultados indicaban que, al menos en algunos casos, individuos con patrones de habla típicos podían desarrollar conductas de tartamudez después de que se les dijera que mostraban tendencias patológicas del habla. Al igual que el estudio del pequeño Albert, este estudio plantea dudas sobre la ética de establecer problemas de conducta donde no los había y no planificar la reversión de los posibles efectos perjudiciales. Ello era especialmente escandaloso en este caso ya que Johnson, el director de la tesis, tenía él mismo un historial conocido de tartamudez, y estaba familiarizado con los problemas sociales y de comunicación asociados a esta deficiencia (Reynolds, 2006).

La hipótesis de investigación de Tudor planteaba además otra cuestión. ¿Tenía Tudor la competencia y la supervisión adecuadas para llevar a cabo un estudio de este tipo (Ambrose & Yairi, 2002)? O, si Tudor tenía aprensiones sobre los procedimientos, ¿habría tenido la capacidad de detener o alterar el estudio considerando la diferencia de poder en la relación profesor-estudiante? Existen pruebas escritas que sugieren que Tudor expresó algunas reservas a Johnson durante y después del estudio, y que Johnson enterró los resultados una vez que finalizó el estudio (Ambrose & Yairi, 2002). El caso sugiere importantes consideraciones éticas con respecto a la responsabilidad, la competencia, la formación y la supervisión en las actividades de investigación de los estudiantes de posgrado.

Actividades criminales de la Segunda Guerra Mundial (mediados de los años 30 a 1947)

Experimentación nazi (mediados de los años 30 a 1945)

Una de las muchas atrocidades de la Segunda Guerra Mundial fue la experimentación médica realizada con prisioneros por médicos alemanes de campos de concentración nazis. Según el Museo Conmemorativo del Holocausto (2006), los tipos de experimentación médica sin sentido ético realizados por los nazis incluían investigaciones que ponían en peligro la vida sobre temas como los límites de altitud del paracaidismo, tratamientos para la hipotermia, formas de producir agua potable, métodos para tratar lesiones y enfermedades letales infligiendo dichas dolencias a individuos sanos, así como técnicas de esterilización masiva y eugenesia. Además, cuando los individuos morían en el transcurso de estas investigaciones o por otras razones en los campos, sus cuerpos también eran utilizados en experimentación (Weindling et al., 2016). Aunque es posible que nunca se conozca con certeza el número total de fallecidos y el recuento de víctimas de la investigación nazi, algunos investigadores han informado de que el número mínimo supera 15.000 víctimas confirmadas, aunque es probable que la cifra real sea más del doble (Weindling et al., 2016, pág. 1). Es evidente que estos horribles actos llevados a cabo en nombre de la investigación ponen de manifiesto graves atentados contra los derechos humanos. Los prisioneros fueron sometidos a condiciones mortales que no les reportaban ningún bien haciéndolo además involuntariamente.

El juicio médico de Núremberg y el Código de Núremberg (1946-1947)

A finales de 1946, se iniciaron procedimientos penales contra 23 individuos por su presunta participación en la experimentación nazi que se ha mencionado anteriormente. Estos procedimientos llegaron a conocerse como el "Juicio Médico de Núremberg" o el "Juicio a los Médicos" (U.S. Holocaust Memorial Museum, s.f.-a). Al considerar el tribunal la comisión de actos criminales, la ética de la investigación se convirtió repentinamente en el centro de atención a nivel global. Dada la falta de normas de investigación estandarizadas o de regulaciones escritas, Leo Alexander, un médico que colaboraba con la fiscalía, redactó un memorando en abril de 1947 que incluía seis requisitos que debe respetar la investigación legítima (U.S. Holocaust Memorial Museum, s.f.-b). Estos requisitos se reformularon y aumentaron en el veredicto del juicio de agosto de 1947 (Tribunales Militares de Núremberg, 1949, págs. 181-184). La lista actualizada de 10 puntos pasó a conocerse como el Código de Núremberg, que describía los requisitos para la experimentación médica permisible.

Cabe señalar que el Código de Núremberg se redactó para abordar la investigación en general y no únicamente como una condena retrospectiva a los implicados en la experimentación nazi (Weindling, 2022). Como tal, el Código de Núremberg se convirtió en un documento ético fundacional sobre el que se diseñaron futuros documentos y normativas (el código puede consultarse en U.S. Holocaust Memorial Museum, s.f.-b). Debido a la importancia del documento, estos diez principios básicos se incluyen en la Tabla 1 para facilitar su revisión por parte de los lectores.

La investigación médica y conductual con humanos de mediados de siglo (1950-1998)

Con el desarrollo del Código de Núremberg, las expectativas para la ética de la investigación con personas se establecieron dentro del veredicto del juicio, pero pasarían algunas décadas más hasta que los principios se codificaran y aplicaran a las actividades de investigación médica y conductual. A pesar de que el Código de Núremberg estaba a disposición de los investigadores a mediados del siglo XX, siguieron las prácticas de investigación consideradas perjudiciales. Una vez más, este apartado no pretende ofrecer una lista exhaustiva ni los resúmenes pretenden describir las circunstancias o el impacto de cada situación. Más bien, estas sinopsis ofrecen una muestra de algunas investigaciones que se han producido recientemente y ponen de relieve los riesgos de que se produzcan investigaciones sin expectativas normalizadas ni supervisión.

Estudios sobre hepatitis del colegio Willowbrook (años 50-70)

La escuela pública de Willowbrook era un centro residencial de Staten Island, Nueva York (EEUU), que se creó para atender a niños con discapacidad (Goode et al., 2013). Willowbrook es bien conocida por los abusos extremos y las condiciones deplorables que hicieron públicos el senador Robert Kennedy, el periodista Geraldo Rivera y otros en los años sesenta y principios de los setenta. Sin embargo, en relación con este artículo, Willowbrook también fue sede de un amplio programa de investigación. El capítulo 2 de Goode et al. (2013) ofrece una visión de los tipos de investigación médica y de conducta que se llevaron a cabo con los niños de Willowbrook, incluida la investigación sobre la hepatitis y otras enfermedades infecciosas en respuesta a los brotes que se produjeron en el centro. Bajo la dirección de Saul Krugman, cientos de niños que no tenían hepatitis se infectaron con el virus cuando Krugman les alimentó con muestras de hepatitis recogidas de las heces de niños infectados (Goode et al., 2013). Una vez más, las actividades de investigación se estaban realizando con una población vulnerable, exponiéndola a un alto nivel de riesgo (infección casi segura por hepatitis) con poca o nula probabilidad de ganancia directa para los participantes.

Krugman defendió su trabajo afirmando, entre otras razones, que había obtenido el consentimiento de los padres de los niños. Goode et al. (2013) señalaron que hay motivos para suponer que a los padres se les hizo creer que dar su consentimiento para parti-

Tabla 1: Los 10 principios del Código de Nuremberg (según United States Holocaust Memorial Museum, sin fecha-b)

	PRINCIPIO
1	El consentimiento voluntario del participante es esencial.
2	El experimento debe tener efectos positivos para la sociedad que no pueden alcanzarse por otros métodos sin poder ser arbitrarios o innecesarios.
3	El experimento debe estar diseñado de manera tal que se base en los resultados de la experimentación con animales y en el conocimiento de la historia natural de la enfermedad u otro problema en estudio, de modo que los resultados anticipados justifiquen la realización del experimento.
4	El experimento debe llevarse a cabo de forma que se evite todo sufrimiento y daño físico o mental innecesario.
5	Ningún experimento debe realizarse cuando a priori se crea que podría resultar en la muerte o en una lesión incapacitante, salvo, quizás, en aquellos casos en que los propios médicos investigadores participen como sujetos experimentales.
6	El grado de riesgo que se asuma nunca deberá exceder aquel que esté justificado por la importancia humanitaria del problema que se busca resolver mediante el experimento.
7	Deben tomarse las precauciones necesarias y disponerse de instalaciones adecuadas para proteger al sujeto experimental incluso frente a posibilidades remotas de daño, discapacidad o muerte.
8	El experimento debe ser llevado a cabo solo por personas con la debida cualificación científica. Se deberá exigir el más alto grado de habilidad y diligencia por parte de quienes dirijan o participen en todas las fases del experimento.
9	Durante el transcurso del experimento, el sujeto debe tener la libertad de interrumpir su participación si alcanza un estado físico o mental en el que le parezca imposible continuar con el experimento.
10	Durante el experimento, el científico responsable debe estar preparado para poner fin al mismo en cualquier momento si de buena fe y ejercitando su competencia técnica y juicio, tiene razones fundadas para creer que la continuación del experimento podría suponer un riesgo de lesión, discapacidad o muerte para el sujeto experimental.

cipar en las actividades de investigación haría que sus hijos pasaran a encabezar la larga lista de espera de Willowbrook y es posible que no comprendieran bien los riesgos que ello conllevaba. Por lo tanto, aunque los padres firmaran los formularios de Kruger, es probable que el proceso de consentimiento implicara coacción con la oferta contingente de admisión. Esto también pone de relieve los límites de las actividades clínicas y de investigación, así como los posibles conflictos de intereses cuando se trabaja en un contexto de investigación clínica.

Henrietta Lacks y las células HeLa (1951 - en curso)

La historia de Henrietta Lacks, una mujer afroamericana que buscó atención médica para el cáncer de cuello de útero en la Universidad John Hopkins de EEUU en la década de 1950. Su caso sigue sin resolverse y está en el centro de las actuales controversias éticas sobre la investigación médica (Henrietta Lacks: Science Must Right a Historical Wrong [Editorial], 2020). Durante la atención médica que recibió Lacks, se le extrajeron células cancerosas que se estudiaron en un laboratorio. Los investigadores observaron que sus células tenían la capacidad única de sobrevivir y reproducirse. Eran, en esencia, inmortales (Henrietta Lacks: science must right a historical wrong, 2020, pág. 7). Sin que Lacks ni su familia lo supieran, las células, denominadas células HeLa en la comunidad investigadora, se compartieron y se han utilizado en el desarrollo de miles de descubrimientos médicos en todo el mundo. La historia de las células HeLa plantea varias cuestiones y preocupaciones éticas de la investigación. En primer lugar, estas células se compartieron sin el conocimiento ni el consentimiento del individuo. En segundo lugar, nunca se trató la compensación, el reconocimiento o los límites de uso. En tercer lugar, no se tuvo en cuenta ni se protegió adecuadamente la privacidad. Sus células, que contienen información genética extremadamente personal, son de dominio público, lo que infringe no sólo su privacidad, sino también la privacidad médica de sus descendientes. En 2013, se publicaron los detalles de la secuencia del genoma de una cepa HeLa en Internet, lo que desató una polémica sobre la privacidad de los descendientes vivos de Lacks (Greely & Cho, 2013). Aunque las células HeLa siguen utilizándose en la investigación médica, incluso en el desarrollo de vacunas contra la enfermedad por coronavirus (COVID-19) (Henrietta Lacks: Science Must Right a Historical Wrong [Editorial], 2020), las cuestiones éticas siguen latentes.

Estudio de la obediencia de Milgram (principios de los 60)

Un tercer ejemplo de investigación de mediados de siglo es el estudio de Stanley Milgram sobre la obediencia, que probablemente resulte familiar a cualquiera que haya seguido un curso introductorio de psicología debido a su infame reputación como ejemplo de prácticas de investigación poco éticas (Tolich, 2014). A principios de la década de 1960, Milgram se propuso estudiar los efectos de la autoridad sobre la obediencia. Planteó una situación en la que los participantes en investigación asumían el papel de profesor y un confederado (que el participante pensaba que era otro participante en la investigación) asumía el papel de alumno (Milgram, 1963, 1974). El experimentador informó al participante sobre cómo enseñaría al otro participante a responder correctamente a las preguntas mediante descargas eléctricas tras las respuestas incorrectas. Sin que el participante lo supiera, no se administrarían descargas eléctricas reales al estudiante. Durante la sesión, el participante recibió instrucciones del experimentador para que le administrara lo que le parecían grados cada vez más peligrosos de descargas eléctricas. Incluso cuando el estudiante expresaba una incomodidad e indicaba que quería dejar de administrar dichas descargas, el experimentador le instruía para que continuara. Más de la mitad de los participantes siguieron administrando descargas hasta lo que, desde su perspectiva, parecía un nivel de descarga peligroso o incluso mortal para el alumno.

Milgram (1963) trató los diversos índices de angustia demostrados por los participantes, incluyendo protestas verbales, sudoración, risa nerviosa, convulsiones, etc. A los participantes del estudio nunca se les ofreció apoyo de seguimiento para procesar la angustia que experimentaron durante el estudio (Tolich, 2014). El estudio

Milgram es un recordatorio de que el bienestar de los participantes en la investigación no sólo se aplica a la seguridad física. A pesar de que los participantes en el estudio Milgram no estaban expuestos a enfermedades infecciosas ni se les enseñaban pautas de conducta inadaptadas como en algunos de los otros ejemplos analizados anteriormente, es probable que siguieran experimentando eventos adversos cuya mitigación era responsabilidad de los investigadores.

Rekers y Lovaas: Tratamiento conductual de conductas de género en un niño varón (1974)

Aunque los tres ejemplos anteriores proceden del ámbito médico o de la psicología, la siguiente situación se ha producido en el campo de ABA y en su revista insignia, *JABA*. En 1974, Rekers y Lovaas publicaron un artículo que describía un estudio en el que se modificaba la conducta de un niño de cuatro años, Kraig, reforzando los comportamientos masculinos, y extinguiendo y castigando los femeninos. Este trabajo se inició como parte de la investigación de la tesis de George Rekers mientras era estudiante de doctorado en la Universidad de California, Los Ángeles (EEUU), estando bajo la supervisión de O. Ivar Lovaas (Rekers, 1972). Casi de inmediato, se presentaron críticas contemporáneas al artículo y a la ética del estudio, que se publicaron en *JABA* (Nordyke et al., 1977; Winkler, 1977). Nordyke et al. (1977) cuestionaron la ética de la selección de las conductas objetivo etiquetadas como desviadas y no desviadas por Rekers y Lovaas (1974) y, a continuación, procedieron a proporcionar sistemáticamente contraargumentos a las cuatro justificaciones descritas por Rekers y Lovaas. Winkler (1977, pág. 549) también planteó una dificultad acerca de la selección de las conductas objetivo, y escribió: "El estudio plantea una cuestión fundamental, ¿a quién debe lealtad en primer lugar el terapeuta: ¿al cliente? (o en este caso a los padres del cliente), ¿a los propios valores del terapeuta, o a las normas sociales relevantes imperantes?".

El estudio y la controversia que lo rodea resurgieron aproximadamente tres décadas después, cuando Kraig, cuyo verdadero nombre era Kirk Andrew Murphy, se suicidara en 2003 (Johnson, 2022). La familia de Kirk comenzó a hablar en público, incluso con el periodista Anderson Cooper (Cooper, 2011), y a proporcionar explicaciones sobre el impacto devastador tanto a corto como a largo plazo del estudio de Rekers y Lovaas (1974). Luego, se abordó entre los analistas de conducta y los lectores de *JABA* con el fin de condenar las acciones llevadas a cabo por Rekers y Lovaas en nombre de la investigación en ABA (Johnson, 2022). Una consecuencia de ello fue la publicación de una "Nota del Editor" por parte de la *Sociedad para el Análisis Experimental de la Conducta* (SEAB) y Linda LeBlanc, redactora jefa de *JABA*, que hacía oficial una "Expresión de Consternación" sobre Rekers y Lovaas (1974; SEAB & LeBlanc, 2020). Esta nota detallaba los daños que han resultado de la investigación de Rekers y Lovaas (1974), pero no llegó a retractar el artículo porque las pruebas disponibles no dejan claro que el estudio original no fuera ético, según los estándares de la época (SEAB & LeBlanc, 2020, pág. 1832). El discurso posterior continúa en la literatura. Johnson (2022) defiende que existen pruebas que apoyan la retractación del artículo. Tanto Capriotti y Donaldson (2022) como Conine et al. (2022) sugieren lo que los analistas de conducta y el campo de ABA pueden hacer ahora para abordar el daño que han causado Rekers y Lovaas (1974). Mientras se hacen reparaciones, el estudio de Rekers y Lovaas (1974) sigue siendo un recordatorio doloroso de que las actividades de investigación pueden tener efectos negativos a largo plazo, especialmente en casos en los que las conductas objetivo no se seleccionan en el mejor interés del participante, cuando a los participantes no se les da la opción de aceptar o rechazar la participación en la investigación, y cuando se utilizan procedimientos dañinos o abusivos como parte del método.

Wakefield relaciona erróneamente vacunas y trastorno del espectro autista (1998)

Los analistas de conducta que trabajan con personas diagnosticadas de trastorno del espectro autista (TEA) y sus familias probablemente, en algún momento de su carrera, serán preguntados sobre la relación entre el TEA y las vacunas. Este mito y la desinformación relacionada que se ha perpetuado durante casi dos décadas y media se remontan a la carencia de ética con la que Andrew Wakefield realizó sus investigaciones a finales de la década de 1990 (Davidson, 2017). Wakefield, un médico de Londres (Reino Unido) publicó datos que sugerían que existía una relación de causalidad entre la administración de la vacuna contra el sarampión, las paperas y la rubéola con la aparición de patrones de conducta relacionados con el TEA (Wakefield et al., 1998). Dicha relación tenía sentido para muchos, dado que los signos de TEA suelen aparecer en torno a los dos años de edad, el mismo periodo en el que habitualmente se administra la vacuna triple vírica. A pesar de una clara falta de datos que la corroboraran o de réplicas científicas, la teoría cobró impulso entre los padres, los medios de comunicación dominantes y los políticos por igual (Davidson, 2017) y se ha relacionado con la indecisión ante las vacunas y el aumento de brotes prevenibles de enfermedades relacionadas (DeStefano y Shimabukuro, 2019).

En 2004, los editores de *The Lancet*, la revista en la que se había publicado el artículo de Wakefield et al. (1998), emitieron una declaración en la que anunciaban que se habían presentado graves acusaciones de mala conducta en la investigación en relación con Wakefield et al. (Horton, 2004, pág. 820). Esta declaración describía específicamente seis acusaciones, incluyendo la acusación de que no se había concedido la aprobación ética adecuada para el estudio, que los participantes en el estudio no fueron seleccionados de la forma imparcial descrita en el artículo y que Wakefield estaba vinculado de múltiples formas a un caso legal que se estaba llevando a cabo en nombre de padres que afirmaban que sus hijos habían resultado heridos por las vacunas (es decir, los niños de estas familias fueron incluidos como participantes, se compartieron datos con abogados antes de la publicación en *The Lancet* y Wakefield recibió personalmente un pago sustancial relacionado con el caso legal). La declaración concluía que algunas acusaciones no tenían pruebas que las respaldaran y que otras podían rectificarse con un curso de divulgación completa publicado en el mismo número (Horton, 2004, pág. 821). Sin embargo, tras una investigación adicional por parte de otros organismos (por ejemplo, el Panel de Aptitud para la Práctica Profesional del Consejo Médico General del Reino Unido), los editores de *The Lancet* se retractaron formalmente de Wakefield et al. (1998) en 2010 (Editors of The Lancet, 2010).

A pesar de que la conducta poco ética relacionada con Wakefield et al. (1998) se ha abordado en la comunidad científica (por ejemplo, el artículo se ha retractado, estudios posteriores han aportado pruebas de que no existe relación entre el TEA y las vacunas [para una muestra de las pruebas, véase Taylor et al., 2014]), las consecuencias permanecen en la sociedad, ya que continúan las dudas sobre las vacunas y persiste la desconfianza del público en la ciencia (DeStefano & Shimabukuro, 2019).

Normativas fundamentales sobre ética de la investigación (1953-1991)

Podría decirse que la publicación del Código de Núremberg marcó el inicio de la formalización de las expectativas éticas de la investigación descritas en los apartados anteriores. Sin embargo, el Código de Núremberg tenía una autoridad limitada, dado que no era una declaración normativa oficial de ninguna organización profesional. En las décadas de 1950 y 1960, se tomaron medidas para convertir este código en algo aplicable dentro de las profesiones y los estatutos legales.

El Código Ético de la APA (1953)

A mediados del siglo XX, la Asociación Americana de Psicología (APA) estaba experimentando un cambio en el número de sus miembros, que pasaron de ser principalmente científicos y académicos a un equilibrio entre científicos y profesionales, y un cambio en el enfoque de los asuntos científicos a los de la práctica clínica (West, 2008). Con este cambio llegó el desarrollo de las Normas Éticas de los Psicólogos, un código ético para los miembros de la APA (APA, 1953) (para una explicación en profundidad del debate en torno al establecimiento de un código ético para la APA, ver Joyce y Rankin (2010)).

La sección 4 de las Normas éticas de los psicólogos incluía tres puntos relacionados con la ética de la investigación: mantener los estándares de la investigación; proteger el bienestar de los sujetos de la investigación; así como informar sobre los resultados de la investigación (APA, 1953). Con la publicación de este documento, los miembros de la APA que realizaban actividades de investigación poco éticas podían rendir cuentas ante su organización profesional (Joyce & Rankin, 2010). Desde 1953, el código ético de la APA ha sufrido numerosas revisiones hasta convertirse en los Principios Éticos de los Psicólogos y el Código de Conducta que existen en la actualidad (en adelante, el Código de la APA; APA, 2017). El actual código, que puede consultarse en el sitio web de la APA, incluye una introducción, un preámbulo, cinco principios generales y normas éticas específicas, incluidos 15 puntos en la Sección 8: "Investigación y publicación relativos a la práctica ética en las actividades de investigación".

Declaración de Helsinki (1964)

Tras las violaciones de los derechos humanos llevadas a cabo en nombre de la medicina durante la Segunda Guerra Mundial, la Asociación Médica Mundial (AMM) se fundó en 1947 como una asociación mundial que vinculaba a las asociaciones médicas nacionales con el fin de establecer normas internacionales en la profesión médica (Ashcroft, 2008). En la Asamblea General anual de la AMM celebrada en Helsinki (Finlandia), en 1964, los miembros adoptaron la Declaración de Helsinki sobre los Principios Éticos para la Investigación Médica en Seres Humanos (en adelante, la Declaración de Helsinki), que establece directrices para los investigadores que emprenden actividades de investigación médica (AMM, 2013). La Declaración de Helsinki se basó en gran medida en el contenido del Código de Núremberg, la Declaración de Ginebra (una normativa de la AMM, basada en el Juramento Hipocrático, que incluye el compromiso de conducta del médico como miembro de la profesión médica; AMM, 2017) y el Código Internacional de *Ética* Médica (un código ético que rige la práctica de la medicina por los miembros de la AMM; AMM, 2022). Un elemento central de la Declaración de Helsinki es el requisito de que se debe obtener el consentimiento informado antes de iniciar las actividades de investigación y que los investigadores médicos deben dar prioridad al bienestar del paciente o participante por encima de cualquier investigación sobre sus ambiciones. Al mismo tiempo, se legitimó el papel de la investigación clínica y se animó a los médicos a utilizar métodos experimentales si existía un bien potencial para los pacientes. La versión original de la Declaración de Helsinki se encuentra en la página web de la AMM (AMM, s.f.).

Desde su primera adopción en 1964, la Declaración de Helsinki ha sido enmendada o aclarada nueve veces, la última en 2013. Esta versión está disponible en formato de acceso abierto online a través del *Journal of the American Medical Association* (AMM, 2013). La versión actual de la Declaración de Helsinki incluye 13 principios generales en la primera sección del documento. Estos principios exigen a los médicos que den prioridad al bienestar del paciente y al mismo tiempo, que hagan avanzar el campo de la medicina con la investigación clínica en curso.

Es deber del médico que participa en una investigación médica proteger la vida, la salud, la dignidad, la integridad, el derecho a la autodeterminación, la privacidad y la confidencialidad de la información personal de los sujetos de la investigación. La responsabilidad de la protección de los sujetos de la investigación debe recaer siempre en el médico o en otros profesionales de la salud y nunca en los participantes, aunque hayan dado su consentimiento (AMM, 2013, pág. 2191)

Esta sección también exige que quienes realicen investigaciones con personas tengan la formación y las cualificaciones adecuadas, y que los grupos infrarrepresentados tengan acceso a participar en la investigación médica. La siguiente sección de la Declaración de Helsinki aborda los riesgos, las cargas y los beneficios, y exige que estos últimos sean siempre mayores que los riesgos y las cargas. En el apartado siguiente, se consideran las poblaciones vulnerables y se tratan las protecciones necesarias. Otras secciones de la Declaración de Helsinki abarcan los requisitos científicos y los protocolos de investigación; los comités éticos de investigación; la privacidad y la confidencialidad; el consentimiento informado; el uso de placebo; las disposiciones posteriores al ensayo; el registro, la publicación y la difusión de los resultados de la investigación; y las intervenciones no probadas en la práctica clínica.

Ley Nacional de Investigación (1974) e Informe Belmont (1979)

Aunque la Declaración de Helsinki se redactó para un marco de investigación médica, la década siguiente dio lugar a avances similares para la investigación de la conducta. Cabe destacar que, aunque la Declaración de Helsinki se aplicó a una comunidad internacional, los siguientes documentos fundacionales se desarrollaron en el contexto que vivía EEUU. Sin embargo, los documentos se han utilizado tanto formal como informalmente para desarrollar procesos y normativas en todo el mundo, por lo que comprender su contexto probablemente siga siendo valioso para un público internacional. Se anima a los lectores que realicen investigaciones fuera de EEUU y a que busquen más documentos orientativos específicos de su región.

A principios de los años 70, a consecuencia de ello y de un debate público y profesional sobre las prácticas éticas en la investigación, el senador Edward Kennedy dirigió las audiencias del Congreso sobre la investigación con personas (Rice, 2008). Estas audiencias concluyeron que el gobierno federal tenía la responsabilidad de proteger a los participantes en investigaciones en humanos, y en 1974 se promulgó la Ley Nacional de Investigación. Esta ley estableció la Comisión Nacional para la Protección de los Sujetos Humanos de la Investigación Biomédica y del Comportamiento (en adelante, la Comisión Nacional) para redactar documentos formativos relacionados con los requisitos de la investigación. La Comisión Nacional incluía a expertos en ética, religión, derecho, industria y medicina (Rice, 2008, pág. 1328). De interés para los investigadores del análisis de conducta, Joseph Brady, pionero en el campo del análisis de conducta, fue el presidente asociado de la Comisión Nacional, compuesta por 11 personas (Thompson, 2012). Por lo tanto, a medida que las normas éticas de la investigación se codificaban en ley en EEUU, una voz analítico-conductual estaba en la mesa.

La consecuencia de ello fue la publicación del Informe Belmont: Principios éticos y directrices para la protección de los sujetos humanos de investigación (en adelante, Informe Belmont; Comisión Nacional, 1979). El Informe Belmont puede consultarse íntegramente en la página web de la Oficina para la Protección de la Investigación en Humanos.

El Informe Belmont comienza con una sección sobre los límites entre la práctica y la investigación (Parte A). A continuación, en la Parte B, el Informe Belmont establece tres principios básicos para la investigación ética con participantes humanos: el respeto a las personas, los beneficios por participar y la justicia. Los requisitos éticos relacionados con el respeto a las personas incluyen la obtención del consentimiento voluntario e informado, la protección de la confidencialidad y la privacidad, y la posibilidad de que los participantes se retiren de las actividades de investigación sin penalización. El principio de benefacción exige que los investigadores reduzcan al mínimo el daño al tiempo que maximizan el beneficio para el participante en la investigación y la sociedad. El último principio, el de justicia, exige que las cargas de la investigación no recaigan indebidamente sobre determinadas poblaciones, especialmente las vulnerables. Del mismo modo, no se debe excluir a determinadas poblaciones de las oportunidades de investigación. Estos principios siguen siendo los pilares sobre los que se evalúa y aprueba o no se aprueba la investigación moderna (Protection of Human Subjects, 1991). La Parte C del Informe Belmont trata de la aplicación de estos principios a las actividades de investigación, y describe cómo los investigadores deben obtener el consentimiento informado, evaluar los riesgos y beneficios y seleccionar a los participantes.

Protección de sujetos humanos en el código de reglamentos de EEUU (1991)

Una vez que la Comisión Nacional completó sus tareas y se finalizó el Informe Belmont, la responsabilidad de la supervisión de la investigación con humanos en EEUU pasó a la *Oficina para la Protección de la Investigación en Humanos del Departamento de Salud y Servicios sociosanitarios* (Rice, 2008). En 1991, los principios y aplicaciones del Informe Belmont se codificaron en el Código de Reglamentos Federales de EEUU en 45 C.F.R. Parte 46 Protección de los Sujetos Humanos (en adelante, Parte 46), que rige todas las investigaciones con humanos realizadas, apoyadas o sujetas a regulación por cualquier departamento o institución federal (Protection of Human Subjects, 45 C.F.R. Part 46, 1991), a menos que estén específicamente exentas por el Código de Reglamentos Federales (véase Parte 46, §46.101(a)). Aunque se han realizado algunas revisiones en los últimos 30 años, este documento fundacional sigue regulando la investigación en humanos en EEUU y puede consultarse íntegramente en la página web oficial del Código de Reglamentos Federales (Protection of Human Subjects, 45 C.F.R. Part 46, 1991). Una vez más, aunque las normativas se diseñaron y se utilizan en el contexto de EEUU, los lectores internacionales pueden estar interesados en conocer el documento porque se ha utilizado para orientar la normativa ética de la investigación en otros países.

La Parte 46 está organizada en cinco subpartes. La subparte A, también denominada Regla Común, establece requisitos para los investigadores que realicen investigaciones con cualquier participante humano, incluyendo la definición de las actividades de investigación y la de las personas que participan. Además, la Regla Común describe con detalle los requisitos de los comités éticos, incluidos el nombramiento de miembros y sus procedimientos de funcionamiento (cabe señalar que el título abreviado de la Regla Común se refiere técnicamente sólo a la Subparte A, aunque a veces se ha utilizado erróneamente para describir la totalidad de la Parte 46). La subparte B describe las protecciones adicionales para mujeres embarazadas, fetos humanos y neonatos. La subparte C trata de las protecciones adicionales para los presos. Seguidamente, la subparte D aborda las protecciones adicionales para los niños y los requisitos para la obtención o la renuncia del consentimiento. Después, la subparte E incluye los requisitos para el registro de los CEI. En general, la Parte 46 sirve como guía que los CEI de EEUU deben utilizar a la hora de determinar si la investigación con participantes humanos debe ser aprobada para investigaciones financiadas o supervisadas por el gobierno federal. Por lo tanto, cualquier investigador que esté realizando una investigación de este tipo en EEUU es responsable de estar familiarizado con la Parte 46 y adherirse a ella. Este trabajo podría haber incluido otros ejemplos de prácticas de investigación carentes de ética o podría haber resumido una serie de otras declaraciones y documentos normativos;

y, por ello, se anima a los lectores curiosos a que continúen con esta historia utilizando la lista de referencias de este artículo como punto de partida. Aquí, el objetivo no es detallar cada paso en el camino hacia los documentos normativos que los investigadores analítico-conductuales tienen hoy en día, sino más bien contextualizar las normativas contemporáneas en importantes eventos históricos y documentos fundacionales. Al comprender un poco del contexto histórico, los investigadores de análisis de conducta pueden identificar el porqué del qué de las normas éticas de investigación de hoy en día y establecer vínculos entre el Código de la BACB (u otros códigos o prácticas relevantes si no están certificados por la BACB) y el contexto histórico.

Vinculación del Código de la BACB con los documentos fundacionales de ética de la investigación y ciertos eventos históricos

Como se ha mencionado anteriormente, el Código de la BACB establece las expectativas para los solicitantes y certificados BCaBA y BCBA que participan en actividades de investigación. Cabe destacar que los cuatro principios básicos del Código de la BACB (beneficiar a los demás; tratar a los demás con compasión, dignidad y respeto; comportarse con integridad; garantizar su competencia; BACB, 2020, pág. 4) son similares en contenido y tono a los principios éticos básicos del Informe Belmont (respeto a las personas; benefacción; justicia; Comisión Nacional, 1979) y del Código de la APA (benefacción y ausencia de daño; fidelidad y responsabilidad; integridad; justicia; respeto a los derechos y la dignidad de las personas; APA, 2017). El impacto de los documentos fundacionales de la ética de la investigación no se limita únicamente a las prácticas de investigación. De hecho, estos documentos han contribuido a moldear aspectos más amplios de las actividades profesionales éticas.

Como es práctica común en un código profesional, los requisitos del Código de la BACB no están específicamente ligados a ningún documento fundacional sobre ética de la investigación ni a importantes eventos históricos. En este apartado, con el fin de alinearse con los objetivos de este número especial de Análisis de Conducta en la Práctica, se trazará algunos de esos vínculos para permitir a los lectores considerar algunas justificaciones potenciales para la inclusión de varios puntos del Código de la BACB. Se tratará más adelante cada uno de los seis puntos de la Sección 6 de responsabilidad en la investigación que abordan directamente la protección de los participantes humanos. La Tabla 2 resume cada documento fundacional tratado en la sección anterior y relaciona los documentos con el Código de la BACB. El texto completo de este código puede consultarse en la página web de la BACB (BACB, 2020). Para los investigadores de análisis de conducta que no están certificados por la BACB y, por lo tanto, cuya conducta no está vinculada por el Código de la BACB, este apartado puede ser útil de otras maneras (por ejemplo, ayuda para enlazar con otros códigos profesionales que rigen su práctica, promoviendo la reflexión sobre sus propias actividades de investigación y las de sus compañeros y compañeras, ayudando también al desarrollo de códigos profesionales donde no existan).

Conformidad con las leyes y reglamentos de investigación

> Los analistas de conducta planifican y realizan la investigación de forma coherente con todas las leyes y reglamentos aplicables, así como con los requisitos de las organizaciones e instituciones que rigen la actividad investigadora (BACB, 2020, pág. 17)

Para seguir el punto 6.01 del Código de la BACB, los analistas de conducta deben estar familiarizados con las leyes y reglamentos que rigen la investigación. Como se ha descrito anteriormente en casos como los experimentos de la escuela pública de Willowbrook, los efectos de la investigación no regulada pueden ser desastrosos e incluso, mortales. Tras conocer lo que ocurría en nombre de la investigación antes de que existieran leyes y normativas, los investigadores analítico-conductuales deben comprender por qué se desarrollaron dichas normativas y por qué las protecciones son un componente crítico del proceso de investigación.

El bloque de documentos fundacionales incluido en este artículo puede ser un buen punto de partida para el lector, pero se anima a los investigadores a que vuelvan a los documentos y no se basen en resúmenes de terceros. Como mínimo, los investigadores analítico-conductuales de EEUU deberían estar familiarizados con el Informe Belmont y la Parte 46. Los investigadores que trabajen en otros países podrían tomar como referencia el Código de Núremberg y la Declaración de Helsinki, además de determinar qué leyes y reglamentos se aplican a su entorno.

Evaluación por comités éticos

> Los analistas de conducta llevan a cabo investigaciones, ya sea de forma independiente o como prestación de servicios, sólo tras la aprobación de un comité ético de investigación (BACB, 2020, pág. 17).

Los importantes eventos históricos descritos anteriormente (por ejemplo, la investigación del pequeño Albert, el estudio de la tartamudez de Tudor, el estudio de la obediencia de Milgram, la publicación de la vacuna de Wakefield) demostraron la necesidad de una revisión, aprobación y supervisión formal de la investigación. La misma persona que desarrolla y dirige un estudio no debe ser la misma que determine si el estudio cumple los requisitos éticos necesarios. Varios documentos éticos fundacionales proporcionan una orientación sustancial sobre los requisitos que debe cumplir un comité de revisión de la investigación. En concreto, el Informe Belmont y la Parte 46 describen exactamente cómo crear un Comité Ético de Investigación (CEI) y cómo debe funcionar. Los investigadores que no realicen estudios financiados o supervisados de otro modo por el gobierno federal de EEUU también pueden consultar fuentes que ofrecen orientación sobre cómo realizar investigaciones en contextos clínicos y cómo crear comités éticos en entornos no universitarios (Cox, 2020; LeBlanc et al., 2018; Normand & Donohue, 2023).

Investigación sobre prestación de servicios

> Los analistas de conducta que realizan investigaciones como prestación de servicios deben organizar las actividades de forma que se dé prioridad a los servicios y al bienestar de los clientes. En estas situaciones, los analistas deben cumplir todos los requisitos éticos del Código tanto para la prestación de servicios como para la investigación. Cuando se ofrecen servicios profesionales como incentivo para la participación en la investigación, los analistas aclaran la naturaleza de los servicios y los potenciales riesgos, obligaciones y limitaciones para todas las partes. (BACB, 2020, pág. 17-18)

Algunos eventos importantes en la historia de la investigación médica proporcionan a los investigadores modernos muchas advertencias sobre la realización de investigaciones en un entorno clínico. Historias como las de Henrietta Lacks y la escuela pública de Willowbrook recuerdan a los investigadores la importancia de dar prioridad al bienestar del cliente sobre cualquier posible resultado de la investigación. Se recomienda a los lectores interesados en profundizar en la ética de la investigación clínica que lean íntegramente la Declaración de Helsinki para comprender cómo aborda el ámbito médico la investigación realizada en el curso de la prestación de servicios. La Parte A del Informe Belmont también abarca los límites entre la práctica y la investigación clínica, mientras que la Subparte D de la Parte 46 trata la ética de inscribir a niños en estudios de investigación clínica cuando, de otro modo, el niño no podría acceder al tratamiento o la intervención. Por último, Normand y Donohue (2023) abordan la investigación en la prestación de servicios clínicos en el campo del análisis de conducta en su relación con el Código de la BACB.

El consentimiento informado en la investigación

> Los analistas de conducta son responsables de obtener el consentimiento informado (y el asentimiento, si procede) de los posibles participantes en la investigación en las condiciones exigidas por el comité de revisión de la investigación. Cuando los analistas de conducta son conscientes de que los datos obtenidos de clientes pasados o actuales, partes interesadas, supervisados y estudiantes durante la prestación de servicios podrían ser difundidos a la comunidad científica, obtienen el consentimiento informado para el uso de los datos antes de su difusión, especifican que los servicios no se verán afectados por proporcionar o negar el consentimiento y ponen a disposición el derecho a retirar el consentimiento en cualquier momento sin penalización. (BACB, 2020, pág. 18)

La idea del consentimiento informado se remonta a las atrocidades y violaciones de los derechos humanos cometidas durante la Segunda Guerra Mundial en nombre de la investigación y a la consiguiente descripción del consentimiento voluntario en el Código de Núremberg. Un rasgo común entre muchos de los eventos históricos resumidos aquí es que no se informó a los participantes de los procedimientos, y los posibles beneficios y riesgos de las actividades de investigación, así como no se les dio la oportunidad de decidir si querían o no formar parte de los estudios (por ejemplo, el estudio de la sífilis de Tuskegee; Rekers & Lovaas (1974)). Se recomienda a los lectores que lean entero el Código de Núremberg para comprender el espíritu original del consentimiento informado.

Tabla 2. Visión general de cinco documentos éticos fundacionales, incluyendo sus versiones inicial y más reciente, los autores y la audiencia objetivo, el propósito del documento y características destacadas seleccionadas, y la alineación del documento con el Código de Ética del BACB (2020)

DOCUMENTO ÉTICO FUNDACIONAL	PRIMERA Y ÚLTIMA VERSIÓN	AUTOR/ ORIGEN	AUDIENCIA	PROPÓSITO Y CARACTERÍSTICAS DESTACADAS	CÓDIGOS DE BACB RELACIONADOS
Código de Nuremberg	1947	Incluido en el veredicto de los juicios de Nuremberg	Profesionales médicos	Propósito: Describir las actividades permitidas en la investigación médica. Característica destacada: Introducción formal del concepto de consentimiento voluntario.	1 → 6.04 4 → CPa1 8 → 6.06 9 → 6.04, CP2
Principios éticos y código de conducta para psicólogos	1953 / 2017	American Psychological Association (APA)	Psicólogos (científicos y clínicos)	Propósito: Proporcionar un conjunto común de principios para psicólogos y normas de conducta profesional. Característica destacada: Crea un mecanismo para responsabilizar a los psicólogos de conductas de investigación no éticas.	Principio B →CP1 Principio C → CP3 Principio D → CP2, CP4 Principio E → CP2 1.02 →6.01 2.01, 2.03, 2.05 → 6.06 3.01 → CP2 3.04 → CP1 3.10, 8.02, 8.03 → 6.04 4.01, 4.02, 4.06, 4.07 → 6.05 5.01 → 6.11 6.01, 6.02 → 6.10 8.01 → 6.02 8.06 → 6.03 8.10 → 6.11 8.11, 8.13 → 6.09 8.12 → 6.08

Tabla 2 (Continuación)

DOCUMENTO ÉTICO FUNDACIONAL	PRIMERA Y ÚLTIMA VERSIÓN	AUTOR/ ORIGEN	AUDIENCIA	PROPÓSITO Y CARACTERÍSTICAS DESTACADAS	CÓDIGOS DE BACB RELACIONADOS
Declaración de Helsinki: Principios Éticos para la Investigación Médica en Seres Humanos	1964 / 2013	World Medical Association (WMA)	Médicos y otras personas involucradas en la investigación médica con seres humanos	Propósito: Guiar a las personas para que realicen actividades de investigación médica. Característica destacada: Sección dedicada a personas y grupos vulnerables (19–20). Especifica los componentes necesarios que deben estar presentes en un protocolo de investigación (22)	4 → CP1, 6.03 7 → CP1, CP2 9 → CP2 10 → 6.01 12 → 6.06 14 → 6.03 23 → 6.01, 6.02 24 → 6.05 25-32 →6.04 36 → 6.07, 6.11
Informe Belmont: Principios Éticos y Directrices para la Protección de Sujetos Humanos de Investigación	1979	The National Commission for the Protection of Human Subjects of Biomedical and Behavioral Research	Investigadores, miembros de comités éticos, empleados federales	Propósito: Identificar los principios éticos fundamentales que definen la conducta de la investigación biomédica y del comportamiento que involucra participación humana, y brindar orientación para garantizar que se siguen estándares éticos. Característica destacada: Resume requisitos para procedimientos justos y resultados equitativos en la selección de los participantes.	Parte A → 6.03 Parte B1, B3 → CP2 Parte B2 → CP1 Parte C1 → 6.04

Tabla 2 (Continuación)

DOCUMENTO ÉTICO FUNDACIONAL	PRIMERA Y ÚLTIMA VERSIÓN	AUTOR/ ORIGEN	AUDIENCIA	PROPÓSITO Y CARACTERÍSTICAS DESTACADAS	CÓDIGOS DE BACB RELACIONADOS
Protección de participantes humanos, 45 C.F.R. Parte 46	1991	Parte del código de regulaciones federales de EEUU	Individuos e instituciones involucrados en investigación financiada por fondos federales / supervisada a nivel federal en EEUU	Propósito: La norma se aplica a toda investigación que involucre participantes humanos realizada, apoyada o regulada por cualquier departamento o agencia federal de EEUU, salvo que alguna regulaciones específica indique lo contrario. Características destacadas: Subparte A: Describe en detalle los requisitos para los comités éticos, incluyendo los miembros que deben integrarlos y otros procedimientos. Subparte D: Guías para solicitar el asentimiento en niños.	§ 46.107 -§ 46.115 → 6.02 § 46.116-§ 46.119 →6.04

A continuación, debe consultarse la Subparte A de la Parte 46 para determinar los requisitos actuales para que el asentimiento de un participante se considere consentimiento informado. La Subparte D de la Parte 46 ofrece orientación a los investigadores y revisores sobre cuándo y cómo debe obtenerse el asentimiento durante la investigación.

Confidencialidad e investigación

> Los analistas de conducta dan prioridad a la confidencialidad de los participantes en sus investigaciones, excepto en condiciones en las que no sea posible. Toman las medidas adecuadas para evitar que se comparta accidental o inadvertidamente información confidencial o identificativa mientras realizan la investigación y en cualquier actividad de difusión relacionada con la investigación (por ejemplo, disimulando o eliminando la información confidencial o identificativa). (BACB, 2020, pág. 18)

La grave violación cometida contra Henrietta Lacks es un excelente ejemplo de lo que puede ocurrir si los investigadores no dan prioridad a la confidencialidad de los participantes. Debido a la falta de protección de la privacidad, una gran cantidad de sus datos privados, incluida su información genética y la de sus familiares, se hicieron de dominio público. Cuando los investigadores contemporáneos preparan sus procedimientos, deben consultar la Regla Común (Subparte A de la Parte 46). La Regla Común aconseja a los comités éticos que exijan protecciones adecuadas para la confidencialidad de los participantes antes de aprobar un estudio y exige que dichas protecciones se incluyan en el proceso de consentimiento informado. Además, la Regla Común aborda qué es la información privada y cómo debe protegerse la información privada identificable.

Competencia para realizar investigaciones

> Los analistas de conducta realizan investigaciones de forma independiente tras haberlas llevado a cabo con éxito bajo la supervisión de un supervisor en una relación definida (por ejemplo, tesis, disertación, proyecto tutelado de investigación). Los analistas de conducta y sus ayudantes sólo pueden realizar aquellas actividades de investigación para las que estén debidamente formados y preparados. Antes de participar en el estudio para el que un analista de conducta no haya recibido formación, deberá buscar la formación adecuada y demostrar su competencia o colaborar con otros profesionales que tengan la competencia necesaria. Los analistas de conducta son responsables de la conducta ética de todo el personal asignado al proyecto de investigación. (BACB, 2020, pág. 18)

El caso del estudio sobre la tartamudez de Tudor es potencialmente un ejemplo de lo que puede ocurrir si no se proporciona una supervisión adecuada a los investigadores que están empezando. Aunque nadie sabrá nunca si el estudio habría progresado tanto como lo hizo si el ayudante de Mary Tudor hubiera tenido una supervisión más estricta de las actividades de investigación, es probable que la decisión de continuar o finalizar el estudio no se hubiera dejado a una estudiante de posgrado de 22 años si en aquel momento se hubieran aplicado normativas, como el punto 6.06 del Código de la BACB. Con la publicación del Código de Núremberg, quedó claro que la competencia del investigador era un componente necesario de la investigación ética, y la Declaración de Helsinki y el Código de la APA describieron con más detalle los requisitos de formación y cualificación para supervisar la investigación con personas. Los analistas de conducta también pueden consultar Brodhead et al. (2018) para debatir sobre el alcance de la competencia en el análisis de conducta.

Orientación derivada de los documentos fundamentales en ética de la investigación

Aunque una de los potenciales ventajas de estar familiarizado con los importantes eventos históricos y los documentos fundacionales de la ética de la investigación es comprender el porqué de las prácticas contemporáneas, una segunda ventaja potencial, aunque relacionado, puede tener más utilidad práctica para los investigadores del análisis de conducta. En situaciones en las que el Código de la BACB no proporciona instrucciones explícitas o cuando el investigador analítico-conductual no está obligado por el código (es decir, el investigador no está certificado por la BACB), la familiaridad con los documentos fundacionales puede ser útil en la medida en que dichos documentos puedan proporcionar orientación. Cabe señalar que esto no debe interpretarse como una limitación o defecto del Código BACB. Más bien, el código se redactó de forma que guiara a los profesionales certificados y a los solicitantes a volver al marco (es decir, los Principios Básicos; BACB, 2020) a la hora de tomar decisiones sobre cualquier aspecto de su trabajo. Lo cierto es que un único código no puede detallar todas las situaciones posibles que puedan surgir en el transcurso de las actividades, por lo que corresponde a las personas obligadas por el Código de la BACB a utilizar los Principios Básicos y los documentos fundacionales para interpretar y generalizar las normas del Código de la BACB a cualquier circunstancia novedosa.

En este apartado, se describen cinco escenarios hipotéticos y se ofrecen ejemplos de cómo podrían consultarse los documentos fundacionales. No pretende ser una lista exhaustiva de circunstancias; más bien, estos escenarios se diseñaron para que sirvieran de modelo de cómo aplicar los documentos fundacionales a los contextos de investigación analítico-conductuales.

Escenario 1: Reclutamiento y selección de participantes

Rachel es una analista de conducta asistente que trabaja en una escuela pública de EEUU Está interesada en realizar una investigación sobre las formas más eficaces de enseñar a lavarse las manos a los alumnos de primaria. Dirige un programa extraescolar gratuito para niños de familias con un nivel de pobreza igual o inferior al 130% del nivel federal. Está considerando la posibilidad de invitar a participar a todos los alumnos del programa extraescolar porque ella ya tiene acceso a ellos y estos alumnos tienen más disponibilidad debido a su horario más ampliado en la escuela. Pero, se pregunta si éste es un enfoque ético para la captación en un proyecto de investigación y el Código de la BACB no menciona explícitamente las estrategias de captación.

Rachel podría consultar la Declaración de Helsinki o el Informe Belmont. Ambos documentos le advertirían sobre este enfoque de reclutamiento. Si Rachel procediera a incluir sólo a alumnos del programa extraescolar, correría el riesgo de cargar indebidamente a un grupo específico, uno potencialmente vulnerable, durante la creación de conocimientos que probablemente beneficiarían a otros grupos. Si se va a considerar la inclusión de un grupo vulnerable en un estudio, la Declaración de Helsinki exige que la investigación responda a las necesidades o prioridades del grupo y la investigación no puede llevarse a cabo en un grupo no vulnerable (AMM, 2013, pág. 2192). Lo que aborda el Informe Belmont sobre la justicia también podría ayudar a Rachel a desarrollar estrategias de reclutamiento más equitativas. Ella descubriría que la facilidad de acceso a los participantes no es una razón ética para tener como objetivo a un grupo específico para su inclusión en un estudio (ver Pritchett et al., 2021, para más información sobre el paso de las prácticas de investigación coloniales a las participativas en el campo del análisis de conducta).

Escenario 2: Obtención del asentimiento

Aisha es una BCBA-D que dirige una clínica ambulatoria de conductas graves en un campus universitario. Los clientes son remitidos a ella para la evaluación de conductas extremadamente peligrosas y evalúa una ligera modificación de los procedimientos de evaluación habituales con el fin de determinar si la modificación daría lugar a un protocolo más eficaz. El Código de la BACB menciona la obtención del asentimiento en el 6.04 (Los analistas de conducta son responsables de obtener el consentimiento informado y el asentimiento cuando sea pertinente; BACB, 2020, pág. 18).

> Además, el asentimiento se define en el Código de la BACB como la conducta verbal vocal o no vocal que puede interpretarse como una indicación de la voluntad de participar en una investigación o en servicios conductuales por parte de individuos que no pueden dar su consentimiento informado (por ejemplo, debido a la edad o a deficiencias intelectuales). El consentimiento puede ser requerido por un comité de revisión de la investigación o por una organización de servicios. En tales casos, dichas entidades proporcionarán parámetros para evaluar el asentimiento (BACB, 2020, pág. 7).

Sin embargo, Aisha no está segura de cómo interpretarlo en su situación. Ella puede considerar la posibilidad de revisar el Informe Belmont y la Subparte D de la Parte 46. Aunque la decisión recaerá en última instancia en Aisha y su equipo de investigación, del CEI que apruebe el estudio y de los tutores responsables de dar el consentimiento a los posibles participantes, los documentos fundacionales podrían ayudar en la redacción de los procedimientos propuestos. En la Parte B, el Informe Belmont analiza la importancia de dar prioridad a la autonomía y de proteger a los individuos con autonomía disminuida en el principio ético del respeto a las personas. En la subparte D se detallan las condiciones en las que se puede renunciar al consentimiento (como capacidad de consulta extremadamente limitada, las actividades de investigación ofrecen una intervención a la que no se puede acceder de ninguna otra forma y es probable que beneficie directamente al individuo). Después de que Aisha examine su proyecto en relación con los documentos fundacionales, también puede recurrir a la bibliografía contemporánea revisada por expertos en busca de ideas sobre cómo podría obtenerse un asentimiento significativo si se determina que el asentimiento es apropiado en su situación (por ejemplo, Mead Jasperse et al., 2023; Morris et al., 2021; Rajaraman et al., 2022).

Escenario 3: Compensación por participación

Felipe es un analista de conducta que está desarrollando una propuesta de investigación para evaluar una intervención conductual para enseñar a los conductores de autobuses escolares a completar una rutina de seguridad al final de su ruta. Felipe entiende que sus participantes están muy ocupados y piensa que deberían recibir una compensación adecuada por su tiempo. También cree que incluir un incentivo podría facilitar el reclutamiento de participantes. Se pregunta si puede incluir vales regalo en su solicitud de financiación y, en caso afirmativo, cómo decidir el valor de dichos vales. Felipe es consciente de que el Código de la BACB indica qué hacer con respecto al intercambio de regalos en un entorno de práctica (BACB, 2020, pág. 10), pero no está seguro de qué hacer cuando se realiza una investigación. Felipe podría mirar el Informe Belmont cuando desarrolle sus requisitos presupuestarios para este proyecto de investigación. El Informe Belmont afirma en la Parte C.1 que la influencia indebida se produce con una oferta de una recompensa excesiva, injustificada, inapropiada, impropia u otro tipo de insinuación con el fin de obtener el cumplimiento (Comisión Nacional, 1979). Por lo tanto, aunque el ofrecimiento de incentivos está permitido, Felipe debe considerar cuidadosamente la cantidad ofrecida para minimizar la posibilidad de coacción o influencia indebida, según la Sección 116 de la Parte 46 (Protección de Sujetos Humanos, 1991). Felipe debe considerar todos los aspectos de los requisitos de la investigación al proponer el valor de la compensación y debe asegurarse de que los vales no valgan tanto como para inducir a un participante potencial a dar su consentimiento cuando, de otro modo, no pensaría que los ventajas superasen los riesgos de la participación.

Escenario 4: Selección de conductas objetivo

Alfie es también otro analista de conducta certificado que trabaja como profesor adjunto y dirige un laboratorio de investigación en su universidad. Está interesado en estudiar el impacto de los programas de reforzamiento en las habilidades de lectura y quieren hacerlo manipulando dichos programas mientras enseñan a los participantes a leer palabras sin sentido en voz alta e igualar las palabras con su significado inventado. Planean reclutar sólo participantes adultos y no prevén utilizar ningún engaño (es decir, en el proceso de consentimiento informado se detallará exactamente lo que ocurrirá durante las sesiones de investigación). Sin embargo, les preocupa seleccionar una conducta objetivo que no tenga el potencial de tener un impacto positivo directo en los participantes y el Código de la BACB no menciona explícitamente la selección de conductas objetivo cuando se realiza una investigación fuera del contexto de la prestación de servicios.

Es posible que Alfie quiera volver a la Subparte A de la Parte 46 y revisar los requisitos para el consentimiento informado (§46.116). Aunque la conducta objetivo de Alfie parece bastante benigna (¡puede que incluso divertida si al participante le gustan los juegos de memoria y aprendizaje!), podría haber casos en los que la conducta objetivo tuviera el potencial de causar daño debido a circunstancias individuales (por ejemplo, el participante tiene una historia de dificultad con el aprendizaje de la lectura y hay emociones negativas asociadas a esta actividad). Por lo tanto, el proceso de consentimiento informado será fundamental para proporcionar a los participantes potenciales la suficiente información sobre el estudio como para que puedan determinar si existe algún efecto adverso potencial que pudieran experimentar. Con un estudio como éste, una carga que puede existir para todos los participantes es la del compromiso de tiempo. Es decir, los participantes van a dedicar tiempo a realizar una actividad que aparentemente no tiene ningún beneficio directo para ellos. Por ello, guiándose por la Subparte A, el formulario de consentimiento de Alfie debe incluir una declaración clara del tiempo estimado necesario y una de que la participación es voluntaria y que los participantes pueden retirarse en cualquier momento sin penalización. Por último, aunque el proceso de consentimiento informado debe capacitar a los participantes para tomar sus propias decisiones respecto a la participación, Alfie debe recordar el último punto del Código de Núremberg: el investigador debe asumir la responsabilidad del experimento y estar preparado para poner fin al estudio en cualquier momento si el participante se encuentra en peligro.

Escenario 5: Investigaciones e información engañosa

Rashid es un analista de conducta certificado y estudiante de posgrado en un programa de doctorado. Como parte de su investigación de tesis, está interesado en identificar formas de enseñar a los preadolescentes a mantenerse seguros cuando participan en las redes sociales, lo que incluye no compartir información personal en la plataforma, no aceptar ni hacer solicitudes de amistad a personas que no conocen fuera de Internet, y no unirse a ningún grupo que no esté diseñado para adolescentes y moderado adecuadamente. Quiere poner a prueba un modelo de formación en habilidades de conducta (EHC, en inglés), pero su proyecto va a tener que implicar un poco de engaño para determinar si esa formación ha sido eficaz. En concreto, su plan consiste en hacer que uno de sus ayudantes de investigación se haga pasar por un compañero de la misma edad en las redes sociales y observe cómo responde el participante preadolescente a diversas situaciones, como solicitudes de información personal, peticiones de amistad, etc. Rashid sabe que el Código de la BACB exige claramente el consentimiento informado (y el asentimiento, según proceda) en el punto 6.04, pero no está seguro de cómo manejar el proceso de consentimiento informado y asentimiento cuando se propone el engaño.

Una vez más, volver a la Parte 46 podría ser útil en esta situación. Rashid podría echar un vistazo al 46.116 que describe las circunstancias en las que podría estar justificada una renuncia o modificación general del consentimiento. Si puede determinar que la investigación no implica más que un riesgo mínimo para los participantes, que la investigación no podría llevarse a cabo sin la modificación solicitada (en este caso, el engaño a los preadolescentes respecto a con quién están interactuando en Internet), que los derechos y el bienestar de los participantes no se verán comprometidos y que serán informados después del estudio, entonces podría justificar el engaño dentro del proceso de consentimiento. Rashid puede plantearse incluir el engaño en el proceso de asentimiento (pero no los detalles sobre en qué consistirá exactamente el engaño) y revelar la naturaleza del engaño en ese proceso con los padres o tutores. Rashid también podría recurrir a la norma 8.07 del Código de la APA, ya que en ella se fijan los requisitos para que los psicólogos usen el engaño en la investigación, lo que podría ser útil para el contexto de Rashid.

Estos cinco escenarios ofrecen modelos de cómo los investigadores en análisis de conducta pueden utilizar documentos fundacionales para informar sus prácticas cuando el Código de la BACB no ofrece una orientación explícita. Eso sí, estos no son los únicos dilemas nuevos que podrían surgir al diseñar protocolos de investigación analítico-conductuales. La Tabla 3 organiza los dilemas presentados en este artículo, así como otras preocupaciones éticas de la investigación, y sugiere documentos éticos fundacionales relacionados y artículos revisados por pares que podrían ofrecer orientación cuando se encuentren dichas preocupaciones.

Los documentos fundacionales y los acontecimientos históricos también podrían ser útiles a nivel de institución. Por ejemplo, las organizaciones de análisis de conducta que prestan servicios clínicos podrían estar interesadas en desarrollar normativas y políticas que guíen la investigación clínica realizada en sus instalaciones. En este caso, además de leer a Cox (2020), LeBlanc et al. (2018) y Normand y Donohue (2023), a los responsables políticos de la institución les gustaría consultar los documentos fundacionales a medida que crean sus propios documentos rectores. Por ejemplo, una institución podría querer diseñar una normativa sobre los documentos requeridos que un científico y practicante debe presentar para solicitar realizar una investigación en su organización. Aparte de mencionar que debe obtenerse el consentimiento informado, el Código de la BACB no estipula ningún documento o solicitud requeridos para realizar una investigación como profesional certificado, la Declaración de Helsinki podría ser útil. En la sección 22, la Declaración de Helsinki enumera los componentes obligatorios de un protocolo de investigación, incluido el diseño y las consideraciones éticas, como la financiación, los posibles conflictos de intereses, los incentivos para los participantes y las disposiciones para los participantes que resulten perjudicados durante el estudio. Éste es sólo un ejemplo de cómo los responsables de una institución podrían utilizar documentos fundacionales y eventos históricos para diseñar normativas, procedimientos y procesos relacionados con la investigación clínica. Otros requisitos a nivel de organización que podrían guiarse por estos recursos incluyen tareas, como el establecimiento de expectativas para la selección, formación y supervisión de un comité ético de la investigación. También la definición de una selección equitativa de los participantes en investigación, la determinación de cómo minimizar el riesgo y maximizar las ganancias clínicas derivadas de participar, la identificación de cómo facturar éticamente las actividades de investigación clínica, la planificación de una difusión ética de los resultados de la investigación y la descripción de las expectativas para la investigación en la que

Tabla 3: Consideraciones éticas en investigación y recursos sugeridos relacionados con documentos éticos fundamentales y artículos revisados por pares

CONSDIERACIONES ÉTICAS	FUENTES SUGERIDAS
Requisitos para comités éticos de investigación (CEI)	Informe Belmont (1979) Protección de Sujetos Humanos, 45 C.F.R. Parte 46 (1991): • Subparte A — membresía y procedimientos • Subparte E — requisitos para el registro de los CE.
Realización de investigaciones en contextos clínicos y establecimiento de comités éticos en entornos no universitarios	Cox (2020) LeBlanc et al. (2018) Normand & Donohue (2023)
Límites entre la práctica clínica y la investigación clínica	Declaración de Helsinki (2013) Informe Belmont (1979)
Inclusión de niños y poblaciones vulnerables en la investigación	Declaración de Helsinki (2013) Informe Belmont (1979) Protección de Sujetos Humanos, 45 C.F.R. Parte 46 (1991): • Subparte D
Comprender, evaluar y minimizar el riesgo	Declaración de Helsinki (2013) Informe Belmont (1979) Protección de Sujetos Humanos, 45 C.F.R. Parte 46 (1991): • Subparte D
Reclutamiento y selección de participantes	Declaración de Helsinki (2013) Informe Belmont (1979) Pritchett et al. (2021)
Selección de conductas de interés para la intervención	Código de Núremberg Protección de Sujetos Humanos, 45 C.F.R. Parte 46 (1991): • Subparte A Bosch & Fuqua (2001)
Investigación que implica engaño o renuncia/modificación del consentimiento	Protección de Sujetos Humanos, 45 C.F.R. Parte 46 (1991) Código de Ética de la APA (Estándar 8.07, 2017)
Omisión del asentimiento	Protección de Sujetos Humanos, 45 C.F.R. Parte 46 (1991): • Subparte D Informe Belmont (1979), Morris et al. (2021), Flowers & Dawes (2023), Rajaraman et al. (2022)
Comprensión de la investigación por parte de los participantes	Informe Belmont (1979): Parte C Protección de Sujetos Humanos, 45 C.F.R. Parte 46 (1991) Código de Ética de la APA (2017)

Nota: Esta lista de consideraciones éticas y recursos sugeridos no es (ni pretendía ser) exhaustiva. Reconocemos que los investigadores en análisis de conducta pueden enfrentarse a otras situaciones no descritas en esta tabla.

participen el personal, los padres, los cuidadores u otras partes interesadas (por ejemplo, las encuestas a los padres o la investigación de formación de personal). El siguiente paso útil podría ser la publicación de un recurso para los responsables políticos que formule recomendaciones explícitas para el desarrollo de una normativa de investigación basada en las orientaciones de los documentos éticos fundacionales.

Orientaciones para la toma de decisiones en ética de la investigación

En consonancia con el tema de este número especial de Análisis de Conducta en la Práctica, el apartado final de este artículo ofrece algunas ideas sobre las formas en que los investigadores en análisis de conducta podrían recopilar y utilizar datos para tomar decisiones sobre la ética de la investigación en consonancia con el Código de la BACB y los documentos fundacionales.

¿Disponemos de datos en éticos de investigación?

Antes de buscar futuras direcciones en las decisiones sobre ética de la investigación basadas en datos, podría ser útil considerar qué datos éticos de investigación se dispone en la actualidad. Un punto de partida sería un análisis de las violaciones relacionadas con la investigación de los artículos del Código de la BACB, incluidas las versiones anteriores de las pautas profesionales y éticas establecidas por la BACB. De hecho, la BACB dispone de una página web dedicada desde 2002 a la publicación de las sanciones de declaración obligatoria que han afectado al estatus como certificado de personas concretas o la elegibilidad de aquellos que pretenden alcanzar la certificación (BACB, 2023a). Estas sanciones también aparecen en el Registro de Certificados de la BACB (BACB, 2023b). A 22 de enero de 2023, las acciones disciplinarias se enumeran públicamente en EEUU (*n* = 1.025), Canadá (*n* = 1) y China (*n* = 1). Del análisis de esta base de datos, no se han publicado acciones disciplinarias por normas éticas relacionadas con la investigación.

A menudo, se considera que las actividades de investigación entrañan más riesgos que las que no lo son y éste es un dato interesante que merecería ser investigado. ¿Qué variables son responsables de esta afirmación? ¿Las aprobaciones previas que exigen los procesos de los comités éticos y los comités de revisión de la investigación protegen de manera eficaz contra las actividades de investigación contrarias a la ética? ¿O bien las violaciones de la ética de la investigación no se notifican o no alcanzan el nivel de sanciones? O, ¿tal vez las actividades de investigación están siendo realizadas y supervisadas por un subconjunto de profesionales certificado que tienen relativamente más formación y experiencia? Sea cual sea la razón o razones, este punto de datos a gran escala es uno que podría merecer la pena seguir cuando se tomen decisiones sobre ética en la investigación en el campo del análisis de conducta.

Evidencia procedente de estudios grupales

El punto 6.06 del Código de la BACB aborda la competencia para realizar investigaciones. A medida que crece el campo del análisis de conducta, podrían ser útiles los datos relativos a las oportunidades de formación en ética de la investigación. Esto podría adoptar la forma de recogida de datos sobre eventos de formación continua que cubren la ética en la investigación. Los profesionales certificados deben informar de cuántos créditos de formación continua (conocidos como CEU) adquieren en el área de ética (BACB, 2022), por lo que la recopilación de datos podría adoptar la forma de añadir una casilla para marcar si los CEU de ética abordan la ética de la investigación. Como alternativa, se podría pedir a los proveedores de formación continua aprobados (ACE, en inglés) que informen anualmente de cuántos eventos de formación continua trataron el tema de la ética en la investigación. Estos datos y otros similares recopilados por otros organismos de certificación podrían ayudar al campo a tomar decisiones colectivas sobre si se deberían dedicar más recursos a diseñar y ofrecer CEU sobre ética de la investigación. De forma similar, los analistas de conducta podrían estar interesados en saber cómo se enseña la ética de la investigación en los cursos de posgrado (por ejemplo, en un curso de ética independiente, en un curso de metodología de la investigación, integrado en varios cursos). Estos datos podrían recopilarse encuestando a los coordinadores de la secuencia de cursos verificados sobre la incorporación de la ética de la investigación en su plan de estudios.

Los analistas de conducta también podrían querer saber cuántos de los certificados por la BACB realizan actividades de investigación. Los datos relativos a la proporción de profesionales certificados que realizan investigación podrían ayudar a interpretar otros datos a nivel de grupo (por ejemplo, la ausencia de infracciones éticas relacionadas con la investigación) y a planificar el crecimiento y las necesidades futuras del campo. Estos datos podrían recopilarse pidiendo a los profesionales certificados de la BACB que informen de sus actividades de investigación con una pregunta binaria de sí o no durante el proceso de recertificación.

Por último, podría ser útil la investigación sobre diversas actividades de ética de la investigación en el campo del análisis de conducta. Esto podría adoptar la forma de revisión de la literatura publicada (por ejemplo, Morris et al., 2021), recopilación de datos de autoinforme a través de la investigación por encuesta (como Mead Jasperse et al., 2023) o entrevistas o grupos de discusión, o evaluación empírica de la utilidad de procedimientos específicos relacionados con la ética de la investigación (por ejemplo, Rajaraman et al., 2022). A medida que se generan estos conjuntos de datos, se pueden tomar decisiones más informadas en relación con las normativas y prácticas de ética de la investigación a nivel grupal.

¿Qué datos podrían ser útiles a nivel individual entre científicos y profesionales?

Los documentos fundacionales revisados en este artículo ofrecen numerosas ideas para la recopilación de datos con el fin de determinar objetivamente el cumplimiento o no de un alto nivel de ética en la investigación. Por ejemplo, la Parte 46 exige que los CEI cuenten con protocolos escritos que los investigadores deben seguir en relación con problemas imprevistos que impliquen riesgos para los participantes u otras personas. Es posible que los investigadores quieran desarrollar sistemas objetivos para rastrear datos relacionados con los riesgos, daños o lesiones relacionados con la investigación o con problemas imprevistos.

Otro tipo de datos que podría ser útil supervisar para garantizar el cumplimiento de las normativas éticas de investigación serían los datos demográficos y de reclutamiento. En 2017, Li et al. plantearon esta cuestión y defendieron que la comunicación de información demográfica es necesaria para determinar si se está cumpliendo el principio de justicia del Informe Belmont. Sin embargo, cuando Jones et al. (2020) realizaron una revisión actualizada de la bibliografía unos años más tarde, descubrieron que las variables demográficas apenas se declaraban. Por lo tanto, podría justificarse un llamamiento reiterado a la recogida y notificación de datos demográficos para determinar el cumplimiento de las directrices éticas de la investigación.

Por último, según proceda, los investigadores del análisis de conducta podrían considerar la posibilidad de recopilar datos sobre el asentimiento continuo en contextos de investigación, como hicieron Rajaraman et al. (2022). Dicha recopilación permitiría a los investigadores calcular la proporción de sesiones programadas a las que se dio el asentimiento frente a las que no, lo que a su vez podría ayudar a los investigadores a tomar decisiones basadas en datos sobre si un participante debe considerar la posibilidad de que un participante continúe en un estudio.

No es cuestión de empezar. Ya se ha empezado. Es cuestión de lo que hay que hacer a partir de ahora (Skinner, 1948, pág. 208).

Estos importantes eventos históricos y del desarrollo de los documentos fundacionales de la ética de la investigación comenzó a principios de los años 20. Como se resume en este artículo, el siglo pasado ha sido testigo tanto de horribles atrocidades ocurridas en nombre de la investigación como de increíbles avances respecto a la formalización y codificación de las normas éticas de la investigación. Con la entrada en vigor del Código de la BACB el 1 de enero de 2022 (BACB, 2020), existe una gran oportunidad para que los investigadores analítico-conductuales lideren el progreso continuo en la ética de la investigación. La comprensión de las variables históricas responsables de las normativas y prácticas actuales puede permitir a los investigadores analítico-conductuales entender mejor la posible justificación de la inclusión de varios puntos del Código de la BACB. Además, familiarizarse con los documentos fundacionales de la ética en la investigación puede ayudar a los analistas de conducta a generalizar los principios básicos del Código de la BACB a situaciones novedosas de ética en la investigación y en casos en los que los investigadores analítico-conductuales no estén certificados por la BACB. A medida que los investigadores del análisis de conducta avanzan hacia el próximo siglo de progreso en la ética de la investigación, los datos recogidos tanto a nivel individual como grupal pueden ayudar al campo a tomar decisiones informadas sobre las próximas iteraciones de las normativas y prácticas en ética de la investigación.

3 HISTORIA DE LOS CÓDIGOS ÉTICOS DE *BEHAVIOR ANALYST CERTIFICATION BOARD*[1]

Tyra P. Sellers | Holly A. Seniuk |
Sarah N. Lichtenberger | James E. Carr

Resumen

Como principal organización de certificación en análisis de conducta, BACB ha publicado nueve documentos y códigos éticos desde su creación en 1998. Las normas éticas de estas publicaciones han servido como base de la educación ética y la acción disciplinaria en el análisis aplicado de conducta durante más de dos décadas. Como es importante documentar la evolución de una profesión para un posterior análisis histórico, el objetivo de este artículo es describir el desarrollo y la evolución tanto de los documentos como de los códigos éticos de BACB.

Desde 1985 hasta principios de la década de 2000, Florida mantuvo el primer programa de certificación para analistas de conducta en ejercicio, el llamado *Programa de Certificación de Análisis de Conducta de Florida* (Starin et al., 1993). A mediados de los años 90, el programa tuvo tanto éxito que los departamentos

[1] Sellers, T. P., Seniuk, H. A., Lichtenberger, S. N., & Carr, J. E. (2023). The history of the Behavior Analyst Certification Board's ethics codes. *Behavior Analysis in Practice*. https://doi.org/10.1007/s40617-023-00803-2

estatales y las asociaciones profesionales de otras zonas de EEUU comenzaron a utilizar los exámenes de Florida, como, por ejemplo, en California, Texas, Pensilvania, Nueva York y Oklahoma (Johnston et al., 2017). En este punto, era evidente que era necesario un programa nacional de certificación de analistas de conducta. De hecho, a medida que otros estados se interesaban en utilizar el examen de Florida, los funcionarios del estado decidieron que sería razonable que una entidad aceptara la responsabilidad nacional de dicho programa (Johnston & Shook, 2001, pág. 78). El doctor Gerald (Jerry) Shook,[2] uno de los arquitectos originales del programa de certificación de Florida, fundó *Behavior Analyst Certification Board* (BACB) en 1998, entidad que asumiría las operaciones del programa en Florida. En 2003, los seis programas de certificación habían dejado de operar y trasladaron sus operaciones a BACB (Johnston et al., 2017).

Los primeros requisitos de certificación de BACB fueron bastante más exigentes que los que se pedían en los seis estados de EEUU que mantenían programas de certificación. Por ejemplo, los requisitos iniciales para BCBA incluían un título de máster o superior, 180 horas de cursos de contenido analítico-conductual (aproximadamente cuatro cursos semestrales de 3 créditos) y 12 meses de experiencia supervisada o 18 meses tutelada (Johnston y Shook, 2001). Aunque se exigía a los certificados por BACB el adherirse a un conjunto de normas disciplinarias (ver más adelante las *Normas Disciplinarias Profesionales* [1999]), en aquel momento no existía un código ético formal de BACB.

Aunque los requisitos iniciales para el certificado de BCBA eran más rigurosos que cualquiera de los programas de los seis estados, los requisitos mencionados anteriormente eran probablemente más bajos de lo que muchos en la profesión hubieran deseado en aquel momento. La razón era lo diferente que podía ser el dónde y cómo los analistas de conducta se habían formado. En general, los

[2] Association of Professional Behavior Analysts, Highlands Ranch, Colorado, EEUU.

analistas recibían su formación en unos pocos programas universitarios, y la mayoría no era programas explícitamente de análisis de conducta. Esto significaba que variaban mucho el número y los tipos de cursos realizados. Además, no existían normas para la formación en la profesión, lo que daba lugar a diferencias en la duración y la calidad de las experiencias prácticas de los profesionales, y en cómo y con qué frecuencia eran supervisados. Debido a estas diferencias, el exigir unos requisitos más elevados que los iniciales podrían haber impedido que los analistas de conducta cualificados obtuvieran la certificación. Por lo tanto, los requisitos iniciales de BACB permitieron que muchos analistas de conducta que ya estaban en ejercicio obtuvieran la certificación, y los programas de formación les dieron una formación didáctica más actualizada. De esta forma, los estudiantes que siguieron dichos programas obtuvieron más fácilmente la certificación.

Una vez fijados los requisitos iniciales de certificación de BACB, la estrategia de la organización fue que diferentes expertos en la materia realizaran revisiones periódicas de sus requisitos para determinar si debían revisarse y cómo (Johnston et al., 2014). Este enfoque permitió revisiones graduales que eran sensibles a los cambios en la profesión. La revisión periódica por parte de los consultores expertos es la forma más habitual en que las organizaciones de certificación abordan las revisiones de sus requisitos y también es una norma básica de la Comisión Nacional de Agencias de Certificación (NCCA, en inglés), de la que BACB recibió la acreditación de sus programas de certificación BCBA y BCaBA en 2007, y RBT en 2016.

En general, los requisitos de certificación de BACB han aumentado de forma constante en las últimas dos décadas. Por ejemplo, los requisitos de 2022 según la vía más común (Vía 2) incluyen un título de máster o superior, 315 horas de cursos de postgrado en analítico-conductual y al menos 1.500 horas de trabajo de campo supervisado. Además, los analistas deben hacer 32 horas de formación continua en su ciclo de certificación que dura dos años (incluidos contenidos de ética y supervisión). Estos requisitos no habrían sido viables para la profesión hace más de dos décadas, poco después de la formación de BACB.

En sus inicios, la investigación y la práctica del análisis de conducta estaban reguladas, en gran medida, por los mismos mecanismos que regulaban las de la psicología. Esto se debe, en parte, a que los analistas de conducta de orientación académica trabajaban principalmente en departamentos de psicología. Por lo tanto, parecía lógico que siguieran los requisitos relativos a la investigación y la práctica desarrollados por la Asociación Americana de Psicología (Johnston et al., 2019). A medida que la prestación de servicios analítico-conductuales avanzaba y se generalizaba, avanzó para convertirse en una profesión distinta de la psicología clínica. Fue en ese momento cuando muchos analistas empezaron a reconocer que se necesitaba un conjunto de normas éticas que satisficieran sus necesidades específicas (Johnston et al., 2019). La culminación del establecimiento de BACB, el reconocimiento de que esta profesión era diferente de la psicología clínica y el hecho de que muchos analistas obtuvieran títulos en disciplinas distintas de la psicología (educación) impulsaron iniciativas para desarrollar un código ético para los analistas de conducta (G. Green, comunicación personal, 12 de mayo de 2021).

Los códigos éticos son fundamentales para ayudar a los miembros de una profesión a sortear los dilemas éticos (o evitarlos), ofrecer al público un mecanismo para denunciar comportamientos potencialmente poco éticos ante los organismos de certificación y regulación, y proporcionar una base para que dichos organismos adopten medidas disciplinarias (Sellers et al., 2020). Como profesión prácticamente nueva, el análisis aplicado de conducta cuenta con un código ético bastante utilizado desde hace poco más de dos décadas. Por el contrario, el primer código ético de la medicina se publicó en 1847 (American Medical Association, s.f.) y el primero de psicología data de 1953 (Nagy, 2011). Incluso profesiones más jóvenes como la terapia ocupacional, con su primer código publicado en 1977 (American Occupational Therapy Association, s.f.), han tenido más códigos éticos que el análisis aplicado de conducta. Estas profesiones y otras han revisado periódicamente sus códigos a medida que tanto su trabajo como la sociedad iba evolucionando. Es importante señalar que los miembros de estas profesiones han documentado la evolución de sus códigos éticos en artículos de revistas (por ejemplo, Baker & Emanuel, 2000) y en libros blancos (American Medical Association, s.f.). Estas explicaciones proporcionan información histórica que es importante para el registro académico, lo que pueden ayudar a contextualizar las normas actuales y comprender lo que ocurría antes. Así, el objetivo de este artículo es presentar la primera historia de los documentos y códigos relacionados con la ética de BACB.[3]

Códigos éticos para BCBA y BCaBA

Normas Profesionales (Disciplinarias) (1999)[4]

En 1999, BACB publicó y promulgó los Normas Profesionales (Disciplinarias) (Normas Disciplinarias; BACB, 1999). Este documento incluía ocho normas que describían los motivos por los que BACB podía imponer sanciones a un profesional certificado o solicitante de BACB. Las sanciones incluían, entre otras, la denegación de la certificación inicial; la renovación; la revocación; la suspensión u otras limitaciones a la certificación. El lenguaje del documento de Normas Disciplinarias se centraba en describir la mala conducta del profesional certificado en relación con las interacciones con BACB u otras entidades (por ejemplo, agencias de financiación, organismos gubernamentales), así como determinadas condenas o la capacidad para ejercer de forma competente.

[3] Como es de esperar en una iniciativa de este tipo, las descripciones de las actividades iniciales de la organización incluyen menos detalles que las de actividades posteriores, debido a la falta de documentación exhaustiva durante la primera década de funcionamiento de la organización.

[4] El año en los títulos de sección hace referencia a la puesta en vigor del documento en cuestión y no al año de su publicación.

La primera norma del documento permitía a BACB sancionar a un individuo si se descubría que no reunía los requisitos para obtener la certificación. Por ejemplo, podía penalizar si se descubría que una certificación contenía información falsa o se falsificó una vez que se presentó la solicitud, independientemente de cuándo se descubriera. La segunda norma establecía la posibilidad de sancionar por una infracción de cualquier norma o procedimiento de BACB o si una persona certificada no actualizaba la información presentada previamente en un plazo de 30 días (incluida la no comunicación a la BACB de determinada información importante). La tercera y la cuarta norma se centraban en prohibir la posesión, el uso o la distribución no autorizada de la propiedad intelectual de BACB (por ejemplo, logotipos, documentos, materiales de examen); la tergiversación del estado de certificación; y la participación en conductas indebidas relacionadas con el proceso o los materiales de examen. La cuarta añadía la consecuencia de retrasar, cancelar o negarse a publicar los resultados del examen tras la detección de irregularidades en el mismo. La quinta norma prohibía obtener o intentar obtener la certificación mediante interacciones falsas, fraudulentas o engañosas con BACB. La sexta permitía sanciones por negligencia grave o reiterada, incompetencia o mala praxis relacionada con la práctica del análisis de conducta. La séptima presentaba una base para la sanción basada en ciertas acciones disciplinarias (por ejemplo, restricción de la práctica, sanción, revocación, suspensión) por parte de una organización sanitaria, una profesional u otro organismo privado o gubernamental, siempre y cuando dichas acciones estuvieran relacionadas con la práctica del análisis de conducta, la salud o la seguridad públicas o la certificación. La octava y última norma permitía una acción basada en una condena por delito grave o menor directamente relacionada con la práctica, la salud y seguridad públicas.

El documento de las Normas Disciplinarias no era un código ético, sino más bien un acuerdo contractual entre BACB y sus profesionales certificados, que consintieron en someterse a dichas normas al solicitar la certificación. Las Normas Disciplinarias representaron un modesto paso inicial para ayudar a proteger la integridad de los incipientes programas de certificación de BACB y para hacer frente a la mala conducta de los profesionales certificados.

Guías de conducta responsable de los analistas de conducta (2001)

En 1998, el Consejo Ejecutivo de la Asociación para el Análisis de Conducta (ABA; ahora Asociación Internacional para el Análisis de Conducta [ABAI]) encargó a su comité de normas profesionales la redacción de un código ético para los analistas de conducta. Esta iniciativa comenzó bajo la dirección de la presidenta del comité, la doctora Gina Green, y posteriormente fue transferida al presidente siguiente, el doctor John Jacobson (G. Green, comunicación personal, 12 de mayo de 2021). Para desarrollar el nuevo código, el doctor Jacobson revisó los códigos éticos de nueve organizaciones profesionales[5] en diversas disciplinas (por ejemplo, psicología, trabajo social, psicología escolar; Johnston et al., 2019). Luego, realizó dos encuestas a diferentes analistas de alto nivel para leer las opiniones sobre un documento preliminar del código ético (Johnston et al., 2017, 2019). Entre finales de 1999 y principios de 2000, la doctora Jacobson presentó un borrador del código ético al Consejo Ejecutivo de ABA. Finalmente, este consejo votó a favor de no adoptar el código. Poco después, emitió una declaración a sus miembros en la que afirmaba que la organización adoptaría el código ético de la Asociación Americana de Psicología (G. Green, comunicación personal, 12 de mayo de 2021). Aún convencido de

[5] *American Anthropological Association, American Educational Research Association, American Psychological Association, American Sociological Association, California Association for Behavior Analysis, Florida Association for Behavior Analysis, National Association of Social Workers, National Association of School Psychologists,* y *Texas Association for Behavior Analysis.*

que era necesario un código ético para los analistas de conducta por los aspectos únicos de la práctica analítico-conductual que difieren de la psicología, el doctor Shook, que era miembro del Consejo Ejecutivo de ABA en ese momento, así como fundador de BACB, obtuvo el permiso del Consejo Ejecutivo de ABA para presentar el borrador del código ético a la junta directiva para su consideración (G. Green, comunicación personal, 12 de mayo de 2021). El código ético se adoptó para BACB y, en mayo de 2001, se publicaron las directrices para una conducta responsable de los analistas de conducta (Directrices de conducta; BACB, 2001), el considerado primer y verdadero código ético de la organización.

El objetivo del documento Directrices de conducta (2001) era proporcionar orientación ética a los analistas de conducta acreditados. Debido a los pocos recursos de la organización, que en aquel momento no contaba con personal asalariado a tiempo completo, este documento no se podía considerar un código ético que fuera aplicable. Pero servía como base junto al documento Normas disciplinarias (1999), que seguía siendo el único mecanismo para tratar las faltas de conducta certificables (aunque en circunstancias limitadas). El documento Directrices de conducta (2001) constaba de 104 directrices organizadas en 10 secciones, que abarcaban diversos temas relacionados con las responsabilidades del analista de conducta con los clientes, los compañeros, así como al prestar servicios y realizar investigaciones (ver la Tabla 1).

La primera sección, "Conducta responsable de un analista de conducta", se centraba en la conducta general (por ejemplo, integridad, confianza en la ciencia, competencia) y en cuestiones éticas relacionadas con las relaciones profesionales y personales (como acoso y discriminación, relaciones duales y de explotación). La sección 2, "La responsabilidad del analista de conducta ante los clientes", describía las expectativas relacionadas con los aspectos comerciales de la prestación de servicios, como los honorarios y acuerdos financieros, la confidencialidad, el mantenimiento de registros y la finalización de los servicios. Las secciones 3 y 4, "La conducta del analista de conducta antes de la intervención" y "El analista de conducta y el plan individual de cambio de conducta", respectivamente, se referían a la prestación de servicios. Estas secciones incluían directrices relacionadas con la realización de evaluaciones conductuales, la prestación de servicios en el ámbito de competencia de cada uno, y el diseño y la aplicación de intervenciones para el cambio de conducta. La quinta sección, "El analista de conducta como profesor y supervisor", incluía orientaciones relacionadas con la enseñanza (como proporcionar descripciones, expectativas y criterios de evaluación claros) y las actividades de supervisión (por ejemplo, retroalimentación, reforzamiento positivo, crédito de publicación). La sexta sección, "El analista de conducta y el lugar de trabajo", se centraba en las responsabilidades del analista de conducta hacia su organización y sus empleados (como, por ejemplo, adherirse a los compromisos, desarrollar intervenciones que beneficien a los empleados y mejoren la salud y el bienestar). La séptima sección, "El analista de conducta y la investigación", era la más larga e incluía orientaciones relacionadas con la confidencialidad, el engaño, la captación de participantes y la investigación con animales. Las tres secciones restantes "La responsabilidad ética del analista de conducta para con el campo del análisis de conducta", "La responsabilidad ética del analista de conducta para con sus colegas" y "La responsabilidad ética del analista de conducta con la sociedad" esbozaban las responsabilidades del analista en lo referente a la defensa y promoción de los valores, así como a los principios del análisis de conducta, su difusión, la sinceridad en la representación y publicación de datos, las declaraciones relacionadas con el análisis de conducta como disciplina y el trabajo individual del analista, y los testimonios y solicitudes en persona.

Guías de conducta responsable para analistas de conducta (2004)

En 2004, BACB publicó la primera revisión del documento Guías de conducta responsable para analistas de conducta (BACB, 2001) (BACB, 2004). El doctor Jon Bailey presidió el grupo de traba-

Tabla 1 Comparación estructural de los cinco códigos éticos de BACB para BCBA y BCaBA entre 2001 y 2022

TÍTULO	GUÍAS DE CONDUCTA RESPONSABLE PARA ANALISTAS DE CONDUCTA	GUÍAS DE CONDUCTA RESPONSABLE PARA ANALISTAS DE CONDUCTA	GUÍAS DE CONDUCTA RESPONSABLE PARA ANALISTAS DE CONDUCTA	CODIGO PROFESIONAL Y ÉTICO DE ANALISTAS DE CONDUCTA	CÓDIGO ÉTICO DE ANALISTAS DE CONDUCTA
Entrada en vigor	2001	2004	2010	2016	2022
Se controla su	No	No	No	Yes	Sí
Principios subyacentes	No	No	No	No	Sí
Secciones	10	10	10	10	6
Elementos	104	99	98	71	85
Títulos de sección	• 1.0 - Conducta responsable del analista de comportamiento • 2.0 - Conducta del analista de comportamiento • 3.0 - Conducta previa a la intervención del analista de comportamiento	• 1.0 - Conducta responsable del analista de comportamiento • 2.0 - Conducta del analista de comportamiento • 3.0 - Responsabilidad del analista hacia los clientes • 3.0 - Evaluación de la conducta	• 1.0 - Conducta responsable del analista de conducta • 2.0 - Responsabilidad del analista hacia los clientes • 3.0 - Evaluación de la conducta	• 1.0 - Conducta responsable del analista de comportamiento • 2.0 - Conducta del analista de comportamiento • 3.0 - Responsabilidad del analista hacia los clientes • 3.0 - Evaluación de la conducta	• 1 - Responsabilidad como profesional • 2 - Responsabilidad en la práctica • 3 - Responsabilidad hacia los clientes y partes interesadas

Tabla 1 (Continuación)

TÍTULO	GUÍAS DE CONDUCTA RESPONSABLE PARA ANALISTAS DE CONDUCTA	GUÍAS DE CONDUCTA RESPONSABLE PARA ANALISTAS DE CONDUCTA	GUÍAS DE CONDUCTA RESPONSABLE PARA ANALISTAS DE CONDUCTA	CODIGO PROFESIONAL Y ÉTICO DE ANALISTAS DE CONDUCTA	CÓDIGO ÉTICO DE ANALISTAS DE CONDUCTA
Títulos de sección (cont.)	• 4.0 – El analista de conducta y el programa individual de cambio de conducta • 5.0 – El analista de conducta como docente y/o supervisor • 6.0 – El analista de conducta y el entorno laboral • 7.0 – El analista de conducta y la investigación • 8.0 – Responsabilidad ética del analista de conducta con el campo del análisis de conducta • 9.0 – Responsabilidad ética del analista de conducta hacia sus colegas • 10.0 – Responsabilidad ética del analista de conducta hacia la sociedad	• 4.0 - El analista de conducta y el programa individual de cambio de conducta • 5.0 - El analista de conducta como docente y/o supervisor • 6.0 - El analista de conducta y el entorno laboral • 7.0 - El analista de conducta y la investigación • 8.0 - Responsabilidad ética del analista de conducta con el campo del análisis de conducta • 9.0 - Responsabilidad del analista de conducta hacia sus colegas • 10.0 - Responsabilidad ética del analista de conducta hacia la sociedad	• 4.0 - El analista de conducta y el programa individual de cambio de conducta • 5.0 - El analista de conducta como docente y/o supervisor • 6.0 - El analista de conducta y el entorno laboral • 7.0 - Responsabilidad ética del analista de conducta con el campo del análisis de conducta • 8.0 - Responsabilidad del analista de conducta hacia sus colegas • 9.0 - Responsabilidad ética del analista de conducta hacia la sociedad • 10.0 - El analista de conducta y la investigación	• 4.0 - Los analistas de comportamiento y el programa de cambio de conducta • 5.0 - Los analistas de comportamiento como supervisores • 6.0 - Responsabilidad ética hacia la profesión • 7.0 - Responsabilidad ética en la investigación • 8.0 - Declaraciones públicas • 9.0 - Responsabilidad hacia colegas • 10.0 - Responsabilidad ética hacia el BACB	• 4 - Responsabilidad hacia los supervisores y personas en formación • 5 - Responsabilidad como supervisores • 6 - Responsabilidad en declaraciones públicas • 7 - Responsabilidad en la investigación

jo, que incluía a múltiples expertos invitados con experiencia en análisis de conducta y en ética aplicada. La versión revisada del documento de directrices (BACB, 2001) no era sustantivamente diferente de la versión anterior y puede considerarse una revisión técnica. En el documento original de las Guías de conducta responsable para analistas de conductual (2001), las pautas progresaban dentro de una sección aumentando el número del medio y el último, separados por decimales (por ejemplo, 7.19, 7.19.1, 7.19.2), y no se utilizaban títulos de forma coherente para cada pauta enumerada.

En la revisión de 2004, había 99 directrices organizadas en 10 secciones, elaborándose títulos para cada una de las directrices y de sección. Las normas se enumeraron utilizando un formato X.0X (ver Tabla 1). Además, las directrices con múltiples subsecciones se organizaron utilizando letras minúsculas entre paréntesis (ver 1.08[a]). La revisión de 2004 también añadió un resumen al principio de cada sección, después del número y el título de la sección principal. Por ejemplo, la primera sección se titulaba "1.0 Conducta responsable de un analista de conducta" y le seguía la afirmación "El analista de conducta mantiene los altos estándares de la conducta profesional de la organización profesional".

Aunque la mayor parte del lenguaje de las directrices en la versión de 2004 seguía siendo el mismo, se añadió una declaración resumida que seguía a la sección "2.0 La responsabilidad del analista de conducta hacia los clientes", que decía así: "El analista de conducta tiene la responsabilidad de actuar en beneficio de los clientes". Este texto articulaba mejor "La responsabilidad del analista de conducta hacia los clientes" que el de la versión de 2001, que definía el término de cliente. Otro cambio notable fue que la norma 5.9 "Autoría principal y otros créditos de publicación" de la versión de 2001 se trasladó a la sección 7.0 "El analista de conducta y la investigación". Por último, las normas 7.19.1 a 7.19.8, específicas de la investigación con animales, se eliminaron de la sección 7 porque, por lo general, los analistas de conducta que realizaban investigación con animales tenían otros sistemas y éticos que regían dicha actividad (por ejemplo, los comités éticos que supervisan la investigación animal).

Normas disciplinarias y ética profesional (2010)

Entre las iniciativas para difundir el documento revisado Directrices de conducta (2004) se incluyeron presentaciones y talleres en conferencias sobre análisis de conducta en las que el doctor Shook y los miembros de la junta directiva de BACB resumieron el contenido y solicitaron opinión a los asistentes (J. S. Bailey, comunicación personal, 26 de mayo de 2021). A través de estas actividades, BACB identificó la necesidad de aumentar su capacidad de emprender acciones a través del documento Normas Disciplinarias (1999) contra la certificación de un individuo cuando éste hubiera incurrido en una falta de ética profesional. Hasta ese momento, BACB sólo podía tomar medidas contra la certificación de una persona en virtud de las Normas Disciplinarias (1999) en casos de negligencia grave o reiterada o de mala praxis cuando existiera documentación de que una entidad (como el empleador, una institución gubernamental, un tribunal de justicia) encargada de supervisar el caso, el cliente o la persona certificada hubiera realizado una revisión y adoptado medidas disciplinarias previas.

Para ampliar la capacidad de BACB de abordar la mala conducta profesional de sus profesionales certificados, en 2007 se creó el Grupo de Trabajo de BACB sobre Normas Disciplinarias Profesionales. Aunque no hubo casos concretos de conductas poco éticas que dieran lugar al grupo de trabajo, el número de profesionales certificados de BACB había aumentado a algo más de 5.000 en 2007, con una ligera tendencia al alza. Por lo tanto, era prudente ampliar y desarrollar sistemas para futuras necesidades. El grupo de trabajo estaba presidido por el doctor Jim Johnston y otros profesionales y miembros del profesorado que se encargaron de revisar el documento Normas Disciplinarias (1999) y de hacer recomendaciones de revisión. Dichas recomendaciones fueron revisadas y adoptadas por la junta directiva de BACB en 2008. El documento revisado Normas Disciplinarias y Éticas Profesionales (BACB, 2010a) entró en vigor el 1 de enero de 2010. Los cambios incluyeron la inclusión de la palabra mala conducta en la norma disciplinaria 6 para vincular explícitamente esa norma con el documento Directrices de Conducta y proporcionar numerosos ejemplos de mala conducta (BACB, 2008). Entre ellos se incluían la desviación de las prácticas habituales que provocaba un riesgo grave para los consumidores, el abandono del consumidor sin la debida notificación y transición, el mantenimiento inadecuado de registros o la falsificación de datos, la participación en fraudes y la divulgación no autorizada de información confidencial sobre el consumidor. El cambio de la norma disciplinaria 6 fue fundamental, ya que el texto añadido otorgaba a BACB la capacidad de aceptar de forma independiente los casos de conducta grave o reiterada, y determinar si la queja debía pasar a un comité de revisión para la posible adopción de medidas. Otro cambio significativo en el documento de Normas Disciplinarias fue la inclusión de la norma 9, que proporcionaba una base para actuar en los casos en que los profesionales certificados no recibieran o proporcionaran supervisión de acuerdo con las normas de supervisión de BACB. Por último, añadir la palabra ética al título del documento reflejaba la ampliación del alcance de la actividad que era susceptible de acción en virtud de la norma 6, que vinculaba explícitamente el documento Directrices de conducta (2010) (el código ético) con el documento Normas disciplinarias (BACB, 2010b).

Guías de conducta responsable para analistas de conducta (2010)

Durante la reunión del Grupo de Trabajo de BACB sobre Normas Disciplinarias Profesionales, los expertos invitados realizaron una revisión exhaustiva del documento Directrices de Conducta (2004) para orientar su revisión del documento Normas Disciplinarias (1999). Durante esta revisión, se hizo evidente que el primer documento requería otra revisión técnica para que hubiera más concisión y claridad. Además, se aconsejaba otra revisión del documento Directrices de Conducta (2004) tras desarrollar la Lista de Tareas de la Cuarta Edición (BACB, 2012) para los exámenes BCBA y BCaBA, junto con los correspondientes cambios en los requisitos educativos. Posteriormente, se encargó a la doctora Bailey que realizara otra revisión del documento basada en la versión de los expertos invitados. En esta revisión, realizada virtualmente, participaron analistas de conducta en ejercicio y académicos.

La versión revisada del documento Directrices de Conducta (BACB, 2010c) incluía numerosas revisiones del texto, del título, una reorganización de las secciones y nuevas directrices. Las 98 directrices se mantuvieron organizadas en 10 secciones (ver la Tabla 1). La nueva directriz 1.03, "Desarrollo profesional", incorporó el texto de la antigua 1.02 "Competencia y desarrollo profesional". La subguía (a) que requiere que los analistas de conducta sean veraces y cumplan sus compromisos se añadió a la 1.04 "Integridad". El título de 1.06 se amplió para incluir los conflictos de intereses. La directriz 3.04, llamada "Aceptación de clientes", de la versión de 2004 se trasladó a la sección 2.0, "Responsabilidad del analista de conducta ante los clientes", como directriz 2.02. Otros cambios en la sección 2.0 incluyen la adición de la subguía (e) a la 2.06, "Derechos y prerrogativas de los clientes", la subguía (d) a la 2.10, "Eficacia del tratamiento", y la subguía (c) a la 2.13 en "Honorarios, acuerdos financieros y condiciones de consulta". En la sección 3.0, "Evaluación de la conducta", los cambios principales incluyeron adiciones al lenguaje en 3.01, "Aprobación de la evaluación de la conducta del antiguo" 3.06 (b) y en 3.05, "Descripción de los objetivos del programa en torno a la realización de un análisis de riesgos y beneficios". Varias directrices de la antigua sección 3.0 (3.01, 3.03 y 3.08) se trasladaron a la 4.0, "El analista de conducta y el programa de cambio de conducta individual". El lenguaje de las directrices de las secciones 4.0, 5.0, "El analista de conducta como profesor y supervisor"; y 6.0, "El analista de conducta y el lugar de trabajo", permaneció prácticamente sin alterar. Las cuatro últimas secciones se reordenaron de forma que "La responsabilidad ética del analista de conducta con el campo del análisis de conducta" y "La responsabilidad ética del analista de conducta con sus colegas" aparecieran antes de la sección relativa a "La responsabilidad ética del analista de conducta con la sociedad" y "El analista de conducta y la investigación". Las cuatro secciones restantes se reordenaron y algunas directrices se reasignaron a diferentes secciones. Los cambios más notables incluyen el lenguaje añadido a 8.01, "Infracciones éticas por parte de colegas conductuales y no conductuales" para saber qué hacer si no se obtiene una resolución a una aparente infracción ética, y la eliminación de 9.06(b) relacionada con el uso de medios de comunicación en la prestación de servicios o la enseñanza.

Código de cumplimiento profesional y ético para analistas de conducta (2016)

Aunque la versión de 2010 del documento Directrices de Conducta sólo llevaba en vigor tres años, a finales de 2013 la junta directiva de BACB autorizó otra revisión basada en la retroalimentación de los expertos y profesores de dicho documento y de las Normas Disciplinarias (2010) para su posible revisión. La profesión había seguido creciendo en los últimos años y su necesidad de un código ético era cada vez más evidente. A finales de 2013, el número de profesionales certificados de BACB se acercaba a los 15.000, con una tendencia al alza a un ritmo acelerado. De hecho, el aumento de la cifra de profesionales certificados sugería un fuerte crecimiento de la actividad de servicios. El organismo contaba ahora con personal y recursos suficientes como para que un código ético pudiera ser posible. Y es que se necesitaría un código ético aplicable y un sistema más sólido para tramitar las quejas relacionadas con la ética. Antes de la revisión, se recogieron de diversas fuentes comentarios sobre el documento de directrices de conducta de 2010, incluidos el grupo de interés especial en ética y análisis de conducta de ABAI, así como los representantes de la junta de licencias de analistas de conducta (BACB, 2014a).

Un grupo de trabajo presidido por la doctora Bailey se reunió durante tres días en Chicago, concretamente del 21 al 23 de mayo de 2014, para evaluar las normas éticas de BACB (BACB, 2014a). El grupo de trabajo incluyó a representantes de los consumidores y analistas de conducta que representaban una variedad de roles profesionales (desde trabajadores en servicio, miembros de la facultad, representantes de grupos de trabajo, miembros del comité de revisión disciplinaria) de al menos ocho estados de EEUU y de dos países. Cada norma ética fue examinada y revisada por el comité llegando a un consenso. El grupo de trabajo también proporcionó una orientación para un sistema de gestión de las quejas disciplinarias que ampliaba el sistema actual de BACB. Dicho sistema incluía dos comités para revisar las quejas en función de la gravedad de las acusaciones, un sistema de presentación de quejas en Internet y la notificación pública de determinadas sanciones (ver BACB, 2014a para saber más detalles). La junta directiva de BACB aprobó las recomendaciones del grupo de trabajo en agosto de 2014.

El nuevo código ético, el Código de Cumplimiento Profesional y Ético para Analistas de Conducta (PECC, en inglés), fue publicado por BACB en septiembre de 2014 y entró en vigor el 1 de enero de 2016 (BACB, 2014b). El PECC incluía 71 elementos y 169 normas individuales organizados en 10 secciones (ver la Tabla 1). El código de cumplimiento y ético también incluía un índice y un glosario, algo novedoso para los documentos basados en la ética de la organización. Se introdujeron numerosas modificaciones en las directrices anteriores que aparecían en el documento. Por ejemplo, se añadió el elemento 1.06(d) bajo el título de "Relaciones múltiples y conflicto de intereses" para aclarar que los analistas de conducta no aceptan ni hacen regalos a los clientes. Se añadió el elemento 1.07(c) en "Relaciones de explotación", especificando que los analistas no mantienen relaciones sexuales con clientes, estudiantes o alumnos que supervisan durante al menos dos años después de que la relación profesional haya finalizado formalmente. La sección 5.0 eliminó las referencias a los profesores y ahora se centra exclusivamente en las relaciones de supervisión, ya que los profesores de las universidades y facultades tienen sus propias normas institucionales. El volumen de supervisión se abordó con la adición de 5.02, y también se introdujo 5.07 para abordar directamente la evaluación de las actividades de supervisión. La sección 6.0, "El analista de conducta y el lugar de trabajo", se eliminó del código y en su lugar se abordó en las secciones 2.12 y 10.02(a). El elemento 8.02(b) bajo el título de "Evitar declaraciones falsas y engañosas" se revisó para abordar mejor a las personas que proporcionan una combinación de intervenciones analítico-conductuales. El elemento 8.04, "Presentaciones en los medios de comunicación y servicios basados en los medios de comunicación", se actualizó para resaltar la importancia del código en estas actividades y para proporcionar algunas aclaraciones con cuestiones relacionadas con los medios sociales y otros medios de comunicación. El elemento 8.05, en referencia a "Testimonios y publicidad", incluyó ahora el requisito de que todos los testimonios de antiguos clientes se etiqueten como solicitados o no solicitados, y proporcionó más orientación sobre esta práctica. La Sección 9.0, "Analistas de conducta e investigación", se revisó para resaltar la responsabilidad de un analista de conducta en la investigación, pero eliminó los requisitos específicos de investigación impuestos por los organismos de supervisión de la investigación, como los grupos de trabajo. La Sección 10.0 "Responsabilidad ética de los analistas de conducta ante BACB" abarcaba muchas de las normas disciplinarias y éticas profesionales (2010), así como otros requisitos de BACB.

Código ético de analistas de conducta (2022)

En 2018, BACB inició un largo proceso de revisión del Código de Cumplimiento Profesional con el objetivo de hacerlo más eficiente y legible, así como de abordar el ritmo acelerado de los cambios en la profesión (BACB, 2020a). Como primer paso del proceso, se recopilaron y revisaron los comentarios que dicho código había recibido. También se llevó a cabo una revisión de los códigos éticos[6] de otras profesiones para evaluar su contenido y estructura. Esta revisión ayudó a informar el preámbulo del nuevo código, los principios rectores y las revisiones de las normas éticas sobre regalos, relaciones múltiples, transición de servicios, supervisión, autoinformes y testimonios con interés publicitario. Se distribuyó una encuesta a todos los analistas de conducta para solicitar opiniones sobre el que sería el nuevo documento, que dio como resultado 4.728 respuestas (aproximadamente el 11% de todos los analistas en ese momento). También se distribuyó otra encuesta a analistas de conducta expertos en conductismo y a representantes de los comités de certificación de analistas de conducta. La información de las encuestas se revisó, resumió y utilizó en el proceso de revisión. Asimismo, varios grupos de expertos invitados se reunieron virtualmente para revisar los datos de la encuesta, tratar cuestiones éticas y revisar las normas del código. Participaron en la revisión un total de 26 profesionales y miembros del profesorado que representaban una amplia gama de experiencia profesional y práctica (por ejemplo, la enseñanza de la ética, la participación en trabajos académicos relacionados con la ética, la supervisión, la doble certificación/licencia). Un grupo de trabajo final de siete expertos completó una última revisión del nuevo código y aportó comentarios adicionales. En julio de 2020, la junta directiva de BACB revisó y aprobó el nuevo código, el llamado Código Ético para analistas de conducta, que se publicó en diciembre de 2020 y entró en vigor el 1 de enero de 2022 (BACB, 2020b).

[6] *American Speech-Language-Hearing Association; California Association of Marriage and Family Therapists; Canadian Psychological Association; National Association of Social Workers;* y *National Board for Certification in Occupational Therapy.*

Este nuevo código incluía una introducción en la que se describía su ámbito de aplicación y la jurisdicción de BACB, los cuatro principios fundamentales del código, cómo debía aplicarse, las consideraciones para la toma de decisiones éticas y los procedimientos de aplicación del código. El glosario se trasladó al principio del documento, entre la Introducción y las Normas, para aumentar la probabilidad de su uso. El código consta de 85 normas organizadas en seis secciones (ver Tabla 1). Durante el proceso de revisión se produjeron numerosos cambios, entre ellos en la sección 1. Ahí se añadió la norma 1.07, bajo el nombre de "receptividad cultural y diversidad", con el fin de aclarar que los analistas de conducta deben participar en actividades de desarrollo profesional relacionadas con la receptividad cultural y la diversidad, así como evaluar sus prejuicios y capacidades cuando atienden a personas con necesidades y diversos antecedentes. La norma 1.08 sobre la no discriminación se actualizó con respecto a su versión anterior para centrarse en exigir una conducta equitativa e inclusiva, e incluir otros grupos protegidos. La norma 1.10 se revisó para centrarse en los prejuicios y los retos personales, concretamente en ser consciente de ellos y abordarlos. La norma relacionada con la entrega de regalos (1.12, con el título de "Dar y recibir regalos") se convirtió en una norma independiente y se revisó para indicar que los intercambios de regalos están permitidos por debajo de 10 dólares (o el poder adquisitivo equivalente en la moneda de otro país). La norma 1.14, "Relaciones románticas y sexuales", se separó y revisó con otros marcos temporales, contextos y consideraciones adicionales. Por otro lado, en la sección 2, "Responsabilidad en la práctica", concretamente con la norma 2.08 "Comunicación sobre los servicios", se actualizó para exigir a los analistas de conducta que se aseguren de que los clientes, las partes interesadas, los alumnos supervisados, los estudiantes y los participantes en la investigación comprenden la información que se les comunica. La norma relacionada con el consentimiento (2.11 "Obtención del consentimiento informado") aclara ahora las condiciones en las que debe obtenerse el consentimiento y el asentimiento. Asimismo, en la sección 3, "Responsabilidad ante el cliente y las partes interesadas", se revisaron las normas 3.07, 3.08 y 3.09 para aclarar las obligaciones de los analistas cuando prestan servicios a través de una tercera parte, incluida la necesidad de documentar todas las medidas realizadas para abordar cualquier conflicto entre los mejores intereses del cliente y las indicaciones de la tercera parte. Además, se revisaron las normas 3.14, 3.15 y 3.16 para especificar las expectativas de los analistas cuando gestionan las interrupciones, transiciones y discontinuidad de los servicios. La sección 4, "Responsabilidad con los supervisados y estudiantes", tuvo múltiples cambios, incluyendo el 4.03, bajo el título de "Volumen del supervisor", que incluye más consideraciones sobre la capacidad de supervisión. También se modificó el 4.04 "Responsabilidad en la supervisión", que establece que los analistas de conducta son responsables de las actividades profesionales de sus supervisados y estudiantes. La norma 4.07, "Incorporación y tratamiento de la diversidad", era una nueva norma que abordaba la inclusión de la diversidad en las actividades de formación y supervisión. Las normas 4.11 y 4.12 son nuevas, pero una ampliación de las normas relacionadas de la sección 3. En la sección 5, "Responsabilidad ante los clientes", se actualizó la norma 5.03, "Declaraciones públicas de los analistas de conducta", para abordar la prestación de asesoramiento específico a los clientes en foros públicos. Las normas 5.07, 5.08 y 5.09 se revisaron para guiar a los analistas de conducta a través de los requisitos para utilizar testimonios de clientes; y la 5.10, con el título de "Canales de medios sociales y sitios web", se revisó con una distinción entre canales de medios sociales y sitios web profesionales y personales. Por último, la sección 6, "Responsabilidad en la investigación", incluyó una nueva norma, la 6.03, que aborda la investigación realizada durante la prestación de servicios y revisiones a la 6.04 para incluir lo que se espera de estos profesionales para utilizar los datos de los clientes.

Códigos éticos para los técnicos conductuales

BACB anunció la nueva certificación de Técnicos de Conducta Registrados (RBT, en inglés) en 2013 (BACB, 2013). Esta nueva certificación se diseñó para los técnicos en conducta, es decir, las personas que suelen aplicar los planes de conducta bajo la supervisión de un BCBA o BCaBA. Los expertos invitados que desarrollaron los requisitos iniciales de esta certificación no recomendaron un nuevo código ético para ellos, sino que identificaron 29 directrices del documento Directrices de Conducta de 2010 por las que debían regirse (BACB, 2013). Estas directrices constituían las pautas de conducta más relevantes para el trabajo de los técnicos. Al año siguiente, durante la reunión para desarrollar el código ético, los expertos utilizaron un enfoque similar para identificar las normas que se aplicarían. Revisaron cada norma del código ético para identificar si era apropiada para las actividades laborales de los técnicos o si impondría a un individuo un nivel que no se correspondía con su competencia o habilidades (J. S. Bailey, comunicación personal, 26 de mayo de 2021). Al final, el grupo identificó 33 elementos en todas las secciones que eran relevantes para los técnicos, excepto la sección 5.0 "Analistas de conducta como supervisores". Los elementos relevantes se indicaron con un superíndice "RBT" en rojo junto al título de la norma en el índice y en todo el cuerpo del documento (BACB, 2014b).

Código ético para técnicos de conducta registrados (2019)

En 2017, un grupo de trabajo de expertos invitados convocado para revisar los requisitos de certificación de los técnicos de conducta registrados recomendó que se desarrollara un código ético específico para ellos. El fin es el de destacar sus obligaciones éticas y presentarlas de forma más comprensible (BACB, 2018a). Las normas éticas designadas para estos técnicos en el código ético se reevaluaron, se reescribieron a nivel de grado 12 y se organizaron en tres secciones: Conducta responsable, Responsabilidad ante los

Figura 1: Cronograma histórico del desarrollo de documentos éticos por BACB indicando su fecha de entrada en vigor.

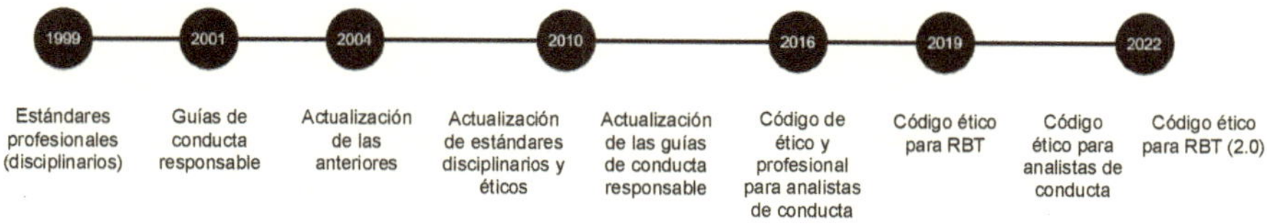

clientes y Competencia y prestación de servicios. El código ético de los técnicos cuenta con 31 normas (BACB, 2018b), se publicó en diciembre de 2018 y entró en vigor el 1 de enero de 2019. Dado que este código ético no incluía nuevas obligaciones éticas, pudo promulgarse inmediatamente.

Código ético para técnicos de conducta registrados 2.0 (2022)

Dado que el código ético de los técnicos de conducta registrados se basaba en normas de un documento que serían sustituidas por el Código Ético para Analistas de Conducta, BACB aplicó un proyecto de revisión del código ético de los técnicos de conducta registrados, en octubre de 2020. Ese proyecto tenía dos objetivos principales: en primer lugar, armonizar las normas éticas de los técnicos con las del Código Ético para Analistas de Conducta; y, en segundo, revisar el contenido de las normas para que fueran relevantes para las actividades laborales habituales de los técnicos. Ese proyecto incluyó la revisión de los comentarios archivados; la revisión de cuatro códigos éticos relevantes de otras organizaciones[7] que certifican a trabajadores de nivel técnico o asistente; la realización de una encuesta a estos técnicos en ejercicio y a todos los analistas certificados cuyos registros de BACB indicaban que habían ejercido como supervisor de los técnicos de conducta o coordinador de requisitos de los técnicos de conducta; y la celebración de varios grupos de trabajo de asesores expertos. El código ético

[7] *American Speech-Language-Hearing Association; Behavioral Intervention Certification Council; National Board for Certification in Occupational Therapy* y *Qualified Applied Behavior Analysis Credentialing Board.*

revisado de los técnicos (el código 2.0) se presentó a la junta directiva de BACB, que lo aprobó en mayo de 2021 para su aplicación el 1 de enero de 2022, en paralelo a la promulgación del Código Ético para Analistas de Conducta. El código ético de los técnicos de conducta registrados (2.0; BACB, 2021a) se publicó en julio de 2021 (BACB, 2021b). Consta de las siguientes secciones principales: Introducción, Normas éticas y Glosario. La introducción sigue el modelo de la sección introductoria del Código Ético para Analistas de Conducta, pero se editó para que fuera relevante para los técnicos de conducta. La sección de introducción incluye breves descripciones del alcance del código para os técnicos (2.0), los cuatro principios básicos que sirven de fundamento y cómo aplicar el nuevo código. Esta sección también indica que los técnicos de conducta deben apoyarse en su supervisor requerido por BACB a la hora de aplicar las nuevas recomendaciones. Las 29 normas del documento están organizadas en tres secciones: (1) Responsabilidades generales; (2) Responsabilidades en la prestación de servicios de los técnicos de conducta; y (3) Responsabilidades ante BACB y el supervisor requerido por BACB. El glosario, que no aparecía en la versión anterior del Código, contiene 10 términos (9 que también aparecen en el Código Ético para Analistas de Conducta).

Conclusión

En el momento de la redacción de este artículo, BACB cuenta con más de 25 años de existencia. Durante ese tiempo, la profesión del análisis aplicado de conducta ha cambiado radicalmente. Ahora hay más de 200.000 profesionales certificados (BACB, s.f.-a), 36 estados de EEUU han emitido licencias para analistas de conducta desde 2009 (BACB, s.f.-b) y la demanda de profesionales ha aumentado cada año durante más de una década (BACB, s.f.-c). De hecho, casi todos los aspectos de la profesión han cambiado en los últimos años. Durante este periodo, BACB ha revisado constantemente sus prácticas y normas a medida que este trabajo ha cambiado y las capacidades han incrementado.

Hasta la fecha, BACB ha elaborado y publicado nueve documentos distintos relacionados con la ética para sus profesionales certificados: dos conjuntos de normas disciplinarias para los analistas de conducta, cinco códigos éticos para los analistas (ver la Tabla 1 para comparar) y dos códigos éticos para los técnicos (ver la Figura 1). Se trataba de una cantidad sustancial de actividad estimulada por un panorama profesional en una rápida evolución. Estos cambios incluían la disponibilidad generalizada de financiación para los servicios analítico-conductuales, lo que llevó al desarrollo de cientos de nuevas organizaciones de servicios y de nuevos programas universitarios de formación, así como de más de 200.000 certificados por BACB. Además, durante este tiempo la capacidad operativa de BACB creció de un empleado no remunerado en 1998 (el doctor Shook) a más de 100 empleados a tiempo completo a finales de 2022. Este incremento significó que BACB pudo iniciar y perfeccionar su ética para satisfacer las necesidades de esta profesión que crece tan rápidamente. La evolución de los documentos relacionados con la ética de BACB ha sido fundamental para establecer normas éticas, orientar la toma de decisiones y servir de base para las medidas disciplinarias. Además de que los códigos de BACB son el pilar para las actividades de aplicación, los códigos actuales de BACB son utilizados por casi la mitad de todos los programas de obtención de licencias de EEUU como sus normas éticas cuyo cumplimiento es obligatorio.

Además de la promulgación de normas éticas, BACB también ha contribuido a la educación de la profesión en esta materia. En 2003, los requisitos de los cursos y la formación de BACB empezaron a incluir una instrucción en ética. Estos requisitos comenzaron poco a poco y se han ido incrementando con el tiempo. En la actualidad, los requisitos de los cursos de analistas incluyen 30 y 45 horas de instrucción sobre ética, y 3 de las 40 horas de formación inicial para los técnicos de conducta deben dedicarse a la ética. Además, BACB instituyó una subcategoría de ética en sus requisitos de formación continua a partir de 2008. En la actualidad, los analistas de conducta deben completar al menos 4 horas de formación continua en ética cada dos años.

A través de sus códigos éticos, los cursos y la formación obligatoria en ética, así como la formación continua obligatoria en ética, BACB ha contribuido a moldear los cimientos éticos de esta profesión. A medida que la infraestructura profesional y la sociedad sigan cambiando, habrá más mejoras en estas áreas, aunque quizás con menos frecuencia que en los últimos 25 años.

SECCIÓN II

TOMA DE DECISIONES ÉTICAS

4 SEGUIR ORIENTACIONES O CUMPLIR NORMAS: ¿EN QUÉ SE FUNDAMENTA EL CARÁCTER ÉTICO DE UN ANALISTA DE CONDUCTA?[1]

Nancy E. Rosenberg | Ilene S. Schwartz

Resumen

En 2016, BACB puso en vigor un nuevo código ético revisado para los analistas de conducta, el Código de Cumplimiento Profesional y Ético para Analistas de Conducta, que reemplazó al código que había estado vigente desde 2001. En este código revisado, la junta de certificación cambió el lenguaje del código: de ser un conjunto de directrices pasó a ser un conjunto de reglas exigibles. Este importante cambio no ha sido tratado con suficiente detenimiento en nuestro campo. Este artículo explora las posibles implicaciones y consecuencias de tal cambio y describe otras formas en que históricamente se ha abordado la conducta ética. A continuación, proponemos un proceso de toma de decisiones éticas que podría proporcionar un mejor foco de atención para el campo del análisis de conducta en su afán de promover el sentido ético en sus profesionales, y presentamos un estudio de caso utilizando ese proceso para resolver un dilema ético.

[1] Rosenberg, N. E., & Schwartz, I. S. (2019). Guidance or compliance: What makes an ethical behavior analyst? *Behavior Analysis in Practice, 12*, 473–482. https://doi.org/10.1007/s40617-018-00287-5

El campo del análisis de conducta ha experimentado un considerable cambio y crecimiento en los últimos 40 años. En 1977, había aproximadamente 1100 miembros de la *Association for Behavior Analysis International* (ABAI; Deochand y Fuqua, 2016); en 2017, había más de 7.500 miembros (Dougher, 2017). En 1977, aproximadamente 1.200 analistas de conducta asistieron a la conferencia anual de la ABAI (Kangas y Vaidya, 2007); en 2017, más de 5.000 asistieron a la conferencia (Dougher, 2017). En 1977, no existía acreditación formal ni licencias específicas para analistas de conducta en ninguna parte del mundo (los analistas de conducta, de tener licencia, tenían que obtenerla bajo el paraguas de otras disciplinas, como la psicología); en 2017, había más de 25.000 analistas de conducta con nivel de máster o doctorado acreditados por la BACB a nivel internacional (Behavior Analyst Certification Board; www.BACB.com), y 26 estados en Estados Unidos contaban con mecanismos para otorgar licencias a estos profesionales (Association of Professional Behavior Analysts, 2017).

El crecimiento explosivo del campo ha sido impulsado principalmente por el uso de ABA con personas con autismo y por la financiación concomitante de seguros de salud para estos servicios. A raíz en gran parte del influyente estudio de Lovaas (1987), que demostró una respuesta notable a la intervención en 9 de los 17 niños con autismo que recibieron terapia ABA intensiva, y respaldado por un cuerpo de investigación cada vez mayor (por ejemplo, Wong et al., 2015), ABA se ha convertido en la base del tratamiento principal basado en evidencia para el autismo. En 2017, 43 estados y el programa nacional Medicaid habían ya establecido coberturas de seguro de servicios basados en ABA para niños con trastorno del espectro autista (Autism Speaks, 2017).

Este crecimiento exponencial conlleva un aumento equiparable en las posibles complicaciones derivadas del comportamiento ético de los profesionales del análisis de conducta, particularmente porque la expansión del campo ha sido principalmente en el área de los trastornos del desarrollo, interpelando por tanto a los miembros más vulnerables de la sociedad. Existe una larga historia de maltrato y abuso hacia esta población, a menudo en nombre de intervenciones supuestamente terapéuticas (Dittrich, 2016; Donvan y Zucker, 2017). Parte de esta historia de mala praxis lamentablemente ha incluido el trabajo de quienes afirmaban usar intervenciones conductuales (por ejemplo, Goldiamond, 1974; Kix, 2008; McAllister, 1972). Los analistas de conducta todavía combaten este mal nombre, y probablemente se requerirán décadas de comportamiento ético ejemplar para que el campo pueda superar tal prejuicio. Por lo tanto, es fundamental mantener una conversación continua sobre cómo promover estándares de máxima calidad en el comportamiento profesional y ético.

Como organismo certificador de los analistas de conducta, la BACB ha asumido parte del liderazgo en articular cómo debería ser el comportamiento ético de un analista de conducta. En 2001, en los inicios de su programa de certificación, la BACB publicó un código de conducta denominado *Directrices para la Conducta Responsable de los Analistas de Conducta* (BACB, 2001). Quince años después, puso en vigor un código revisado, el *Código de Cumplimiento Profesional y Ético para Analistas de Conducta* (en adelante denominado el *Código de la BACB*; BACB, 2014a). Cualquier analista de conducta que desee obtener certificaciones de la BACB debe comprometerse a cumplir este código. Por consiguiente, debido al número de analistas de conducta que eligen (o a quienes se exige, por requisitos de licencias o seguros) obtener la certificación, el Código de la BACB se ha convertido en el documento de facto que articula la ética y profesionalismo en el análisis de conducta.

Aunque los trabajos académicos que ofrecen un análisis en profundidad de la ética en el análisis de conducta son escasos, en la última década se han publicado varios artículos que profundizan en aspectos específicos del código ético de la BACB. Por ejemplo, LeBlanc, Heinicke y Baker (2012) exploraron métodos éticos para que los analistas de conducta amplíen sus esferas de competencia.

Varios autores (por ejemplo, Brodhead, 2015; Schreck y Miller, 2010) han ofrecido valoraciones sobre cómo los analistas de conducta pueden tomar decisiones éticas y profesionales respecto al uso de tratamientos alternativos y no conductuales. O'Leary, Miller, Olive y Kelly (2015) proporcionaron un análisis detallado sobre las redes sociales y la práctica ética de los analistas de conducta. Asimismo, diversos autores han abordado cuestiones relacionadas con la supervisión ética (Sellers, Alai-Rosales y MacDonald, 2016; Turner, Fischer y Luiselli, 2016).

Un aspecto del Código de la BACB revisado en 2016 que no se ha discutido en la literatura es la transición del carácter del código como un conjunto de *directrices* u orientaciones para la práctica ética a caracterizarlo como un conjunto de *reglas exigibles*. El código original que guio el comportamiento ético de los BCBA desde 2001 hasta 2016 se llamaba *Directrices para la Conducta Responsable de los Analistas de Conducta*. La introducción de ese código declaraba: "Estas *directrices* se proporcionan como referencia general para profesionales, empleadores y consumidores de servicios de análisis de conducta... estas Directrices... no son aplicadas de forma independiente por la BACB" (BACB, 2001, pág. 1; énfasis añadido). La palabra "directriz" se utilizó en todo el código para referirse a los elementos individuales que orientaban la práctica ética.

El nuevo código, vigente desde 2016, en cambio, se presenta como una lista de reglas exigibles más que como directrices orientativas para la conducta. El término "directriz" se eliminó del título, quedando como *Código de Cumplimiento Profesional y Ético para Analistas de Conducta*, y también desapareció por completo del documento en sí. Además, la BACB ha señalado que "el Código será exigible por derecho propio y en su totalidad" (BACB, 2014b). Así, la BACB ha pasado de una postura consistente en ofrecer orientación sobre cómo actuar éticamente a una postura más proactiva de exigir el cumplimiento de un conjunto de reglas necesarias para ejercer éticamente.

Este cambio es significativo. Se asume que existe un conjunto de reglas capaz de definir el comportamiento ético de un analista de conducta en todas las circunstancias, y que el comportamiento ético se puede lograr mejor supervisando la adhesión a ese conjunto de reglas. El propósito de este artículo es explorar esta cuestión. Identificamos algunas de las posibles consecuencias no intencionadas de una visión tan directiva de la ética y describimos otras formas en que puede abordarse el comportamiento ético. Finalmente, sugerimos un proceso de toma de decisiones éticas que, en nuestra opinión, podría proporcionar un mejor foco para el campo al buscar desarrollar los más altos niveles de comportamiento ético en sus profesionales. Dado el número de analistas de conducta que ejercen en el campo de los trastornos del desarrollo, centraremos nuestros ejemplos en este ámbito de práctica, pero esperamos que nuestra exploración del tema anime a analistas de conducta de todas las áreas a considerar las cuestiones que planteamos.

Ética basada en reglas

La idea de que existe un conjunto absoluto de reglas que puede regir la conducta moral se denomina deontología, o ética basada en reglas (Fisher, 2016, pág. 38; Kant, 1785/1964). En la deontología, la moralidad de una acción la dicta su conformidad con una regla. La deontología se basa en la suposición de que es posible establecer un conjunto de reglas o principios que articule el comportamiento ético en todas las circunstancias y en todos los contextos y que, si todos se adhieren a esas reglas, el comportamiento ético estará asegurado. Este enfoque tiene un obvio atractivo, ya que evita cualquier indicio de subjetividad en la ética: impide que la gente haga excepciones idiosincráticas y personales sobre lo que constituye un comportamiento ético (Shafer-Landau, 2013, pág. 442).

Sin embargo, un enfoque basado en reglas puede resultar problemático. En nuestro trabajo con el Código de la BACB, nos hemos encontrado con algunos de los problemas inherentes a este enfoque. Las situaciones que pueden surgir a menudo caen en tres categorías: (a) situaciones en las que el contexto del dilema ético parece oponerse a la aplicación de las reglas, (b) situaciones en las que dos o más reglas pueden entrar en conflicto, o (c) situaciones en las que consideraciones culturales parecen sugerir un curso distinto. Examinamos cada uno de estos posibles conflictos.

Importancia del contexto

Los filósofos de la ética han argumentado durante siglos sobre si existen absolutos morales relevantes a toda situación. Incluso con una advertencia moral aparentemente sencilla como "no matarás", es relativamente fácil idear escenarios en los que adherirse estrictamente a la regla podría no considerarse ético. Muchas personas que en general creen que matar es algo "malo" estarían de acuerdo en que eliminar a un terrorista mientras se prepara para detonar un arma de destrucción masiva sería la decisión ética correcta. De manera similar, la afirmación moral de que "uno debe decir la verdad" parece ser una regla ética clara, pero de nuevo, rápidamente podemos imaginar situaciones en las que decir la verdad pueda no ser la pauta de conducta más ética. El ejemplo clásico es el de un ciudadano alemán que esconde a un judío durante el régimen nazi durante la Segunda Guerra Mundial. Unos nazis llegan a la casa y exigen saber si hay judíos escondidos adentro. La mayoría de la gente hoy coincidiría en que, en esa situación, mentir es la conducta ética más apropiada. Como orientación o regla general para un comportamiento ético, "se debe decir la verdad" funciona bien; sin embargo, como una regla inflexible aplicable en toda circunstancia, da lugar a problemas.

Existen varios escenarios en los que las reglas del Código de la BACB pueden verse afectadas de manera similar por el contexto. Consideremos la regla 1.05(d): "En sus actividades laborales, los analistas de conducta no discriminarán en contra de individuos o grupos por razón de... estatus socioeconómico". Como directriz de conducta, la afirmación de que los analistas de conducta no discriminarán a quienes carecen de recursos económicos es un principio sólido e incuestionable. Pero lo que implica, en tanto *regla exigible*, es que un analista de conducta que dirige una agencia debe aceptar a cada cliente que llegue a su puerta, sin importar la capacidad de pago del cliente, ya sea de forma privada o mediante seguro; de lo contrario, el analista de conducta estaría discriminando por razón de estatus socioeconómico. Aunque la mayoría de los responsables de agencias coincidirían en que perciben cierta responsabilidad en lo referente a dar servicios independientemente de la capacidad económica del cliente, la mayoría añadiría que se irían rápidamente a la quiebra si aceptaran a clientes que no pueden pagar. Las agencias lidian cada día con los difíciles dilemas morales de cómo atender a clientes de bajos ingresos y a la vez mantenerse operativas (lo que en cierto modo es otro imperativo moral). Como orientación para el comportamiento ético, esta regla del código es fuerte; pero como norma exigible, verdadera en cada situación, resulta problemática e imposible de cumplir.

La regla 1.06(a) proporciona otro ejemplo. Esta norma establece: “Debido a los potenciales efectos perjudiciales de las relaciones múltiples, los analistas de conducta deben evitar tales relaciones”. Los posibles problemas éticos y profesionales asociados con las relaciones múltiples constituyen un concepto ético importante que los analistas de conducta deben comprender y, en general, evitar. Pero también es posible encontrar situaciones que podrían abogar por un enfoque alternativo. Pensemos en una analista de conducta llamada Clara, que vive en una ciudad universitaria. Su hija de tres años ha sido diagnosticada con un retraso del desarrollo y exhibe una conducta autolesiva grave. En la universidad local hay un analista de conducta con experiencia significativa en conductas autolesivas. Desafortunadamente, este profesor fue anteriormente docente de Clara y desde entonces se ha convertido en su amigo y colega. Claramente, que la hija de Clara reciba servicios de este analista de conducta constituiría una relación múltiple. Pero es una situación complicada. ¿Es correcto que Clara deba renunciar a la experiencia de un experto en el problema que presenta su hija simplemente porque esta persona resulta ser su amigo o colega? ¿Es posible estructurar cuidadosamente la situación para evitar posibles problemas derivados de la relación múltiple y aun así permitir que Clara consiga lo mejor para su hija? El punto aquí no es decir cuál es el curso correcto, sino ilustrar que estos dilemas a veces pueden ser situaciones difíciles y complejas, que no se resuelven fácilmente con una regla tajante tipo blanco o negro.

Dos o más reglas morales pueden entrar en conflicto

Dentro de la ética deontológica, también podemos encontrar situaciones en las que dos reglas morales entran en conflicto. Esto ocurre con frecuencia en la vida cotidiana. "Sé honesto" y "sé amable" son dos reglas morales comunes. Pero cuando un amigo aparece con un corte de pelo mal hecho y te pregunta: "¿Qué te parece?", puede que sea imposible ser a la vez honesto y amable. Del mismo modo, hay situaciones en las que dos o más reglas del Código de la BACB entran en conflicto, haciendo literalmente imposible que un analista de conducta cumpla con todas las normas. Tomemos, por ejemplo, una situación en la que una analista de conducta enfrenta un problema personal importante, como un divorcio, que está afectando su trabajo. La regla 1.05(f) establece que "los analistas de conducta se abstienen de prestar servicios cuando sus circunstancias personales puedan comprometer la calidad con la que los prestan". Por otra parte, esta analista de conducta claramente ha asumido compromisos con múltiples clientes para proporcionar servicios. La regla 1.04(c) establece: "Los analistas de conducta cumplen con sus obligaciones y compromisos contractuales y profesionales con un trabajo de alta calidad". Ambas normas son correctas, pero la analista de conducta no puede cumplir ambas simultáneamente.

En otro ejemplo, consideremos la situación de una analista de conducta que no logra llegar a un acuerdo con una compañía de seguros sobre qué constituye un nivel de servicio adecuado para un cliente. La regla 2.04(d) dice:

> "Los analistas de conducta ponen el interés del cliente por encima de cualquier otra consideración y, si un tercero establece requisitos para los servicios que están en contra de las recomendaciones del analista de conducta, éste tiene la obligación de resolver dichos conflictos preservando siempre el interés del cliente. Si dicho conflicto no puede resolverse, el analista de conducta podrá cesar sus servicios después de una transición apropiada".

Esta analista de conducta ha abogado sin éxito por el cliente y, por tanto, el código sugiere que podría necesitar terminar los servicios. Sin embargo, la regla 1.04(c) nuevamente establece que los analistas de conducta deben cumplir con sus obligaciones y compromisos profesionales. Es muy posible que la familia realmente desee que la analista de conducta continúe, incluso a un nivel de servicio inferior al que ella considera necesario. Ambas normas son correctas, pero la analista de conducta no puede cumplir ambas al mismo tiempo.

Los verdaderos dilemas éticos a menudo no son aquellos en los que hay un bien y un mal claros. Los verdaderos dilemas éticos a menudo surgen cuando los principios éticos parecen requerir que una persona haga dos (o más) acciones, pero la persona no puede hacer ambas (o todas) las acciones. Así, en un mundo regido por reglas exigibles en su totalidad, la persona parece estar condenada al fracaso ético y moral haga lo que haga.

La cultura siempre importa

En el mundo multicultural actual, las consideraciones culturales, ya sean explícitas o implícitas, son de gran importancia en la toma de decisiones éticas. La necesidad de comprender y equilibrar el respeto por las distintas visiones del mundo de los clientes es primordial al entablar una relación profesional productiva con ellos; es posible que los clientes y los analistas de conducta tengan valores, creencias y perspectivas diferentes respecto al análisis de conducta, pero necesitan alcanzar un entendimiento común y un respeto mutuo para que la relación avance. Varios autores han destacado casos en los que los valores y creencias culturales de los clientes pueden afectar la práctica de un analista de conducta (Fong, Catagnus, Brodhead, Quigley y Field, 2016; Fong & Tanaka, 2013). Es imposible proponer un conjunto de reglas que se adecúe a cada situación cultural. Las creencias y prácticas culturales varían ampliamente y están influidas por diversos factores personales, familiares y sociales. Probablemente una de las normas más debatidas en la edición revisada de 2016 del Código de la BACB ha sido la regla 1.06(d): "Los analistas de conducta no aceptan ningún regalo de clientes ni entregan ningún regalo a clientes porque esto constituye una relación múltiple". Algunos analistas de conducta han interpretado esto de modo que aplica incluso a los gestos más pequeños de una familia, prohibiendo aceptar ni una taza de té o un obsequio simbólico (Bailey & Burch, 2016). Sin embargo, en muchas culturas, aceptar una bebida o comida al entrar en una casa se considera una cortesía común y rechazarla se interpreta como una descortesía. En muchos entornos escolares, aceptar un regalo simbólico en época de fiestas es parte de la cultura escolar, y ser el único miembro del equipo escolar que rehúsa el obsequio simbólico de los padres al final del año puede ser visto como un signo de arrogancia o como una insinuación de que los otros miembros del equipo escolar están actuando inmoralmente. En ambas situaciones, rechazar el gesto conlleva el riesgo de dañar las relaciones. Nuevamente, no estamos afirmando cuál es la acción correcta o incorrecta en estas situaciones; más bien, defendemos que son situaciones complejas en las que es necesario sopesar las consecuencias de cualquier acción y que se requiere una consideración más profunda que la aplicación automática de una regla tipo blanco o negro.

La *dependencia del conocimiento científico* es un principio fundamental del análisis de conducta que se refleja en varias de las reglas del Código de la BACB, tales como la regla 1.01: "Los analistas de conducta se basan en conocimientos profesionalmente obtenidos de la ciencia", y la regla 2.09(a): "Los clientes tienen derecho a un tratamiento efectivo (es decir, basado en la literatura de investigación...)". Sin embargo, los clientes de diversas culturas pueden no tener la misma fe en la evidencia científica que tiene un analista de conducta. Consideremos la situación de una analista de conducta que está trabajando para construir una relación con una familia que se mudó recientemente a Estados Unidos desde otro país. Esta familia es muy escéptica respecto al análisis de conducta, y la analista de conducta ha estado esforzándose mucho por establecer la confianza necesaria para poder trabajar y ayudar a su cliente. La familia quiere probar un tratamiento sin respaldo científico, popular en su cultura y que ha recibido opiniones favorables en la prensa popular. La analista de conducta cree que este tratamiento sería inocuo y le tomaría muy poco tiempo, y que acceder a probarlo podría mejorar enormemente la relación con la familia. La analista de conducta también teme que sin este enfoque colaborativo, la familia decida abandonar el ABA por completo. Esta analista de conducta podría decidir razonablemente, tras sopesar cuidadosamente las consecuencias, que en esta situación incluir este tratamiento no científico dentro de un conjunto sólido de intervenciones conductuales es el curso más ético. Una vez más, no es la decisión final lo que promovemos, sino el hecho de que estas son situaciones complejas que requieren un análisis cuidadoso, en lugar de reglas rígidas en blanco y negro.

Es importante recordar que la cultura del propio analista de conducta también influye en su comportamiento ético. La creencia de que un sistema basado en reglas seguidas por todos produce el mayor bien posible, es una creencia de origen occidental (Zheng et al., 2014). Zheng et al. (2014) comparan esta postura occidental con las creencias éticas tradicionales chinas, que enfatizan la preservación y adecuación de las relaciones como la consideración más importante para determinar el mayor bien. En el pensamiento chino tradicional, las relaciones humanas se consideran más importantes que cualquier otro aspecto de la vida humana, y una regla no debería seguirse si promueve la desarmonía (Zheng et al., 2014). Así, ante un dilema ético, es probable que un analista de conducta chino elabore un análisis muy diferente al que haría un analista de conducta occidental. A medida que el análisis de conducta se expande por todo el mundo, es cada vez más importante que la profesión adopte una forma de abordar la ética que pueda respetar las diferencias culturales.

Otros enfoques para la toma de decisiones éticas

Tomar decisiones basadas en reglas, o deontología, no es la única manera de enfrentar decisiones éticas. Los expertos en ética y filósofos han propuesto diversos métodos a lo largo de los siglos, incluyendo la ética de la virtud y la ética basada en los fines[2].

La ética de la virtud, expuesta por primera vez por Aristóteles (trad. 1999), es muy diferente de la ética basada en reglas. La ética de la virtud implica el compromiso de ser una persona buena y virtuosa. Las decisiones éticas se basan en lo que una persona decide que es más virtuoso en una situación dada. La ética de la virtud afirma explícitamente que lo que una persona debe hacer en una situación particular no puede determinarse de antemano ni dictarse mediante un conjunto de reglas (Shafer-Landau, 2013, págs. 609–686). La ética de la virtud propone que, aunque las situaciones éticas puedan tener aspectos comunes, cada situación ética es única y compleja, y los factores contextuales de cada una deben considerarse por sí mismos.

Otro enfoque para la toma de decisiones éticas es la *ética basada en los fines*, también conocida como *consecuencialismo* o *utilitarismo*

2 Un excelente recurso para una introducción accesible al pensamiento ético es *The Stanford Encyclopedia of Philosophy*.

(Fisher, 2016, pág. 38; Mill, 1861/1957). En la ética basada en los fines, la persona se centra en las posibles consecuencias de diferentes acciones ante un dilema ético y luego intenta elegir la acción que resultará en los mejores resultados para el mayor número de personas afectadas por la acción. Nuevamente, esto es muy diferente de la ética basada en reglas. En la ética basada en reglas, el individuo se enfoca en la adhesión a una norma general sin considerar las consecuencias de cumplir con esa regla en una situación dada. El consecuencialismo, en cambio, se centra en los resultados de distintas decisiones en una situación particular.

Todos estos enfoques para la toma de decisiones éticas, no solo la deontología, conllevan problemas asociados, razón por la cual, después de siglos de debate, ninguno ha sido aceptado como el enfoque ideal para la toma de decisiones éticas. Un análisis profundo de los pros y los contras de cada uno de estos enfoques está más allá del alcance de este artículo. Es importante, no obstante, que los analistas de conducta sepan de otras formas de pensar acerca del comportamiento ético. De hecho, Kidder (2009) ha argumentado que considerar sistemáticamente un dilema ético a través de los lentes de diferentes enfoques éticos es fundamental para la toma de decisiones éticas.

La toma de decisiones éticas como un proceso

Hemos cuestionado si existe un conjunto de reglas capaz de definir la conducta ética de los analistas de conducta en todas las circunstancias. Sostener que no se puede definir tal conjunto no implica necesariamente una especie de "todo vale" ético en el que cualquier decisión es aceptable. De hecho, creemos que contar con un conjunto de *directrices* para la conducta ética y profesional (es decir, un código ético para nuestra profesión, desarrollado por miembros experimentados, informados, reflexivos y diversos de nuestra comunidad) es fundamental para orientar el comportamiento profesional ético. Los analistas de conducta de cualquier nivel deben comenzar por estudiar este código, desarrollando una comprensión profunda, mediante discusión, práctica y simulación, tanto del propósito práctico de cada directriz como de las importantes razones subyacentes a cada una. Sin embargo, creemos que la toma de decisiones éticas debe ser un proceso de evaluación sistemática de un dilema ético, considerando no solo las directrices éticas de la profesión, sino también otros factores que podrían influir en una decisión ética. Si alguien se aparta de las directrices establecidas, este proceso exigiría que esa persona demuestre que ha reflexionado de manera diligente y sistemática sobre el asunto, que ha sopesado cuidadosa y detenidamente los pros y los contras de cada curso de acción, que ha documentado sus deliberaciones y que luego ha tomado una decisión meditada.

Aptitud ética

La idea de que un comportamiento ético fluido requiere práctica constante existe desde Aristóteles, quien sostenía que para ser verdaderamente virtuoso, uno debe practicar el comportamiento ético hasta que se vuelva un hábito (Aristóteles, trad. 1999). En una versión más moderna de esta idea, Kidder (2009) habla de la necesidad de tener "aptitud ética". La aptitud ética comparte muchas similitudes con la aptitud física. Así como alcanzar la aptitud física requiere ejercicio regular y continuo, la verdadera aptitud ética también requiere práctica ética regular y continua. Cada día, los analistas de conducta se enfrentan a situaciones en las que deben decidir cómo se comportarán. Muchas de estas situaciones cotidianas son sencillas y requieren poca reflexión, pero otras son complicadas y delicadas, y admiten muy diversas resoluciones. Para poder actuar consistentemente de manera ética tanto en las situaciones mundanas como en las más complejas, los analistas de conducta deben dominar las habilidades y conocimientos requeridos. Y así como una rutina estructurada de ejercicios, practicada diariamente, puede ayudar a lograr la aptitud física, proponemos que un proceso estructurado de toma de decisiones éticas, practicado con frecuencia, es una forma ideal de lograr aptitud ética.

Un posible proceso para la toma de decisiones éticas

Aquí proponemos una versión de un proceso de toma de decisiones éticas. Este modelo ha sido desarrollado por estudiantes, colegas y otros profesionales para resolver dilemas éticos. El proceso ha pasado por varias iteraciones, y sospechamos que pasará por más a medida que invitemos a la comunidad analítico-conductual a discutir cómo podría ser un proceso de este tipo. Lo describimos brevemente a continuación, ya que el propósito de este artículo no es tanto proponer un proceso particular, sino plantear la idea de que enfocarse en un proceso de toma de decisiones éticas, en lugar de trabajar hacia un conjunto de reglas cada vez más detallado, es la mejor dirección para que los analistas de conducta desarrollen una profesión ética.

Paso 1: ¿Por qué esto agudiza su radar ético?

- Identifique el dilema ético.
- Si procede, identifique al cliente o clientes.
- Identifique las reglas relevantes del Código de la BACB que apliquen.
- Identifique valores personales o prejuicios que puedan influir en su toma de decisiones sobre este asunto.

Todo buen analista de conducta sabe que antes de intentar cambiar una conducta, primero se debe desarrollar una definición operacional clara de dicha conducta. Lo mismo ocurre en la toma de decisiones éticas; antes de emprender el análisis de un dilema ético, uno debe articular claramente el problema e identificar a las partes más afectadas por este.

Como mencionamos anteriormente, creemos que la toma de

decisiones éticas debe comenzar con la adhesión a un conjunto de directrices establecidas por la profesión. En el caso del Código de la BACB, el analista de conducta debe identificar las reglas específicas del Código de la BACB que se aplican al asunto planteado. Esto requiere que los analistas de conducta tengan un conocimiento práctico del Código de la BACB y estén lo suficientemente familiarizados con su contenido como para saber qué normas son relevantes en una situación dada.

Los analistas de conducta también deben reflexionar sobre los sesgos a través de los cuales están examinando el posible conflicto ético. Las perspectivas personales que influyen en nuestra visión del comportamiento y del contexto pueden estar moldeadas por la cultura, los valores y las creencias. Aunque en nuestros estudios de ABA a menudo ignoremos estas influencias, es imposible examinar la ética sin reconocer cómo nuestras creencias y valores personales influyen en la interpretación de un código ético y en las decisiones que tomamos en torno al comportamiento ético y moral (Tanaka-Matsumi, Seiden y Lam, 1996). Abramson (1996) denomina a esta conciencia "autoconocimiento ético".

Paso 2: Generar posibles soluciones

- ¿Qué soluciones sugiere el Código de la BACB?
- ¿Qué otras soluciones posibles existen?

El paso siguiente para tomar una decisión ética y profesional es generar posibles soluciones. Los analistas de conducta pueden hacer esto por su cuenta, pero hablar de las posibilidades con un colega respetado o con un grupo de colegas a menudo conducirá a un mejor conjunto de opciones. Las posibles soluciones deben estar influenciadas por el Código de la BACB, la experiencia profesional del analista de conducta y otros factores que el analista de conducta considere relevantes para una decisión ética dada.

Figura 1: Proceso propuesto de toma de decisiones éticas

Paso 1: ¿Por qué se activa tu radar ético?

- Identifica el dilema ético.
- Si procede, identifica al/los cliente/s.
- Identifica los códigos pertinentes en el Código de la BACB.
- Identifica valores personales o sesgos que puedan influir en tu toma de decisiones sobre este asunto.

Paso 2: Genera posibles soluciones

- ¿Qué soluciones sugiere el Código de la BACB?
- ¿Qué otras soluciones son posibles?

Paso 3: Evalúa las soluciones

Considera qué cuestiones, conflictos o tensiones podrían influir potencialmente en cada solución. Considera también lo siguiente:

- Seguridad del cliente
- Dignidad y autodeterminación del cliente
- Resultados para el cliente
- Impacto en tus relaciones con otras partes
- Preferencias de la familia

Paso 4: ¿Has encontrado una solución aceptable?

- No → Vuelve al Paso 2
- Sí → Continúa al Paso 5

NO

SÍ

Paso 5: Aplica la solución

Implementa la solución con fidelidad y documenta cuidadosamente todas las acciones realizadas.

Paso 6: Reflexiona sobre los resultados/efectos de tu decisión

- ¿Fue una resolución satisfactoria?
- ¿Necesitas tomar pasos adicionales en esta situación en particular?
- ¿Has aprendido algo que afectará futuras decisiones éticas?

Paso 3: Evaluar las soluciones.

Considere qué cuestiones, conflictos o tensiones podrían afectar a cada solución. Considere también los siguientes factores al evaluar las soluciones:

- La seguridad del cliente
- La dignidad y autodeterminación del cliente
- Los efectos favorables para el cliente
- El impacto en sus relaciones con otras partes
- Las preferencias de la familia

Una vez que el analista de conducta ha elaborado una lista de soluciones potenciales, es momento de evaluarlas y de considerar los efectos que cada una tendría en las partes involucradas. Para cada solución, es importante considerar tanto quién se verá afectado por la decisión como de qué manera. En nuestro propio trabajo con personas con autismo y sus familias, hemos identificado algunos factores específicos que creemos deben formar parte de esta evaluación. Estos factores se derivan de un conjunto de valores morales universales propuestos por Kidder (2005): honestidad, respeto, responsabilidad, justicia y compasión. Al trabajar con este proceso de decisión, encontramos que esos valores universales eran demasiado generales para resultar especialmente útiles; en consecuencia, desarrollamos un conjunto de factores, derivados de aquellos principios, pero específicos para nuestro trabajo con personas con esta población y que consideramos que cualquier decisión ética debería tener en cuenta.

Paso 4: ¿Ha encontrado una solución aceptable?

A menudo, tras analizar sistemáticamente las posibles ramificaciones de distintas soluciones, una de ellas descuella claramente como la mejor opción. En ese caso, el analista de conducta puede proceder al

Paso 5, documentando la decisión y aplicándola. Ocasionalmente, sin embargo, un analista de conducta evaluará cuidadosamente las soluciones y sentirá que ninguna es adecuada; ninguna cumple con su estándar de conducta ética y profesional. En ese caso, el analista de conducta debe regresar al Paso 2 y generar nuevas soluciones. Este es un punto donde a menudo se necesita un verdadero pensamiento "fuera de lo común". Si no se había consultado a colegas con anterioridad, este es un momento importante para involucrarlos. Varias organizaciones profesionales, incluida la ABAI, ofrecen una línea de consulta ética a la que los practicantes pueden llamar para discutir dilemas éticos. Un analista de conducta ético continuará el proceso hasta encontrar una solución que satisfaga su estándar de comportamiento ético y profesional.

Paso 5: Aplicar la solución con fidelidad y documentar cuidadosamente todas las acciones realizadas

Cuando un analista de conducta desarrolla un plan de intervención para reducir o aumentar una conducta de un cliente, debe asegurarse de que el plan se esté implementando con fidelidad antes de intentar evaluar la efectividad de ese plan. De manera similar, un analista de conducta ético deberá aplicar una solución ética con fidelidad antes de evaluar el resultado.

La documentación cuidadosa del proceso de toma de decisiones éticas es crítica en todo momento. Creemos que el análisis sistemático y reflexivo de los dilemas éticos es la piedra angular del comportamiento ético, y que es sobre ese análisis que debería juzgarse la conducta ética. Por lo tanto, es sumamente importante que un analista de conducta documente los pasos que ha tomado tanto al llegar a una decisión como al llevar a cabo dicha decisión.

Paso 6: Reflexionar sobre los resultados/efectos de su decisión.

- ¿Tuvo éxito la resolución tomada?
- ¿Necesita emprender algún paso adicional en esta situación en particular?
- ¿He aprendido algo que afectará decisiones éticas futuras?

Finalmente, es importante recordar que el hecho de decidir una solución para un dilema ético no significa que uno no pueda cambiar de opinión o ajustar el rumbo. Reunir información sobre los efectos de una decisión ética le permite al analista de conducta evaluar la solución y luego tomar decisiones basadas en datos respecto a su comportamiento futuro. Este tipo de evaluación puede ser menos sencilla que evaluar el cambio de conducta en un gráfico de líneas, pero es igualmente crucial. Requiere considerar el efecto que tuvo una decisión sobre los clientes actuales, sobre otras partes afectadas y sobre los propios sentimientos de confianza y competencia del analista.

Esta autorreflexión sobre el propio comportamiento ayuda al analista de conducta a decidir si un dilema en curso se ha resuelto con éxito o necesita ser revisitado. También es fundamental para la aptitud ética, ya que ayuda al analista de conducta a aprender tanto de los errores como de los éxitos, construyendo tanto habilidad como fluidez en el desempeño ético.

Ejemplo de caso

Para ayudar a ilustrar nuestro proceso, consideremos el siguiente dilema ético:

> Juan trabaja como BCBA (analista de conducta certificado) prestando servicios de intervención temprana para niños con autismo en una zona rural de bajos ingresos. Es el único BCBA en un radio de 160 km. Hace poco, al hijo de 2 años

de la vecina de Juan (una madre soltera que vive cerca de él) le diagnosticaron autismo. El pediatra de la familia la derivó a Juan para recibir servicios de ABA. Juan está decidiendo cómo manejar esta situación.

Paso 1: ¿Por qué esto activa su radar ético?

Juan primero intenta clarificar el dilema ético. Él cree que aceptar a una vecina como cliente constituiría una relación múltiple y, por lo tanto, debería evitarse. Pero también le preocupa que, si él no presta servicio a este niño, el niño no recibirá terapia ABA. Así, su dilema ético es si debe o no aceptar a este niño como cliente.

A continuación, Juan intenta identificar quiénes serían los clientes en este dilema. Aunque oficialmente esta familia y este niño no son sus clientes (puesto que aún no los ha aceptado), Juan cree que, para su análisis de la situación, debería considerar a la familia y al niño como clientes, siendo el niño la persona sobre la que se centra el interés principal.

Al revisar el Código de la BACB, Juan considera que la norma más pertinente es la 1.06(a): "Debido a los potenciales efectos perjudiciales de las relaciones múltiples, los analistas de conducta evitan las relaciones múltiples". Sin embargo, también resalta una declaración de la introducción del código 2.0: "Los analistas de conducta tienen la responsabilidad de actuar en el mejor interés de los clientes", ya que cree que podría ser relevante para esta situación.

Por último, Juan considera sus propios valores y sesgos que pueden afectar su decisión. Juan reconoce que eligió vivir en esta zona rural de bajos ingresos porque estaba comprometido a servir a poblaciones desatendidas. Siente que a veces las reglas y normativas son establecidas por personas que no entienden las condiciones bajo las que él opera, y que eso puede llevarlo a sentir desdén por esas reglas. Reconoce esta tendencia en sí mismo e intenta controlarla. Por lo tanto, quiere asegurarse de considerar cuidadosamente por qué existen estas reglas y cuáles serían los peligros de no seguirlas.

Paso 2: Generar posibles soluciones

Juan cree que el Código de la BACB sugiere que debería evitar esta relación múltiple y derivar a la familia a otro lugar. Considera que otra posible solución es tomar a la familia como cliente pero intentar establecer salvaguardas contra los peligros de la relación múltiple.

Paso 3: Evaluar las soluciones

Juan primero considera la solución de derivar la familia a otro profesional. Dado que él es el único BCBA en 160 km a la redonda, examina las opciones. Una alternativa sería tratar de encontrar un BCBA distante que esté dispuesto a viajar hasta su pequeño pueblo para prestar los servicios. Sin embargo, Juan sabe que esta madre tiene medios económicos muy limitados, así que no tiene la certeza de que eso sea factible. Otra posibilidad es intentar encontrar un BCBA remoto que esté dispuesto a brindar servicios de telesalud, pero Juan sabe que esta familia no tiene un buen servicio de Internet (muy poca gente en el vecindario lo tiene), por lo que duda que esa sea una buena opción. En general, dadas las dificultades a las que se enfrenta esta persona siendo madre soltera con un hijo recién diagnosticado, Juan es escéptico respecto a que ella pueda sobrellevar las dificultades de un servicio remoto. En fin, sospecha que, si no es él mismo el que no proporciona los servicios, la realidad más probable es que el niño no recibirá servicios en absoluto. Además, Juan se pregunta si, incluso en el caso de que pudieran superarse las dificultades de la supervisión remota, la calidad de los servicios proporcionados a distancia podría compararse con los servicios que él podría brindar a este niño al poder ofrecer supervisión cercana y frecuente.

Juan contempla su segunda opción: aceptar al niño como cliente, pero intentando establecer procedimientos que ayuden a mitigar los posibles problemas de la relación múltiple. Juan cree que podría conversar con la madre sobre la situación y los peligros de la relación múltiple. Podría especificar que, durante el tiempo que el niño reciba servicios, Juan deberá evitar en lo posible los encuentros sociales con esta familia y que, si ocurren encuentros inesperados, se mantendrán lo más breves posible y él y la madre no hablarán del niño ni de su tratamiento en absoluto. Si surgieran cuestiones vecinales imprevistas que requirieran atención, la madre trataría esos asuntos con la esposa de Juan en lugar de con Juan.

Juan considera que ha analizado a fondo sus opciones, pero quiere una segunda opinión. Aunque no dispone de colegas cercanos en el contexto rural en el que vive, ha mantenido una estrecha relación con varios compañeros de la universidad. Llama a una de sus colegas de mayor confianza (alguien cuya conducta siempre ha considerado verdaderamente ética) y repasa el dilema con ella. Esta colega coincide con el análisis de Juan.

Paso 4: ¿Ha encontrado una solución aceptable?

A pesar de que Juan se siente incómodo adentrándose conscientemente en una relación múltiple, cree que en esta situación es lo correcto. Considera que, si no acepta a este niño como cliente, la familia no recibirá terapia basada en ABA en absoluto, y cree que esto sería un mal mayor que incurrir en la relación múltiple. Siente que tiene un buen plan para establecer salvaguardas contra los peligros de la relación múltiple y siente que realmente está actuando en el mejor interés del niño al elegir este camino. Por lo tanto, decide que sí, ha encontrado una solución aceptable.

Paso 5: Aplicar la solución con fidelidad y documentar cuidadosamente todas las acciones tomadas

Juan primero se toma el tiempo para escribir sus consideraciones. Sabe que está actuando en contra de una regla del Código de la BACB y quiere documentar cómo ha sopesado cuidadosamente los pros y los contras de las distintas posibilidades. Luego redacta una lista clara de los parámetros que ha establecido para la relación. Usará esta lista en su conversación con la madre y la guardará junto con la documentación de su proceso de toma de decisiones. Juan entonces procede con la reunión con la madre.

Paso 6: Reflexionar sobre los resultados/efectos de su decisión

Seis meses después, Juan reflexiona sobre su decisión y sus consecuencias. No hay duda de que el niño se ha beneficiado enormemente de la terapia. Está progresando mucho: ha comenzado a hablar, está desarrollando habilidades de juego y aprendiendo habilidades de autocuidado. Juan también siente que ha manejado la relación múltiple de manera segura. Él y la madre rara vez se ven fuera de la clínica, y mantienen esos encuentros breves, evitando efectivamente hablar sobre el niño o sus servicios. Juan sí siente que la situación ha afectado su vida en el vecindario un poco: ahora siempre se fija en que la familia no esté afuera cuando él sale a caminar, y decidió no asistir a la barbacoa del vecindario el mes pasado para no encontrarse con la familia. Pero siente que esas son pequeñas molestias personales en comparación con el bien que está haciendo al brindarle a este niño una terapia que le cambiará la vida. En general, tiene un sentimiento favorable hacia la elección que tomó y del impacto que esta tuvo en las partes implicadas.

Resumen

En la actualidad, los analistas de conducta ejercen bajo un sistema que concibe el comportamiento ético como la adhesión a un conjunto de reglas. Creemos que tal enfoque no promueve un comportamiento verdaderamente ético. Por el contrario, consideramos que un enfoque gobernado estrictamente por reglas puede fomentar una actitud mecánica y rígida hacia la conducta ética que no refleja adecuadamente el mundo complejo y diverso en el que los analistas de conducta ejercen. En lugar de ello, creemos que nuestra capacidad para actuar éticamente (nuestra aptitud ética) se ve reforzada por la expectativa de que uno debe enfrentarse constante y reflexivamente a cuestiones éticas y luego resolverlas de tal manera que pudiera defenderla frente a un grupo de colegas y defender su resolución y las razones detrás de ella. Para lograr esto, se debe enseñar a los analistas de conducta un modo estructurado y sistemático de abordar los problemas éticos. Hemos presentado un posible proceso para hacerlo, pero el propósito principal de este artículo no es presentar nuestro proceso en particular, sino más bien estimular una discusión en nuestro campo acerca de cómo los analistas de conducta deberían abordar la ética de forma más general. Creemos que todos los analistas de conducta desean trabajar en una profesión cuyos miembros estén comprometidos con un comportamiento ético. La pregunta que debemos debatir es cuál es la mejor manera de lograrlo.

5 VISIBILIDAD Y PROBABILIDAD DE DAÑO EN LA TOMA DE DECISIONES EN ÉTICA CLÍNICA: UN ANÁLISIS ECONÓMICO CONDUCTUAL[1]

David J. Cox | Asim Javed

Resumen

Los investigadores han empezado a utilizar en los últimos años la economía conductual para estudiar las decisiones en ética clínica que toman los analistas de conducta. Sin embargo, gran parte de este trabajo ha analizado patrones generales en lugar de aislar los procesos conductuales subyacentes. En este estudio se pretende ampliar las investigaciones anteriores al estudiar cómo influiría en las decisiones en ética clínica una manipulación paramétrica de la probabilidad de que cada opción fuera visible o causara un daño a corto plazo al cliente. Los analistas de conducta (n = 15) sólo se vieron influidos en gran medida por la probabilidad de daño a corto plazo. Por el contrario, el grupo de control (n = 30) se vio influido por la probabilidad de que cada opción fuera visible y la probabilidad de daño a corto plazo. Además, en todas las elecciones, los participantes del grupo de control mostraron una mayor tendencia que los analistas a no permitir que el individuo realizara la conducta perjudicial. Los modelos cuantitativos

[1] Cox, D. J., & Javed, A. (2023). Influence of televisibility and harm probability on clinical-ethical decision making. *Behavior Analysis in Practice*. https://doi.org/10.1007/s40617-023-00824-x

construidos mediante algoritmos de aprendizaje automático fueron capaces de predecir el ~75% de las elecciones realizadas por los participantes utilizando sólo las variables independientes manipuladas en este estudio. A nivel individual, un descuento probabilístico de pérdidas se ajustaba bien a los datos; pero, las desviaciones de los métodos tradicionales de descuento probabilístico de pérdidas proporcionan muchas áreas para futuras investigaciones. En resumen, el presente experimento pone de relieve los posibles procesos conductuales implicados en la toma de decisiones en ética clínica, las similitudes entre la respuesta individual (moral) y grupal (ética), y las áreas en las que los analistas profesionales pueden tener preferencias que difieren de las de sus clientes o de los tutores de estos.

La economía conductual es un término amplio que suele referirse a los estudios que combinan investigación de los enfoques teóricos económico y conductual. En uno de los extremos de este campo, los investigadores han tratado de entender cómo podrían aportar una comprensión de la conducta humana a su disciplina de origen (por ejemplo, Samuelson, 1937; Halpern et al., 2013; Patel et al., 2014). Esta investigación tiende a centrarse en la conducta económica de grupos de personas (por ejemplo, patrones de compra, salud pública, decisiones normativas) y en cómo la tendencia de los seres humanos a desviarse de los patrones óptimos de elección podría ser problemática o utilizarse para diseñar mejores regulaciones e intervenciones a gran escala (como List et al., 2018; Lunn y Choisdealbha, 2018). Entre los ejemplos más populares de trabajos realizados con este enfoque se incluyen *Un pequeño empujón* (Thaler & Sunstein, 2009), *Pensar deprisa, pensar despacio* (Kahneman, 2012), y son la base de *The Behavioural Insights Team,* fundado inicialmente por el Gobierno del Reino Unido, y ahora independiente de este (https://www.gov.uk/government/organ isations/behavioural-insights-team).

El otro extremo en la economía conductual comienza con los profesionales de la conducta. Los investigadores evolucionaron de forma convergente[2] la noción de valoración, en la que asumen que los organismos emiten elecciones basadas en la valoración momentánea de los resultados disponibles según lo determinado por el aprendizaje operante y respondiente (por ejemplo, Madden, 2000; Rachlin, 1995). En este caso, la investigación se ha centrado principalmente en qué variables influirán en el valor de los distintos efectos y, precisamente, en cómo influyen esas variables en la valoración y la elección posterior a nivel individual. Para unas excelentes revisiones del extremo de la ciencia de la conducta en la economía conductual, se remite a los lectores a Gilroy et al. (2018) y Hursh y Roma (2016).

Los investigadores han comenzado a ampliar los enfoques en la economía conductual para estudiar y comprender la toma de decisiones éticas en contextos clínicos. Por ejemplo, un hallazgo común es el efecto cantidad (también conocido como efecto magnitud; Rachlin et al., 2015). En este caso, los investigadores han observado sistemáticamente dos patrones de conducta humana. En primer lugar, la preferencia por un resultado incierto más tardío o más grande aumenta cuando los investigadores incrementan la cantidad de reforzadores putativos (ganancias) asociados a dos alternativas, mientras mantienen la razón relativa entre los dos reforzadores (por ejemplo, Estle et al., 2006; Myerson et al., 2011). En segundo lugar, la preferencia no cambia cuando los investigadores aumentan la cantidad de castigos putativos (pérdidas) asociados a dos alternativas manteniendo la proporción relativa entre los dos castigos putativos (Estle et al., 2006).

A nivel grupal, los investigadores han observado este mismo patrón con decisiones éticas relevantes para las decisiones tomadas por los analistas de conducta. Por ejemplo, en dos de los escenarios del Experimento 2 de Cox (2021), el investigador pidió a los parti-

[2] Aquí sugerimos que ello es cierto, aunque ninguno de los autores estaba presente cuando la investigación en economía conductual comenzó a tomar forma en sus respectivas disciplinas de origen. Por lo tanto, esto es, en sentido estricto, solo una suposición.

cipantes que eligieran entre ambas opciones en las que el beneficio que un participante obtendría de una opción disminuía sistemáticamente (mezclar y combinar diferentes servicios) o en las que la cantidad de daño aumentaba sistemáticamente (informar del fraude en la facturación). Al igual que los trabajos anteriores sobre el efecto de la cantidad en la economía conductual, cambiar sistemáticamente la cantidad obtenida por mezclar y combinar servicios provocó cambios sistemáticos en la elección de los participantes, mientras que cambiar sistemáticamente la cantidad de pérdida por denunciar el fraude en la facturación no influyó en la elección de los participantes.

Como segundo ejemplo, los investigadores en economía conductual han estudiado un patrón de conducta llamado demanda (por ejemplo, Hursh & Silberberg, 2008; Madden, 2000). En este caso, los investigadores han observado sistemáticamente que el aumento del esfuerzo necesario para contactar con un reforzador dará lugar a un aumento inicial de la respuesta para mantener la cantidad de reforzamiento. Sin embargo, en algún momento, el aumento de la cantidad de esfuerzo se asocia a una reducción sistemática de la cantidad de respuesta emitida para contactar con el reforzador. Algunos investigadores que estudian la toma de decisiones éticas en la economía conductual han observado anteriormente un patrón potencialmente similar en el que el aumento de la cantidad de formación adicional necesaria para conseguir que un supervisor recoja datos precisos (es decir, esfuerzo) redujo sistemáticamente el número de analistas de conducta dispuestos a proporcionar esa formación (Cox, 2021; Exp. 2).

Una limitación de los estudios anteriores es que los investigadores han utilizado analistas de conducta en ejercicio o estudiantes que cursan la carrera de analistas. Por lo tanto, se desconoce hasta qué punto los patrones de elección observados en investigaciones anteriores son específicos de los analistas en formación frente a los que llevan algún tiempo ejerciendo de forma independiente. Comparar la elección entre analistas con mayor experiencia y grupos de control de no analistas de conducta puede tener más validez en cuanto a los tipos de interacciones que es más probable que se produzcan en la práctica. En concreto, tales comparaciones pueden ayudar a los analistas en ejercicio a comprender si los enfoques y las decisiones que toman coinciden o entran en conflicto con las elecciones que sus clientes o los tutores podrían hacer en la misma situación. Dicha información podría permitir a los analistas de conducta en ejercicio prepararse de forma proactiva para esas diferencias de preferencias en lugar de responder de forma reactiva a las diferencias de preferencias en el momento en que el supervisor expresa su desacuerdo.

Una segunda limitación es que las investigaciones previas se han centrado principalmente en la respuesta a nivel grupal. Puede argumentarse que tiene sentido que la conducta ética se haya examinado a este nivel porque es un fenómeno a nivel grupal (a diferencia de la moral, que puede distinguirse como un fenómeno a nivel individual; Cox, 2020a). Sin embargo, desde la perspectiva del proceso conductual, los análisis a nivel grupal son una demostración menos convincente del control funcional de la toma de decisiones éticas que necesariamente debe producirse a nivel individual (por ejemplo, Baum, 2005; Skinner, 1953/2021, 197172023). De esa manera, el presente estudio se diseñó para analizar la toma de decisiones éticas de un modo que permitiera un análisis más directo de los cambios en la elección dentro de un sujeto.

Una tercera limitación de las investigaciones anteriores que examinaban la toma de decisiones en ética clínica es la falta de vinculación de las elecciones analizadas a procesos conductuales concretos. Es decir, aunque los experimentos descritos anteriormente se etiquetaron como similares a la investigación común en economía conductual, no se diseñaron para probar directamente esos procesos conductuales. A consecuencia de ello, se desconoce hasta qué punto los procesos conductuales mencionados influyeron directamente en la elección individual en esos escenarios. Por lo tanto, este estudio se diseñó para analizar la toma de decisiones éticas en analistas de conducta con una influencia más directa de dos sólidos patrones de elección de la literatura de investigación sobre economía conductual: el descuento de probabilidades y de pérdidas.

El descuento probabilístico puede definirse como la devaluación sistemática de un efecto a medida que disminuye la probabilidad de que el organismo entre en contacto con ese resultado (por ejemplo, McKerchar y Renda, 2012; Rachlin, 2006). El descuento por pérdida puede implicar resultados probabilísticos, resultados tardíos, (por ejemplo, Mazur, 1987; Rachlin, 2006), resultados con un esfuerzo variable para contactar con ellos (p.ej., Apps et al., 2016; Bialaszek et al., 2017) o resultados en los que el individuo que contacta con ellos tiene una relación social variable (por ejemplo, Jones & Rachlin, 2006; Schwenke et al., 2022). Pero lo que es común a todos los estudios sobre el descuento de pérdidas es que los resultados que se tienen en cuenta en un escenario de elección implican pérdidas de algún tipo (es decir, un castigo putativo) en lugar de ganar algo (es decir, un reforzador putativo).

El descuento de probabilidades era un proceso conductual lógico para probar porque las contingencias éticas son contingencias mediadas socialmente. Para que se pongan en contacto las contingencias éticas, alguien distinto del analista que emite la conducta poco ética observa la respuesta poco ética y, a continuación, inicia la aplicación de la contingencia (por ejemplo, informar del incidente a BACB o informar al supervisor). En el momento de conceptualizar este estudio, esta probabilidad de que las decisiones clínicas de uno sean observadas por otros se estaba tratando en populares canales de medios sociales bajo el nombre de "televisibilidad" significando simplemente *ser visto* (Animal Training Academy, 2020; Hanley, 2021; Kemmerer, 2021). Para este estudio, se define la "televisibilidad" como la probabilidad de que la elección de la persona fuera observada por una comunidad social y a través de los medios sociales (a diferencia de la televisión). Esto nos permitió vincular la televisibilidad más directamente al descuento de probabilidades y a las contingencias éticas que requieren un grupo social más amplio.

El descuento de pérdidas también era un proceso conductual lógico para poner a prueba, ya que las decisiones éticas podrían ir seguidas de resultados que implicaran pérdidas. Por ejemplo, las contingencias en torno a las conductas poco éticas emitidas por analistas de conducta certificados podrían implicar ser denunciados a la a organización responsable de otorgar credenciales profesionales para los analistas (BACB, en inglés) y entrar en contacto con unos posibles resultados destinados a reducir los contactos poco éticos en el futuro, como la supervisión obligatoria, la revocación de la certificación, la restricción de la práctica o la suspensión (BACB, 2023). Cada una de ellas podría implicar pérdidas de recursos como tiempo o dinero, así como futuros réditos al perder la capacidad de ejercer. Además, una razón en común y por la que una respuesta podría considerarse poco ética es porque la conducta provoca algún tipo de daño a un cliente o ABA. Estos efectos también podrían considerarse una pérdida dentro de un marco ético utilitarista (Brodhead et al., 2022).

Tabla 2 Características demográficas de los participantes (*N* = 45)

CATEGORÍA	ANALISTAS DE CONDUCTA (N = 15)	GRUPO CONTROL (N = 30)
Edad (media)	38.86	32.77
Mediana, DT	(36.00, 9.63)	(31.50, 10.82)
Raza		
Caucásico	87% (*n* = 13)	73% (n = 22)
Afro-americano	7% (*n* = 1)	30% (*n* = 9)
Otra	7% (*n* = 1)	3% (*n* = 1)
Género		
Porcentaje varones	33% (*n* = 5)	33% (*n* = 10)
Porcentaje mujeres	67% (*n* = 10)	67% (*n* = 20)

Nota. Los grupos no mostraron diferencias significativas en ninguna categoría utilizando una prueba normal simple para proporciones, con un nivel de significancia alfa establecido en 0.05. DT = Desviación típica.

Para probar la validez de las influencias de la probabilidad y el descuento de pérdidas en la toma de decisiones ética clínica es necesario identificar una decisión que incluya de forma realista consecuencias con estas características. La selección de un escenario realista para este estudio procedía de dos publicaciones previas. En primer lugar, fueron los dos escenarios del Experimento 2 de Cox (2021) que implicaban compensaciones entre el beneficio frente al daño y entre las preferencias del cliente frente a las del equipo de tratamiento. Se eligió manipular estas características porque provocaron el mayor cambio en la respuesta a nivel grupal, lo que sugiere que enfocarlas de nuevo podría provocar cambios detectables en la conducta a nivel individual. La segunda publicación que influyó en el presente estudio fue la de Bannerman et al. (1990), en la que se trata de equilibrar el derecho a la habilitación con el derecho de los clientes a las libertades personales. En ese artículo, uno de los escenarios que se aborda es el de comer un alimento preferido que podría impedir la mejora de la salud en general o causar daño si se practica con regularidad (por ejemplo, comer demasiados donuts). Al basarse en lo anterior, se opta por comprobar la probabilidad de influencia y el descuento de pérdidas para los escenarios de la ética clínica en los que un cliente desea comer una gran cantidad de alimentos poco saludables.

En resumen, la investigación planteaba tres preguntas principales. En primer lugar, ¿llevan los descuentos de probabilidades y pérdidas a patrones de respuesta con decisiones éticas como se ha observado en anteriores investigaciones de descuento con dinero y otras mercancías? En segundo lugar, dado que la conducta ética es un fenómeno a nivel grupal y que los analistas de conducta suelen ser una de las muchas partes interesadas en los equipos clínicos, ¿difieren las decisiones éticas tomadas por analistas certificados de las decisiones éticas tomadas por analistas no clínicos? Por último, aunque los códigos éticos son específicos de los grupos, las contingencias éticas deben operar a nivel individual. Nuestra pregunta final es: ¿en qué medida se alinean los patrones individuales de elección con las tendencias grupales y, en relación con ello, en qué medida se pueden describir y predecir la elección a nivel individual?

Método

Participantes

Se reclutó a 45 participantes de una de las dos modalidades (ver para los datos demográficos en la Tabla 1). Los participantes que eran analistas de conducta (n = 15) fueron reclutados a través de listas de correo electrónico sobre conductismo, LinkedIn y el boca a boca en organizaciones que proporcionan servicios clínicos a personas con autismo (ver información específica sobre analítico-conductual en la Tabla 2). Para ello, se compartió una breve descripción del estudio aprobada por el comité ético, los criterios de elegibilidad y un enlace a las tareas experimentales en Qualtrics. Los profesionales que estaban interesados en participar podían seguir el enlace si optaban por contribuir al estudio. El tiempo medio (mediana) para completar el experimento para los participantes analistas de conducta fue de 10,98 min (7,65 min). No hubo criterios de inclusión para analistas de conducta aparte de que confirmaran que eran analistas de conducta certificados.

Los participantes de control (n = 30) fueron reclutados a través de la plataforma *Prolific* (www.prolific.com). Prolific es una plataforma en internet en la que los investigadores pueden publicar tareas de investigación y experimentos. Personas de todo el mundo pueden inscribirse para trabajar como participantes a cambio de una compensación económica. Estos participantes fueron reclutados para un estudio titulado, "Tomar decisiones sobre otras personas que la gente podría descubrir", con la siguiente descripción: En este estudio, se le presentarán una serie de escenarios en los que tendrá que decidir cuál de dos opciones clínicas tomarían. No hay una respuesta correcta o incorrecta. Interesa únicamente saber cómo influyen las distintas características de la situación en la elección que se haga.

Los participantes elegidos podían inscribirse en el estudio si cumplían los siguientes criterios de inclusión: tener el inglés como lengua materna científica y tuvieran un índice de aprobación mínimo del 90%, basándose en trabajos anteriores que examinaban las relaciones entre los índices de aprobación en Prolific y las respuestas deshonestas (Schild et al., 2021). El tiempo medio (mediana) para completar el experimento fue de 15,74 min (14,1 min) y se compensó a los participantes con una tarifa base de 2,50 dólares, lo que equivale a una tarifa por hora de 10 dólares.

Toma de decisión

Todos los participantes respondieron a 81 preguntas estructuradas como se muestra en la Figura 1. En todos los escenarios de elección, se comunicaba que un cliente deseaba comer una gran cantidad de alimentos poco saludables. El participante podía elegir entre dos opciones: permitir que el cliente comiera la comida o no permitir que el cliente comiera dichos alimentos. Para cada pregunta, permitir que el cliente comiera se asociaba con una probabilidad variable de ser televisible (definida más adelante) y una probabilidad variable de causar un daño a corto plazo al cliente (definida también más adelante). No permitir que el cliente comiera se asoció con una probabilidad variable independiente de ser televisible y una probabilidad variable independiente de causar un daño a corto plazo al cliente.

Al principio de cada uno de los tres bloques, se explicó (o recordó) a los participantes las definiciones de daño a corto plazo y televisibilidad para el presente estudio. El daño a corto plazo se definió como cualquier malestar físico o fisiológico en un plazo de 24 horas, mientras que la televisibilidad se definió como el grado en que la conducta del participante podría difundirse en las redes sociales.

Se van variando sistemáticamente cuatro palabras en cada pregunta presentada a los participantes (palabras en negrita en la Figura 1). Cada palabra en negrita correspondía a la probabilidad

Tabla 2 Experiencia, lugar de trabajo y poblaciones a las que sirven los analistas de conducta

NÚM. DE ANALISTAS DE CONDUCTA QUE SELECCIONARON CADA OPCIÓN					
Entorno	Clínica (33%)	Hogar 4 (27%)	Colegio 6 (40%)	Residencial 1 (7%)	Otro 2 (13%)
Edad del cliente (años)	0–5 9 (60%)	6–10 9 (60%)	11–20 7 (47%)	>20 6 (40%)	Otro 1 (7%)
Población	TEA 12 (80%)	Otras discapacidades 5 (33%)		Otras 5 (33%)	

Nota. Los participantes podían elegir más de una opción, por lo que los porcentajes totales pueden estar por encima del 100%.

de que cada elección fuera televisible (es decir, probabilidad baja, media o alta) o provocara un daño a corto plazo (probabilidad baja, media o alta). Se presentaron a cada participante todas las combinaciones posibles de cada una de las tres probabilidades para cada una de las cuatro palabras. Las preguntas se agruparon en tres bloques en torno a la probabilidad de que permitir que el cliente comiera dichos alimentos (primera opción) fuera televisible. Un bloque indicaba baja probabilidad de televisibilidad al permitir que el cliente comiera, mientras que otro indicaba probabilidad media de televisibilidad al permitir que el cliente tomara los alimentos. Otro indicaba alta probabilidad de televisibilidad si se permitía que el cliente comiera. Qualtrics se programó para presentar cada uno de los tres bloques en un orden aleatorio a cada participante.

Dentro de cada bloque, las tres probabilidades restantes se alteraron en la misma secuencia (ver el orden de los ensayos dentro de cada bloque en la Tabla 3). En cada ensayo, la probabilidad de ser televisible cambiaba por no permitir que el cliente comiera. Cada tres ensayos, la probabilidad de sufrir daños cambiaba por no permitir que el cliente consumiera la comida. Y, cada nueve ensayos, la probabilidad de daño cambiaba por permitir que el cliente

Figura 1 Uno de los escenarios de elección del experimento. En los distintos escenarios, solo variaba el texto en negrita.

Un cliente desea ingerir una gran cantidad de alimentos poco saludables en una comida. Considera lo siguiente:

Permitir que este cliente coma la comida tiene una **baja** probabilidad de ser visto por otros y una **alta** probabilidad de causar daño a corto plazo al cliente.

No permitir que este cliente ingiera la comida tiene una **probabilidad** de ser visto por otros y una **alta** probabilidad de causar daño a corto plazo al cliente.

¿Permitirías que el cliente tomara esta comida?

○ Sí
○ No

se alimentara. Para cada uno de los tres bloques, los participantes respondieron siempre a las preguntas en la secuencia que se muestra en la Tabla 3. En total, los participantes hicieron 81 elecciones que implicaban todas las combinaciones de los tres niveles de probabilidad para cada uno de los cuatro resultados.

Preguntas adicionales

Además de las tareas experimentales mencionadas, los participantes respondieron a nueve preguntas demográficas y a siete de seguimiento. Las preguntas demográficas indagaban sobre la edad de los participantes, el género autoidentificado, el trasfondo cultural autoidentificado, la experiencia en ABA, los entornos en los que trabajan y las poblaciones con las que trabajan (consultar el material complementario online para obtener una copia de la tarea). Las preguntas de seguimiento eran abiertas y se referían a las estrategias que utilizaron durante la tarea experimental, su experiencia con la televisibilidad como término, su experiencia con clientes que realizan conductas potencialmente dañinas pero que se ajustan a sus preferencias vitales y si tenían algún comentario adicional para los investigadores. Se podrá encontrar una copia completa de las tareas experimentales y las preguntas en los materiales complementarios online.

Análisis de datos[3]

En primer lugar, se realiza un análisis de varianza (ANOVA) de medidas repetidas de dos vías para comprobar los efectos principales de las cinco variables independientes de este estudio (es decir, para responder a las preguntas 1 y 2 de la investigación). Una variable era el grupo al que pertenecía el participante. La segunda y la tercera variables eran la probabilidad de que permitir que el cliente consumiera la comida fuera televisible o le causara daño, respectivamente. Las variables cuarta y quinta eran la probabilidad de que no permitir que el cliente comiera fuera televisible o provocara daños, respectivamente. Los resultados del ANOVA proporcionan al investigador pruebas cuantitativas sobre si cada una de las variables independientes influyó en la elección. Sin embargo, los ANOVA no proporcionan información sobre el grado en que la elección estuvo controlada por las variables independientes y el papel de las posibles variables de confusión. En otras palabras, los ANOVA no indican hasta qué punto se puede predecir la elección de un participante en función de las variables independientes manipuladas.

Para responder a la tercera pregunta de investigación, se usan ocho algoritmos estadísticos o de aprendizaje automático diferentes para determinar con qué precisión se pueden predecir las elecciones de cada participante utilizando las cinco variables independientes de este estudio. Estos algoritmos iban de simples a complejos e incluían: regresión logística (Peng et al., 2002), algoritmo de los *k* vecinos más cercanos (Pedregosa et al., 2011), clasificador de vectores de apoyo (Chang & Lin, 2001), clasificador de gradiente estocástico (Pedregosa et al, 2011), clasificador de proceso gaussiano (Rasmussen & Williams, 2006), clasificador de bosque aleatorio (Breiman, 2001), clasificador de reforzamiento adaptativo (Zhu et al., 2009) y clasificador de reforzamiento de gradiente (Friedman,

3 Para todos los análisis, utilizamos tanto el análisis cuantitativo como el visual como complementarios entre sí, en el espíritu del pensamiento multimodelo (Page, 2018). Es probable que los lectores estén familiarizados con el análisis visual, por lo tanto, aquí describimos únicamente los enfoques cuantitativos.

Tabla 3 Secuencia de escenarios mostrados a los participantes.

ESC.	PERMITIR AL CLIENTE COMER		NO PERMITIR AL CLIENTE COMER	
	PROBABILIDAD DE SER VISTO	PROBABILIDAD DE DAÑO	PROBABILIDAD DE SER VISTO	PROBABILIDAD DE DAÑO
1	Baja	Baja	Baja	Baja
2	Baja	Baja	Media	Baja
3	Baja	Baja	Alta	Baja
4	Baja	Baja	Baja	Media
5	Baja	Baja	Media	Media
6	Baja	Baja	Alta	Media
7	Baja	Baja	Baja	Alta
8	Baja	Baja	Media	Alta
9	Baja	Baja	Alta	Alta
10	Baja	Baja	Baja	Baja
11	Baja	Media	Media	Baja
12	Baja	Media	Alta	Baja
13	Baja	Media	Baja	Media
14	Baja	Media	Media	Media
15	Baja	Media	Alta	Media
16	Baja	Media	Baja	Alta
17	Baja	Media	Media	Alta
18	Baja	Media	Alta	Alta
19	Baja	Alta	Baja	Baja
20	Baja	Alta	Media	Baja
21	Baja	Alta	Alta	Baja
22	Baja	Alta	Baja	Media
23	Baja	Alta	Media	Media
24	Baja	Alta	Alta	Media
25	Baja	Alta	Baja	Alta
26	Baja	Alta	Media	Alta
27	Baja	Alta	Alta	Alta

2001). Hubo 3.645 elecciones totales en este estudio. Para cada algoritmo, se utilizó la validación cruzada quíntuple con 10 repeticiones y métricas de pérdida calculadas usando un conjunto de pruebas de retención del 20%. Es decir, se ajusta un modelo a una selección aleatoria de 2.916 de las observaciones (80%). Se usa ese modelo para hacer predicciones sobre las 729 observaciones restantes (20%) y se guardan las métricas de pérdida asociadas a cada modelo para su análisis.

Por último, también era de interés para el estudio saber cómo influían en las elecciones de cada participante individual las cuatro probabilidades manipuladas. Para analizar la elección a nivel individual, se usa el enfoque de modelado de mayor rendimiento de los anteriores (regresión logística) para construir un modelo para cada uno de los 45 participantes utilizando los datos de sus 81 elecciones. Estos análisis permitieron posteriormente comparar la influencia de cada una de las cuatro probabilidades manipuladas en la elección de los participantes a nivel individual. Todos los análisis cuantitativos se realizaron utilizando el paquete "statsmodels" (Seabold & Perktold, 2010), pingouin (Vallat, 2018), scipy (Virtanen et al., 2020) o scikit-learn (Pedregosa et al., 2011) para Python (versión 3.9.13). Los datos y el código utilizados para los análisis pueden consultarse en Cox y Javed (2022).

Resultados

Efectos principales

La Figura 2 muestra diagramas de barras del porcentaje de elecciones que los participantes no permitieron que el cliente consumiera la comida *(eje y)* en función de la probabilidad *(eje x) de* que la elección del participante fuera televisible (paneles de la izquierda) o provocara un daño a corto plazo (paneles de la derecha). Las barras de error representan el intervalo de confianza del 95%.[4] En general,

4 La diferencia entre dos barras cualquiera es significativa si los intervalos de confianza

Figura 2 Influencia general de la probabilidad de visibilidad social ("televisibility") y de daño en la decisión de los 45 participantes de "Permitir" o "No permitir" que el cliente coma el alimento preferido. Las barras de error representan intervalos de confianza del 95%.

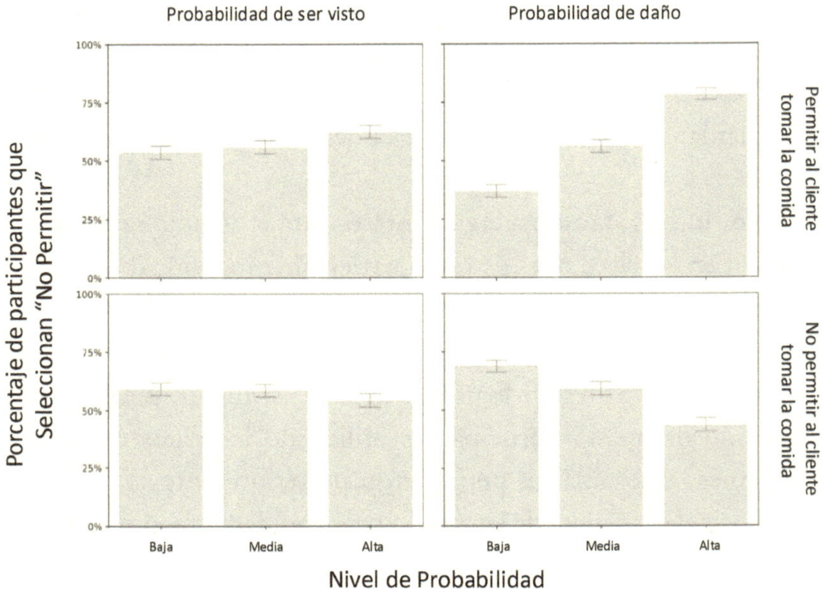

se observan diferencias significativas en los participantes que no permiten al cliente consumir el alimento poco saludable en función del grupo experimental ($F\,(1, 43) = 4{,}16$; p =,0475; = 0,0883) y de la combinación única de cuatro probabilidades en ambas elecciones ($F\,(23, 989) = 32{,}68$; $p <{,}001$; $\eta^2 = 0{,}4318$). Esto también se observa visualmente. Como la probabilidad de que permitir que el cliente comiera dichos alimentos poco saludables fuera televisible y causara daño aumentaba, se observa, por tanto, un incremento sistemático del porcentaje de participantes que eligieron no permitir que el cliente consumiera dichos alimentos. Del mismo modo, al aumentar la probabilidad de que no permitir que el cliente consumiera la comida poco sana fuera televisible y causara daño, se observa una reducción sistemática del porcentaje de participantes que no permitieron que el cliente comiera la comida poco sana. Como observación generalizada, a medida que aumentaba la probabilidad de televisibilidad y perjuicio para una conducta, los participantes

del 95 % no se superponen, aunque el hecho de lo hagan no siempre significa que no exista una diferencia entre los dos grupos (Austin & Hux, 2002).

Figura 3 Influencia general de la visibilidad social, el daño y el grupo de origen del participante sobre su decisión de "Permitir" o "No permitir" que el cliente coma el alimento preferido. Las barras de error representan intervalos de confianza del 95%.

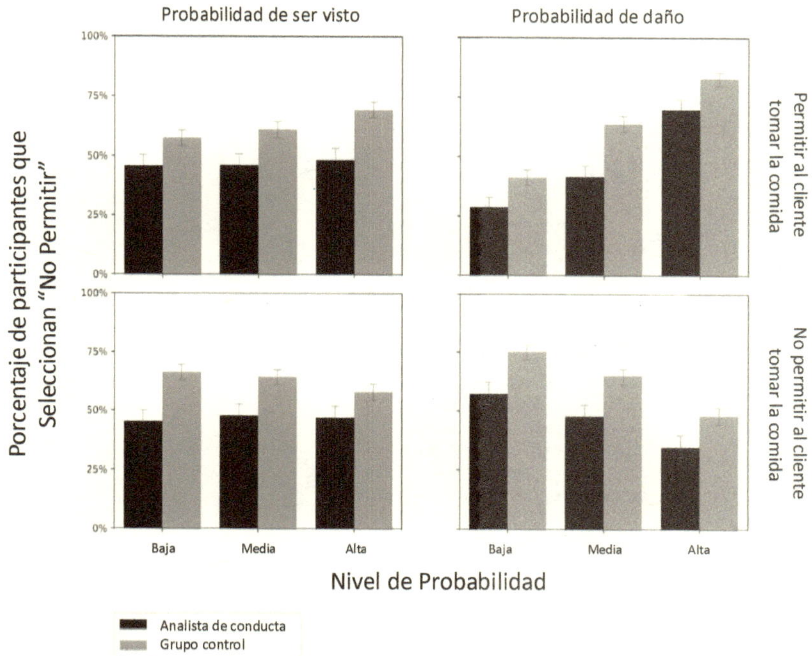

emitían cada vez más dicha conducta. Sin embargo, para ambas elecciones, la probabilidad de daño influyó en la conducta más que la probabilidad de que la elección fuera televisible.

Diferencias entre grupos

La Figura 3 muestra los mismos diagramas de barras que la Figura 2, excepto que separados por grupos. Las barras negras representan el porcentaje medio de elecciones realizadas por los analistas de conducta, mientras que las grises representan el porcentaje medio de elecciones realizadas por el grupo de control. En las cuatro variables independientes manipuladas en este estudio, los participantes del grupo de control eran más propensos a no permitir que el cliente se alimentara de esa gran cantidad de comida poco saludable,

Figura 4 Resultados de las pruebas multimodelo para determinar en qué medida se puede predecir qué elección haría un participante utilizando la probabilidad de visibilidad social, la probabilidad de daño y las variables de grupo para cada participante.

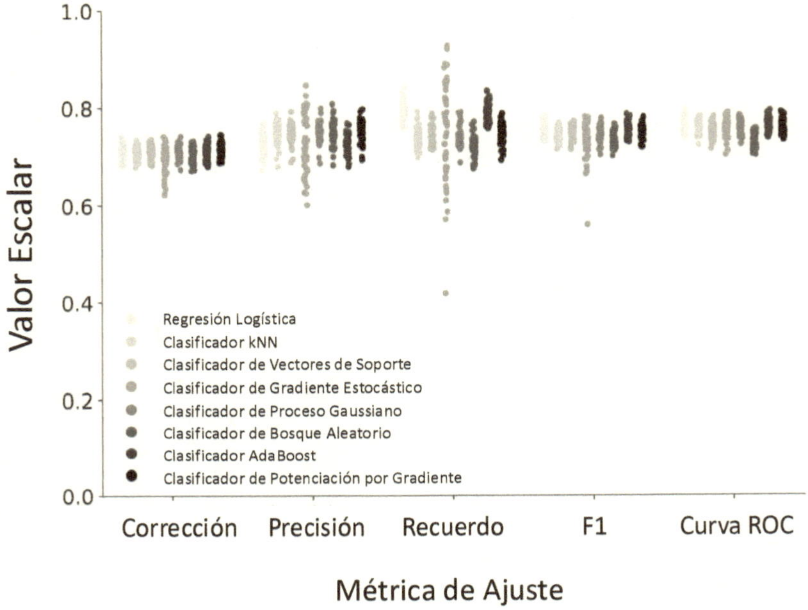

independientemente de la probabilidad de que la elección fuera televisible o de que provocara daños. Para los analistas de conducta, cambiar la probabilidad de televisibilidad para permitir que el cliente consumiera esa comida poco sana y para no permitir que comiera dichos alimentos no influyó en la elección (dos paneles de la izquierda; Permitir: F (2, 28) = 0,34; p =,71; η^2 = 0,0013; No permitir: F (2, 28) = 0,49; p =,62; η^2 = 0,0009). Sin embargo, cambiar la probabilidad de que cualquiera de las dos opciones causara daño influyó sistemáticamente en la elección en las direcciones descritas anteriormente. Aumentar la probabilidad de que permitir que el cliente comiera esos alimentos causaría daño incrementó el porcentaje de veces que estos analistas de conducta eligieron no permitir que el cliente comiera los alimentos (panel superior derecho; F (2, 28) = 16,67; p <,001; η^2 = 0,2004). El aumento de la probabilidad de que no permitir que el cliente comiera alimentos le causara daño disminuyó el porcentaje de veces que eligieron no permitir que el cliente comiera el alimento poco saludable (panel inferior derecho; $F\,(2, 28) = 5{,}10$; p =,0129; $\eta^2 = 0{,}0676$).

Para el grupo de control, el aumento de la probabilidad de que permitir al cliente tomar la comida fuera televisible aumentó el porcentaje de participantes que eligieron no permitir al cliente alimentarse de la comida poco saludable (panel superior izquierdo; $F\,(2, 58) = 10{,}44$; p =,0001; $\eta^2 = 0{,}0479$). Asimismo, al aumentar la probabilidad de que no permitir que el cliente tomara el alimento fuera televisible, disminuyó el porcentaje de participantes que eligieron no permitir que el cliente comiera el alimento poco saludable (panel inferior izquierdo; $F\,(2, 58) = 7{,}31$; p =,0015; $\eta^2 = 0{,}2014$). Del mismo modo, cambiar la probabilidad de que cualquiera de las dos opciones causara daño influyó sistemáticamente en la elección del grupo de control en las direcciones descritas anteriormente. Aumentar la probabilidad de que permitir que si el cliente toma alimentos le causaría daño incrementó el porcentaje de veces que los participantes del grupo de control eligieron no permitir que el cliente comiera los alimentos ($F\,(2, 58) = 43{,}73$; p <,001;$^2 = 0{,}6013$). Y al aumentar la probabilidad de que no permitir que el cliente comiera alimentos le causaría daño, disminuyó por tanto el porcentaje de veces que eligieron no permitir que el cliente comiera el alimento poco saludable ($F\,(2, 58) = 15{,}47$; p =,0003; $\eta^2 = 0{,}3479$).

Modelado de grupos

La Figura 4 muestra las métricas de ajuste de los ocho algoritmos estadísticos o de aprendizaje automático diferentes destinados a predecir cada respuesta realizada por los participantes utilizando las cinco variables independientes del presente estudio: (1) grupo; (2) probabilidad de daño por permitir que el cliente tome la comida; (3) probabilidad de daño por no permitir que el cliente consuma la comida; (4) probabilidad de televisibilidad por permitir que el cliente consuma; y (5) probabilidad de televisibilidad por no permitir que el cliente tome esos alimentos. Para cada métrica, un valor de 1,0 indicaría que el modelo predice correctamente cada elección realizada por un participante, mientras que un valor de 0,0 indicaría que el modelo obtiene cero predicciones correctas. Así, para cada métrica, los valores más cercanos a 1,0 indican que el modelo predice con mayor exactitud las elecciones de los participantes.[5]

El algoritmo con la mejor exactitud predictiva media (71,35%) y la mejor precisión media (75,17%) fue el clasificador Gradient Boosting. El algoritmo con la mejor recuperación media (79,32%), F1 (75,74%) y área bajo la curva de la característica operativa del receptor (ROC-AUC; 76,34%) fue la regresión logística. Sin embargo, como puede observarse visualmente, todos los algoritmos fueron más o menos iguales en su capacidad para desarrollar modelos que pudieran predecir si un participante iba a permitir o no que el cliente consumiera la comida basándose en las probabilidades de televisibilidad, las de daño y el historial de aprendizaje con el análisis de conducta. Además, con la excepción del clasificador de proceso gaussiano, todos los algoritmos condujeron a modelos con una exactitud predictiva relativamente estable (todos los rangos dentro del 6,7%), precisión (todos los rangos dentro del 12,2%), recuerdo (todos los rangos dentro del 10,3%), F1 (todos los rangos dentro del 7,4%) y ROC-AUC (todos los rangos dentro del 8,0%). En resumen, a nivel grupal, aproximadamente tres de

[5] Para los lectores que no estén familiarizados con estas métricas de modelos, cuando un modelo puede predecir una de dos respuestas que emite un participante, entonces hay cuatro resultados posibles: (1) el participante emite la opción A y el modelo predice correctamente A; (2) el participante emite la opción A y el modelo predice incorrectamente B; (3) el participante emite la opción B y el modelo predice incorrectamente A; o (4) el participante emite la opción B y el modelo predice correctamente B. Cada una de estas métricas cuantifica qué tan bueno es el modelo en función de alguna combinación (pero no todas) de estas cuatro posibilidades. Para una discusión más detallada sobre estas métricas, su relación con el análisis de conducta en la práctica, y cómo calcularlas y utilizarlas, véase Cox y Vladescu (2023).

cada cuatro de las elecciones realizadas por un participante podían predecirse utilizando las cinco variables predictoras manipuladas en este estudio.

Toma de decisiones individuales

A lo largo de este estudio se examina también cómo cambiaban las elecciones de cada participante individual en función de la televisibilidad y la probabilidad de daño. La Figura 5 muestra los datos de cuatro participantes cuyos datos son ejemplares de los cuatro patrones de respuesta que se observan. Nueve participantes eligieron siempre la misma opción, independientemente de las probabilidades asociadas a cualquiera de ellas (panel superior izquierdo). Cuatro de esos nueve participantes eligieron permitir que el cliente tomara la comida (tres analistas de conducta y un participante del grupo de control) y cinco de esos nueve participantes eligieron no permitir que el cliente se alimentara de esa comida (dos analistas de conducta y tres del grupo de control). Los 36 participantes restantes se vieron influidos en alguna medida por las cuatro probabilidades manipuladas en este estudio. Diecinueve de los participantes se vieron influidos por la probabilidad de daño asociada a cada opción (panel superior derecho; 8 analistas de conducta y 11 del grupo de control). Se puede argumentar que un participante del grupo de control sólo se vio influido por la televisibilidad de permitir que el cliente consumiera la comida (panel inferior izquierdo), aunque eso se debió principalmente a una diferencia entre la probabilidad de televisibilidad baja y media al permitir que el cliente tomara dicha comida. Por último, 16 participantes se vieron influidos tanto por la probabilidad de que su elección fuera televisible como por causar daño (panel inferior derecho; 2 analistas de conducta y 14 del grupo de control). En resumen, 35 de los 45 participantes se vieron influidos por la probabilidad de daño asociada a cada opción y 16 participantes también se vieron influidos por la probabilidad de que su elección fuera televisible.

Figura 5 Ejemplo de datos de cuatro participantes que muestran tendencias en la influencia del daño y la visibilidad social sobre las decisiones a nivel individual.

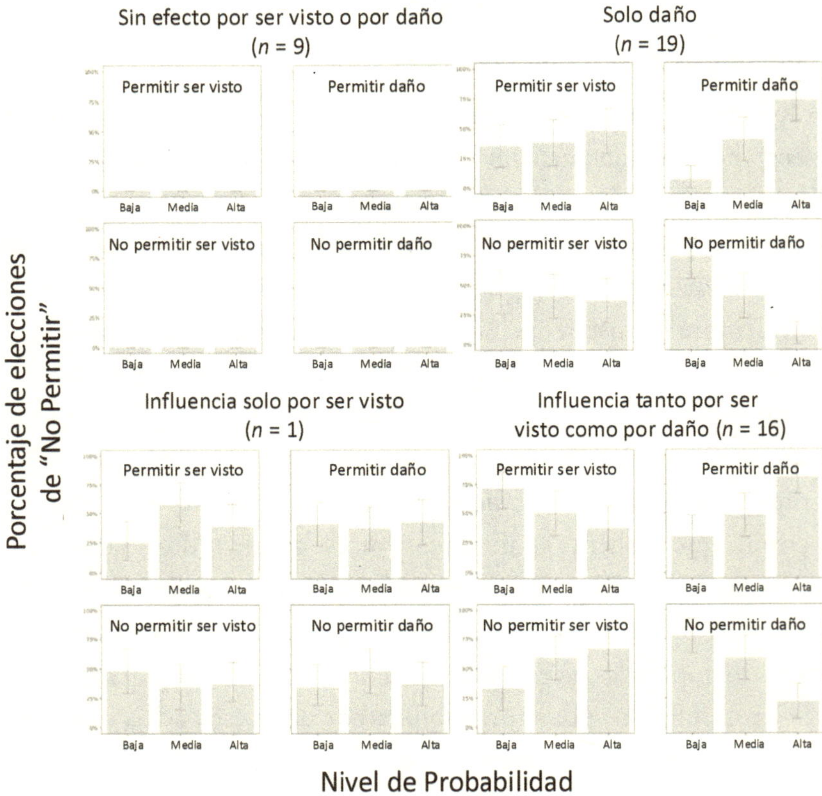

En la Figura 6, se muestran los resultados de utilizar el algoritmo de mejor rendimiento para construir modelos de regresión logística individuales para cada participante. La media (mediana, desviación estándar) de la precisión del modelo fue del 88,81% (93,83%, 12,62%) y la precisión del modelo fue superior al 85% para 36 de los participantes (extremo izquierdo del panel). Esto sugiere que conocer el historial de aprendizaje del participante individual con el análisis de conducta, así como los cuatro niveles de probabilidad, nos permitió predecir la elección de la mayoría de los participantes individuales entre las dos opciones disponibles.

Figura 6 Corrección media y coeficientes beta resultantes para cada modelo de regresión logística ajustado a las elecciones de cada participante individual. Cada marcador representa la precisión del modelo o los coeficientes beta estimados para un participante.

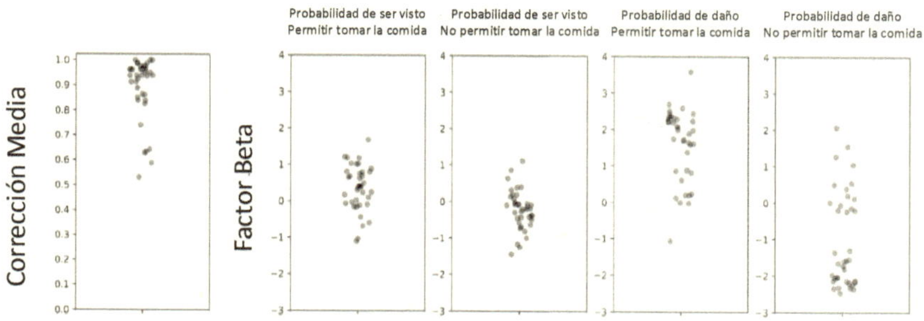

El segundo panel de la izquierda y el central de la Figura 6 muestran las ponderaciones estimadas de cada modelo ajustado para cada participante en relación con la televisibilidad. Éstos cuantifican la influencia relativa que tiene esa variable independiente en la elección de ese participante. Los valores más alejados de 0,0 indican una mayor influencia en la elección. Sin embargo, los valores negativos indican una mayor probabilidad de que el participante elija la otra opción y los valores positivos indican una mayor probabilidad de que elija esa opción. La ponderación media (mediana, desviación estándar) de la probabilidad de televisibilidad para permitir que el cliente se tome la comida fue de 0,37 (0,40, 0,63) y la ponderación media (mediana, desviación estándar) de la probabilidad de televisibilidad para no permitir que el cliente consuma la comida fue de -0,21 (-0,19, 0,54).

Los paneles del segundo a la derecha y del extremo derecho de la Figura 6 muestran las ponderaciones estimadas de cada modelo ajustado para cada participante en relación con el daño. La media (mediana, desviación típica) de las ponderaciones para la probabilidad de daño por permitir que el cliente se tome la comida fue de 1,61 (1,94, 0,99) y la media (mediana, desviación típica) de las ponderaciones para la probabilidad de daño por no permitir que el cliente consuma esa comida fue de -1,02 (-1,60, 1,31).

Discusión

En este estudio se analiza cómo las personas cambiaban su decisión de permitir que un cliente comiera esa gran cantidad de alimentos poco saludables en función de la probabilidad de que la decisión fuera televisible o provocara un daño a corto plazo al cliente. Hubo tres conclusiones principales en respuesta a las tres preguntas principales de la investigación. En primer lugar, la probabilidad de que una respuesta condujera a un daño influyó en mayor medida en la elección que la probabilidad de que la elección fuera televisible. En segundo lugar, los analistas de conducta y el grupo de control diferían significativamente en la medida en que las cuatro probabilidades influían en la elección. Por último, los patrones a nivel individual reflejaron en gran medida los de nivel grupal y aproximadamente entre 8 y 9 de cada 10 elecciones realizadas pudieron predecirse utilizando modelos de regresión logística de las variables independientes modeladas. Se van a abordar a continuación cada una de estas conclusiones principales por separado.

Influencia del daño y la televisivilidad en la elección

El 78% de las elecciones de los participantes en este estudio se vieron influidas por la probabilidad de que la elección provocara un daño a corto plazo. En concreto, dado que la probabilidad de daño aumentaba al emitir una respuesta (permitir que el cliente se tomara la comida o no permitir que la consumiera), los participantes eran más propensos a emitir la respuesta alternativa. Este patrón coincide con las observaciones realizadas por investigadores anteriores que estudian el descuento de pérdida de probabilidad (como Estle et al., 2006). Es decir, a medida que aumenta la probabilidad de que una respuesta contacte con una pérdida o un castigo, los organismos tienden a reasignar sistemáticamente su respuesta a las alternativas disponibles simultáneamente. Dados los patrones de elección observados en este estudio, parece probable que los mismos procesos conductuales implicados en el descuento de la probabilidad de pérdida también estuvieran implicados en la elección en el presente estudio.

Los estudios de descuento de pérdidas probabilísticas utilizan habitualmente una cantidad explícita de castigo (como perder 100 dólares) y se da a entender que la contingencia se aplicará con toda confianza. Este estudio difiere en ambas dimensiones. Se define el daño a corto plazo como cualquier malestar físico o fisiológico en un plazo de 24 horas. Esto es mucho más vago que la mayoría de los estudios de descuento de probabilidades. Aunque el marco temporal era explícito, es probable que los distintos participantes tengan historias diferentes con el malestar, lo que puede haber influido en cómo respondieron en el presente experimento. Se adopta el enfoque realizado en este estudio para facilitar la presentación del escenario y porque se trataba también de un primer intento de este tipo de configuración empírica. Pero esta diferencia sugiere una dirección interesante para futuras investigaciones relativas a cómo las historias individuales con el marco riesgo-beneficio podrían influir en las decisiones clínico-éticas.

Los trabajos anteriores sobre los efectos de enmarcar sugieren que el lenguaje específico utilizado al presentar las opciones a los participantes influirá en la elección (por ejemplo, Bonner et al., 2021; Yi & Bickel, 2005). Por lo tanto, se puede sugerir que muchas investigaciones futuras podrían examinar cómo enmarcar los efectos éticos influye en la elección. Las formas exactas en que podrían enmarcarse las distintas opciones en futuras investigaciones han llegado a ser etiquetadas por algunos investigadores con el amplio esquema de clasificación de arquitectura de la elección (ver Münscher et al., 2015). Algunos ejemplos apuntan si realmente las mismas opciones se enmarcan como ganancias o pérdidas, si las opciones por defecto o de valor cero son explícitas, si las probabilidades se describen utilizando porcentajes o frecuencias, y el grado de especificidad o abstracción utilizado en la descripción de los resultados.

La segunda forma en que este estudio difiere de otros anteriores de descuento de pérdidas probabilístico es la relativa a las probabilidades de que se apliquen las contingencias. Es probable que muchas decisiones clínicas (como la de este estudio) sólo sean observadas por el cliente y algunos participantes del grupo de intervención. Pero las contingencias éticas pueden requerir un mayor número de personas en una comunidad social para ser aplicadas (por ejemplo, un conocedor del Código Ético de BACB y que probablemente denuncie las infracciones). La probabilidad de que las decisiones clínicas se difundan a una comunidad social más amplia (la televisibilidad) aumenta la probabilidad de que se apliquen contingencias éticas. Esto podría ser conceptualmente similar a los estudios de fidelidad de tratamiento realizados por investigadores anteriores, en los que se ha manipulado sistemáticamente la probabilidad de que se realicen las contingencias, con la consiguiente influencia de ello en las conductas en contacto con las contingencias (por ejemplo, St. Peter et al., 2016). El 38% de los participantes en el estudio actual se vieron influidos por la probabilidad de que su elección fuera televisible, una dirección similar a la de investigaciones anteriores sobre la fidelidad de tratamiento. Sin embargo, este estudio se diseñó para examinar la televisibilidad en general y no la fidelidad de las contingencias éticas en la práctica aplicada. Al igual que con la manipulación del malestar anterior, esto abre la puerta a muchas direcciones posibles para futuras investigaciones sobre procesos básicos y paralelismos con otras áreas de la literatura analítico-conductual.

El análisis de escenarios de elección más complejos es una última e importante contribución del presente estudio a la literatura sobre el descuento de pérdida de probabilidad. Muchas situaciones de la vida (clínica o de otro tipo) implican la elección entre muchas alternativas, cada una asociada a diferentes retrasos, probabilidades y esfuerzo; y en las que cada alternativa probablemente contacta con múltiples efectos (por ejemplo, Cox y Dallery, 2018). En resumen, muchas decisiones en la ética clínica implican una elección concurrente con resultados multidimensionales. A pesar de lo común de estos complejos escenarios de elección, la mayoría de los estudios sobre la elección han analizado una o dos dimensiones, y para un único resultado.

Analizar las disposiciones de elección concurrentes en contextos multidimensionales es útil para analistas de conducta en la práctica. Esto se debe a que los investigadores pueden empezar a determinar si una variable influye en la elección más que otras. En el estudio actual, analizar la elección multidimensional a través de la televisibilidad y el daño permitió determinar que el daño potencial para un cliente era mucho más influyente que la probabilidad de que la elección se observara en las plataformas sociales, como en Internet. A su vez, los coordinadores de ética (Brodhead & Higbee, 2012) o los comités éticos (Cox, 2020b; LeBlanc et al., 2020) pueden centrar sus iniciativas y atención en las contingencias que probablemente tengan más impacto en las decisiones que toman los profesionales en las organizaciones en las que colaboran o trabajan. En este sentido, las futuras direcciones de investigación podrían abarcar el continuo de lo básico a lo aplicado. Desde el punto de vista de la investigación básica, podrían analizarse más variables y emparejarse entre sí para identificar cómo interactúan para influir en la toma de decisiones. Desde una perspectiva aplicada, los pasos importantes incluyen el desarrollo de métodos eficientes para evaluar la preferencia ética en los profesionales y los clientes/supervisores, y cómo hacer que estos resultados sean procesables y encajen de forma eficiente en los sistemas organizacionales existentes.

Analistas de conducta frente a la población

El segundo conjunto de hallazgos primarios giró en torno a la diferencia en la elección entre los analistas de conducta y el grupo de control. La primera diferencia principal fue que un porcentaje estadístico y visualmente mayor de participantes del grupo de control eligió no permitir que el cliente consumiera la comida en comparación con los analistas. La ética se define en relación con un grupo social más amplio que comparte una profesión común (por ejemplo, analistas de conducta certificados) o una historia de aprendizaje relacionado con un sistema de creencias (religión, ideología y regulación). El presente estudio pone de relieve cómo personas que no son miembros del grupo social y participan como analistas pueden tener preferencias en contextos de toma de decisiones de ética clínica que difieren de algún modo de las de los analistas de conducta. Para las situaciones específicas analizadas en este estudio, los datos sugieren que los padres o tutores podrían ser menos tolerables que los analistas a la hora de permitir que los clientes adopten conductas que provocan daños a corto plazo. También pone de relieve cómo los analistas pueden beneficiarse de conversaciones proactivas sobre las preferencias de los supervisores en torno a estos temas, en lugar de conversaciones reactivas una vez que se ha tomado una decisión que no estaba alineada.

No existe ninguna tarea conocida para medir eficazmente las preferencias éticas de los profesionales y los clientes a los que atienden (o sus tutores). Sin embargo, si se creara una, se podría prever una evaluación periódica de las preferencias éticas de los profesionales y los clientes (o sus tutores) para saber de forma proactiva dónde se produce la alineación y la desalineación. Investigaciones anteriores sugieren que el desacuerdo sobre valores es un reto primordial para la resolución de la ética clínica y que apenas se llega a un consenso una vez que surge un desacuerdo (por ejemplo, Bell et al., 2022; Gornick & Zikmund-Fisher, 2019). La investigación futura en este ámbito podría consistir en: identificar formas de evaluar la preferencia ética de forma proactiva; comprender cómo influye la preferencia en los contextos de toma de decisiones ético-clínicas; y cómo sortear de forma proactiva los conflictos entre los profesionales y los clientes (o sus tutores) cuando existan.

Una segunda diferencia entre los analistas de conducta y el grupo de control fue la influencia de la televisibilidad en la elección. Sólo el 13% de los analistas de conducta informaron de que la probabilidad de que su elección fuera televisible influiría en sus decisiones. Por el contrario, el 47% de los participantes del grupo de control aseguraron que su elección estaba influida por la probabilidad de que fuera televisible. El tamaño de las muestras utilizadas en el presente estudio no permite hacer afirmaciones generales sobre todos los analistas o los que no lo son. Pero. cabe destacar una observación general, en la que puede haber variables relevantes para una decisión ética clínica que no influyan en la decisión de un analista de conducta y que, por lo tanto, no lo tengan en cuenta a la hora de tomar ese tipo de decisión. Pero esa misma variable podría ser importante para las preferencias del cliente o de su supervisor. Si estas variables son desconocidas (Rumsfeld, 2002) para analistas de conducta, las decisiones en las que estas variables están presentes pueden dar lugar a conflictos entre los analistas de conducta y sus clientes o tutores. Las investigaciones futuras que sigan identificando variables importantes para los analistas de conducta, pero no para los clientes y viceversa, ayudarán probablemente a los analistas a buscar e incluir de forma proactiva las preferencias de los clientes en una mayor proporción de decisiones clínicas, en lugar de incluirlas de forma reactiva después de haber dado un paso en falso.

Modelado de la toma de decisiones individuales

Como últimas conclusiones, se aborda la interacción entre la toma de decisiones a nivel grupal e individual. En general, 36 de los 45 participantes (80%) mostraron algún patrón de elección que coincidía con los patrones observados a nivel grupal. Esto coincide con gran parte de la investigación publicada sobre el análisis de conducta. Por ejemplo, muchos estudios de análisis de conducta en el *Journal of Applied Behavior Analysis* y el *Journal of the Experimental Analysis of Conductual* demuestran un efecto en cuatro de cada cinco participantes (80%), cinco de cada seis participantes (83%) o proporciones similares. Desde la perspectiva del proceso conductual, esto sugiere que es probable que el estudio actual esté identificando y aislando las variables que permiten describir, predecir y controlar decisiones ética clínicas como las del presente estudio. También pone de relieve que aún queda mucho trabajo por hacer para aislar las variables adicionales necesarias con el fin de dar explicación a las decisiones tomadas por el 20% restante de los participantes. Una limitación del presente estudio fue la situación ética clínica específica a la que respondieron los participantes (es decir, equilibrar el daño a corto plazo con la preferencia de un cliente por comer un alimento preferido). Se eligió esta situación porque permitía una primera aproximación a los componentes primarios del contexto de decisión ética clínica que interesaba estudiar: la preferencia de un cliente le causa daño, y cómo influyen en esa decisión la probabilidad de ese daño y la probabilidad de que la decisión del participante sea observada socialmente. Se seleccionó una comida copiosa y poco saludable porque la bibliografía existente ya había analizado y tratado los matices de este tipo de decisiones ética clínicas (Bannerman et al., 1990). Sin embargo, un hallazgo común en la investigación de la economía conductual es que el producto considerado influirá en la elección (por ejemplo, Chapman & Elstein, 1995; Cox et al., 2020; Weatherly et al., 2010). Por lo tanto, se cree que cambiar la conducta preferida específica del cliente en consideración también influirá probablemente en la elección. No obstante, se trata de una cuestión empírica abierta a futuros investigadores.

Estos datos también encajan con un cuerpo de investigación que encuentra que diferentes analistas de conducta que se encuentran en contextos idénticos de decisión ética o clínica pueden tomar decisiones diferentes (p.ej., Cox, 2021; Cox & Brodhead, 2021; Saini et al., 2018; Vanselow et al., 2011). La ventaja del estudio actual en relación con el trabajo anterior en ética es el uso de analistas de conducta con más años de experiencia y certificación (mínimo, mediana, media, máximo = 3, 10, 12,8, 30 años de experiencia declarados). Esto sugiere que una mayor experiencia y formación en el análisis no disminuye la variabilidad en las decisiones éticas observadas entre los analistas. No obstante, con sólo 15 analistas en el presente estudio, el análisis de cómo los años de experiencia covarían con los patrones de toma de decisiones ética clínicas no fue posible sin hacer muchas suposiciones. A consecuencia de ello, optamos por renunciar a estos análisis. Las investigaciones futuras interesadas en cómo influyen los años de experiencia en la toma de decisiones ética clínicas necesitarán reclutar una muestra mucho mayor para tener en cuenta las covariables que probablemente estén presentes.

Una cuestión fundamental es si importa que distintos analistas tomen decisiones éticas diferentes cuando se les sitúa en el mismo contexto. ¿Es la variabilidad en las decisiones éticas algo que celebrar o de lo que preocuparse? En nuestra opinión, la variabilidad en la toma de decisiones ética clínicas es probablemente beneficiosa para la disciplina a largo plazo. Creemos esto porque es poco probable que existan normas o enfoques en la ética clínica que sean óptimos en todas las situaciones. Las diferencias en la toma de decisiones ética clínicas introducen variabilidad. Si las contingencias sociales nunca cambiaran, la toma de estas decisiones variables podría ser problemática, ya que la variabilidad podría fracasar la hora de maximizar los reforzadores y minimizar el castigo (por ejemplo, González y Dutt, 2016). Pero, por desgracia, las contingencias sociales y éticas siempre están cambiando (ver los cambios en los derechos humanos durante el siglo XX). Cuando las contingencias cambian, la variabilidad de la respuesta es necesaria para garantizar que quien responde se ponga en contacto con las contingencias de reforzamiento social modificadas (por ejemplo, Gonzalez & Dutt, 2016; Krueger et al., 2017). Las preguntas críticas se formulan de la siguiente manera: si las decisiones clínico-éticas específicas son óptimas dentro de contextos de decisión específicos; qué variables aumentan la exploración y la variabilidad en las decisiones ético-clínicas a través de los contextos de decisión; y cómo ABA como campo puede crear la cantidad correcta de variabilidad para adaptarse a las contingencias sociales cambiantes mientras se maximiza la conducta ética a corto plazo.

Por último, en el párrafo anterior hay otra cuestión fundamental para el análisis funcional de la conducta ética. Es decir, ¿cómo se agregan exactamente las contingencias éticas individuales en códigos éticos profesionales y normas que cambian dinámicamente con el tiempo? ¿Cómo se modifica en la práctica la conducta ética de un grupo de personas cuando no se pueden observar, medir y manipular todas las instancias de su conducta o las contingencias que la controlan? Muchos filósofos a lo largo de la historia han ofrecido su opinión sobre la primera cuestión. Y los investigadores que trabajan en la economía conductual desde el lado de la economía y la salud pública han ofrecido respuestas para la segunda. Las futuras investigación podrían cerrar esa brecha actual.

6 LA PRÁCTICA BASADA EN LA EVIDENCIA COMO MARCO PARA LA TOMA DE DECISIONES ÉTICAS[1]

Bethany P. Contreras | Audrey N. Hoffmann | Timothy A. Slocum

Resumen

A medida que sigue creciendo el número de analistas de conducta, la práctica y la toma de decisiones éticas cobran cada vez más importancia. En concreto, mejorar la toma de decisiones éticas de los analistas es fundamental para la eficacia de los servicios conductuales. Este artículo propone que la práctica basada en la evidencia (PBE) en ABA (Slocum et al., 2014) proporciona un marco para apoyar una toma de decisiones ética y fluida. El propósito de este artículo es revisar la importancia de la toma de decisiones éticas relacionadas con la práctica de ABA; introducir y resumir la PBE en este sector; revisar los tres componentes principales de la práctica de ABA basada en la evidencia; y, por último, tratar el papel más amplio que la PBE en ABA puede desempeñar en este campo. Relacionaremos la PBE en ABA con las normas éticas actuales de *Behavior Analyst Certification Board* a la vez que presentaremos acciones que los analistas de conducta pueden realizar para apoyar el nivel ético de su proceso de toma de decisiones.

[1] Contreras, B. P., Hoffmann, A. N., & Slocum, T. A. (2022). Ethical behavior analysis: Evidence-based practice as a framework for ethical decision making. *Behavior Analysis in Practice, 15*, 619–634. https://doi.org/10.1007/s40617-021-00658-5

El análisis aplicado de conducta abarca dos actividades principales: la investigación y práctica. La investigación ABA tiene como principal objetivo la investigación empírica de temas socialmente significativos, mientras que su práctica tiene como fin utilizar las técnicas, conceptos y principios científicos del análisis de conducta para promover cambios de conducta socialmente significativos. Respecto a la práctica, el análisis aplicado de conducta es una de las muchas profesiones sociales con base empírica (por ejemplo, la psicología clínica, el trabajo social y la psicología escolar). Al igual que otras profesiones sociales, ABA se rige por un conjunto de normas subyacentes, denominadas *ética profesional.* A un nivel muy básico, la función de la ética profesional es proteger a los consumidores ayudando a los profesionales a tomar decisiones que se consideren "apropiadas" por consenso. En otras palabras, la ética profesional pretende servir como reglas que guíen la conducta profesional de forma que proteja al consumidor y se considere socialmente válida por los profesionales del área.

En general, la ética profesional de las profesiones sociales se fundamenta en un núcleo común de principios éticos, que son análogos a los supuestos filosóficos de la ciencia (como el determinismo y la parsimonia), y como tales son previos y fundamentales al conocimiento científico. El propósito de estos principios éticos es guiar el desarrollo de directrices éticas específicas, que a su vez orienten las decisiones en la práctica. Éstos también proporcionan un contexto para la toma de decisiones (Kelly et al., 2021) y sirven como una vara de medir para juzgar las conductas y decisiones éticas. Por lo tanto, es útil que los analistas estén familiarizados con estos principios como contexto al código ético de BACB. De hecho, la edición más reciente del *código ético* para analistas de conducta (BACB, 2020; en adelante, el Código ético) comienza con un resumen de los principios básicos que subyacen al código. Aunque en este artículo no se pondrá el foco en una revisión exhaustiva de los principios éticos, se esbozarán brevemente algunos de los principios fundamentales. Esta breve revisión se basa en el

Código Ético (BACB, 2020) y en trabajos publicados por analistas de conducta (por ejemplo, Bailey & Burch, 2016; Brodhead, Cox, & Quigley, 2018; Kelly et al., 2021), así como en las descripciones de los principios éticos establecidos por el Informe Belmont (Comisión Nacional para la Protección de los Sujetos Humanos de la Investigación Biomédica y Conductual, 1978; en adelante, Informe Belmont), la Asociación Americana de Psicología (APA, 2017), la Asociación Nacional de Psicólogos Escolares (NASP, 2010), la Asociación Americana de Investigación Educativa (AERA, 2011) y la Asociación Nacional de Trabajadores Sociales (NASW, 2017).[2] El lector interesado puede ver resúmenes los principios éticos que respaldan diversas organizaciones en Kelly et al. (2021).

Dos principios éticos fundamentales son "beneficiar a los demás" y "no dañar" (APA, 2017; BACB, 2020; Bailey & Burch, 2016; Comisión Nacional para la Protección de los Sujetos Humanos de la Investigación Biomédica y Conductual, 1978; Brodhead, Cox, & Quigley, 2018; Kelly et al., 2021). Estos dos principios significan que los objetivos de los profesionales son hacer lo que beneficie a aquellos con los que se trabaja, evitar participar en actividades que puedan causar daño y tomar las medidas adecuadas para minimizar el daño cuando sea inevitable. En otras palabras, el bienestar de las poblaciones a las que los profesionales sirven debe estar en el centro de cada decisión. El principio fundamental de respetar y promover la dignidad y la autonomía de todas las personas (AERA, 2011; APA, 2017; BACB, 2020; Bailey & Burch, 2016; Comisión Nacional para la Protección de los Sujetos Humanos de la Investigación Biomédica y Conductual, 1978; Brodhead, Cox y Quigley, 2018; Kelly et al., 2021; NASP, 2010; NASW, 2017) significa que dichos profesionales respetan los derechos y la privacidad de cada persona con la que trabajan. Además, este prin-

2 Los siguientes documentos citados son las versiones actuales de los documentos que se utilizaron como modelo para el desarrollo de las *Guías de conducta responsable* (BACB, 2014): APA (2017), NASP (2010), AERA (2011), y NASW (2017).

cipio viene a decir que los expertos trabajan activamente para apoyar la independencia y el bienestar de cada persona, así como para respetar las diferencias y la diversidad. El principio ético de justicia significa que todas las personas tienen derecho inherente a acceder por igual a los servicios y recursos proporcionados por los profesionales y el ámbito, así como a beneficiarse de ellos (APA, 2017; Bailey y Burch, 2016; Comisión Nacional para la Protección de los Sujetos Humanos de la Investigación Biomédica y Conductual, 1978; Brodhead, Cox y Quigley, 2018; Kelly et al., 2021; NASP, 2010; NASW, 2017). Y también implica la creación de ambientes seguros, acogedores e inclusivos para todo el mundo.

El principio de integridad profesional, por su parte, exige que los profesionales adopten conductas sinceras, justas, veraces y dignas de confianza (AERA, 2011; APA, 2017; BACB, 2020; Bailey & Burch, 2016; Kelly et al., 2021; NASP, 2010; NASW, 2017). Los profesionales se comportan para establecer y mantener la confianza, así como para ser fieles a la verdad en todas sus actividades. La responsabilidad, como principio ético, evidencia que los profesionales no sólo son conscientes de sus normas y responsabilidades profesionales, sino que también trabajan activamente para mantenerlas (AERA, 2011; APA, 2017; NASP, 2010). Los expertos también aceptan la responsabilidad de su trabajo y sus acciones, independientemente de los resultados, y trabajan para corregir cualquier efecto ineficaz o negativo. El principio ético de la competencia, por otro lado, implica que los profesionales mantengan altos niveles de competencia en su trabajo, reconozcan los límites de su competencia y traten de mejorarla (AERA, 2011; BACB, 2020; Bailey & Burch, 2016; Kelly et al., 2021; NASP, 2010; NASW, 2017). La competencia también implica abstenerse de participar en cualquier actividad que esté fuera del área de especialización de cada uno. Un último principio que puede utilizarse para ayudar a orientar la toma de decisiones éticas en la práctica es el pragmatismo. Aunque no está incluido por BACB ni por otras organizaciones, se presenta en este artículo el pragmatismo[3] como un principio ético (Baer et al., 1968). En este sentido, significa que los profesionales tienen el deber de hacer lo que funcione mejor para aquellos con los que trabajan. Es decir, las decisiones de la práctica deben tomarse para garantizar que los procedimientos de cambio de conducta sean eficaces y eficientes.

A lo largo de este artículo, se pondrá de relieve la toma de decisiones y la conducta éticas. Entre los objetivos, se indicará que el *comportamiento ético* se refiere a todas las conductas involucradas en la práctica más amplia de ABA que apoyan los principios rectores antes mencionados, y que defienden el espíritu y la letra de las normas específicas esbozadas por el Código Ético (BACB, 2020). Esta definición de conducta ética amplía una anterior presentada por Brodhead, Quigley y Cox (2018) al incorporar la orientación del actual código ético (BACB, 2020) y publicaciones recientes sobre la conducta ética orientadora (como en Kelly et al., 2021). Se adopta en este estudio un enfoque similar para definir la toma de decisiones éticas basándonos tanto en el Código Ético como en el trabajo previo sobre la toma de decisiones éticas de Rosenberg y Schwartz (2019). Se va a definir la toma de decisiones *éticas* como un proceso en el que el analista de conducta evalúa sistemáticamente las opciones de respuesta disponibles con respecto a los principios éticos rectores y al Código Ético. De esa manera, la toma de decisiones éticas no sólo se limita a los dilemas éticos que son evidentes, sino que incluye también todas las situaciones en las que un analista de conducta puede seleccionar entre múltiples acciones. Dada esta definición, todas las decisiones tomadas en la práctica de ABA están sujetas a la toma de decisiones éticas.

A medida que la práctica del análisis de conducta se convirtió en una profesión en los últimos años del siglo XX, se hizo más importante garantizar que los profesionales tomaran decisiones éticas

[3] Aquí, no estamos utilizando el término "pragmatismo" en su sentido filosófico (es decir, realismo vs. pragmatismo), sino más bien como lo emplearon Baer et al. (1968) al referirse a la dimensión conductual.

y demostraran de forma coherente un comportamiento ético. En un intento de aumentar esa probabilidad, se formó BACB como órgano de gobierno e instituyó una serie de directrices éticas para analistas de conducta en ejercicio (BACB, 2001), que evolucionaron hasta convertirse en el actual Código Ético (BACB, 2020). El código describe la conducta profesional requerida específica de los analistas de conducta.[4] Aunque disponer de un código ético profesional es necesario, no es suficiente para garantizar una toma de decisiones ética que sea fluida. BACB reconoció este hecho y, tras la publicación del código, se añadieron requisitos adicionales para la formación en el análisis de conducta y la formación continua (EC; BACB, s.f.). Como un énfasis en la toma de decisiones éticas, muchos estados con leyes para la obtención de licencias también exigen un código ético. Aunque nadie discutirá las ventajas de estas acciones, se podrían señalar algunos problemas con el modelo actual de educación ética y aplicación del Código Ético en ABA. Por ejemplo, las directrices actuales para la formación en ABA hacia la certificación (La Lista de Tareas de los analistas de conducta (BACB, 2017; en adelante, la Lista de Tareas) y las normas actuales de secuencia de cursos verificados no especifican la instrucción sobre principios éticos más amplios y la toma de decisiones éticas.[5] Además, como han señalado otros expertos, los recursos disponibles para tratar la ética en ABA son limitados (por ejemplo, Brodhead, Quigley, & Wilczynski, 2018; Rosenberg & Schwartz, 2019; Sellers et al., 2016). Es probable que los analistas de conducta estén recibiendo interpretaciones limitadas de las normas éticas y una visión poco amplia del campo de la ética en lo que respecta a

4 Según el Código Ético (BACB, 2020), los elementos del código se aplican y son exigibles entre las personas actualmente certificadas como analistas de conducta (BCBA) y analistas asistentes (BCaBA), así como para aquellas que han enviado su documentación para obtener la certificación BCBA o BCaBA. El Código Ético no se aplica a la credencial de técnico conductual registrado (RBT).

5 El Código Ético de 2022, incluye una sección dedicada a la toma de decisiones éticas (BACB, 2020). Anticipamos que esto contribuirá a generar cambios en la forma en que se enseña ética en programas de formación en análisis de conducta.

la práctica y toma de decisiones. Como consecuencia, puede darse el caso de que la educación relacionada con la ética tienda a poner el énfasis en evaluar y aumentar el conocimiento verbal (es decir, "saber sobre") en lugar de aplicar (es decir, "saber cómo") el Código Ético. Este modelo puede producir analistas de conducta con repertorios éticos más parecidos a "técnicos" éticos, formados para seguir una lista de reglas, que "analistas" éticos con programas más amplios en la toma de decisiones éticas.

El objetivo en este estudio es claro: analistas de conducta que participen en la toma de decisiones éticas de manera fluida y que tengan como consecuencia los mejores resultados posibles para sus clientes y, en general, para la sociedad, (se usarán los términos "consumidor" y "cliente" indistintamente en el resto de este artículo). El propósito de este texto es explorar las formas en que la práctica basada en la evidencia (PBE) de ABA (Slocum et al., 2014) podría proporcionar un recurso importante para la práctica ética y un marco para apoyar la toma de decisiones. En primer lugar, se ofrecerá un breve resumen de PBE en ABA. A continuación, se revisarán los tres componentes principales de la práctica basada en la evidencia en ABA y, también se presentarán acciones que los analistas de conducta pueden llevar a cabo para apoyar su toma de decisiones éticas. Por último, se abordará brevemente el rol que la PBE en ABA puede desempeñar en el campo del análisis de conducta.

Práctica basada en la evidencia en ABA: Definición y breve historia

Las diferentes discusiones sobre las PBE en ABA han ido en aumento en los últimos años y varios artículos han tratado su papel (por ejemplo, DiGennaro Reed & Reed, 2008; Slocum et al., 2014; Smith, 2013; Spencer et al., 2012). Slocum et al. (2014) definieron la PBE en ABA como "un proceso de toma de decisiones que integra las mejores pruebas disponibles con la experiencia clínica, y los valores y el contexto del cliente" (pág. 44). En otras palabras, la PBE en ABA es un proceso de toma de decisiones que reúne las mejores pruebas empíricas, los complejos programas de toma de decisiones de un analista de conducta formado, así como consideraciones contextuales consideradas importantes y de validez social para resolver problemas clínicos. Esta definición hace hincapié en el uso de las mejores evidencias disponibles y no las limita a las que respaldan procedimientos específicos validados y "manualizados". Por el contrario, reconoce que la base científica de la práctica incluye una rica literatura de complejos paquetes de intervención, estrategias de evaluación, elementos o núcleos de práctica y principios. Y todos ellos deben incluirse en la base de pruebas relacionadas con la práctica conductual. La PBE en ABA también reconoce el papel central del analista de conducta bien formado que tiene la capacidad de conceptualizar los problemas prácticos del análisis de conducta, de seleccionar y aplicar estrategias de evaluación adecuadas, de seleccionar y aplicar intervenciones basadas en los resultados de la evaluación, y de realizar un seguimiento del progreso y una toma de decisiones basada en datos. La PBE en ABA también incluye los valores y el contexto del cliente como factor principal de la práctica. Admite valores del cliente como base de la validez social y otros factores contextuales como fundamentales tanto para la adecuación como para la eficacia de la práctica. De esa manera, la PBE en ABA no es un conjunto restringido de procedimientos, sino más bien un enfoque matizado de la resolución de problemas de conducta que es relevante para toda la práctica clínica. Además, esta conceptualización coincide con la definición de práctica basada en la evidencia utilizada por muchos otros campos profesionales, como la medicina (Sackett et al., 1996), la psicología (APA Presidential Task Force on Evidence-Based Practice, 2006), la terapia ocupacional (Dysart & Tomlin, 2002), la logopedia (American Speech-Language-Hearing Association [ASHA], 2004) y el trabajo social (Gilgun, 2005). Esta conceptualización de la PBE en ABA contrasta con el uso informal habitual del término "práctica basada en la evidencia" para referirse a los procedimientos de intervención que están respaldados por cierta cantidad y calidad definidas (o a menudo indefinidas) de pruebas empíricas (por ejemplo, la National Professional Development Center on Autism Spectrum Disorder, s.f.). La definición restringida de práctica basada en la evidencia como un tratamiento específico no está bien alineada con los principios de ABA, y deja al profesional con pocas opciones de tratamiento. Tampoco reconoce el papel crucial del analista de conducta y del cliente a la hora de determinar los enfoques y las intervenciones del tratamiento, y no está en consonancia con otros campos de la práctica profesional. Aun así, es importante identificar paquetes de tratamiento que cuenten con un sólido apoyo empírico. Se utilizará, por tanto, el término tratamientos con apoyo empírico (EST, en inglés) para referirse a los tratamientos individuales que han demostrado ser eficaces mediante una síntesis sistemática de la base de pruebas (por ejemplo, a través de la revisión sistemática de la literatura y el metaanálisis).

Practica basada en la evidencia y toma de decisiones éticas

La PBE en ABA es un marco que puede apoyar la toma de decisiones éticas de forma fluida y flexible. Cabe señalar que el marco de la PBE en ABA está alineado con las características definitorias de ABA (Slocum et al., 2014) expuestas por Baer et al. (1968). Por ejemplo, una intervención analítico-conductual se aplica si las conductas son socialmente importantes, y es eficaz si los resultados de la intervención son útiles en la práctica. Y cada una de las cuales se apoya en la incorporación de los valores del cliente en la toma de decisiones. Por otro lado, un programa de intervención conductual se considera analítico si hay una demostración creíble del control sobre el cambio de conducta y de que la intervención fuera la responsable del cambio. Esto requiere que el analista de conducta evalúe las mejores pruebas disponibles para un problema, incluida la continua supervisión de datos. Las intervenciones también deben ser tecnológica y conceptualmente sistemáticas, lo que exige que el analista se base en los cuerpos de investigación existentes, así como en los procesos y principios. En resumen, al utilizar la experiencia clínica para identificar las mejores pruebas disponibles al tiempo que se tienen en cuenta los valores y el contexto del cliente, los analistas de conducta aplicada garantizarán que su práctica esté en consonancia con los principios fundamentales de ABA, así como con los principios éticos de responsabilidad y competencia.

En segundo lugar, es probable que los procesos implicados en la PBE en ABA apoyen conductas que estén alineadas con el Código Ético (BACB, 2020). Por ejemplo, el punto 2.01 del Código Ético estipula que los analistas deben prestar servicios basados en la literatura de investigación y conceptualmente sistemáticos. El punto 2.14 del código establece que las intervenciones de cambio de conducta deben apoyarse en los resultados de la evaluación y adaptarse a las diferentes necesidades del cliente. El punto 2.18 exige que los analistas utilicen un seguimiento continuo del progreso para demostrar los resultados del tratamiento (BACB, 2020). El proceso de práctica basada en la evidencia en ABA proporciona un marco para aplicar estos y otros puntos del Código Ético. Por ejemplo, utilizar las mejores pruebas disponibles garantiza que los tratamientos se basen en la literatura de investigación, mientras que incorporar los valores y el contexto del cliente garantiza que los tratamientos se adapten al cliente. Al comparar el código con este marco, queda claro que el uso de la PBE en ABA promueve la toma de decisiones éticas de acuerdo con el Código Ético. Cabe señalar que la PBE en ABA no incluye necesariamente todas las normas expuestas en el código, sino que puede proporcionar un marco para orientar la toma de decisiones éticas en consonancia con éste. Además, es probable que la PBE en ABA respalde una toma de decisiones ética lo suficientemente flexible como para ofrecer una orientación a medida que el Código Ético siga cambiando para satisfacer las necesidades cambiantes de la profesión.

Una tercera forma en la que la PBE en ABA puede apoyar la toma de decisiones éticas es en la formación de los futuros analistas.

Los procesos implicados en la PBE en ABA también pertenecen a muchos de los puntos de la Lista de Tareas (BACB, 2017). Por ejemplo, el punto H-2 afirma: "Identificar posibles intervenciones basadas en los resultados de la evaluación y en la mejor evidencia científica disponible" (BACB, 2017). De forma similar al Código Ético (BACB, 2020), la Lista de Tareas incluye múltiples puntos relacionados con la resolución de problemas y la toma de decisiones. Para estos puntos no existe una única respuesta "correcta", ya que ésta variará en función de la situación (por ejemplo, en función de las mejores pruebas disponibles, los valores y el contexto del cliente y la experiencia clínica de cada uno). La PBE en ABA ofrece un marco para apoyar la formación de analistas de conducta responsables y competentes proporcionándoles el repertorio conductual con el fin de responder adecuadamente a los puntos de la Lista de Tareas orientados a la decisión y al proceso.

En cuarto lugar, la formación de analistas puede facilitar la comunicación y la colaboración entre disciplinas si se comprometen con la PBE en ABA. Esto ayudará a promover la justicia y el acceso a los servicios pertinentes, y se alinea con el punto 2.10 del Código Ético: colaborar con los compañeros (BACB, 2020). Es habitual que los analistas de conducta interactúen con profesionales en un entorno interdisciplinar, como la colaboración con un logopeda (SLP, en inglés) o un terapeuta ocupacional durante una reunión del plan educativo individualizado (IEP, en inglés). Como señala Brodhead (2015), los analistas que consideran los valores del cliente y las evidencias disponibles antes de expresar su opinión y recomendaciones profesionales pueden funcionar mejor en entornos interdisciplinarios. Además, dado que muchas otras profesionales sociales ya utilizan esta práctica basada en la evidencia (p.ej., APA, 2017; ASHA, 2004; Instituto de Medicina, 2009), es probable que los expertos que participan en la PBE en ABA dispongan de un vocabulario común con el que proponer ideas de tratamiento. Esto, sin duda, apoyará aún más las relaciones de colaboración. Cada profesión puede describir su toma de decisiones atendiendo a la evidencia disponible, así como los valores, el contexto del cliente y la experiencia clínica. De hecho, el comité de práctica profesional de Asociación Internacional de Análisis Aplicado de Conducta (ABAI) publicó un libro blanco en el que se esbozaban los efectos positivos de la PBE en ABA, con el fin de apoyar el trabajo en equipo y la colaboración entre analistas de conducta y logopedas (Spencer et al., 2021).

En el siguiente apartado se ofrecerá una orientación sobre cómo los analistas de conducta pueden realizar la PBE en ABA al resolver problemas clínicos. El resto de este artículo está organizado por cada uno de los componentes críticos de la PBE en ABA (es decir, la mejor evidencia disponible, los valores y el contexto del cliente, la experiencia clínica y el juicio profesional). Dentro de estos apartados, se definirán brevemente cada componente y se trazará un marco específico para la conducta profesional. También se vincularán aspectos de la práctica a los principios éticos subyacentes y al Código Ético (BACB, 2020) a lo largo del artículo para apoyar a los analistas en la práctica ética. Sin embargo, por la naturaleza iterativa y solapada de la PBE en ABA, está fuera del alcance de este artículo hacerlo de forma exhaustiva. Cabe señalar que esta práctica es una cuestión amplia y matizada; y cada componente de esta práctica se relaciona con múltiples aspectos de la toma de decisiones éticas. Muchos de los principios éticos y de los puntos del Código Ético corresponden a más de un aspecto de la PBE en ABA. Al igual que la toma de decisiones éticas, la PBE en ABA es continua e iterativa, y, por tanto, no puede prescribirse sin tener en cuenta el contexto. Más bien, este proceso implica un repertorio flexible controlado por variables asociadas a los tres componentes antes mencionados con el objetivo de ofrecer los mejores resultados posibles a los clientes. Las conductas esbozadas no pretenden servir como análisis de tareas que se deban seguir en un orden específico, sino que son un marco sugerido que debe utilizarse con fluidez y que beneficiará al proceso de toma de decisiones éticas en muchos momentos de la vida de un caso o situación determinados.

La mejor evidencia disponible

Las mejores pruebas disponibles ocupan el centro de la práctica basada en la evidencia de la toma de decisiones en ABA. Aunque las mejores pruebas disponibles incluyen necesariamente las tecnologías ecológicas, los términos no son sinónimos y no deben utilizarse indistintamente. Como se comentó, las estas tecnologías son tratamientos específicos que se han sometido a una investigación sistemática y han cumplido unos criterios de eficacia estandarizados (*APA Presidential Task Force on Evidence-Based Practice*, 2006). Por ejemplo, el Council for Exceptional Children (CEC) especifica que una práctica puede considerarse "basada en la evidencia" si se beneficia de un conjunto de investigaciones que cumplan ciertas normas. Tiene que ser en al menos cinco estudios, realizados por al menos tres investigadores diferentes, y que incluyan un total de al menos 20 participantes en todos los estudios (Horner et al., 2005). La mejor evidencia disponible es un término más amplio que abarca una gama de pruebas que un analista de conducta encontrará posiblemente al resolver un problema clínico. En algunos casos, puede haberse identificado una EST que abarque el problema concreto, con un cliente específico (incluidas las variables relevantes tanto para la eficacia del tratamiento como para los valores del cliente), en un contexto concreto; pero en otros casos, el analista debe confiar en estudios de investigación individuales que no se ajustan perfectamente a la situación clínica y debe integrar otro tipo de evidencias. Como el término indica, un analista que se dedique a la PBE en ABA es responsable de identificar las pruebas disponibles, juzgar las pruebas resultantes para determinar si son "las mejores" y orientar así las decisiones de tratamiento. A veces, este proceso conducirá al analista de conducta a revisiones sistemáticas que identifiquen una EST, pero es probable que haya otros problemas clínicos en los que el analista de conducta confíe en otras fuentes. Se sugieren cuatro categorías de conductas que un analista puede llevar a cabo para identificar y utilizar las mejores pruebas disponibles (ver también la Tabla 1 para tener más información) En general, este componente apoya a los analistas de conducta en los principios éticos fundamentales de integridad profesional, responsabilidad, competencia y pragmatismo, además de las dimensiones analítica y eficaz (Baer et al., 1968) y numerosos puntos del Código Ético (BACB, 2020). La tabla 1 resume estas conductas junto con una selección de principios éticos relevantes y puntos del Código Ético.

Conducta 1: Formular la pregunta de búsqueda

El primer paso para identificar la mejor evidencia disponible es crear una pregunta de búsqueda específica. En general, hay dos tipos de preguntas que puede formular un analista de conducta: preguntas basadas en problemas y en tratamientos (Spencer et al., 2012). En una pregunta basada en problemas, el analista preguntará cuál es la mejor intervención para resolver un problema específico. Por ejemplo, el analista podría preguntar: "¿Cuál es el mejor método para enseñar discriminaciones condicionales a niños con demoras en el lenguaje?". En una pregunta basada en el tratamiento, el analista de conducta preguntará sobre la eficacia de una intervención específica. Por ejemplo, podría preguntar: "¿Cuál es la eficacia del desvanecimiento de estímulos para enseñar discriminaciones condicionales a preescolares con retraso en el lenguaje?". Para cualquiera de los dos tipos de preguntas, el analista deberá definir o identificar componentes similares (Spencer et al., 2012). Cada pregunta debe identificar la población de interés (por ejemplo, niños pequeños con algún tipo de problema en el lenguaje), el efecto deseado (como la adquisición de discriminaciones condicionales) y las características importantes del entorno (como clínica basada en un centro que proporciona servicios de intervención individual). Esta información es importante para orientar el proceso de toma de decisiones y proporcionará un objetivo para la búsqueda.

Conducta 2: Búsqueda de pruebas disponibles

Una vez que el analista de conducta ha formulado la pregunta de búsqueda, el siguiente paso es utilizar dicha cuestión para realizar la búsqueda. Al buscar la evidencia, cabe destacar que existen varios tipos o fuentes diferentes y que no todas son iguales. El Tabla 2 resume las categorías generales de fuentes de evidencias. En general, todas ellas deben verse a través de la lente de los conceptos y principios subyacentes del análisis de conducta. Por ejemplo, los artículos de investigación específicos y una revisión sistemática podrían informar de resultados positivos consistentes del uso de premios tras una conducta deseada, y esto sería coherente con el concepto de reforzador positivo. Esto ayudará a garantizar que todas las evidencias se comprendan dentro del marco conceptual sistemático de ABA (BACB, 2020, puntos 2.01, 2.14). La historia individual del cliente también debería incorporarse como fuente de evidencias para evaluar la utilidad potencial de cualquier intervención (BACB, 2020, Puntos 2.14, 2.19). Conocer la historia de un cliente con respecto a las intervenciones analítico-conductuales permitirá al profesional evaluar mejor las pruebas disponibles para elegir la opción más óptima (Wilczynski, 2017). Por ejemplo, saber qué otros tratamientos se han intentado y qué resultados obtuvieron proporcionará información útil a la hora de elegir una intervención. La evaluación de la historia del cliente también se alinea con la evaluación de sus valores y su contexto, que se describen a continuación.

Más allá de los conceptos básicos, los principios y la historia del cliente, las fuentes de evidencias que probablemente resulten más útiles son las revisiones sistemáticas de la literatura y los metaanálisis que hayan utilizado métodos sistemáticos para analizar la eficacia de una intervención determinada. Cuando las revisiones sistemáticas de la literatura y los metaanálisis no están disponibles para el problema en el que trabaja un profesional, es posible que resulten útiles otras evidencias, como las revisiones narrativas, las

Tabla 1 Resumen del enfoque basado en la mejor evidencia disponible

MEJOR EVIDENCIA DISPONIBLE	PRINCIPIOS ÉTICOS	PUNTOS DEL CÓDIGO ÉTICO (BACB, 2020)
(1) Formular la pregunta a buscar. (2) Buscar la evidencia disponible. (3) Evaluar la bondad de la evidencia disponible. (4) Toma datos y monitoriza el proceso a medida que avanza.	Integridad profesional Responsabilidad Competencia Pragmatismo	1.03 Responsabilidad 2.01 Provisión de tratamiento eficaz 2.13 Selección, diseño y aplicación de evaluaciones 2.14 Selección, diseño y aplicación de intervenciones para el cambio de conducta 2.17 Toma y uso de datos 2.18 Evaluación continua de la intervención para el cambio de conducta 4.08 Supervisión del desempeño y retroalimentación 4.10 Evaluación de los efectos de la supervisión y la formación

directrices para la práctica, los artículos individuales revisados por expertos, los documentos de debate, los libros de texto y los manuales de práctica (para obtener más información sobre las fuentes de evidencias se recomienda ver Slocum et al., 2014). Los lectores deben comprender que es probable que existan varios enfoques para buscar en la bibliografía. Y el proceso de búsqueda debe ser, en general, flexible e iterativo (para obtener más información sobre los métodos de búsqueda en la bibliografía se sugiere ver Carr y Briggs, 2010, y Briggs y Mitteer, 2021).

Conducta 3: Evaluar la calidad de la evidencia

Tras formular la pregunta de búsqueda y realizarla, el siguiente paso consiste en evaluar las evidencias disponibles para determinar si son las mejores. Como tratan Slocum et al. (2014), la calidad de las evidencias variará en función de dos dimensiones: certeza y relevancia de las evidencias. La certeza es similar a la validez interna y se refiere al grado en que como consumidores de la investigación se puede confiar en que los resultados de una investigación son una consecuencia de ello. La pertinencia es similar a la validez externa y se refiere a la medida en la que las fuentes de evidencias tienen características que igualan las especificidades del entorno de tratamiento concreto, la población, las conductas objetivo, etc. Las "mejores" pruebas serán las fuentes que sean a la vez seguras y pertinentes (en otras palabras, las evidencias que funcionan y que también es probable que funcionen para su cliente). No se abordará en este artículo un esquema detallado sobre cómo evaluar la certeza y la relevancia de las evidencias; sin embargo, los siguientes recursos proporcionan normas para evaluar la investigación: Cook et al. (2014), Horner et al. (2005), Kratochwill et al. (2013) y What Works Clearinghouse (2017). La evaluación de las evidencias disponibles sobre la bondad de la conducta ayudará a los analistas de conducta a proporcionar el tratamiento más eficaz a sus clientes (BACB, 2020, punto 2.01).

Conducta 4: Tomar datos y monitorizar el progreso

Una vez que el analista de conducta ha buscado en la literatura y ha identificado las mejores evidencias disponibles, el siguiente paso es aplicar el tratamiento basándose en las consecuencias de ello. Pero la consideración de las mejores pruebas disponibles no debe parar una vez implantado un tratamiento. La última fuente, y quizá la más importante, para demostrar que un tratamiento determinado se basa en las mejores evidencias disponibles es el seguimiento local de los progresos que demuestre que el tratamiento es eficaz para ese cliente. La mejor prueba son los datos que demuestran mejoras socialmente válidas en la conducta del cliente. Tomar medidas para supervisar continuamente los progresos en curso es pragmático y responsable, y también está en consonancia con varios puntos del Código Ético (p.ej., BACB, 2020, puntos 1.03, 2.01, 2.13, 2.14, 2.17, 2.18, 4.08).

Existen muchas fuentes de datos que serán útiles para supervisar la eficacia de un tratamiento a nivel individual. La primera son los datos recogidos sobre la conducta objetivo. Aunque esto debería ser evidente, se subrayará que el análisis de conducta basado en la evidencia debe incluir siempre la recopilación y el análisis de datos continuos sobre la conducta objetivo (BACB, 2020, puntos 2.17, 2.18). Si merece la pena hacer un tratamiento, también amerita tomar datos. Los analistas deben ser reflexivos a la hora de diseñar sus sistemas de recogida de datos para asegurarse de que disponen de suficientes datos de alta calidad. El fin es evaluar los resultados de la intervención y apoyar la toma de decisiones en curso. Esto no significa que los analistas deban recoger datos continuos y directos todo el tiempo, sino que el analista debe establecer sistemas de recogida y análisis de datos que satisfagan las necesidades del cliente y del programa de tratamiento. Los profesionales también deben asegurarse de que están utilizando frecuentemente el análisis visual para evaluar los datos y apoyar la toma de decisiones. Los sistemas de recogida y análisis de datos variarán de un caso a otro, y deberán individualizarse.

La obtención de medidas de fiabilidad y fidelidad también servirá de apoyo a las decisiones sobre el tratamiento en curso y a la rendición de cuentas (BACB, 2020, punto 1.03). Por ejemplo, si los datos sobre la conducta objetivo revelan que un tratamiento no está funcionando, puede deberse a varias razones. Se puede dar el caso de que el tratamiento no sea eficaz para ese cliente. Pero, también podría darse el caso de que el tratamiento sea eficaz, pero los datos recogidos no sean fiables. Esto no refleja con exactitud los cambios en la conducta objetivo. O podría darse el caso de que el tratamiento fuera eficaz, pero el cliente no reciba bien con el tratamiento por fallos en la fidelidad de su aplicación (por ejemplo, Vollmer et al., 2008). La recopilación de datos de fiabilidad y fidelidad permitirá al analista de conducta evaluar la calidad de los datos del tratamiento para cada caso individual y le permitirá tomar decisiones de tratamiento que sean adecuadas. Cada una de las situaciones enumeradas anteriormente debería dar lugar a una acción diferente por parte del analista, ya sea por haber cambiado el tratamiento, revisado la recopilación de datos y formado a los recopiladores de datos, o proporcionado una formación adicional. Estas conductas de prestar atención a la fiabilidad de los datos y a la fidelidad de aplicación del tratamiento respaldan los puntos 2.17 y 2.18 del Código Ético (BACB, 2020), que instan a recopilar y utilizar datos para evaluar continuamente la aplicación del tratamiento.

Los analistas de conducta también deberían incluir medidas de validez social como fuente de evidencias a nivel local. Los profesionales deberían evaluar la validez social al principio del tratamiento y seguir haciéndolo a lo largo del mismo. Esto podría lograrse mediante encuestas breves frecuentes y entrevistas estructuradas, que permitirán a los analistas realizar los cambios necesarios para mejorar la validez social e impulsar los buenos efectos (Schwartz & Baer, 1991). En el siguiente apartado se abordará la validez social.

Valores y contexto del cliente

Dentro de la PBE en ABA, a medida que los analistas de conducta identifican los problemas clínicos y los puntos de decisión, deben tener en cuenta el contexto en el que se produce la conducta, incluidos los valores del cliente que determinan la validez social. Responder a los valores del cliente y al contexto es esencial para que lleguen a buen puerto las intervenciones realizadas por analistas de conducta. Estos profesionales tienen la tarea de ofrecer servicios individualizados a los clientes (BACB, 2020, puntos 2.13, 2.14, 4.06) y están mejor preparados para individualizar sus servicios si son conscientes del contexto en el que se prestarán y están en contacto con las necesidades, recursos, valores y preferencias del cliente. Hay que referirse a estos factores contextuales como "valores y contexto del cliente", es decir, todos los factores contribuyentes, barreras, recursos, contingencias ambientales y factores ecológicos

Tablea 2 Origen de las evidencias

FUENTE	DESCRIPCIÓN	USO RECOMENDADO
Conceptos y principios	Describen las relaciones entre la conducta y el ambiente que son ampliamente generalizables; se basan en un cuerpo muy amplio de investigación empírica y son ampliamente aceptadas por el campo en su conjunto.	Deben usarse junto con otras fuentes de evidencia y no deben utilizarse como única forma de evidencia.
Historia del cliente	Proporciona información relevante sobre el cliente, tales como descripciones de conductas objetivo, aspectos importantes de su entorno inmediato, historial general de tratamiento y antecedentes específicos de intervenciones y sus resultados.	Debe recopilarse primero y usarse con todos los clientes.
Revisiones sistemáticas y meta-análisis	Proporcionan información completa sobre la efectividad de intervenciones y procedimientos; usa métodos estandarizados y sistemáticos para buscar, identificar y resumir la literatura existente; pasa por un riguroso proceso de revisión por pares; los metaanálisis incluyen medidas estadísticas de efectividad que resumen el cuerpo completo de investigaciones examinadas.	Debe usarse como fuente de evidencia si está disponible.
Revisiones narrativas	Ofrecen un resumen e interpretación de una literatura seleccionada sobre el tema en cuestión; la literatura es seleccionada por el autor y el proceso de selección y resumen puede o no haber seguido métodos sistemáticos; pasa por revisión por pares si se publica en una revista académica.	Puede ser útil como fuente de evidencia, especialmente cuando no hay revisiones sistemáticas disponibles.
Guías de práctica	Proporcionan recomendaciones basadas en el consenso de un panel de expertos; se basan en investigaciones recientes y formativas, pero no utilizan métodos sistemáticos ni pasan por una revisión por pares rigurosa.	
Artículos revisados por pares	Proporcionan tratan y justifican una pregunta de investigación específica y detallan técnicamente cómo se implementaron los procedimientos; ofrece discusión sobre limitaciones e implicaciones de los hallazgos; pasa por una revisión por pares rigurosa; representa una demostración detallada de los efectos de un procedimiento o tratamiento a pequeña escala (es decir, no ofrece información completa sobre un cuerpo de evidencia).	
Artículos de discusión	Ofrecen una discusión conceptual sobre temas específicos incorporando también demostraciones empíricas, las conclusiones suelen derivarse lógicamente; a menudo se usa para plantear la necesidad de investigación o acción futura sobre el tema; pasa por revisión por pares (si se publica en una revista académica).	

Tabla 2 (Continuación)

FUENTE	DESCRIPCIÓN	USO RECOMENDADO
Libros de texto	Proporcionan información completa sobre una amplia variedad de temas; las discusiones y conclusiones se basan, por lo general, en conceptos y principios bien establecidos, investigaciones empíricas formativas y razonamiento lógico; normalmente está escrito por expertos en la materia, pero no se someten a un proceso riguroso de revisión por pares.	
Manuales prácticos	Proporcionan información práctica y específica sobre "el cómo" de una intervención (o conjunto de procedimientos) particular; la información puede basarse en un cuerpo de investigación amplio, pero también puede basarse en la experiencia y el conocimiento clínico del autor; los manuales pueden o no haber sido validados empíricamente por sí mismos; no se someten a una revisión por pares rigurosa.	

Nota. Tabla según Slocum et al. (2014, 2012) y Wilczynski (2017)

que influyen potencialmente en el programa de cambio de conducta del cliente. Se sugieren cinco categorías de conductas que un analista puede realizar para apoyar el componente de valores del cliente y contexto de la PBE en ABA. Este componente de la PBE en ABA ayudará a los profesionales a actuar de acuerdo con los principios éticos subyacentes de beneficiar a los demás, primero no dañar, dignidad, autonomía, justicia y pragmatismo, y a estar en consonancia con las dimensiones de aplicación, eficacia y generalidad (Baer et al., 1968). La tabla 3 resume estas conductas junto con los principios éticos relevantes seleccionados y los puntos del Código Ético.

Conducta 1: Definir claramente a los clientes

Los analistas de conducta deben identificar quién es su cliente. De hecho, los analistas tienen la tarea de definir a los clientes como cualquiera que reciba servicios y definir a las partes interesadas como cualquiera que se vea afectado por los servicios prestados al cliente (BACB, 2020, Punto 3.02). Por ejemplo, un analista puede ser contratado por los padres para trabajar con un niño que realiza problemas de conducta. Parte de los servicios pueden implicar la formación de los padres y la familia, incluidos los hermanos. Toda la familia se beneficiará de los servicios y podrían considerarse como "clientes", pero es el niño que realiza problemas de conducta (para el que se solicitaron los servicios) el que más se beneficiará de esos servicios. En este caso, el analista definiría al niño como el cliente y a la familia como las partes interesadas. Definir claramente a los clientes también ayuda a los analistas a comportarse de acuerdo con otros puntos del Código Ético, como el 1.04 (ejercer dentro de un papel definido), 1.11 (relaciones múltiples), y 3.08 (responsabilidad ante el cliente con contratos de servicios con terceros), al asegurarse de que el analista tiene claro quién es el cliente (BACB, 2020); estará mejor capacitado para delimitar, y comportarse dentro de las funciones y responsabilidades de todas las partes implicadas en el tratamiento.

Conducta 2: Considerar las variables contextuales

Los analistas de conducta también tienen la tarea de identificar las condiciones necesarias para que una intervención llegue a buen puerto (BACB, 2020, punto 2.16), que pueden incluir la evaluación de los recursos familiares para la aplicación, las preferencias del supervisor y de otras partes interesadas, así como la influencia de los proveedores de servicios que estén relacionados. Estos analistas deben realizar una evaluación ecológica para ayudar a identificar las variables relacionadas con el ajuste contextual tanto de las evaluaciones como las intervenciones (Mayer et al., 2019). Los analistas también deben considerar el historial del cliente con intervenciones conductuales como parte del contexto en el que se aplicarán las evaluaciones e intervenciones. Al entrevistar a los clientes y a las partes interesadas, el analista podría identificar variables contextuales que son importantes y patrones. Por ejemplo, los padres podrían responder que probaron otras intervenciones, pero que la recogida de datos era demasiado engorrosa, o que probaron una intervención que pareció ineficaz.

Una vez identificadas las evaluaciones e intervenciones, es importante identificar las variables relacionadas con el ajuste contextual. Éste se define como el nivel de congruencia entre el plan de intervención y las habilidades, recursos, valores y rutinas de quienes aplican la intervención (Albin et al., 1996). El grado en que una intervención "se ajusta" a un contexto puede influir mucho en la validez social de la intervención, en la fidelidad de la aplicación y, por último, en los efectos generales de la intervención. Por ejemplo, si un analista de conducta recomienda a un padre que aplique una intervención antecedente que le exige prestar atención no contingente a un niño con un programa lleno de reforzadores, sin tener en cuenta que el padre tiene otros tres hijos, incluido un bebé, es poco probable que la intervención se aplique con fidelidad. Hay que considerar este ejemplo desde una perspectiva de la toma de decisiones basada en la evidencia: La intervención previa puede tener un fuerte apoyo empírico y el analista de conducta puede tener experiencias clínicas que afirmen que esta intervención tiene probabilidades de ser eficaz. Pero, si no se tienen en cuenta el ajuste contextual y los valores del cliente, puede que esta intervención tenga éxito. Otros puntos del Código Ético que se apoyan en la consideración de variables contextuales son el 2.12 (considerar las necesidades médicas) y el 2.19 (abordar las condiciones que interfieren con la prestación de servicios; BACB, 2020).

Conducta 3: Mejorar la comunicación y las habilidades interpersonales

Es esencial que los analistas de conducta tengan unas habilidades interpersonales que sean sólidas. Por ejemplo, para comprender el contexto y los valores del cliente, el analista debe establecer una buena relación y confianza con el cliente como base para una conversación sincera y abierta sobre valores y variables contextuales. Los investigadores han intentado operacionalizar las habilidades interpersonales y han destacado la importancia de que dichos analistas reciban una formación y supervisión específicamente diseñados para mejorar las habilidades interpersonales (Taylor et al., 2018). Taylor et al. (2018) encuestaron a tutores por las conductas interpersonales de los analistas e identificaron habilidades que mejorar. Señalaron que algunos analistas pueden necesitar mejorar en áreas como preguntar sobre la satisfacción con el tratamiento, aclarar los roles y comprometerse durante los desacuerdos (Taylor et al., 2018). También trataron las barreras para mejorar las habilidades interpersonales, incluida la falta de formación en la construcción de relaciones terapéuticas y las restricciones de financiación para dedicar a la formación de la familia y los padres. Asimismo, incrementar las habilidades interpersonales en la comunicación con las partes interesadas y los colaboradores puede aumentar la capacidad de un analista de conducta para evaluar e identificar el contexto del cliente. Se puede ver Taylor et al., LeBlanc, Taylor y Marchese (2020b) y Callahan et al. (2019) para tener más sugerencias sobre la ampliación de las habilidades interpersonales.

Para mejorar los efectos de los clientes e influir en sus vidas, es importante que los consumidores entiendan lo que se les comunica. Esto requiere garantizar que nuestra conducta verbal sea comprensible y funcional para los consumidores y las partes interesadas (Benazzi et al., 2006). Esto respalda el punto 2.08 del Código Ético (comunicar sobre los servicios; BACB, 2020). Los analistas de conducta deben ser capaces de comunicarse con precisión y seguir siendo conceptualmente sistemáticos, (BACB, 2020, Puntos 2.01, 2.14) al tiempo que utilizan un lenguaje comprensible para sus clientes. Es importante adoptar un acercamiento funcional en lugar de uno topográfico a la comunicación (Foxx, 1996): la medida de la comunicación es la conducta de la audiencia, no su "pureza con-

Tabla 3 Resumen del enfoque que apoya los valores y contexto del cliente.

VALORES Y CONTEXTO DEL CLIENTE	PRINCIPIOS ÉTICOS	PUNTOS DEL CÓDIGO ÉTICO (BACB, 2020)
(1) Definir claramente a los clientes. (2) Considerar variables contextuales. (3) Mejorar la comunicación y habilidades interpersonales. (4) Desarrollar y promover la sensibilidad cultural y la humildad. (5) Evaluar y comportarse de acuerdo con la validez social.	Favorecer a otros No hacer daño Dignidad Autonomía Justicia, Pragmatismo	1.04 Ejercer dentro de un rol definido 1.07 Sensibilidad cultural y atención a la diversidad 1.08 No discriminación 1.10 Conciencia de los propios sesgos y limitaciones 1.11 Relaciones múltiples 2.01 Proporcionar un tratamiento eficaz 2.08 Comunicarse acerca de los servicios 2.09 Involucrar a clientes y partes interesadas 2.11 Obtener consentimiento informado 2.12 Considerar necesidades médicas 2.16 Describir las intervenciones antes de aplicarlas 2.17 Recopilar y usar datos 2.19 Abordar condiciones que interfieren con la prestación de servicios 3.01 Responsabilidad para con los clientes 3.02 Identificar a las partes interesadas 3.03 Aceptar clientes 3.08 Responsabilidad hacia el cliente en contratos con terceros 3.09 Comunicación con las partes interesadas sobre los servicios subcontratados 4.07 Incorporar y reconocer la diversidad

ductual". Estos analistas deben aprender a traducir con fluidez los conceptos y principios analítico-conductuales a términos que sean accesibles y comprensibles para apoyar una comunicación clara con los clientes y las partes interesadas (BACB, 2020, puntos 2.08, 2.16, 3.09; Foxx, 1996). En este sentido, los analistas deben tener repertorios verbales bilingües (un lenguaje para hablar con otros analistas, y otro para hablar con los consumidores y las partes interesadas) y la capacidad de cambiar de código en función de la audiencia.

Conducta 4: Desarrollar y avanzar en la receptividad cultural y la humildad

El componente PBE en ABA de los valores y el contexto del cliente también requiere practicar la capacidad de respuesta cultural y la humildad (BACB, 2020, puntos 1.07, 1.10, 4.07). A medida que la demografía sigue cambiando en EEUU y que el análisis de conducta crece en todo el mundo, es cada vez más evidente que el desarrollo de habilidades sólidas y eficaces para trabajar dentro de entornos cultural y lingüísticamente diversos es vital para una práctica sea exitosa. Rosenberg y Schwartz (2019) articularon bien la importancia del tema: “La necesidad de comprender y equilibrar un respeto por las visiones del mundo de los clientes es primordial para entablar una relación profesional productiva” (pág. 4). Aunque la bibliografía relativa a la cultura y la diversidad en el análisis de conducta es reducida, crece paulatinamente. Se esbozarán a continuación de forma concisa algunos recursos y se anima, además, a los lectores a buscar más recursos.

Fong y sus colegas han destacado las ventajas de aumentar la conciencia cultural (Fong et al., 2017) y sugirieron que un paso hacia el desarrollo de la conciencia y la sensibilidad culturales es que los analistas de conducta reconozcan sus antecedentes culturales (Fong et al., 2016). Sugirieron que los analistas empiecen por tener en consideración sus valores personales (y quizá los de su familia de origen), sus preferencias y repertorios de conductas culturales. Esto se alinea con la responsabilidad ética de los analistas de evaluar sus sesgos (BACB, 2020, puntos 1.07, 1.10). Una forma de hacerlo es entablar conversaciones de forma periódica con compañeros y miembros de redes profesionales para describir y tratar tanto sus valores culturales personales como sus diversas interacciones con los clientes (Fong et al., 2016). Leland y Stockwell (2019) ofrecieron un enfoque similar, a través de una herramienta de autoevaluación, para apoyar a los profesionales para acoger y apoyar a las personas transgénero y no conformes con el género en la práctica.

Otro enfoque que los analistas pueden adoptar para moldear su conducta culturalmente sensible es dedicarse a la práctica reflexiva (Akpapuna et al., 2020; Cirincione-Ulezi, 2020). Cirincione-Ulezi (2020) definió esa práctica como "la reflexión sobre las creencias, pensamientos y sentimientos personales, así como el conocimiento de cómo estas creencias y prácticas afectan a los demás" (pág. 723). La práctica reflexiva implica mirar sistemáticamente hacia atrás, y evaluar los pensamientos y sentimientos con respecto a las decisiones, acciones y a los efectos de éstas. Los profesionales pueden utilizar la práctica para analizarse a ellos mismos e identificar áreas de crecimiento en el trabajo con poblaciones cultural y lingüísticamente diversas, a la vez que se aseguran de que su conducta está en consonancia con el punto 1.07 del Código Ético: receptividad cultural y diversidad (BACB, 2020). Se volverá a la práctica reflexiva en el apartado de este artículo dedicado a la pericia clínica y el juicio profesional.

Un tercer enfoque que pueden adoptar los profesionales es medir los efectos relacionados con la diversidad dentro de su práctica. Akpapuna et al. (2020) perfilaron un enfoque para identificar los efectos sociales de la diversidad (es decir, los relacionados con la equidad) y también proporcionaron una tabla (ver la Tabla 2 en Akpapuna et al., 2020) de posibles medidas para que las organizaciones hicieran un seguimiento. Estas recomendaciones son aplicables a una gama de organizaciones y prácticas analítico-conductuales. Eso sí, la medición es sólo un paso en un proceso más amplio de crecimiento de la capacidad de respuesta cultural y de creación de una práctica equitativa. De hecho, Akpapuna et al. ofrecieron una orientación adicional sobre los pasos que van más allá de esa medida.

Un número de *Análisis de conducta en la práctica* de 2019 (Vol. 12, número 4) también ofrece varios recursos para analistas de conducta que busquen comprender y ampliar su repertorio de humildad cultural, y que puede servir como punto de partida. Varios libros de texto recientes también ofrecen excelentes recursos. Por ejemplo, Conners y Capell (2020) publicaron recientemente un libro que explora cuestiones relacionadas con el multiculturalismo y la diversidad dentro de ABA, y LeBlanc, Sellers y Ala'i (2020a) ofrecen un capítulo sobre la cultura y la diversidad en la supervisión. Los analistas también podrían revisar la literatura de profesionales sociales relacionadas, como el trabajo social, en busca de orientación y oportunidades para reforzar la capacidad de respuesta cultural, además de buscar contenidos publicados en revistas y libros analítico-conductuales vinculados a la humildad cultural.

Conducta 5: Evaluar y comportarse acorde a la validez social

Los programas de conducta antes mencionados están todos relacionados con uno de los principios fundacionales del análisis aplicado de conducta: garantizar que nuestro trabajo sea aplicado (Baer et al., 1968), lo que significa que las conductas de interés sean relevantes para los intereses y como una prioridad de la sociedad, así como para que supongan un bien directo para los clientes. Garantizar que la toma de decisiones está en consonancia con los valores y con el cliente, en general, está ligado a la evaluación de la validez social de la toma de decisiones y la práctica en el análisis de conducta. Si se consigue, ayudará a los analistas a actuar de acuerdo con varios puntos del Código Ético, incluidos el 2.09 (implicación de clientes y partes interesadas) y el 3.01 (responsabilidad ante los clientes; BACB, 2020).

Al implicarse en la PBE en ABA, los analistas de conducta pueden plantearse tres preguntas para determinar la validez social de su práctica (Wolf, 1978). En primer lugar, ¿son los objetivos socialmente significativos? Los profesionales deben asegurarse de que se están centrando en objetivos de cambio de conducta que sean significativos para el cliente y las partes interesadas. En segundo lugar, ¿son los procedimientos y las técnicas aceptables para los consumidores? Para garantizar la fidelidad, los procedimientos y métodos que utilizan los analistas deben ser aceptables desde la perspectiva del cliente. Esto pone de relieve la importancia de implicar a las partes interesadas en el desarrollo del tratamiento. Garantizar que los consumidores apoyan todos los aspectos de los procedimientos pueden mejorar las cosas entre los efectos positivos a largo plazo y las intervenciones abandonadas. En tercer lugar, ¿es la magnitud de los efectos socialmente importante? A los analistas de conducta no les preocupa la mera reducción de las conductas problemáticas o el aumento de las conductas adecuadas si la magnitud del cambio no es socialmente significativa. Por ejemplo, si las conductas se operacionalizaron de tal manera que un gráfico que mide los resultados muestra un cambio de conducta que sea sólido, pero el cliente sigue experimentando angustia y los padres dicen no estar satisfechos con los resultados, entonces el trabajo del analista no está completo. Un cambio de conducta sólo tiene sentido en la medida en la que los consumidores interpreten ese cambio. Por tanto, los analistas deben considerar el evaluar la validez social de los objetivos, los procedimientos y la magnitud de los efectos a múltiples niveles, incluido el del cliente, el de las partes interesadas inmediatas, el del equipo de tratamiento, del analista y de la comunidad (Bernstein, 1989; Schwartz y Baer, 1991).

Pericia clínica y juicio profesional

El tercer componente de la PBE en ABA implica la pericia y la habilidad en la toma de decisiones por parte del analista de conducta. La mayoría de los artículos sobre esta práctica se refieren a este tercer componente como pericia clínica (por ejemplo, Slocum et al., 2014) o juicio profesional (Spencer et al., 2012). En general, estos dos términos parecen presentarse como sinónimos; sin embargo, la pericia clínica y el juicio profesional pueden verse como dos categorías distintas, pero relacionadas. Éstas se unen para constituir el tercer pilar de la PBE en ABA. La pericia clínica es la competencia general establecida a través de la educación formal, la supervisión y las iniciativas del Código Ético, mientras que el juicio profesional abarca las decisiones que se toman a diario. En otras palabras, la pericia clínica es el conjunto de conocimientos y habilidades adquiridos a través de la educación y la experiencia, y el juicio profesional es la aplicación sobre el terreno de esos conocimientos. Ambos componen el programa profesional del analista de conducta. La PBE en ABA reconoce este programa como uno de los tres pilares de la toma de decisiones. Se asume, entonces, que los analistas tienen una base sólida de conocimientos y formación, y que ya han empezado a utilizar su juicio profesional a la hora de tomar decisiones clínicas. Se presentan seis conductas para ayudar a guiar a los analistas en la ampliación de sus conocimientos clínicos y el perfeccionamiento de su juicio profesional. En general, este componente de la PBE en ABA apoya a los profesionales en los principios éticos fundamentales de no hacer daño, integridad profesional, responsabilidad, competencia y pragmatismo; las dimensiones tecnológica y conceptualmente de ABA (Baer et al., 1968); y otros puntos del Código Ético (BACB, 2020). En la tabla 4 se resumen estas conductas, junto con una selección de principios éticos y puntos relevantes del código.

Conducta 1: Evaluar y practicar en su competencia

Es crucial que los analistas de conducta sean conscientes de su área de competencia y restrinjan su práctica a éste (BACB, 2020, puntos 1.05, 4.02, 6.06). El área de competencia se define como la gama de actividades que un analista de conducta puede realizar de forma competente (Brodhead, Quigley y Wilczynski, 2018). Es decir, ejercer en ese campo significa restringir los servicios a aquellos que el profesional puede ofrecer de forma fiable en el tratamiento, y con unos resultados que sean positivos y consistentes, y en el que se tomen unas decisiones apropiadas. Por ejemplo, un analista puede tener mucha formación y experiencia a la hora de proporcionar una intervención conductual intensiva temprana (EIBI, en inglés) a niños con necesidades especiales, pero poca o ninguna experiencia en el tratamiento de trastornos alimentarios graves. Para que este analista ejerza dentro de su competencia, proporcionaría EIBI y derivaría los casos de alimentación a otro analista de conducta, o bien buscaría una formación y supervisión en el tratamiento de los trastornos de alimentación. Brodhead, Quigley y Wilczynski (2018) abordaron los riesgos de ejercer fuera del ámbito de competencia, y también ofrecieron orientación para evaluar y determinar el área de competencia.

Igualmente, aunque es importante que los analistas identifiquen y practiquen dentro de su competencia, esto no quiere decir que estén restringidos a esas actividades durante toda su carrera. Reconocer los límites de su competencia también puede ayudar a un analista a identificar nuevas áreas en las que ampliar sus conocimientos. Hay muchas razones por las que un analista puede querer expandirse a nuevas áreas y, por tanto, es crucial hacerlo éticamente. Brodhead, Quigley y Wilczynski (2018) y LeBlanc et al. (2012) trataron cómo evaluar y ampliar de forma ética la competencia.

Conducta 2: Mantener un contacto regular con la literatura académica

Para apoyar el mantenimiento y la expansión de la competencia de un analista de conducta, es necesario que conozca y siga la investigación contemporánea y la literatura académica de forma regular (BACB, 2020, Punto 1.06). Seguir esa bibliografía también respalda los puntos 2.01 (proporcionar un tratamiento eficaz) y 2.13 y 2.14 (seleccionar, diseñar y aplicar evaluaciones e intervenciones de cambio de conducta; BACB, 2020) del Código Ético. Los analistas de conducta deben leer nuevas investigaciones con frecuencia y asegurarse de que lo que leen es reciente y aborda diferentes temas. Muchos analistas en ejercicio pueden compartir la experiencia de que, aunque es bastante fácil seguir la literatura actual durante los estudios de posgrado, es todo un reto mantener el mismo nivel una vez que se han graduado y están trabajando. Una barrera es que el acceso a la literatura actual puede quedar restringido una vez que el analista se gradúa y ya no tiene acceso a las bibliotecas y recursos universitarios. Briggs y Mitteer (2021) ofrecieron un tratamiento actualizado de las barreras para contactar con la literatura actual y cómo abordarlas. Por ejemplo, sugieren configurar alertas para recibir un resumen en el correo electrónico de los nuevos artículos y números de revistas online publicados. Además, BACB ofrece un motor de búsqueda gratuito y acceso a determinadas revistas a través de su portal. Otra sugerencia es suscribirse a una o varias revistas que publiquen contenidos muy relevantes para el trabajo. Los analistas también pueden utilizar las redes profesionales como apoyo para tener más bibliografía enviando un correo electrónico a sus compañeros para pedirles apoyo. Incluso con acceso a literatura relevante, los profesionales se enfrentan a la dificultad de no tener tiempo. Cuando trabajan como clínicos, los analistas hacen malabarismos con una miríada de actividades profesionales, lo que dificulta encontrar tiempo para leer de forma regular. Aunque, lamentablemente, no hay forma de conseguir más tiempo, es posible encontrar maneras de organizarlo para hacer actividades importantes. Una estrategia consiste en reservar proactivamente tiempo para la lectura y proteger ese tiempo del mismo modo que se protege para las reuniones, es decir, no programar más tiempo para la lectura del mismo modo que no se programa más tiempo para una reunión (Briggs & Mitteer, 2021). Utilizar técnicas de autogestión puede ayudar a establecer contingencias para apoyar esta conducta (por ejemplo, fijación de objetivos y automonitorización). Otra estrategia consiste en crear grupos de lectura de artículos científicos (JRG, en inglés) que se reúnan con regularidad (Briggs & Mitteer, 2021; Parsons & Reid, 2011). Parsons y Reid (2011) ofrecieron orientación sobre cómo establecer y estructurar estos grupos y también, aportaron pruebas de su eficacia para mejorar el conocimiento profesional. Una posible ventaja añadida de estos grupos de

Tabla 4 Marco que respalda la competencia clínica y el juicio profesional

EXPERIENCIA CLÍNICA Y CRITERIO PROFESIONAL	PRINCIPIOS ÉTICOS	PUNTOS DEL CÓDIGO ÉTICO (BACB, 2020)
(1) Evaluar y ejercer dentro del ámbito de competencia. (2) Mantener contacto regular con una amplia base de literatura académica. (3) Desarrollo profesional continuo. (4) Mantener contacto y familiaridad con las directrices éticas. (5) Crear y mantener sistemas efectivos de cambio de conducta. (6) Activar y perfeccionar el juicio profesional.	Primero no dañar Integridad profesional Responsabilidad Competencia Pragmatismo	1.01 Decir la verdad 1.02 Cumplir con requisitos legales y profesionales 1.03 Rendición de cuentas 1.05 Ejercer dentro del ámbito de competencia 1.06 Mantener la competencia 1.10 Conciencia de los propios sesgos y limitaciones 2.10 Colaborar con otros profesionales 2.15 Minimizar los riesgos de las intervenciones 2.17 Recopilar y usar datos 2.18 Evaluación continua de las intervenciones 3.03 Aceptar clientes 3.11 Documentar la actividad profesional 4.02 Competencia como supervisor 4.05 Documentación de la supervisión 4.06 Proporcionar supervisión y formación 4.10 Evaluar los efectos de la supervisión y la formación 6.01 Cumplir con normativas sobre investigación 6.06 Competencia en investigación

lectura es que, si uno de los miembros es un proveedor autorizado de formación continua (BACB ACE), los grupos podrían utilizarse para obtener unidades de formación continua para obtener el certificado nuevamente.

Las limitaciones de financiación plantean otro problema en el tiempo para leer. Esos estragos financieros que suelen existir en la práctica analítico-conductual hacen que los analistas no dediquen tiempo a leer literatura académica. En pocas palabras, leer no es un servicio que se factura. Si las limitaciones económicas obstaculizan las oportunidades de dedicar tiempo a buscar y leer, el analista de conducta se enfrenta a un dilema ético. El profesional puede solicitar y abogar por tiempo adicional para leer artículos relevantes, puede abogar por crear un grupo de lectura entre profesionales o puede considerar necesario leer fuera de su horario de trabajo remunerado profesionalmente.

Conducta 3: Comprometerse con la formación continua

El punto 1.06 del Código Ético sobre mantener la competencia, establece explícitamente los métodos apropiados para participar en el desarrollo profesional continuo (BACB, 2020). No basta con asistir a charlas en congresos simplemente por ganar más puntos para obtener el certificado. Los analistas deben asistir y participar activamente en diversos eventos de desarrollo profesional de alta calidad con el objetivo de perfeccionar y ampliar sus programas profesionales. Becerra et al. (2020) ofrecieron una orientación sobre cómo utilizar las conferencias para el desarrollo profesional.

Además de asistir a dichos eventos, los analistas pueden profundizar en su desarrollo profesional a través de la participación en organizaciones locales y nacionales, grupos de intereses especiales y comunidades más amplias como el movimiento #DoBetter (Kaminski, 2018). Aunque es posible que estas actividades no siempre ofrezcan créditos, sí ofrecen oportunidades para comprometerse con otros profesionales y aprender de ellos, fortalecer el propio repertorio y ampliar la red profesional. Tomar parte activa en ello también ayudará a los analistas a formar relaciones de colaboración que lleguen a ser eficaces (BACB, 2020, punto 2.10). Es importante no confundir la forma con la función ética de mejorar la práctica profesional.

Conducta 4: Familiarizarse con las normas éticas

Las actividades de todos los analistas de conducta están sujetas a directrices éticas, ya sean investigadores experimentales que trabajan con animales, consultores que trabajan en entornos organizacionales o analistas que trabajan con niños discapacitados. Los analistas de conducta que se dedican a la PBE en ABA deben estar familiarizados con las normas éticas para los entornos y actividades en los que trabajan (BACB, 2020, puntos 1.02, 6.01). Es probable que a los analistas con certificados se les exija obtener puntos relacionados con temas éticos, apoyando así este aspecto de la pericia clínica. De forma similar a lo mencionado anteriormente, se recomienda que estos profesionales participen activamente en eventos relacionados con la ética. El objetivo es ampliar sus conocimientos y conducta ética, en lugar de cumplir pasivamente los requisitos mínimos para la certificación. Entre los métodos para familiarizarse con las normas ética se incluyen el acudir a grupos de lectura o los comités de revisión locales como oportunidades para abordar cuestiones éticas, así como la participación en comités éticos o grupos de trabajo.

Conducta 5: Crear y mantener sistemas eficaces de cambio de conducta

Para garantizar la eficacia y eficiencia de los programas de cambio de conducta, los analistas deben establecer y mantener sistemas que apoyen la aplicación, recogida de datos, gestión, formación y supervisión. Dichos sistemas sirven para establecer y mantener contingencias que apoyen las conductas apropiadas de los implicados en los programas de cambio de conducta. Varios puntos del Código Ético también destacan la importancia de crear sistemas para instar a un cambio de conducta que sea eficaz y ético (por ejemplo, BACB, 2020, puntos 2.05, 3.11, 2.13, 2.14, 4.05., 4.05., 4.05., 4.05., 4.06). Es necesario, por tanto, disponer de sistemas que respalden dicha práctica ética. Por ejemplo, los analistas deben asegurarse de que cuentan con sistemas que respalden prácticas de supervisión eficaces, incluida la formación, gestión del rendimiento y retroalimentación continua. Otro ejemplo es disponer de sistemas que garanticen la calidad y la precisión de la recogida de datos (es decir, la fiabilidad y el acuerdo entre observadores) y la fidelidad del tratamiento.

Conducta 6: Activar y refinar el juicio profesional

Mientras que los analistas de conducta construyen y mantienen su experiencia clínica, ponen en práctica esa experiencia a través de su juicio profesional en la toma diaria de decisiones clínicas. El juicio profesional es donde todos los aspectos del proceso PBE en ABA se unen para dar como resultado una toma de decisiones eficaz. El juicio profesional es tanto un proceso local impulsado por el problema como uno global que evolucionará con el tiempo a medida que el analista moldee y perfeccione su toma de decisiones (Spencer et al., 2012). Cada problema clínico será diferente y requerirá información y decisiones distintas y, al mismo tiempo, la toma de decisiones eficaz y continuada dará lugar a un repertorio de toma de decisiones que sea sólido y generalizable. El juicio profesional a nivel local (un caso individual) requiere que los analistas pongan sobre la mesa toda la información que han obtenido de los otros procesos de la práctica basada en la evidencia en el marco de los sistemas que han desarrollado para apoyar su práctica. Por ejemplo, el juicio profesional se activará para un caso individual con el reconocimiento y la definición de un problema clínico, seguido de la identificación de las características críticas del contexto, la evaluación e incorporación de los valores del cliente. También cabe señalar la identificación y selección de las mejores pruebas disponibles. A continuación, el analista utilizará la información recopilada para seleccionar un tratamiento y diseñar un protocolo, aplicar el tratamiento, activar los sistemas de cambio de conducta para garantizar una aplicación y recopilación de datos adecuadas, y supervisar el progreso. A lo largo de este proceso, el experto tendrá presente su área de competencia, colaborará con los clientes, y planificará el mantenimiento y la generalización, según proceda, de las nuevas pautas de conducta. Esta toma de decisiones cuenta con el apoyo de una comunidad de analistas de conducta que las impulsan, contribuyen a ellas y las refuerzan.

El juicio profesional se moldeará con el tiempo a medida que el analista tome decisiones y sea consciente de los resultados de esas decisiones. Los analistas pueden refinar activamente su juicio profesional a través de la práctica sistemática y reflexiva. Como se ha tratado anteriormente, la práctica reflexiva implica examinar las acciones realizadas, los supuestos y las razones de esas acciones y sus resultados (Cirincione-Ulezi, 2020; Osterman, 1990). Los analistas de conducta podrían considerar el reflexionar sobre su práctica y toma de decisiones contemplando la situación desde muchas perspectivas, incluidas las de sus alumnos y colegas, además de la suya (Brookfield, 1998). Esta práctica puede ser individual y también compartida en la que los analistas comparten reflexiones para tener una retroalimentación. El objetivo es evaluar de forma crítica el proceso de toma de decisiones para moldear uno más eficaz, garantizando así la evaluación continua, la concienciación y la responsabilidad de su práctica (BACB, 2020, puntos 1.03, 1.10, 2.18, 4.10). La práctica reflexiva también puede ayudar a los analistas de conducta a evaluar su práctica clínica para asegurarse de que están minimizando el riesgo en las intervenciones (BACB, 2020, Punto 2.15).

Conclusión y orientaciones

Varios autores han abordado que deberían contar con más recursos que ayuden a desarrollar sus habilidades para tomar decisiones éticas en ABA (por ejemplo, Brodhead, Quigley, & Wilczynski, 2018; Rosenberg & Schwartz, 2019; Sellers et al., 2016). Se propone una PBE en ABA como marco para apoyar la práctica ética. Como se ha mencionado, la toma de decisiones basada en la evidencia promueve en paralelo la toma de decisiones éticas. Cada uno de los tres componentes de la PBE en ABA -la mejor evidencia disponible, los valores y el contexto del cliente, y la experiencia clínica y el juicio profesional- apoya las conductas éticas por derecho propio. Cuando se combinan, dan como resultado un proceso que orienta la toma de decisiones en consonancia con las dimensiones de ABA, los principios éticos fundamentales y el Código Ético (BACB, 2020).

Hay al menos dos características de la PBE en ABA que es importante destacar. En primer lugar, no es una mera combinación de conductas ni una fórmula que deba seguirse siempre de la misma manera. Más bien, es un proceso fluido e iterativo que consiste en conductas continuas presentes en las acciones cotidianas de un analista de conducta. Cada uno de los tres componentes de la PBE en ABA forma parte del proceso y no es suficiente cuando se utiliza de forma aislada. Además, no existe un "orden" en el que utilizar los tres componentes. Éstos suelen solaparse y un analista de conducta necesitará integrar los componentes varias veces en el proceso de resolución de un problema clínico. En segundo lugar, aunque dicha práctica apoya la toma de decisiones que sean éticas, no es un proceso comodín que garantice que se han cumplido todas las obligaciones éticas. Esta toma de decisiones se relaciona directamente con muchos de los principios éticos fundamentales y puntos del Código Ético (BACB, 2020), pero no con todos ellos. Por ejemplo, la PBE en ABA no ayuda necesariamente a un analista a evitar relaciones de explotación o duales (BACB, 2020, puntos 1.11, 1.13), ni impide que los analistas soliciten testimonios para utilizarlos (BACB, 2020, punto 5.07). La práctica debe existir dentro de un marco ético más amplio para apoyar la toma de decisiones éticas y no sustituye la necesidad de incorporar otros procesos para garantizar una conducta que sea acorde con todas las directrices éticas.

Aunque este marco se comparte en numerosas profesiones en las que se ayudan a personas (como la psicología, medicina, sociología), puede considerarse que está prácticamente en pañales para los analistas de conducta. Existen pocos libros en los que se trata la PBE en ABA (por ejemplo, Brodhead, Cox y Quigley, 2018; Wilczynski, 2017), así como pocos artículos publicados (por ejemplo, DiGennaro Reed y Reed, 2008; Slocum y otros, 2012, 2014; Spencer y otros, 2012). Esto contrasta con otros campos que cuentan con una literatura más extensa, declaraciones de posición formales de organizaciones profesionales y múltiples grupos de trabajo. Por ello, se espera que los analistas de conducta en ejercicio reconozcan su poder y sigan examinando su utilidad realizando investigaciones y hablando públicamente sobre ello. Los tres componentes de la PBE en ABA, y las conductas descritas para cada uno de ellos, son complejos. Por ello, sería útil tratar cada uno de ellos con más matices. Aunque la mejor evidencia disponible se beneficia de una amplia bibliografía, los otros dos componentes -los valores y el contexto del cliente, y la experiencia clínica y el juicio profesional- no están tan matizados. Cada uno de ellos merece un mayor tratamiento y elaboración. El marco de la PBE en ABA también puede ser útil para estructurar la formación y supervisión con el fin de mejorar la capacidad de toma de decisiones, en lugar de limitarse a promover la adquisición de conocimientos. Una forma sería integrar la práctica basada en la evidencia en la formación analítico-conductual cubriendo la toma de decisiones basada en la evidencia a través de cursos. A lo largo de la progresión del curso, los educadores podrían promover tanto la adquisición de conocimientos sobre la práctica basada en la evidencia como la demostración de la toma de decisiones. Por ejemplo, Slocum et al. (2014) sugirieron que los programas de formación podrían enseñar de manera sistemática a los estudiantes a involucrarse en, y articular, la cadena de conductas que conduce a sus recomendaciones de tratamiento, lo cual constituiría una forma de práctica reflexiva. Este proceso de resolución de problemas podría seguir el marco de trabajo de la PBE. Los supervisores individuales también podrían integrar la PBE en su práctica de supervisión. Esto proporcionaría un marco en el cual los supervisados participen en la toma de decisiones clínicas aplicando los conceptos aprendidos en sus clases, a la vez que reciben retroalimentación sobre la efectividad de estas conductas. Un supervisor podría garantizar que todos los supervisados reciban formación en PBE y medir de forma sistemática su repertorio en este área. Ello constituiría una oportunidad única de investigación, dado que la exposición y comprensión por parte de los estudiantes de la PBE en ABA podría constituir una variable independiente importante en la evaluación de la PBE en ABA. Para apoyar a los profesionales, los investigadores podrían desarrollar listas de comprobación o modelos de toma de decisiones que faciliten la PBE en ABA, examinando simultáneamente los efectos de dichas herramientas en la conducta tanto de profesionales y clientes.

SECCIÓN III

ÉTICA EN LA FORMACIÓN Y LA SUPERVISIÓN

7 ASUMIR NUESTRA RESPONSABILIDAD: LA ÉTICA DE LA SUPERVISIÓN EN LA PRÁCTICA DEL ANÁLISIS DE CONDUCTA[1]

Tyra P. Sellers | Shahla Alai-Rosales |
Rebecca P. F. MacDonald

Resumen

La supervisión de profesionales en el campo del análisis de conducta es un proceso poliédrico. El *Código de Cumplimiento Profesional y Ético para el Análisis de Conducta de BACB* orienta la práctica profesional con el fin de promover su eficacia, ya que la supervisión afecta tanto al alumno como a los clientes. El objetivo de este artículo es tratar los fundamentos y las consecuencias relativas a las cuestiones de supervisión; proporcionar orientaciones para el desarrollo profesional en cada una de las siete áreas de supervisión identificadas dentro del código; y, tratar un discurso crítico relativo a la supervisión. Se utilizan ejemplos para ilustrar cada uno de los siete subcomponentes de supervisión del apartado: "Analistas de conducta como supervisores del código". Se ofrece una justificación para cada componente, así como un tratamiento de las posibles consecuencias derivadas de no seguir

[1] Sellers, T. P., Alai-Rosales, S., & MacDonald, R. P. F. (2016). Taking full responsibility: The ethics of supervision in behavior analytic practice. *Behavior Analysis in Practice, 9*(4), 299–308. https://doi.org/10.1007/s40617-016-0144-x

la norma. Aunque el código proporciona expectativas claras acerca de la conducta que se desea de los profesionales, este artículo explora más los matices inherentes a cada apartado del código de supervisión. El objetivo es lograr una mejor comprensión de esta guía que redunde en unas mejores habilidades de supervisión.

El análisis de conducta depende, en gran medida, de la supervisión para moldear y mantener las habilidades de los profesionales. La supervisión es polifacética e implica una competencia en las áreas específicas de la práctica profesional. Por ejemplo, fijar unas expectativas concisas sobre el rendimiento, garantizar el dominio de habilidades específicas, corregir errores y problemas de rendimiento a medida que surgen, así como mantener una motivación entre los supervisados para que mantengan su desempeño (Reid, Parsons, & Green, 2012, pág. 3-4). Todas las personas que quieran obtener cualquier nivel de certificación necesitan la supervisión de un analista de conducta certificado durante sus horas de experiencia práctica. Las personas que se conviertan en analistas de conducta deben seguir recibiendo una supervisión continua para mantener su estatus. El *Código de Cumplimiento Profesional y Ético para Analistas de Conducta de la BACB* (en adelante, el Código), incluye una sección dedicada a los analistas de conducta como supervisores y cubre cuestiones específicas relacionadas con las actividades de supervisión (i.e., punto 5.07, Behavior Analyst Certification Board, 2014a, 2014b). Aunque en este documento se cita este código, asumimos que la relevancia de los fundamentos y riesgos presentados en este texto trascienden una estructura particular y seguirán aplicándose a futuras versiones del código.

La supervisión tiene implicaciones para el análisis de conducta, pero también para los futuros analistas y clientes. A medida que el profesional se desempeña en el papel de supervisar a otros, es posible que adopte conductas modeladas por quienes a su vez le supervisaron. De este modo, puede crearse un ciclo interminable de conductas éticas y productivas o de conductas poco éticas e inapropiadas. BACB ofrece una orientación continua a través de su página web y de boletines informativos sobre el programa y la naturaleza de estas actividades de supervisión para cada nivel de ejercicio profesional. También ofrece, a través del Código Ético, requisitos éticos y una guía para la acción disciplinaria cuando se producen infracciones. La orientación y los requisitos de BACB se describen para realizar un seguimiento de las reglas de conducta, lo que se diferencia de la práctica de aquellos que contactan con las contingencias directas del entorno (Skinner, 1969). Las consecuencias de una práctica poco ética no siempre están claras. Además, no está garantizado que cada caso que sea poco ético tenga consecuencias que moldeen la conducta del individuo resultando en la omisión de dicha respuesta. Por esa razón, las profesiones desarrollan normas éticas y escenarios para guiar a los profesionales cuando las contingencias directas no proporcionan suficiente protección. El Código Ético se basó en otros documentos relacionados con disciplinas afines y posteriormente, fue adaptado a la práctica analítico-conductual por un panel de expertos (BACB, septiembre de 2014a, 2014b). El Código Ético sólo contiene normas, pero no ejemplos ni elaboraciones. Existe esa necesidad de recursos que proporcionen una descripción y un tratamiento más profundos de las contingencias ambientales relacionadas con la ética y la supervisión. Dichos recursos deberían ayudar a los analistas a realizar una aplicación completa y reflexiva del código, así como contribuir a un ciclo intergeneracional de respuestas éticas entre los profesionales.

Desarrollar una comprensión de los fundamentos de las subsecciones específicas de supervisión del código, así como explorar las posibles consecuencias perjudiciales que podrían derivarse del incumplimiento del mismo, puede facilitar una mejor comprensión de las normas, condiciones y requisitos. Esto, a su vez, puede conducir a una capacidad más sólida en la aplicación crítica de la información a la amplia diversidad de situaciones de la vida real en las que puede encontrarse un analista de conducta. Es probable que responder de una manera que se ajuste al Código Ético esté, de alguna forma, en contraste con la primera respuesta que podría emitir, sobre todo un analista de conducta que acaba de empezar. También es posible que responder de forma óptima de acuerdo con el código, en algunos casos, requiera más esfuerzo. En resumen, realizar un análisis crítico de los fundamentos y las posibles consecuencias que rodean a la ética de la supervisión puede ayudarnos a comprender mejor las expectativas, lo que puede llevar a los analistas a adoptar de forma proactiva una conducta más acorde con el Código Ético, incluso cuando ésta suponga un esfuerzo.

Se pueden trazar tres objetivos de este documento: abordar los fundamentos y las posibles consecuencias relativas a cuestiones específicas de supervisión ética; dar direcciones para el desarrollo profesional en cada una de las áreas identificadas; y fijar la ocasión para un discurso crítico relativo a los componentes y contingencias de la supervisión. El documento se elaboró para añadirlo a la bibliografía y recursos apropiados para los cursos de ética, las actividades de supervisión, los grupos y el desarrollo profesional personal. Es importante aclarar que, si bien la supervisión puede referirse a las actividades llevadas a cabo en el curso de la supervisión de un caso clínico, también puede referirse a las actividades proporcionadas al estudiante supervisado. Y este documento se centra en estas últimas. La información proporcionada procede de la investigación sobre supervisión, tanto dentro como fuera del campo del análisis de conducta, así como de los más de 80 años de experiencia colectiva como supervisores. En los siguientes apartados, se revisará cada una de las siete subsecciones de supervisión del Código Ético. Se ofrecerá una justificación de por qué es probable que se incluyera la norma, así como las posibles consecuencias que podrían surgir en caso de que la persona no respetara el código. Para cada subsección, también se darán ejemplos de casos concretos y recursos de desarrollo. Estos ejemplos son composiciones de casos reales, en los que se han alterado detalles específicos (por ejemplo, nombres, lugares, entornos clínicos) para garantizar la confidencialidad. Por último, el apéndice incluye una lista de posibles preguntas y actividades que pueden servir de guía de estudio o de método de evaluación del nivel de comprensión del código para su uso en cursos, talleres de desarrollo profesional o durante las actividades de supervisión.

Los analistas de conducta en el rol de supervisores

Este apartado del Código Ético está dedicado a la supervisión e indica que la responsabilidad de un supervisor es bastante amplia. En concreto, afirma que el supervisor debe asumir la plena responsabilidad de todas las facetas de esta empresa (Código de la BACB, 2014a, b, p.13). Este lenguaje marca la pauta de que las tareas de supervisión deben tomarse en serio y con una comprensión plena de lo que conlleva este cargo. Es tarea del tutor o supervisor conocer a fondo estos requisitos, comportarse de acuerdo con ellos y moldear la conducta de los supervisados. Antes de empezar, se sugiere que el analista relea esta sección del código, junto con este artículo, y realice una autoevaluación para asegurarse de que comprende bien el alcance de su función.

Competencia en la supervisión: Supervisar dentro de áreas de competencia definidas

El subcódigo 5.0 instruye al supervisor a proporcionar actividades que estén online con su área de competencia. Esto concuerda directamente con el código 1.02, que indica que las actividades clínicas, docentes y de investigación de un analista de conducta están restringidas por el nivel de competencia del individuo en esas actividades o temas. Y también con el 1.05, que exige interacciones no discriminatorias. Además, si el analista no tiene las competencias necesarias, se le exige que derive a otro profesional u obtenga formación o mentoría para satisfacer de forma competente las necesidades de la situación. Los subcódigos 5.02, 1.02 y 1.05 son fundamentales para proteger a los consumidores de recibir servicios de personas que no están preparadas para ejercer en un área determinada. Estos subcódigos también funcionan para proteger a los supervisados, evitando el desarrollo de repertorios defectuosos o inadecuados, lo que proporciona un grado de protección futura a todos los clientes y supervisados, con los que la persona supervisada pueda llegar a trabajar. Además, hay indicios de que la competencia de un supervisor afectará a su capacidad de formación en el área de práctica concreta (McGimsey, Greene y Lutzker, 1995). Por último, estos códigos garantizan la integridad del campo, incluida la práctica clínica y la investigación, al restringir las áreas de especialización a aquellos que están formados en un tema o área determinados.

Hay una gran diversidad de ejemplos relacionados con la práctica al margen de la competencia. Por ejemplo, la experiencia exclusivamente con adolescentes puede no traducirse inmediatamente en la capacidad de proporcionar una supervisión eficaz a quienes atienden a clientes muy jóvenes o de avanzada edad debido a las diferencias en edad de los clientes (respecto a objetivos, conductas, partes interesadas, fisiologías, procedimientos, entornos) que afectarán a los efectos de la intervención. Todo esto debe tenerse en cuenta en la planificación. Por ello, las áreas de competencia también pueden incluir los diagnósticos de los clientes. Y es que prestar servicios analítico-conductuales a adultos cognitivamente intactos con necesidades de salud mental no preparará a un analista para supervisar a una persona que preste servicios clínicos a niños con discapacidad intelectual. Del mismo modo, uno puede haber trabajado con clientes que tienen un único diagnóstico, pero no con los que tienen un diagnóstico dual, como un niño con autismo y síndrome de Down.

Además de la edad y diagnóstico, también existen consideraciones relacionadas con la supervisión competente en condiciones culturales variadas. Algunas de ellas pueden implicar cuestiones legales, otras dilemas éticos y otras conflictos culturales. El código establece que es responsabilidad del analista de conducta ser culturalmente competente u obtener una formación y supervisión para llegar a serlo (Código BACB, 2014a, b, pág. 5). Al mismo tiempo, el código se desarrolló en un contexto hegemónico predominantemente occidental y contiene normas que pudieran ser contrarias a algunos grupos. Guiar al supervisado a través de estas áreas entra dentro del ámbito de la supervisión. El tutor debe ser competente en estas áreas para poder ayudar de forma competente a los supervisados. Por ejemplo, puede haber cuestiones relacionadas con los derechos parentales de una pareja del mismo sexo en localidades donde no se reconocen los matrimonios igualitarios. Dichas cuestiones podrían afectar a la forma en que se lleva a cabo el consentimiento informado para el tratamiento y cómo una supervisora dirigiría a su personal para afrontar dichas situaciones de forma no discriminatoria. Otros ejemplos son los conflictos relacionados con las normas culturales, como la hospitalidad. Un supervisor experto puede ayudar al alumno a comportarse de forma respetuosa y a cumplir el código sin parecer grosero o incivilizado. No obstante, cabe señalar que para algunas de estas cuestiones no existe una solución fácil. Por ejemplo, en algunas culturas, ofrecer y aceptar un vaso de té equivale a decir por favor y gracias. Sin embargo, el código no fue desarrollado por esas culturas y, por lo tanto, puede que sea necesaria una negociación y comunicación cultural sobre ello. Dado que estas situaciones son variadas y complejas, lo fundamental que puede hacer un supervisor es ayudar a los supervisados a aprender a identificar situaciones potencialmente difíciles y buscar una solución de problemas reflexiva y crítica. Del mismo modo, si una familia reza cada día, algo que no es compartido por los supervisados, el supervisor debe estar en una posición para enseñar al supervisado sobre cómo acomodar las prácticas familiares en el tratamiento de un modo que sea de aceptación y sin prejuicios. Los ejemplos y descripciones anteriores no son exhaustivos. Para tratar la importancia de la conciencia cultural, así como las estrategias para evaluar y desarrollarla, hay que remitir a los lectores al artículo de Hughes Fong, Catagnus, Brodhead, Quigley y Field (2016) y a un texto de Lynch y Hansen (1992). El punto crítico es que el supervisor comprenda sus competencias y tenga las habilidades para identificar cuándo falta una competencia y hacer una derivación, rechazar la supervisión, o buscar conocimientos y habilidades que permitan una supervisión competente.

Se considera a continuación el caso de una supervisora de analistas de conducta llamada June que completó su formación en centros preescolares de intervención temprana para niños con autismo, donde se centró en la programación de la adquisición de habilidades y en el tratamiento de problemas leves de conducta. La empresa para la que June trabaja ofrece servicios de intervención temprana, así como residenciales para adultos con problemas graves de conducta. June empieza a supervisar a una persona en proceso de certificación que trabaja en el programa residencial para adultos. A la supervisada se le asigna un nuevo cliente adulto que presenta altos niveles de autolesiones graves con la consecuencia de daños en los tejidos. El supervisado de June indica que le gustaría realizar un análisis funcional (AF, en inglés) para determinar la función de la conducta, pero la única formación de June sobre el análisis funcional consiste en leer algunos artículos en un curso de su máster. Ella confía en que la recopilación de datos descriptivos proporcionará la información necesaria sobre la función. June instruye al supervisado para que recoja datos descriptivos durante dos semanas y, tras revisar los datos, concluye que la autolesión se mantiene automáticamente y supervisa el desarrollo del plan de intervención. Para sorpresa de June, al mes de aplicar la intervención, la conducta del consumidor no sólo no se ha reducido, sino que ha aumentado en frecuencia e intensidad.

La situación de June, que es demasiado común, ilustra un mayor riesgo de daño al que pueden verse expuestos los clientes cuando los analistas de conducta supervisan un área que no se corresponde con su experiencia y formación. Este ejemplo podría haber tomado un cariz diferente si June hubiera reconocido que este caso estaba fuera de su competencia. De esta manera, podría haberlo tratado con su supervisor y haber identificado otras opciones, como transferir el caso y el supervisado a un clínico con experiencia en la evaluación y el tratamiento de conductas problemáticas graves.

Debe aclararse que un analista no está restringido para siempre a ejercer y supervisar en su área original. Éstos pueden acceder a la tutoría, supervisión y experiencia en nuevas áreas y con diferentes poblaciones. Existen algunas pruebas de que trabajar en distintas áreas, con orientación, podría incluso reforzar los repertorios de resolución de problemas (Trivette, 2005). LeBlanc, Heinicke y Baker (2012) ofrecen orientación sobre cómo desarrollar la competencia en nuevas áreas. Sugieren cuatro campos para el desarrollo: ponerse en contacto con la bibliografía relacionada con la nueva área de competencia; comprometerse con grupos profesionales en las áreas de práctica; buscar directamente entrenamiento y supervisión sobre los aspectos específicos relacionados con la nueva área; y, por último, identificar cualquier requisito particular de credenciales para ejercer en esa área. En el caso de June, debería haber rechazado la supervisión de este estudiante o haber buscado más apoyos, como los descritos por LeBlanc y sus colegas, para poder supervisar fuera de su área de competencia. De este modo, habría dotado a su estudiante de las competencias eficaces y el consumidor habría recibido un tratamiento adecuado y no habría sido objeto de más daños.

Volumen de supervisión

Los supervisores son responsables de moldear a los futuros analistas de conducta, lo que determinará, en gran parte, el curso de su trayectoria. Uno de los componentes clave de la intervención conductual es el énfasis cuantificación de la eficacia. Para tener un sentido ético como supervisor, es fundamental que los analistas de conducta reflexionen al asumir un volumen de actividades de supervisión que sea proporcional a su disponibilidad para realizar un trabajo que sea eficaz y de alta calidad. En otras palabras, el punto 5.02 se ocupa del número de supervisados de los que un analista acepta la responsabilidad. Que los analistas de conducta asuman un volumen de actividades de supervisión superior a su capacidad puede tener como consecuencia que no desarrollen habilidades adecuadas o que sean problemáticas con sus tutelados. Esto, a su vez, podría ser perjudicial para los clientes o para futuros supervisados, en caso de que la persona se convierta en supervisor.

¿Por qué iba un supervisor a hacerse cargo de un número de supervisados tal que se menoscabase la calidad de su rol? En muchos casos, podrían estar respondiendo a reforzadores negativos. Es decir, hay mucha gente que necesita ayuda y formación. Además, muchos analistas tienden a ayudar a todo el mundo para poner fin a la situación aversiva inducida por la petición de ayuda. No obstante, la respuesta ética es sólo supervisar a tantas personas como pueda encajar logística y técnicamente, manteniendo al mismo tiempo la eficacia de su acción tanto para los clientes como para supervisados. Hay situaciones menos loables. Puede haber un beneficio para los supervisores (reforzador positivo) o pueden recibir instrucciones de los empleadores para hacerse cargo de un número inadecuado de alumnos (contingencia coercitiva). Por último, el problema podría venir de un déficit de habilidades, como la falta de capacidad de organización y planificación.

A continuación, se aborda el caso de Daniela, quien trabaja en una ciudad de una región que cuenta con muy pocos analistas de conducta. Como en el resto del mundo, en su ciudad hay cada vez más niños con autismo que necesitan servicios eficaces. Daniela tuvo la suerte de terminar sus estudios universitarios y de posgrado en análisis de conducta y fue una de las primeras analistas certificadas de su región. También fue responsable de ayudar a poner en marcha un grupo afiliado a ABAI en su región y un centro de tratamiento. A lo largo de cinco años, animó a sus colegas a estudiar un posgrado para satisfacer las necesidades de su zona. Daniela tiene mucha energía, pero con el paso del tiempo, se comprometió con la supervisión de cada vez más personal y compañeros. Probó combinaciones de supervisión grupal, individual y por teleconferencia para gestionar eficazmente el volumen. Con el tiempo se encontró cancelando sesiones de supervisión, siendo incapaz de agendar las reuniones dentro de los marcos temporales exigidos por BACB y dedicando cada vez menos tiempo a observar realmente y dar su opinión sobre el desempeño de los supervisados. Empezó a tener una pésima reputación entre algunos proveedores de servicios y, finalmente, se le retiró la financiación a su centro debido a las acusaciones recibidas relativas al presunto abuso por parte del personal al que ella supervisaba a un niño de su centro.

El caso de Daniela demuestra un desafortunado efecto de un volumen de supervisión inadecuado. Cuando tenía un número adecuado de tutelados, era una profesional y supervisora eficaz. Sin embargo, a medida que aumentaba el volumen de alumnos, su eficacia empeoró. En última instancia, la sección 5.02 del Código Ético indica claramente que se debe adoptar un enfoque funcional a la hora de determinar el volumen de supervisados. En concreto, se indica a los supervisores que asuman únicamente el volumen de casos o tareas que permita ofrecer una supervisión eficaz y de alta calidad a los supervisados (Código de la BACB, 2014a, b).

En cuanto al ejemplo de Daniela, se podría haber evitado esta situación si se hubieran tomado medidas. En primer lugar, un programa claro que permitiera un tiempo de supervisión adecuado para cada estudiante, así como para sus otras responsabilidades clínicas (sin huecos en su agenda, no podía añadir supervisados); en segundo lugar, mecanismos de evaluación de la supervisión (ver la sección siguiente sobre evaluación para tener más detalles); y, por último, una comunidad que hubiese apoyado su desarrollo profesional como supervisora y líder local en ABA. Ellis y Glenn (1995), Lattal y Clark (2005) y Bailey y Burch (2010) ofrecen sugerencias para crear entornos que apoyen repertorios analítico-conductuales éticos y eficaces. Algunas de estas recomendaciones implican la creación de comunidades verbales continuas que revisen las normas y proporcionen retroalimentación, así como contar con compañeros de confianza que ayuden a resolver problemas a través de dilemas éticos. Si Daniela hubiera contado con estructuras organizacionales, retroalimentación procedente de evaluaciones y una comunidad profesional, probablemente habría tenido un desempeño diferente y habría podido continuar con su actividad.

Delegar la supervisión

La relación de supervisión se extiende a las tareas y cometidos que el supervisor asigna a los supervisados. Por lo tanto, corresponde al supervisor confirmar que el alumno posee el conjunto de aptitudes necesarias para llevar a cabo eficazmente una tarea determinada. Permitir que un supervisado lleve a cabo una tarea para la que no tiene las habilidades requeridas puede exponer al tutelado, a sus compañeros de trabajo y a los clientes a riesgos de seguridad o éticos (por ejemplo, aplicar una intervención de reducción de conductas podría provocar lesiones; abordar un tema crítico con una familia o con el personal podría dar lugar a infracciones éticas).

También forma parte de la responsabilidad del supervisor identificar una tarea o actividad que un alumno debería ser capaz de realizar, pero no puede (por falta de habilidad) para ser independiente y eficaz. Por tanto, es responsabilidad del supervisor identificar o crear una oportunidad para que el tutelado adquiera dicha habilidad. No asegurarse de que un supervisado adquiere las habilidades de forma segura y ética pone en riesgo de daño a futuros clientes y compañeros de trabajo. Además, no abordar esas necesidades puede modelar para el tutelado lo que es aceptable hacer cuando asuma el papel de supervisor en un futuro.

Se analiza ahora el caso de Miguel que tiene un equipo de técnicos registrados que trabajan bajo su supervisión en un centro residencial comunitario. Es el analista de conducta responsable de la programación y supervisión de cinco jóvenes discapacitados que viven en un hogar vigilado. Una de las supervisadas, Carmen, trabaja en ese hogar desde hace varios meses. Pasó por la formación inicial de técnico, alcanzando los criterios de dominio rápidamente y superando las expectativas. Realiza muy bien todas las tareas que se le asignan. Miguel anima a Carmen a obtener la certificación de analista de conducta. La institución en la que trabaja Miguel abre una nueva sede y, como su tiempo está más repartido, empieza a pedir a Carmen que asuma más responsabilidades. A los padres de uno de los jóvenes les gustaría que fuera a casa para las visitas de fin de semana y solicitan formación para aprender cómo manejar su conducta desafiante. Miguel pide a Carmen que forme a los padres. Ella les da una copia del plan de gestión de la conducta y describe los procedimientos. El joven vuelve a casa y ataca a su hermana pequeña, dejándola en el hospital con múltiples heridas.

Carmen no había recibido una formación para hacer frente a problemas de conducta en múltiples entornos, y la función del técnico es solo la de ayudar con la aplicación de intervenciones, no realizar formación de padres. Además, Carmen no había recibido instrucción sobre cómo aplicar esa formación de manera eficaz, decirle a un padre lo que tiene que hacer no es lo mismo que un curso de formación. Aunque Carmen desempeñó bien su papel de técnico, la formación a los padres del joven estaba fuera del alcance de sus capacidades y responsabilidades, y no se debería haber delegado en ella.

Una de las mejores formas de prevenir estas dificultades éticas en la supervisión es contar con descripciones claras tanto de las responsabilidades como de las actividades que quedan restringidas por razón de rol. De este modo, todas las partes tienen claro qué tareas y actividades están permitidas. En este caso, la función de técnico es relativamente nueva y tiene responsabilidades clínicas restringidas que se especifican en la página web de BACB. Enumerar las tareas, así como las acciones permitidas y restringidas puede tener dos ventajas directas. En primer lugar, permite al supervisor mantener una conversación con el supervisado sobre las implicaciones prácticas y éticas de una formación y preparación adecuadas. En segundo lugar, puede proporcionar al tutelado una comprensión de cuáles podrían ser los requisitos laborales para el siguiente nivel de su desarrollo profesional.

Diseñar una supervisión y formación eficaces

Utilizar los principios del análisis de conducta para diseñar una supervisión y formación eficaces basadas en la evidencia es la mejor práctica y aumenta la probabilidad de lograr unos resultados óptimos. Hacerlo también garantiza que se modele una supervisión de alta calidad para los supervisados. No modelar el uso de una supervisión y formación eficaces puede tener como consecuencia que los tutelados ofrezcan en el futuro una supervisión mal diseñada, ineficaz o coercitiva cuando ejerzan como supervisores.

Hay dos puntos clave que deben comprenderse a la hora de diseñar programas eficaces para analistas de conducta. En primer lugar, existen requisitos disciplinarios que describen las características de una supervisión eficaz, basada en la evidencia y fundamentada en el conocimiento de principios básicos. Estos requisitos implican el uso de métodos eficaces y éticos que cumplan objetivos definidos, así como los preceptos profesionales y legales. En segundo lugar, la supervisión, al igual que la intervención, tiene una base en la evidencia resultante de la investigación y el supervisor tiene la responsabilidad de mantenerse al día de estos avances. Es decir, se desarrollarán y evaluarán nuevos procedimientos que contribuirán al cuerpo científico de la disciplina y deberá leer regularmente esta literatura de investigación e incorporarla a la supervisión. Carr y Briggs (2010) ofrecen una serie de recomendaciones para no alejarse de la lectura. En el nivel más básico, el supervisor debe tener acceso a revistas que publiquen investigaciones sobre métodos eficaces para enseñar a producir cambios de conducta. La selección minuciosa y accesibilidad de dicho material (por ejemplo, usando marcadores, alertas, agregadores, lectura de revistas y clubes de debate) son los mejores medios para que el supervisor esté actualizado.

A continuación, mostramos otros dos ejemplos, uno relativo a los procedimientos eficaces de formación y otro a las faltas éticas. Jamal era un analista de conducta que llevaba cinco años ejerciendo y un año como supervisor. Era responsable de la supervisión del personal de un programa de intervención temprana. Su práctica habitual consistía en realizar evaluaciones, tomar medidas de líneabase, diseñar y aplicar él mismo el protocolo general de enseñanza y, a continuación, formar al personal mediante cursos en habilidades conductuales. El modelado era un componente importante, ya que el momento y la selección de reforzadores eran fundamentales para la buena marcha de los procedimientos. Jamal debía supervisar a Lucía, una mujer que tenía veinte años más que él y que se presentaba como poseedora de muchos conocimientos sobre el tema. Jamal se sintió incómodo y cohibido al modelar para una persona mayor que parecía saber lo que hacía. Le dio los protocolos sin el componente de modelado de la formación. Los datos de los niños a los que atendió sugerían que no aplicaba los procedimientos correctamente y los niños progresaban muy poco. Independientemente de la confianza de Lucía en sus habilidades, Jamal debería haber proporcionado el modelado como parte del paquete inicial de formación. Como mínimo, debería haberla observado tras la formación y haberle proporcionado un seguimiento y modelado en cuanto hubiera quedado claro que los procedimientos no se aplicaban correctamente.

El segundo ejemplo se centra en Roberto, que era también un analista de conducta certificado que supervisaba en un centro que atendía a personas con lesiones cerebrales traumáticas. Las instalaciones estaban ubicadas en varias localidades. En algunos centros se exigía la certificación de los profesionales especializados en traumatismos cerebrales, mientras que otros no permitían la práctica bajo el título profesional de analista de conducta. Roberto cumplía los requisitos exigidos por todos los centros, ya que era tanto analista de conducta como trabajador social de rehabilitación. Sus tutelados, sin embargo, no cumplían los requisitos para obtener la certificación, y facturaban y ejercían como analistas. Él permitió que esta práctica continuara. Se trataba de un problema de cumplimiento de los requisitos locales y Roberto estaba permitiendo a sabiendas que sus supervisados cometieran un posible fraude. Aunque supervisaba la práctica de una manera muy eficaz, y su personal demostraba un uso apropiado y competente de las técnicas que producían efectos favorables, esto constituía un incumplimiento ético de la sección 5.04. Roberto no debería haber permitido que el personal trabajara y facturara como analistas.

Comunicación de las condiciones de supervisión

BACB exige a los supervisores que proporcionen al supervisado un desglose por escrito de las condiciones de supervisión al comienzo de la relación profesional. Proporcionar descripciones del alcance y contenido de la supervisión permite que ambas partes lleguen a un acuerdo previo a la actividad de supervisión. Esta descripción garantiza que cada persona comprende los requisitos de la relación de supervisión (por ejemplo, el tiempo, el contenido que debe cubrirse, la determinación del dominio de habilidades y conceptos, las condiciones en las que un supervisor puede negarse a firmar un formulario de supervisión, etc.) y probablemente reducirá futuros malentendidos. Hacer una revisión reflexiva y minuciosa de la relación de supervisión es una de las primeras actividades que el analista de conducta debe de realizar para el supervisado.

Entrar en una relación de supervisión sin dejar claras las expectativas desde el principio puede dar lugar a un desajuste entre las percepciones del supervisado y del supervisor sobre aspectos como el propósito y el alcance de la relación. Esto podría dar lugar a confusiones y disputas sobre qué actividades y tareas es apropiado que las partes esperen la una de la otra, o si se ha cumplido una tarea o un área de contenido. Es posible que estas cuestiones lleven a que un supervisor se niegue a firmar los formularios de supervisión y a que un tutelado pierda horas de experiencia. Los analistas pueden acceder a artículos con normas específicas para la supervisión que ofrecen recomendaciones con el fin de estructurarla correctamente (Sellers, Valentino y LeBlanc, en 2016; Turner, Fisher y Luiselli, 2016).

Para ilustrar algunos de los posibles problemas derivados de no comunicar con claridad las condiciones de la supervisión, se verá a continuación el caso de Teo y Sara. Sara es una analista de conducta certificada con cuatro años de experiencia supervisando a personas que acumulan experiencia de trabajo de campo. Supervisa a Teo, que trabaja en un aula de educación especial. Toma notas al final de cada reunión de supervisión y supone que Teo hace lo mismo. Pasa varias reuniones de supervisión tratando las dimensiones del análisis aplicado de conducta con Teo, pero basándose en sus notas, determina que este no domina los conceptos. En la siguiente reunión de supervisión, le dice a Teo que no firmará sus formularios de supervisión hasta que domine estos conceptos. Este queda confundido, ya que no tenía ni idea de que ella iba a abstenerse de firmar en tal caso ni conocía como Sara estaba midiendo su desempeño. Teo presenta una queja ante BACB por una posible infracción del Código 5.07.

En el caso de Sara, la cuestión no es que tuviera ciertas normas de rendimiento o que quisiera negarse a firmar las horas, la cuestión es que no trató claramente con Teo las expectativas de rendimiento y las condiciones en las que podría negarse a dar su firma. Esto podría haberse evitado si se hubiera tomado el tiempo necesario para delinear y revisar los componentes críticos. Los analistas de conducta deben utilizar las herramientas y estrategias que proporciona la ciencia en todas las facetas de la actividad profesional. Tomando prestado de la literatura sobre la formación en conductas, los supervisores deberían aplicar los dos primeros pasos de un entrenamiento en habilidades conductuales (descripción y resumen escrito) al inicio de la relación de supervisión para indicar claramente el alcance de las actividades de supervisión (Parsons, Rollyson, & Reid, 2012).

Dar *feedback* a los supervisados

Dado que el objetivo de la experiencia de supervisión es adquirir conocimientos y habilidades, las opiniones positivas y correctivas son componentes esenciales de tal proceso. El supervisor debe diseñar sistemas que utilicen los principios del análisis aplicado de conducta para garantizar que se obtienen los resultados deseados (es decir, el moldeamiento y la adquisición de habilidades hasta un determinado criterio). No utilizar esos comentarios y reforzadores eficaces puede tener como consecuencia que el supervisado no adquiera una habilidad o adquiera habilidades ineficaces, defectuosas o potencialmente perjudiciales. Además, si se modelan sistemas de retroalimentación y reforzadores deficientes para el tutelado, éste puede emplear los mismos métodos una vez que se convierta en supervisor.

Dado que la conducta se moldea con mayor eficacia cuando las consecuencias siguen de cerca a la conducta relevante, los supervisores deben diseñar sistemas que permitan la entrega de reforzadores y feedback correctivo de manera oportuna. Esto aumenta la probabilidad de que se produzca el cambio deseado en el rendimiento del supervisado y modela una conducta eficaz de supervisión. Dado que el supervisor es responsable de dar el visto bueno, o no darlo, a las horas de experiencia, debe recopilar datos para documentar las áreas cubiertas, las habilidades adquiridas, las carencias, las críticas y otra información relevante. El hecho de que un supervisor no documente los progresos o la crítica constructiva proporcionada al supervisado le impide evaluar los datos y utilizarlos para tomar decisiones sobre las actividades de supervisión. La falta de documentación también puede dar lugar a futuras disputas en caso de que el supervisor se niegue a firmar un formulario o decida interrumpir la relación. Los analistas pueden acceder a la literatura específica sobre reforzamiento para obtener más orientación (Bailey & Burch, 2010; Lattal, 2012; Reid et al., 2012; Turner et al., 2016).

En este apartado, se tratará el caso de Jack, un analista de conducta con dos años de experiencia en la supervisión de personal clínico en un centro para niños con autismo. Jack realiza observaciones *in situ* de sus supervisados, así como reuniones en el despacho. Durante las observaciones, mira en silencio y no toma notas, ya que no quiere intimidar a los tutelados. Es muy agradable en sus interacciones y en las reuniones suele elogiar a nivel general. Pero apenas hace ninguna crítica u opinión evaluativa o correctiva, a pesar de que cada uno de sus supervisados tiene al menos un área que le preocupa significativamente. Cuando Jack sí lo hace es durante las reuniones en su despacho, hasta una semana después de que se produjera la observación, y los presenta como "algo en lo que considerar trabajar". Como consecuencia, sus alumnos perciben que lo están haciendo muy bien y no realizan una autoevaluación crítica. Algunos de ellos que eran tutelados conjuntamente por una analista, que era más directa y oportuna con sus comentarios, han pedido ser supervisados solamente por Jack. Otro alumno de Jack demostró problemas de rendimiento significativos y constantes que tuvieron como consecuencia el estancamiento de varios clientes. Cuando Jack proporcionó una evaluación de rendimiento desfavorable para uno de sus supervisados, se enfadó mucho, afirmando que él no había abordado las preocupaciones ni le había proporcionado documentación.

El caso de Jack pone de relieve varios riesgos posibles asociados a los sistemas deficientes de retroalimentación y reforzador. Por un lado, elogiar de forma general puede hacer que un supervisado se sienta cómodo, pero no moldea los programas deseados. Hacerlo también podría dar lugar a una falsa sensación de competencia y a una incapacidad para evaluar los puntos fuertes y carencias. Por otra parte, no proporcionar comentarios oportunos y específicos sobre los problemas de rendimiento puede tener como consecuencia el desarrollo de habilidades insuficientes y repercutir negativamente en el progreso de los clientes.

Evaluación de los efectos de la supervisión

Es necesario que los supervisores evalúen la eficacia de la supervisión proporcionada para que él o ella pueda tomar decisiones basadas en datos relacionados con la continuación de las actividades de supervisión o la realización de modificaciones para mejorar la eficacia. La supervisión se evalúa en tres niveles diferentes: rendimiento del consumidor, del personal y del supervisor. El supervisor debe ser capaz de evaluar si las actividades son eficaces para establecer una relación de supervisión satisfactoria (es decir, el tutelado asiste regularmente a las reuniones, completa las tareas, busca críticas y orientación del supervisor, realiza cambios en su conducta basándose en las opiniones del supervisor), aumentar los conocimientos, las habilidades y la eficacia del supervisado en las áreas que conciernen al alumno (es decir, los consumidores progresan, el personal aplica con fidelidad) y establecer una relación entre las prácticas de supervisión y el rendimiento de los consumidores y del personal. Si es necesario hacer cambios, el supervisor debe evaluar si esos cambios fueron eficaces para producir los efectos deseados. Al evaluar la eficacia y los resultados de la supervisión del analista de conducta, éste modela prácticas de supervisión basadas en la evidencia y toma de decisiones basadas en datos.

Si el tutor no evalúa la eficacia de la supervisión, se plantean tres riesgos. En primer lugar, el profesional podría estar proporcionando una supervisión eficaz, pero sin evaluar sus resultados, lo que podría reducir la capacidad del supervisor para reproducir esos efectos con los alumnos que vengan después. En segundo lugar, el tutor podría seguir proporcionando una supervisión ineficaz, lo que aumenta los riesgos para los clientes de ahora y futuros, además de que el tutelado pueda emular las prácticas de supervisión ineficaces en el futuro. En tercer lugar, el supervisor podría, sin saberlo, proporcionar una supervisión perjudicial, perjudicando así al tutelado y potencialmente a los clientes, así como los riesgos futuros enumerados en el segundo punto.

Evaluar críticamente los resultados de la supervisión es quizá una de las áreas más difíciles de las responsabilidades del supervisor. Dedicar tiempo y los sistemas necesarios para evaluar el rendimiento de los consumidores, supervisados y supervisores, y determinar con precisión si las barreras residen en la conducta del supervisor puede suponer un gran esfuerzo y requiere la voluntad de dedicarse a la autorreflexión. A veces, puede resultar difícil evaluar la relación funcional entre la conducta de un supervisor, y el rendimiento del consumidor y del personal. El esquema del plan de estudios del supervisor de BACB recomienda un enfoque múltiple con diversas fuentes de datos que incluyan medidas de los objetivos de rendimiento, así como de validez social en cada uno de los tres niveles (BACB, Plan de estudios del supervisor, 2012). Los sistemas de datos para la conducta del consumidor están bien establecidos, ya que se trata de una piedra angular de la práctica analítico-conductual (Greenwood y McConnell, 2013; Taubman, Leaf y McEachin, 2011), y los sistemas para observar la conducta del personal también gozan de una sólida bibliografía (Greenwood, Carta, Arreaga-Mayer y Rager, 1991; Quilitch, 1975; Weinkauf, Zueg, Anderson y Ala'i-Rosales, 2011). Las recomendaciones y los recursos para medir la conducta supervisora han aumentado en los últimos años (Harchick, Sherman, Sheldon, & Strouse, 1992; Reid et al., 2012; Sellers et al., 2016; Turner et al., 2016). Todos estos recursos proporcionan ejemplos de procedimientos, definiciones operativas y protocolos. Algunos, como el recurso de Greenwood et al. (1991), son libros que proporcionan ejemplos de varios niveles para la evaluación. Otros, como Turner et al. (2016), proporcionan formularios de evaluación de supervisores descargables. Por último, grupos experimentados como Sellers et al. (2016) ofrecen recomendaciones para evaluaciones de varios niveles que incluyen medidas de adquisición del consumidor, y protocolos de retroalimentación y encuestas. Hay muchas formas de evaluar las conductas y los ambientes de los consumidores, supervisados y supervisores. Se trata de un proceso complejo, pero afortunadamente los supervisores pueden recurrir a estos y muchos otros recursos en busca de orientación.

Para ilustrar las complejidades de este proceso, se repasará el caso de Xuan. Contrató a una escuela pública para supervisar al personal y controlar la programación en un aula autónoma de educación especial. Xuan impartía formación, pero no medía el rendimiento ni tenía indicadores de dominio. Sí realizó observaciones periódicas del personal utilizando listas de comprobación de la fidelidad de tratamiento y realizó comentarios específicos sobre el rendimiento en un lugar destacado del aula. Los datos de fidelidad de tratamiento fueron inicialmente bajos, pero con el tiempo aumentaron. En ningún momento solicitó la opinión del equipo sobre la eficacia o la calidad de la supervisión que estaba realizando. Por eso mismo, fue un shock para Xuan cuando el director se reunió con ella para revocarle el contrato, explicándole que el personal consideraba que no estaba prestando servicios de alta calidad. Señalaron que se sentían avergonzados por los datos de fidelidad de tratamiento que se publicaron sin previo aviso y que, cuando se dirigieron a Xuan, ésta les dijo que sólo tenían que prestar más atención durante la formación. Pensaban que la única razón por la que sus datos de fidelidad de tratamiento aumentaron fue porque buscaron apoyo externo y se quedaron después de clase para practicar entre ellos y dominar las habilidades. Como Xuan no recogía medidas de rendimiento durante la formación, era imposible para ella, o para un evaluador externo, determinar si los alumnos estaban adquiriendo las habilidades. Además, como no recabó ninguna opinión sobre la conveniencia y el impacto de la supervisión, no tenía ni idea de si al alumnado no le gustaba que se hicieran públicas sus opiniones, consideraba que la formación era inadecuada o dedicaba más tiempo a conseguir una formación eficaz.

La situación de Xuan pone de relieve la necesidad de que los analistas de conducta presten más atención a sus prácticas de supervisión, midan sus efectos y los evalúen. Además de tomar medidas del rendimiento de las clases y los alumnos, los supervisores deben encontrar otras formas de evaluar los efectos de la supervisión, como pedir directamente opiniones o utilizar encuestas. Si Xuan hubiera solicitado opiniones y supervisado el alumnado y su conducta durante el proceso de supervisión, los resultados podrían haber sido diferentes. Existen numerosas directrices y ejemplos a los que Xuan podría haber recurrido en busca de apoyo, empezando por el *BACB Supervisory Curriculum Outline,* que describe los componentes críticos de una supervisión eficaz (BACB, *Supervisor's Curriculum*, 2012) y textos que contienen sistemas de datos para la evaluación a muchos niveles (Reid et al., 2012). Además, Xuan podría haber accedido al artículo de Turner et al. (2016) y haber utilizado el formulario de evaluación con el fin de que los alumnos calificaran la conducta del supervisor y el contenido de las actividades.

La evaluación en cada nivel permite responsabilizar a la supervisión. Es decir, si existen evidencias que se pueden medir de que el alumno está progresando, está actuando con competencia y fidelidad, y la supervisión se está llevando a cabo de una manera basada en la evidencia, valorada socialmente y eficaz, entonces el analista de conducta trabaja dentro de los límites éticos de los requisitos de supervisión de BACB. Asimismo, la evaluación es el mecanismo para asegurar que se cumplen los objetivos de la supervisión porque se prestan servicios de alta calidad que tienen como consecuencia la mejora del cliente y que cuenta con el apoyo del supervisor para producir estos resultados.

Conclusión

El Código de BACB para analistas de conducta proporciona al supervisor un apartado entero en el que se describen los requisitos destinados a garantizar que los analistas realicen una supervisión ética. Estas normas pretenden ejercer un control sobre la conducta del supervisor y de los tutelados. Es posible que el seguimiento de reglas mejore cuando la persona que las sigue sea consciente de los efectos positivos de hacerlo, así como de los posibles efectos negativos que se evitarán. Mientras que el código proporciona expectativas sobre la conducta deseada, está fuera del alcance de un documento de este tipo incluir fundamentos, ejemplos y recursos avanzados.

El fin de este documento ha sido explorar algunos de los matices inherentes a cada apartado del código de supervisión con la intención de justificar los códigos para promover el análisis crítico. Otro objetivo de este trabajo ha sido el de proporcionar al supervisor de analistas de conducta en formación algunas directrices y recursos para mantener y mejorar sus programas de supervisión. Como parte de la supervisión, los supervisores no deben solo esforzarse para garantizar la familiaridad con el Código Ético por parte de sus supervisados, sino también participar en análisis y conversaciones reflexivas con los supervisados.

8 FORMACIÓN CON DILEMAS ÉTICOS PARA EL DESARROLLO DE HABILIDADES DE SUPERVISIÓN PROFESIONAL[1]

Jessica L. Piazza | Jill Hickey | Justin B. Leaf | Mary Jane Weiss | Matthew T. Brodhead

Resumen

Una formación de calidad para las personas que quieran conseguir una certificación como analistas de conducta es fundamental. Es esencial que los estudiantes y profesionales en formación sean competentes a la hora de aplicar intervenciones, al tiempo que reciben una práctica exhaustiva en las habilidades necesarias que apoyen su futura eficacia como supervisores de servicios analítico conductuales. La inclusión de paquetes de formación que sean eficaces y estén integrados en las prácticas universitarias es crucial para desarrollar un sólido programa de supervisión. Además, incorporar formación sobre habilidades complejas, como proporcionar un marco para interpretar escenarios éticos, es importante para que los estudiantes aprendan de manera práctica los aspectos éticos relevantes a su futura actividad como analistas y supervisores. Este estudio evalúa la eficacia del

[1] Piazza, J. L., Hickey, J., Leaf, J. B., Weiss, M. J., & Brodhead, M. T. (2023). Implementing a training package to instruct trainees in the assessment of ethical scenarios: Building supervisory repertoires. *Behavior Analysis in Practice.* https://doi.org/10.1007/s40617-023-00802-3

uso de la enseñanza en habilidades conductuales para instruir a distancia a nueve estudiantes, que se preparaban para obtener una certificación como analistas de conducta, que usarán, en el contexto de este estudio, para formar a terceros en la evaluación de escenarios éticos. Los nueve participantes cumplieron los criterios de adquisición de la habilidad y mantuvieron su nivel de competencia a lo largo del tiempo. Estos resultados apoyan que el uso de paquetes de formación puede utilizarse para instruir a estudiantes en competencias complejas, como la evaluación de escenarios éticos.

Las personas que quieren alcanzar una certificación dentro del análisis de conducta requieren una formación específica para cumplir con las competencias necesarias para trabajar como clínico y supervisor en este ámbito (Turner et al., 2016). En la literatura empírica se han esbozado guías de buenas prácticas a la hora de realizar y diseñar actividades de supervisión (Garza et al., 2018; Sellers et al., 2016a; Sellers et al., 2016b; Sellers et al., 2019; Shook et al., 2002; Turner et al., 2016; Valentino et al., 2016).

Muchos autores han recomendado proporcionar una formación basada en la adquisición de competencias cuando se supervisa a estudiantes (Sellers et al., 2016b; Shook et al., 2002; Turner et al., 2016). Entre los métodos eficaces de formación basada en competencias para el personal y los supervisados se incluyen el videomodelado (Catania et al., 2009; Mitteer et al., 2020), por ordenador (Mailey et al., 2020; Nosik & Williams 2011), el procedimiento de interacción docente (Green et al., 2019; Harchik et al., 1992) y el entrenamiento en habilidades conductuales (Parsons et al., 2012; Sarokoff & Sturmey, 2004). El entrenamiento en habilidades conductuales es un paquete de uso común que ha demostrado repetidamente su eficacia con muy diversas habilidades. Algunas áreas en las que se ha utilizado con resultados positivos para formar al personal son el sistema de comunicación de intercambio de imágenes (Homlitas et al., 2014; Rosales et al., 2009), la enseñanza de ensayos discretos (Clayton & Headly, 2019; Sarokoff & Sturmey, 2004), la aplicación de planes conductuales de intervención (Hogan et al., 2015), las evaluaciones de preferencias (Lavie & Sturmey, 2002) y los procedimientos para dar ayudas (Parsons et al., 2013). Este paquete de formación se ha aplicado tanto con una individualizada (Homlitas et al., 2014; Sarokoff & Sturmey, 2004) como grupal (Erath et al., 2020; Parsons et al., 2012).

A medida que los servicios analítico-conductuales siguen ampliándose, la formación presencial no siempre es factible. Garantizar que los paquetes de formación basados en competencias puedan aplicarse a distancia con fidelidad es un área que requiere de continua investigación. En el caso del entrenamiento en habilidades conductuales, este se ha aplicado a distancia con resultados favorables (Fisher et al., 2014; Rios et al., 2020). Rios et al. (2020) lo usaron para formar a 10 profesionales, que o bien estaban certificados como BCBA o bien querían alcanzar la certificación, para la realización de análisis funcionales utilizando un diseño de línea-base múltiple no concurrente. El investigador se encontraba en un centro universitario y los participantes recibieron la formación a distancia desde sus centros individuales. Los resultados del estudio indicaron que todos los participantes cumplieron los criterios de dominio en la formación y 8 de cada 10 mantuvieron los criterios de dominio durante las sesiones de preevaluación y posevaluación.

Debido a la eficacia de esa formación, es importante que lo utilicen los supervisores, así como que se enseñe a los estudiantes a aplicarlo. Un ejemplo es el que se conoce comúnmente como enfoque piramidal del entrenamiento, que incluye a un profesional que forma a un individuo o grupo de individuos que pasan a apoyar a personal adicional. Parsons et al. (2013) utilizaron el entrenamiento en habilidades conductuales dentro de un enfoque piramidal para entrenar a un grupo de profesionales en la aplicación de este mismo procedimiento. El estudio enseñó habilidades analítico-conductuales utilizando un diseño de sondeo múltiple. Los resultados indicaron que los diez miembros del personal fueron capaces de aumentar su rendimiento a la hora de aplicar entrenamiento en habilidades conductuales, y ocho de los diez obtuvieron una puntuación del 100% en todas las medidas de post-entrenamiento. Parsons et al. (2013) demostraron cómo esa formación podía aplicarse de forma práctica en un entorno en el que varios miembros del personal la requerían. Aunque esa práctica ha demostrado su eficacia en la literatura para diversas habilidades, se necesita una mayor expansión de su base empírica con contenidos diversos que constituyan componentes integrales dentro del repertorio de un analista de conducta. Así, podremos determinar si el entrenamiento en habilidades conductuales funciona para un tema en particular en el que dicha estrategia no ha sido evaluada o lo ha sido mínimamente. El manejo adecuado de los dilemas éticos supone un conjunto de habilidades críticas que los analistas profesionales deben adquirir a través de actividades de formación específicas. La importancia de la conducta ética ha sido el centro de atención durante muchas décadas junto con la preservación de la dignidad de las personas atendidas por los analistas (Bailey y Burch, 2016; Bannerman et al., 1990; Van Houten et al., 1988), lo que llevó a dar una mayor importancia a las normas de intervención analítico-conductual. A medida que las personas se preparan para convertirse en supervisores, se recomienda que sean capaces de evaluar con fluidez las situaciones éticas para que puedan formar y guiar a los futuros estudiantes a través de los dilemas éticos que surjan. Sellers et al. (2016b) señalaron que era fundamental que las personas en formación en aras a la certificación profesional analizaran con fluidez diversas situaciones éticas para fortalecer su proceso de toma de decisiones. Brodhead y Higbee (2012) también recomendaron que los supervisores ofrecieran oportunidades frecuentes para que los estudiantes participaran en actividades en las que se trataran y analizaran dilemas éticos. Ha habido diversas recomendaciones para evaluar situaciones éticas dentro de la literatura analítico-conductual. Bailey y Burch (2016) recomendaron un modelo de toma de decisiones en siete pasos para evaluar situaciones éticas complejas. Rosenberg y Schwartz (2018) también proporcionan un proceso general de toma de decisiones, en este caso de seis pasos. Brodhead (2015) presentó un modelo para evaluar las intervenciones no analítico-conductuales que se recomiendan a los clientes dentro de un equipo multidisciplinar. Newhouse-Oisten et al. (2017) describieron un sistema para tomar decisiones en grupos interdisciplinares con profesionales médicos que prescribían tratamientos farmacológicos. Por último, el Código Ético de BACB también ofrece una orientación a los profesionales sobre la aplicación de ese código a la hora de evaluar las situaciones éticas que surjan (BACB, 2020). Cada uno de estos procesos proporciona a los profesionales una pauta para evaluar situaciones éticas y destaca sus componentes esenciales. Pero puede resultar difícil para los profesionales que acaban de empezar el integrar estas recomendaciones al evaluar una situación sin una formación explícitas sobre el tema. Bowman y Weiss (2022) utilizaron recientemente el entrenamiento en habilidades conductuales para enseñar a estudiantes de posgrado a traducir tratamientos no conductuales a terminología y procedimientos analítico-conductuales.

El entrenamiento en habilidades conductuales ha demostrado su eficacia para muchas aplicaciones de las intervenciones analítico-conductuales, pero cuando se extiende al tema de la ética surgen complejidades. Por ejemplo, Cox (2021) detalla los retos que se plantean al estudiar cuestiones ética, como controlar las variables independientes, enfrentarse a la elección de todas las opciones disponibles y la variabilidad de las decisiones seleccionadas debido a las contingencias cambiantes. Ampliar la evaluación del enfoque piramidal mediante el entrenamiento en habilidades conductuales a la evaluación de los escenarios éticos es importante para hacer frente a estos retos y garantizar que los supervisores tienen a su disposición métodos eficaces al incorporar contenido ético a sus programas de formación.

Dada la importancia de instruir a los supervisados en la toma de decisiones éticas (Sellers et al., 2016b; Brodhead & Higbee, 2012) y la eficacia del entrenamiento en habilidades conductuales piramidal (Parsons et al., 2013), el propósito de este estudio fue utilizar el entrenamiento en habilidades conductuales para instruir a un supervisor y a un ayudante para que utilicen una lista de verificación que combine elementos de los modelos de toma de decisiones sugeridos al evaluar escenarios éticos. Los autores se propusieron responder a la siguiente pregunta de investigación: ¿Puede aplicarse el entrenamiento en habilidades conductuales piramidal y a distancia para instruir a los clínicos en la valoración de escenarios éticos? Como cuestiones de investigación secundarias se valoró la eficacia y la satisfacción del consumidor asociadas a este enfoque.

Métodos

Participantes

Los participantes en el estudio se reclutaron a través de anuncios generales publicados en cursos de máster. Este estudio incluyó a nueve participantes que estaban matriculados en cursos para obtener un máster en ABA o los necesarios para conseguir la certificación BCBA. Los participantes debían haber realizado el curso de ética requerido para ser incluidos en el estudio. Esto garantizaba que todos los estudiantes tenían unos conocimientos previos mínimos sobre ética del análisis de conducta. Por último, todos los participantes debían obtener una puntuación inferior al 70% en los sondeos previos y posteriores a la evaluación durante la prueba preliminar para ser incluidos en el estudio. Cada uno de los nueve participantes reclutados obtuvo una puntuación por debajo del 70% en los sondeos durante la prueba, por lo que este criterio no excluyó a ninguno de los participantes iniciales.

Los participantes fueron asignados a tres grupos en función de su inscripción, con tres participantes por grupo. Ocho participantes se encontraban en diversas regiones de EEUU. Una participante,

Luna, estaba ubicada fuera de EEUU. Los datos demográficos de los participantes se presentan en la Tabla 1. Esto incluye el grupo en el que se encontraba el participante, el nombre al que se hace referencia en el manuscrito, el género, la edad, la titulación actual, la titulación que buscaba el participante y los años de experiencia que tenía cada participante dentro de la profesión del análisis de conducta. Cabe señalar que los géneros incluidos en la tabla reflejan las identidades de género proporcionadas por los participantes. El rango de edad de los participantes oscilaba entre los 23 y los 61 años. Seis participantes tenían una licenciatura como título actual. Roberta tenía un máster en educación y Halley un máster en trabajo social.

Durante las sesiones de líneabase y de mantenimiento se utilizó al individuo formado por el participante (llamado aquí ayudante o asociado). También se le incluyó en los modelos de vídeo mostrados durante la formación. Otro miembro del equipo (la segunda autora), era una mujer que estaba matriculada en un programa de doctorado en análisis aplicado de conducta. Llevaba trabajando en la profesión aproximadamente 20 años antes de participar en el estudio. Antes de su inicio, se impartió unas prácticas sobre cómo responder a los participantes a lo largo del estudio. Esta formación incluía proporcionar a la participante las respuestas para cada uno de los puntos de la lista de comprobación para que las utilizara durante el paso de ensayo del entrenamiento en habilidades conductuales. También se le instruyó para que respondiera a cualquier pregunta de los participantes con la mayor naturalidad posible, para que se abstuviera de dar ayudas para las respuestas correctas y para que repasara secciones específicas de la lista de control cuando el participante le pidiera que ensayara el uso de la lista de control.

Entorno y materiales

El estudio se realizó a distancia utilizando la plataforma segura de videoconferencia Zoom para todas las sesiones. Se pidió a cada participante que utilizara un ordenador portátil o de sobremesa, y que estuviera en un lugar con un mínimo de distracciones o ruidos mientras participaba en las sesiones. El investigador y el participante también se encontraban en salas privadas y libres de distracciones utilizando uno de los dos dispositivos mencionados anteriormente. Antes de cada sesión, se envió por correo electrónico a cada participante una copia de una lista de comprobación para evaluar un escenario ético (que se describe con más detalle a continuación) y el Código de Cumplimiento Profesional y Ético (BACB, 2014). En el correo, se detallaba que el participante podía utilizar los anexos durante la sesión. Durante las sesiones de investigación, el investigador utilizó la función "compartir pantalla" para que los materiales también fueran visibles para el participante en la investigación. Cada sesión se grabó y se guardó en una carpeta segura, protegida con contraseña, en un dispositivo de almacenamiento portátil, y que luego se guardó en un armario cerrado con llave.

Diseño experimental

Se empleó una tríada de líneabase múltiple no concurrente de tres niveles en todos los participantes. Los participantes tenían duraciones escalonadas dentro de las condiciones de la líneabase, y luego pasaban a la formación en función de la respuesta estable en la prueba preliminar. El diseño no concurrente demuestra el control experimental a través de la respuesta de los impactos del tratamiento demostrados por la aplicación de la variable independiente tras líneas de base estables de duraciones variables, pero también proporciona flexibilidad de plazos dentro del diseño para el contexto aplicado del estudio (Watson y Workman, 1981). Se realizaron tres líneas de base múltiples separadas para evaluar si dicha formación era la variable que demostraba repetidamente un cambio en el nivel de porcentaje correcto y que el cambio no se veía afectado por el tema del escenario o por un escenario concreto en sí.

Tabla 1 Características sociodemográficas de los participantes

GRUPO	NOMBRE	GÉNERO	EDAD	GRADO ACTUAL	GRADO EN CURSO	AÑOS DE EJERCICIO EN ABA
A	Michael	Hombre	33	Bachelor	Master	3
A	Nena	Mujer	28	Bachelor	Master	4.5
A	Donna	Mujer	24	Bachelor	Master	1.5
B	Roberta	Mujer	33	Master	Cursos	8
B	Ella	Mujer	24	Bachelor	Master	5
B	Olivia	Mujer	61	Bachelor	Master	5
C	Luna	Mujer	32	Bachelor	Master	8
C	Stevie	Mujer	23	Bachelor	Master	1
C	Halley	Mujer	31	Bachelor	Master	0

Variables dependientes

Porcentaje correcto de pasos del entrenamiento en habilidades conductuales durante los sondeos previos y posteriores a la evaluación

La variable dependiente principal fue el porcentaje de pasos del entrenamiento en habilidades conductuales realizados correctamente durante los sondeos previos y posteriores a la evaluación (descritos a continuación). El participante fue evaluado en 56 pasos diferentes, que se representan en la Tabla 2. Los 56 pasos se dividieron en cuatro componentes principales: instrucciones, modelado, ensayo y retroalimentación.

El primer componente en el que el investigador evaluó a la participante fue la entrega de instrucciones. Dentro de este componente, se evaluó específicamente a la participante en dos pasos, que fueron enunciar vocalmente las instrucciones y mostrar las instrucciones escritas. El segundo componente fue la provisión del modelo. Ésta consta de 25 pasos y proceden de una lista de comprobación para evaluar un escenario ético (ver el Tabla 3 y el

Tabla 2 Aplicación del entrenamiento en habilidades conductuales.

COMPONENTES	PASOS PUNTUADOS EN LOS SONDEOS	DESEMPEÑO DEL PARTICIPANTE
Instrucciones	1	Se muestra instrucciones por escrito.
	2	Se dan instrucciones verbalmente.
Modelo	3 a 27	Se modelan los 25 pasos del *Checklist sobre evaluación de escenarios éticos.*
	28	Pide al ayudante que practique las habilidades.
Práctica	29	Actúa como estudiante bajo entrenamiento sin dar feedback.
	30 a 54	Recibe feedback en cada uno de los 25 pasos, ya fueran correctos, incorrectos o ausentes.
Feedback	55	Después del primer ciclo de práctica, solicita al ayudante a que repita los elementos que no se realizaron correctamente.
	56	Instruye al estudiante a que repita la práctica hasta alcanzar el criterio de dominio de la habilidad.

apéndice 1). Esta lista se desarrolló a partir de una combinación de modelos para evaluar situaciones éticas que se han presentado dentro de la literatura analítico-conductual (Bailey & Burch, 2016; Brodhead, 2015; Newhouse-Oisten et al., 2017; Rosenberg & Schwartz, 2018). Además, su contenido fue revisado por dos expertos en el área de la ética dentro del análisis de conducta, que eran el cuarto y el quinto autor del artículo; y se proporcionaron, además, comentarios sobre las áreas a incluir dentro de esa lista de verificación. Ambos expertos son académicos con una trayectoria académica establecida en ética y en el análisis de conducta.

Cada elemento de la llamada lista de comprobación para evaluar un escenario ético se contó como correcto si el participante señalaba el elemento y trataba la información directamente del escenario o relacionada con éste, y que se asociaba con ese elemento tanto en la parte de modelado como en la de retroalimentación de la formación. Por ejemplo, si el participante señalaba que no había leyes estatales o federales de las que tuviera conocimiento que se aplicaran al escenario, se consideraría correcto, porque era un elemento obligatorio de la lista de control. Sin embargo, si el participante no mencionó el elemento al tratar el escenario en la formación, ese elemento se contaría como inexacto. Se hizo hincapié al participante en que cada elemento de la lista se incluye tanto en el apartado de modelado como en el de retroalimentación con el fin de practicar en el proceso de evaluación de un escenario ético. Es importante que se tenga en cuenta cada elemento, de modo que cuando uno de ellos sea relevante o crítico para un escenario forme parte del proceso de evaluación, en lugar de ser omitido. Se esperaba que los participantes modelaran cada elemento tratándolo en el contexto del escenario. Si un participante describía uno de ellos de forma inexacta, se le proporcionaba información sobre el mismo, pero no se contaba como incorrecto si el participante incluía el elemento de la lista de comprobación en el modelado. El tercer componente era el ensayo, que constaba de dos pasos: instruir al participante para que ensayara y actuar como estudiante durante el ensayo absteniéndose de dar retroalimentación. El componente final era la retroalimentación, que consistió en declarar vocalmente si cada uno de los 25 puntos de la Lista de comprobación para evaluar un escenario ético era correcto, incorrecto o faltaba algo. Dos instruían al participante para que repitiera el ensayo si no se alcanzaba el dominio y seguían pidiendo al participante que ensayara hasta que se cumplieran los criterios de dominio.

Porcentaje correcto de pasos del entrenamiento en habilidades conductuales durante los sondeos de generalización

La segunda variable dependiente fue el porcentaje de pasos del entrenamiento en habilidades conductuales que el participante mos-

Tabla 3 Ítems de la lista de comprobación y sus descripciones

ÍTEM DE LA LISTA	DESCRIPCIÓN
Identificar el dilema	Resumir el problema potencial
Identificar quién está involucrado en el dilema ético	Indicar cada individuo involucrado en el escenario
Identificar riesgos de seguridad (cliente)	Indicar si hubo riesgos de seguridad para el cliente (sí o no) y proporcionar detalles adicionales según corresponda
Identificar riesgos de seguridad (familia/cuidador)	Indicar si hubo riesgos de seguridad para la familia o el cuidador (sí o no) y proporcionar detalles adicionales según corresponda
Identificar riesgos de seguridad (profesional)	Indicar si hubo riesgos de seguridad para el profesional (sí o no) y proporcionar detalles adicionales según corresponda
Identificar preocupaciones humanitarias amplias	Indicar si hubo indicios de preocupaciones sobre la dignidad del cliente, abuso, negligencia, racismo u otros factores relevantes
Identificar si aplica alguna ley	Identificar si alguna ley estatal o federal era aplicable al escenario
¿Se indica un reporte obligatorio?	Identificar, con base en la información revisada (riesgos, preocupaciones humanitarias, leyes), si existen leyes o guías que obligan a reportar la situación a una agencia local
Identificar los códigos aplicables del Código de Cumplimiento Ético y Profesional de la BACB	Indicar qué ítems específicos del código BACB (2014) son aplicables al escenario
¿Cómo impacta este dilema o afecta potencialmente los resultados del cliente?	Indicar si el progreso se ve o podría verse afectado por el escenario actual o su posible desenlace
¿Tengo experiencia en contextos similares de toma de decisiones?	Indicar si el participante o la persona del escenario tiene experiencia relevante con situaciones similares
¿Sería útil acceder a recursos para asistirme?	Indicar si fue necesario acceder a información como literatura empírica o consultar con expertos
¿Sería útil revisar con colegas de confianza?	Indicar si hay alguien con quien se pueda discutir el escenario para generar ideas sin comprometer la confidencialidad del cliente
¿Las intervenciones están basadas en evidencia?	Indicar si existieron o no intervenciones y si estas se consideran prácticas basadas en evidencia
Si es así, ¿están dentro del ámbito de práctica del profesional?	Indicar si las intervenciones son permitidas según la licencia o acreditación del profesional, o indicar que no aplica si no se listan intervenciones

Tabla 3 (Continuación)

ÍTEM DE LA LISTA	DESCRIPCIÓN
Si es así, ¿están dentro del ámbito de competencia del profesional?	Indicar si el profesional tiene la experiencia y competencia aplicable, o indicar que no aplica si no hay intervenciones listadas
Si no, ¿pueden traducirse a prácticas basadas en evidencia?	Indicar si las intervenciones no basadas en evidencia podrían explicarse mejor con terminología basada en evidencia o indicar que no aplica
Si no, ¿son compatibles con los objetivos actuales del tratamiento?	Indicar si las intervenciones no basadas en evidencia interferirían con los programas o metas actuales de tratamiento, o indicar que no aplica
Identificar soluciones potenciales	Usar toda la información relevante recopilada para generar y enumerar múltiples soluciones
¿Se han considerado las preferencias? (cliente)	Indicar si se han considerado las preferencias del cliente al seleccionar una solución
¿Se han considerado las preferencias? (familia)	Indicar si se han considerado las preferencias de la familia al seleccionar una solución
¿Se han evaluado consideraciones culturales?	Indicar si existieron consideraciones culturales en el escenario que deban incluirse al seleccionar una solución
Seleccionar una solución potencial para implementar	Utilizar toda la información de la lista de verificación para seleccionar y declarar la mejor solución para abordar el escenario
Crear un plan para evaluar la implementación de la solución	Indicar cómo se implementará el plan y cómo se evaluará si la solución fue exitosa o no
Asegurar la documentación completa de todos los pasos tomados	Indicar específicamente cómo se documentará cada pieza de información, incluyendo fechas, personas consultadas, recursos citados, etc.

tró correctamente durante los sondeos de generalización (descritas a continuación). Dentro de éstos, el participante tuvo que aplicar el entrenamiento en habilidades conductuales en un escenario ético específico (descrito a continuación) que era diferente al escenario ético de la preevaluación y la posevaluación. El participante fue evaluado en los mismos 56 pasos diferentes que en la preevaluación y posevaluación.

Porcentaje de pasos correctos del entrenamiento en habilidades conductuales durante la práctica

La tercera variable dependiente fue el porcentaje de pasos del entrenamiento en habilidades conductuales que el participante mostró correctamente durante las prácticas. En las pruebas, el participante tuvo que aplicar el entrenamiento en habilidades conductuales en un escenario ético específico (descrito a continuación), que era diferente del escenario ético de la preevaluación y la posevaluación, así como de la prueba de generalización. El participante fue evaluado en los mismos 56 pasos diferentes que en la preevaluación y posevaluación.

Duración total del tiempo de formación

La cuarta variable dependiente fue la duración total del tiempo necesario para que cada participante aplicara la formación de habilidades de conducta al instruir a un participante con el fin de evaluar un escenario ético. Esto se calculó revisando cada vídeo de la formación de cada participante, registrando el tiempo total de formación y sumando los tiempos para computar el total. Dichos datos se calcularon para la formación de cada participante, el tiempo de cada grupo, así como de todos los grupos y participantes.

Respuestas al cuestionario de seguimiento

La última variable dependiente fue un cuestionario que se entregó tras la finalización del estudio y que fue elaborado por el investigador. Se proporcionó dicho cuestionario a los participantes para determinar su satisfacción con el procedimiento y contenido de la formación. Se les envió un enlace, donde podían responder a las preguntas de forma anónima. Este cuestionario incluía la clasificación de cada una de las siguientes afirmaciones como totalmente de acuerdo, de acuerdo, neutral, en desacuerdo o totalmente en desacuerdo. Las afirmaciones incluían: (1) "Estoy satisfecho con el contenido de la formación"; (2) "Estoy satisfecho con el uso del entrenamiento en habilidades conductuales utilizado en la formación"; (3) "Siento que el contenido será útil cuando/si trabajo como supervisor una vez obtenida la certificación"; (4) "La formación aumentó mi comprensión de la evaluación de un escenario ético"; (5) "Seguiré utilizando el contenido del estudio a lo largo de mi curso y dentro de la práctica clínica para evaluar los escenarios éticos que surjan"; y (6) "Seguiré utilizando el entrenamiento en habilidades conductuales a lo largo de mi curso y dentro de la práctica clínica para instruir a otros en habilidades o procedimientos".

Sondeos y escenarios éticos

En los sondeos previos y posteriores a la evaluación, el investigador instruyó al participante para que formara a alguien en la evaluación de un escenario ético específico utilizando el entrenamiento en habilidades conductuales. El investigador comenzó pidiendo al participante que se abstuviera de investigar procedimientos ajenos al estudio. Sin embargo, si el participante interactuaba con material relevante para el estudio, se le pedía que lo notificara para que pudiera dar cuenta de la posible variable de confusión. Cada sesión comenzaba con una pregunta sobre si se había contactado con contenidos relacionados. A continuación, se pedía a los participantes que compartieran verbalmente cualquier exposición a información relevante. Michael y Ella informaron durante la prueba preliminar de que estaban realizando un curso, que incluía cierta información sobre el entrenamiento en habilidades conductuales.

A continuación, se dijo a los participantes que se les leería un breve escenario y que luego podrían revisarlo de forma independiente antes de que se les proporcionara una instrucción a la que responder. Luego, el investigador utilizó la función de pantalla compartida durante la videoconferencia y leyó en voz alta el escenario al participante. Tras la lectura, el investigador dio tiempo al participante para que lo revisara y concedió dos minutos (este tiempo se ampliaba si así se solicitaba).

Una vez que el participante indicó verbalmente que estaba preparado, el investigador le informó de que iba a instruir a un alumno sobre el escenario ético que se le había proporcionado. También informó al participante de que podía utilizar cualquier material que se le enviara por correo electrónico (Lista de comprobación para evaluar un escenario ético y el Código de cumplimiento profesional y ético; BACB, 2014), así como compartir su pantalla o pedir al investigador que dejara de compartir su pantalla con el escenario en cualquier momento. Por último, se dio a los participantes la instrucción de entrenar al alumno en la evaluación del escenario ético utilizando moldeamiento.

A continuación, los participantes respondieron a la instrucción de enseñar al estudiante utilizando el entrenamiento en habilidades conductuales. Éste participó en la formación respondiendo a las preguntas que se le formularon. Las respuestas fueron coherentes en todos los participantes. Por ejemplo, cuando un participante pedía al asistente que ensayara la evaluación del escenario, éste se dedicaba a responder a todos los puntos de la lista de comprobación hasta hallar los códigos relevantes y, a continuación, pasaba a seleccionar una solución. Se eligió esta respuesta para que los participantes tuvieran la oportunidad de hacer una crítica sobre la aplicación correcta e incorrecta de la evaluación del escenario, así como para pedir al ayudante que ensayara de nuevo. De este modo se proporcionaron múltiples oportunidades de práctica y se garantizó el dominio de la habilidad. La prueba finalizaba cuando el participante confirmaba al investigador que había terminado su formación. No había límite máximo de tiempo para las sondeos.

Las pruebas se aplicaron utilizando el mismo formato en todos los grupos, con la excepción de los escenarios éticos específicos presentados. A cada grupo se le presentaron dos escenarios rotatorios (un escenario por sesión) que detallaban una situación relacionada con un tema. Estos escenarios se adoptaron de la literatura publicada y de libros de trabajo que presentan escenarios para formar a analistas de conducta en la aplicación del código ético (Bailey &

Burch, 2016; Sush & Najdowski, 2019). Cada escenario ético se modificó para que fuera único con el fin de aumentar la probabilidad de que la situación fuera novedosa para el participante.

La tabla 4 ofrece información sobre los diferentes escenarios de cada grupo. Estos temas se eligieron porque eran temas aceptados y comunes que surgen dentro de la práctica clínica, así como porque cada uno de ellos seguía siendo único con respecto a los demás. Por ejemplo, el escenario ético del grupo A giraba en torno a la aplicación o solicitud por parte de la familia de prácticas no basadas en la evidencia. El escenario ético del grupo B fue el desacuerdo entre el profesional y la familia en relación con la selección de objetivos. El escenario ético del grupo C fue la preferencia de la familia por el procedimiento de castigo.

Sondeos de formación

Los sondeos de formación se realizaron dentro de la intervención. Se utilizaron la misma instrucción y el mismo formato que en los sondeos previos y posteriores a la evaluación, con la excepción de que se instruyó al investigador en lugar de al asociado en los sondeos previos y posteriores a la evaluación. Los datos se recogieron durante la fase de ensayo del entrenamiento en habilidades conductuales durante las sesiones de formación. Sólo se graficó el rendimiento en el primer ensayo para los sondeos de formación. El criterio de dominio para los sondeos de formación fue del 95% durante dos sesiones de formación consecutivas. Este criterio de dominio se eligió debido al gran número de pasos que se evaluaban. El proceso utilizado garantizaba que los pasos críticos se mostraran durante el ensayo, pero permitía pequeñas omisiones de otros pasos más pequeños. Si los participantes no cumplían los criterios de dominio y requerían ensayos adicionales, el investigador tomaba los datos para el cumplimiento de los criterios de dominio de la sesión de formación, pero no se dibujaban.

Todos los participantes recibieron los mismos escenarios, independientemente del grupo, durante los ensayos de formación. Se mostraron tres escenarios de ensayo únicos (ver tabla 4). El tema de los escenarios giraba en torno a las relaciones múltiples y sólo se ensayó un escenario por sesión. Estos tres escenarios se presentaron en el mismo orden a todos los participantes y rotaron para cada nueva sesión.

Todos los participantes revisaron las tres sesiones de formación excepto Ella, que sólo necesitó dos. La participante sólo repasó los dos primeros escenarios porque cumplió los criterios de dominio de la condición de intervención.

Sondeos de generalización

El sondeo de generalización se presentó durante el mantenimiento y se parecía a los de evaluación previa y posterior. Sin embargo, esta condición difería en que se presentaba un escenario ético novedoso. Todos los participantes recibieron el mismo escenario de generalización (véase la tabla 4) y el escenario ético era la continuidad de los servicios.

Procedimiento general

Líneabase

Se aplicó un sondeo de evaluación previa y posterior durante una sesión de líneabase. Los participantes continuaron hasta que el rendimiento en los sondeos demostró una respuesta baja y estable. Cada participante tuvo un mínimo de cuatro preevaluaciones y posevaluaciones durante la prueba preliminar. El mínimo de cuatro sondeos permitió que los participantes tuvieran la oportunidad de responder a cada escenario al menos dos veces y demostrar una respuesta estable. Los participantes con más de cuatro sondeos previos y posteriores a la evaluación no pudieron pasar la formación hasta que presentaron una respuesta estable con el mismo número de presentaciones a ambos escenarios. Por ejemplo, seis sesiones de preevaluación y post-evaluación darían como resultado tres respuestas a cada uno de los dos escenarios en lugar de pasar a la formación tras cinco preevaluaciones y post-evaluaciones en las que el participante respondió a un escenario tres veces y al otro escenario sólo dos veces.

Intervención

La intervención consistió en que el investigador aplicara el entrenamiento en habilidades conductuales al participante. Al aplicarse, se incluyó un sondeo de formación (ver más arriba). Antes del inicio de las sesiones de formación, el investigador envió por correo electrónico un enlace de zoom con la lista de comprobación para evaluar un escenario ético y el código ético de BACB (2014). Las sesiones consistían en que el investigador y el participante se conectaban a la videoconferencia. El investigador compartió su pantalla para mostrar una presentación de *Google Slides* (Tabla 5). A continuación, el investigador aplicó los pasos del entrenamiento en habilidades conductuales para instruir al participante en la aplicación de dicha formación con el objetivo de instruir a alumnos para evaluar un escenario ético.

En primer lugar, el investigador proporcionó los pasos del entrenamiento en habilidades conductuales (proporcionar instrucciones, modelado, ensayo, dar opiniones; Parsons et al., 2012). El investigador repasó cómo el participante daría instrucciones específicas para evaluar un escenario ético proporcionando breves definiciones para cada punto de la lista de comprobación (Tabla 3). A continuación, el investigador instruyó al participante para que modelara a continuación las instrucciones proporcionadas, instruyera al estudiante para que ensayara, se abstuviera de dar opiniones durante el ensayo y proporcionara esas opiniones sobre los elementos correctos, incorrectos o que no estaban después del ensayo. También instruyó a esta persona a que ensayara de nuevo si no se alcanzaban los criterios de dominio, continuando este proceso hasta que lo hiciera.

Tabla 4 Escenarios éticos

CONDICIÓN	GRUPO	TEMA	RESUMEN
Línea base/Mantenimiento	A	Implementación familiar o solicitud de eliminación de prácticas no basadas en evidencia	Escenario 1 – La familia planea comenzar a usar aceite de CBD e hipoterapia; posteriormente solicita una disminución del tiempo de participación en programación ABA. Escenario 2 – El padre/madre solicita el comportamiento.
Línea base/Mantenimiento	B	Desacuerdo entre el profesional y la familia respecto a la selección de metas	Escenario 1 – La familia planea comenzar a usar aceite de CBD e hipoterapia; posteriormente solicita una disminución del tiempo de participación en programación ABA. Escenario 2 – El padre/madre solicita el comportamiento.
Línea base/Mantenimiento	C	Preferencia de la familia por procedimientos punitivos	Escenario 1 – La familia planea comenzar a usar aceite de CBD e hipoterapia; posteriormente solicita una disminución del tiempo de participación en programación ABA. Escenario 2 – El padre/madre solicita el comportamiento.
Entrenamiento	Todos los grupos (modelo en video)	Relaciones múltiples	Escenario 1 – La familia planea comenzar a usar aceite de CBD e hipoterapia; posteriormente solicita una disminución del tiempo de participación en programación ABA. Escenario 2 – El padre/madre solicita el comportamiento.
Entrenamiento	Todos los grupos (ensayo)	Continuidad de los servicios	Escenario 1 – La familia planea comenzar a usar aceite de CBD e hipoterapia; posteriormente solicita una disminución del tiempo de participación en programación ABA. Escenario 2 – El padre/madre solicita el comportamiento.
Generalización	Todos los grupos	Cambio en proveedor de seguros y fin de servicios	La familia tuvo recientemente un cambio en los proveedores de seguros y ya no puede costear los servicios, debido a que la agencia dejará de trabajar.

El investigador modeló las instrucciones mostrando un vídeo que presenta al profesional formando a un estudiante en la toma de decisiones éticas. Se utilizaron dos modelos que rotaron en las sesiones de enseñanza para los participantes, aunque éstos sólo vieron uno por sesión. Ambos incluían escenarios diferentes (Tabla 4), pero se basaban en el tema de las relaciones múltiples. El orden en que se presentaron los vídeos fue el mismo para todos los participantes.

A continuación, el investigador aplicó el paso del ensayo. Dijo al participante de que era su turno para practicar cómo evaluar un escenario ético utilizando el entrenamiento en habilidades conductuales. Se mostró el escenario del ensayo (Tabla 4) y se leyó en voz alta. A continuación, el investigador dio tiempo al participante (el tiempo no era limitado) para que se preparara para el ensayo. Una vez que estuvo preparado, el investigador le dio las mismas instrucciones en los sondeos previos y posteriores a la evaluación para que utilizara el entrenamiento en habilidades conductuales con el fin de instruirlo en la evaluación del escenario ético. El porcentaje de aciertos del participante al aplicar esta formación en su primer ensayo funcionó como el sondeo descrito anteriormente.

Una vez que el participante completó el ensayo, el investigador le dio una serie de opiniones sobre cada uno de los pasos del entrenamiento en habilidades conductuales que había completado correctamente, incorrectamente o que había omitido. El investigador pidió al participante que siguiera ensayando hasta alcanzar el criterio de dominio del 95%. Las sesiones finalizaban alternativamente si un ensayo adicional superaba el límite máximo de tiempo de la sesión (2 h 30 min), si un ensayo adicional superaba el número máximo de tres ensayos o si el participante solicitaba finalizar la sesión. La intervención continuó hasta que los participantes alcanzaron los criterios de dominio, 95%, durante dos sesiones consecutivas en su primer ensayo durante el entrenamiento en habilidades conductuales aplicado por el investigador.

Mantenimiento y generalización

Se aplicó un sondeo de evaluación previa y posterior durante una sesión de mantenimiento. Se realizaron cuatro sondeos previos y posteriores a la evaluación para cada participante. El primero se programó al día siguiente de que el participante, el investigador y el asociado estuvieran disponibles después de que el participante cumpliera los criterios de dominio de las sesiones de entrenamiento. Los tres siguientes se programaron con un intervalo mínimo de una semana y se realizó una sesión de generalización en mantenimiento. También se programaron sondeos al menos una semana después del último que se realizó.

Acuerdo entre observadores

Se llegó a un acuerdo entre observadores (AEO) para el 33% del total de los sondeos entre participantes y condiciones dentro de cada tríada. A cada participante se le puntuó al menos el 25% del total con sondeos incluidos de múltiples condiciones. El segundo autor puntuó cada variable dependiente tras ver una sesión de vídeo grabada. El acuerdo entre observadores tuvo lugar usando el acuerdo punto por punto (Kazdin, 2011). Se comparó dicho acuerdo entre los dos investigadores para cada variable dependiente. Éste definió cuando ambos investigadores marcaron cada componente como correcto o incorrecto. El desacuerdo se definió como la puntuación contradictoria de los investigadores sobre la demostración correcta o incorrecta del componente. El número de acuerdos se dividió por el número total de variables dependientes para obtener un porcentaje de acuerdo. El grupo A tuvo un 98,5% de acuerdo en 15 sondeos seleccionados aleatoriamente. El acuerdo individual de los participantes fue del 98,6% para los sondeos de Michael (rango: 98%-100%), del 99,6% para los de Nena (rango: 98%-100%) y del 97,3% para los de Donna (rango: 93%-100%). El grupo B obtuvo una concordancia del 98,7% en 14 sondeos seleccionados aleatoriamente. El acuerdo individual de los participantes

Tabla 5. Descripción de las Diapositivas de Formación

NÚM. DIAPO.	DESCRIPCIÓN	CONDUCTA DEL INVESTIGADOR	CONDUCTA DEL PARTICIPANTE
1	Título	Introduce el tema	Hace preguntas cuando sea apropiado
2	Pasos del EHC	Instruye verbalmente sobre los cuatro pasos del entrenamiento en habilidades conductuales (EHC)	Hace preguntas cuando sea apropiado
3–10	Instrucciones sobre cada paso de la lista de verificación	Instruye verbalmente sobre las instrucciones para evaluar escenarios éticos que se proporcionarán	Hace preguntas cuando sea apropiado
11	Instrucciones sobre la implementación de los tres últimos pasos del EHC	Instruye verbalmente sobre la aplicación de los tres pasos restantes del EHC al aplicar la capacitación en evaluación de escenarios éticos	Hace preguntas cuando sea apropiado
12	Modelo en video de la implementación correcta	Reproduce en pantalla el modelo en video	Hace preguntas cuando sea apropiado
13	Ensayo	Indica al participante que es su turno de ensayar	Hace preguntas cuando sea apropiado
14	Escenario de ensayo	Lee el escenario e instruye verbalmente al participante para que ensaye. Responde a cualquier solicitud del participante durante el ensayo	Completa de forma independiente el ensayo de la habilidad
15	Retroalimentación con los pasos del EHC listados	Proporciona retroalimentación verbal sobre pasos correctos, incorrectos y omitidos	Hace preguntas cuando sea apropiado

fue del 99,6% para los sondeos de Roberta (rango: 98%-100%), del 98,2% para los de Ella (rango: 95%-100%) y del 98,2% para los de Olivia (rango: 95%-100%). Por último, el grupo C tuvo una concordancia del 98,5% en 14 sondeos seleccionados aleatoriamente. El acuerdo individual de los participantes fue del 97% para los sondeos de Luna (rango: 89%-100%), del 99,6% para los de Stevie (rango: 98%-100%) y del 98,5% para los de Halley (rango: 96%-100%). En total se puntuaron 43 de 126 sondeos, lo que supuso que el 34% del total de todos los grupos se puntuaron con una concordancia del 98,5%.

También se calculó la concordancia en el tiempo total de formación de las sesiones. Se evaluó la concordancia del 37% del total de sesiones de prácticas de todos los participantes. En cada grupo se puntuó un mínimo del 33% del total de las sesiones, así como al menos el 25% del total de las sesiones de cada participante. Un investigador independiente registró la duración de cada sesión evaluada revisándolas. La duración del tiempo se comparó con los tiempos de formación registrados en los datos del investigador principal para obtener un porcentaje de acuerdo. Dicho acuerdo se definió cuando ambos investigadores informaron de la misma hora, minuto y segundo para cada sesión de formación, mientras que cualquier desviación se consideró un desacuerdo. El acuerdo general sobre el tiempo entre participantes y grupos fue del 100%. Aunque esta cifra parece alta, ambos codificadores revisaron las grabaciones en vídeo de las sesiones, lo que condujo a un alto porcentaje de acuerdo. En los casos en los que se produjo un desacuerdo, se utilizó un consenso en el que ambos observadores trataron y posteriormente acordaron la duración de la sesión. Estaba previsto que se informara tanto del enfoque previo al consenso y posterior, pero el consenso previo fue del 100%.

Fidelidad de tratamiento

La fidelidad de tratamiento se tomó en el 37% de las sesiones de intervención de todos los participantes. En cada grupo se puntuó al menos el 33% de las sesiones de intervención y en cada participante se puntuó el 25% de las sesiones. El segundo autor puntuó la aplicación del entrenamiento en habilidades conductuales durante las sesiones de intervención para evaluar la fidelidad de la formación del investigador principal. Dicha aplicación se definió de diferentes formas. (1) el preparador proporciona al estudiante los pasos escritos de la formación en conductas; (2) el formador instruye verbalmente al estudiante sobre los pasos de la formación que se describen en los pasos escritos; (3) el tutor modela el entrenamiento en habilidades conductuales utilizando un vídeo; (4) el modelo de entrenamiento en habilidades conductuales del supervisor sólo incluye la aplicación correcta; (5) el tutor indica verbalmente al alumno que ensaye el entrenamiento en habilidades conductuales actuando él como el preparador; (6) el instructor actúa sólo como estudiante durante el ensayo y redirige las preguntas del alumno de que la retroalimentación se revisará después del ensayo si se pregunta durante éste; (7) durante el primer ensayo, el tutor comete un error obvio al actuar como estudiante (es decir, se salta pasos durante el ensayo) para dar la oportunidad al estudiante de proporcionar correcciones; (8) tras el ensayo, el preparador hace comentarios sobre los pasos específicos que el estudiante completó correctamente; (9) tras el ensayo, el instructor hace correcciones sobre los pasos que eran incorrectos o necesitaban mejorar; (10) el preparador ayudas al estudiante para que vuelva a ensayar si no alcanzó el dominio. El investigador marcó sí para una respuesta correcta o no para una respuesta incorrecta para cada pregunta. En las dos últimas preguntas también se dio la opción de marcar con un "no" si el participante no cometía ningún error durante el primer ensayo o si cumplía los criterios de dominio y no necesitaba ensayar una vez más. El número de respuestas correctas se dividió por el número total de pasos para obtener un porcentaje de precisión. Diez de las 27 sesiones de enseñanza totales se puntuaron y se calcularon como un 100% de precisión.

Resultados

Resultados de los participantes

Las figuras 1, 2 y 3 muestran los resultados del rendimiento de cada grupo en la líneabase, intervención y mantenimiento. El eje "y" presenta el porcentaje de aciertos de los participantes al aplicar el entrenamiento en habilidades conductuales para entrenar cómo evaluar un escenario ético. Mientras que el eje "x" presenta el número de sesión. Durante los sondeos previos y posteriores a la evaluación en la líneabase, todos los participantes obtuvieron puntuaciones sistemáticamente bajas, siendo el porcentaje máximo correcto del 25% y el más bajo del 0%. Los participantes oscilaron entre dos y cuatro sesiones de intervención para demostrar un dominio, del 95% o superior, durante dos sondeos consecutivos. Todos los participantes fueron capaces de mantener los criterios de dominio a lo largo de cuatro sesiones de mantenimiento y durante la de generalización.

Grupo A (Figura 1)

Michael comenzó los sondeos de evaluación previos y posteriores con una media del 3,75% de precisión (rango: 2%-7%) en la líneabase cuando se le pidió que formara a alguien en la evaluación del escenario ético utilizando el entrenamiento en habilidades conductuales. Michael tuvo un aumento inmediato hasta el 27% durante su práctica inicial. Michael alcanzó el dominio tras cuatro sesiones. Michael mantuvo los criterios de dominio en las sesiones de evaluación previa y posterior en el mantenimiento con un porcentaje de precisión que osciló entre el 95% y el 100% en las cuatro. Demostró un 98% de precisión en la de generalización.

Por otro lado, Nena demostró una media del 1,5% de aciertos (rango: 0%-5%) durante los sondeos de pre y post evaluación en la líneabase. Durante la formación, tuvo un cambio de nivel inmediato al 93% durante la primera sesión de formación. Nena demostró dominio en tres sesiones. Mantuvo el dominio durante las sesiones previas y posteriores a la evaluación de mantenimiento al obtener una puntuación del 100% en las cuatro sesiones. Siguió demostrando criterios de dominio en generalización con un 98% de precisión.

Figura 1 Resultados del Grupo A

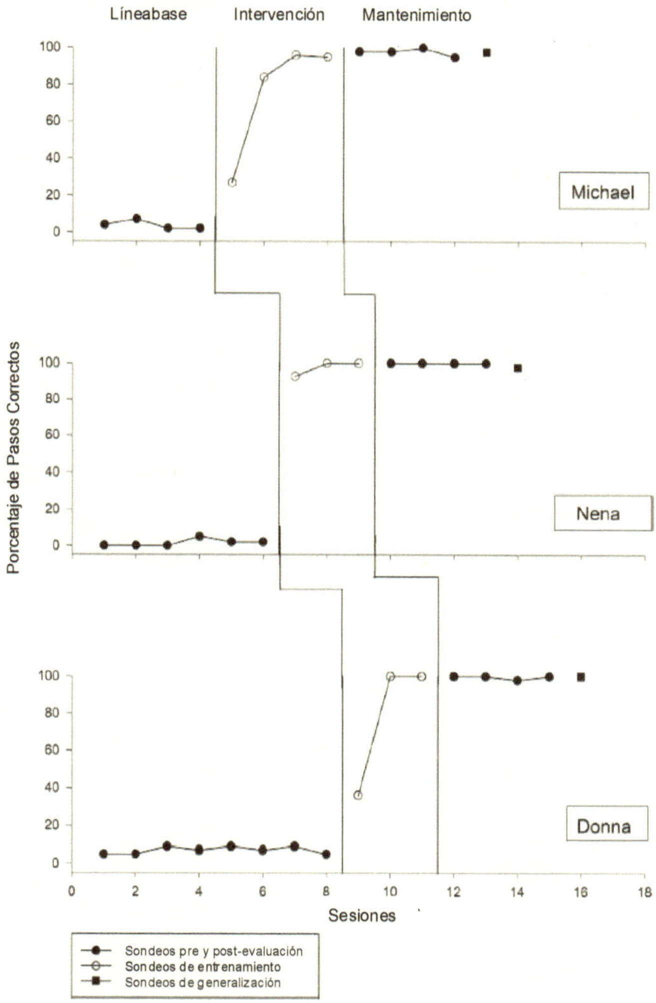

En este grupo, Donna obtuvo una media del 7% de aciertos (rango: 5%-9%) durante la pre y post evaluación en la líneabase. Tuvo un aumento inmediato hasta el 36% de aciertos durante la primera sesión de formación. Alcanzó los criterios de dominio en tres sesiones y mantuvo el dominio a lo largo de cuatro sesiones previas y posteriores a la evaluación de mantenimiento. Obtuvo un 98% de aciertos durante la generalización.

Grupo B (Figura 2)

Roberta obtuvo una puntuación de 0% durante las sesiones de preevaluación y postevaluación en la líneabase. Tuvo un aumento inmediato del porcentaje correcto durante la primera práctica hasta un 55% y alcanzó los criterios de dominio en tres sesiones. Mantuvo los criterios de dominio en las cuatro sesiones de preevaluación y posevaluación en mantenimiento, oscilando entre el 95% y el 100%, y cumplió los criterios de dominio en la de generalización con un 100% de aciertos.

Ella, también dentro del grupo B, demostró una media aproximada del 15,8% de precisión (rango: 9%-25%) durante la pre y posevaluación en la líneabase, con un rango del 9% al 25% de precisión. Demostró criterios de dominio durante la primera sesión de formación y alcanzó el dominio dentro de la enseñanza tras dos sesiones. Además, mantuvo el dominio durante las previas y posteriores a la evaluación en mantenimiento. Mostró una precisión del 96% durante la generalización.

Por último, Olivia obtuvo una media del 8,2% de precisión (rango: 5%-18%) durante las sesiones previas y posteriores a la evaluación en la líneabase. Las puntuaciones de Olivia durante la líneabase oscilaron entre el 3,5% y el 18%. El más alto de Olivia fue consecuencia de que utilizó la lista de comprobación instruccional proporcionada durante el modelado. Olivia tuvo un aumento hasta el 37,5% en la primera sesión de formación y alcanzó los criterios de dominio en tres sesiones. Olivia mantuvo los criterios de dominio en todas las sesiones y demostró un dominio del 98% de precisión en la de generalización.

Grupo C (Figura 3)

Luna obtuvo una puntuación media del 2,5% (rango: 2%-4%) durante las sesiones previas y posteriores a la evaluación en la líneabase. Demostró un aumento inmediato de la precisión, hasta el

Figura 2 Resultados del Grupo B

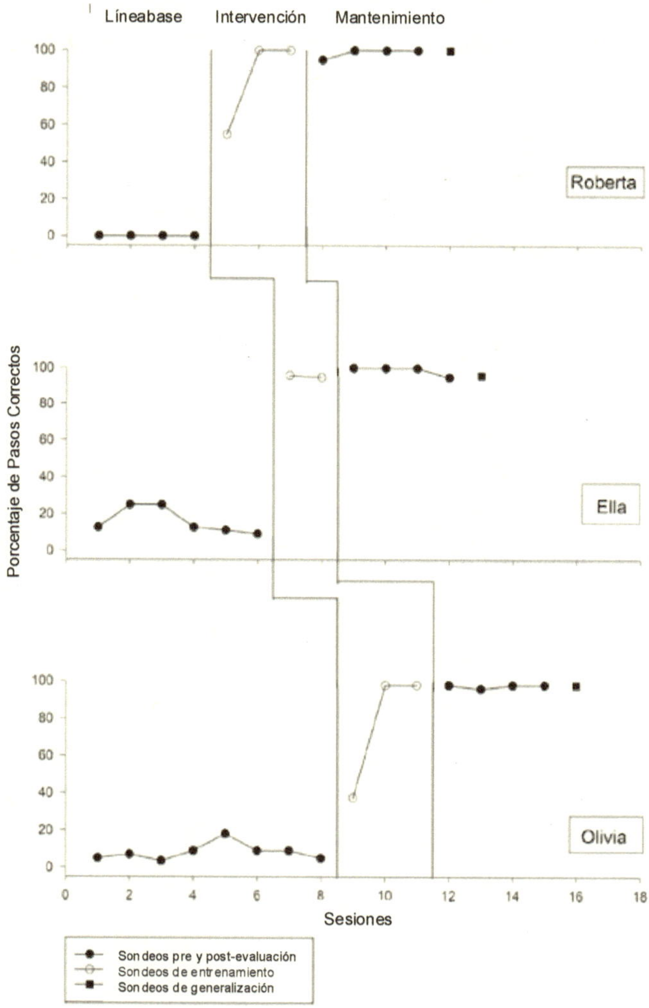

73%, durante su primera sesión de práctica. Alcanzó los criterios de dominio en tres sesiones. Siguió manteniendo los criterios de dominio con las cuatro sesiones de mantenimiento que alcanzaron el 100% de precisión. También obtuvo un 100% de precisión durante la sonda de generalización. Stevie obtuvo una puntuación media del 11,8% (intervalo: 5%-16%) durante la evaluación previa y posterior en la líneabase, con un intervalo del 5% al 16% de precisión. Stevie obtuvo un 89% en su sesión de formación inicial y alcanzó los criterios de dominio en tres sesiones. Mantuvo una precisión del 100% en las cuatro sesiones de preevaluación y postevaluación en mantenimiento. Y siguió el dominio al obtener un 98% de precisión durante la de generalización.

Por otro lado, Halley obtuvo una puntuación media del 3,6% (intervalo: 0%-5%) durante las previas y posteriores a la evaluación en la líneabase, con puntuaciones que oscilaban entre el 0% y el 5%. Tuvo un ligero aumento del porcentaje correcto durante su primera sesión de formación con una puntuación del 7%. Cumplió los criterios de dominio durante la segunda sesión de formación y necesitó tres en total antes de pasar a la condición de mantenimiento. Halley mantuvo una precisión del 100% en las cuatro sesiones de evaluación previa y posterior en mantenimiento y en la sonda de generalización.

Tiempo de entrenamiento

En todos los participantes y grupos, el tiempo medio de entrenamiento fue de 5 horas, 32 minutos y 50 segundos (rango: 3 h 28 min 8 s-7 h 31 min 58 s en todos los participantes). El tiempo total para el Grupo A fue de 17 h 11 min 37 s, lo que resulta en una media de 5 h 43 min 52 s (rango: 4 h 41 min 50 s-7 h 31 min 58 s en todos los participantes). El tiempo total de formación del grupo B fue de 16 h 30 min 7 s, lo que supone una media de 5 h 30 min 2 s (intervalo: 3 h 28 min 8 s-6 h 59 min 10 s entre los participantes). El tiempo total para el Grupo C fue de 16 h 13 min 44 s, lo que resulta en un tiempo medio de 5 h 24 min 35's (rango: 4 h 40 min 55 s-6 h 3 min 31s entre los participantes).

Cuestionario de seguimiento

Los resultados del cuestionario de seguimiento administrado se muestran en la Tabla 6. Los resultados indicaron que los partici-

Figura 3 Resultados del Grupo C

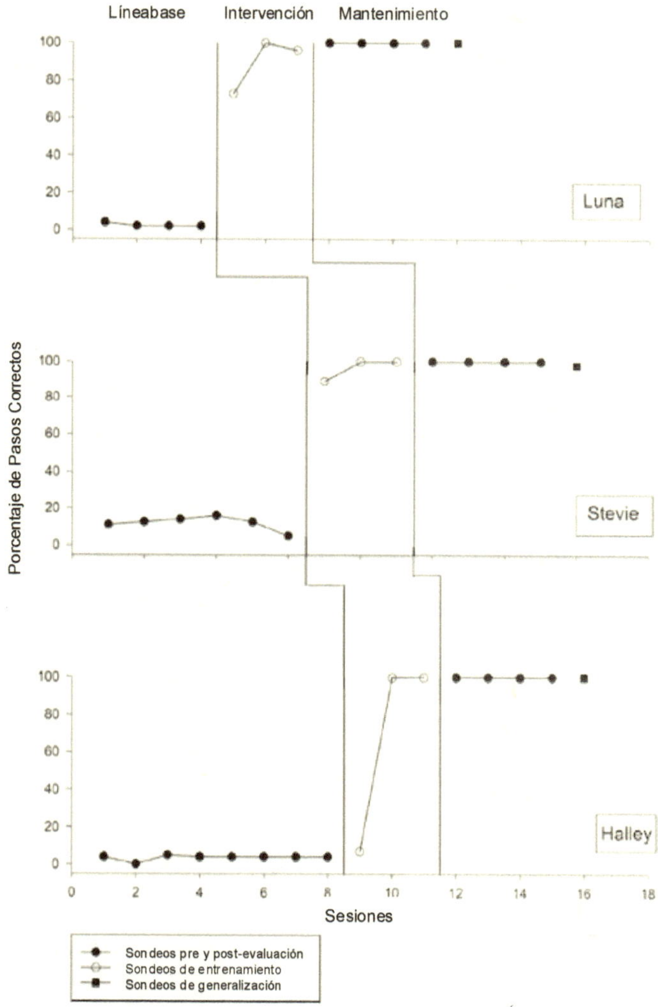

pantes estaban muy de acuerdo o de acuerdo con las seis preguntas. La pregunta 1 dio como resultado que ocho participantes estaban muy de acuerdo en estar satisfechos con el contenido de la formación y un participante indicó estar sólo de acuerdo con esta afirmación. Todos los participantes se mostraron muy de acuerdo con las preguntas 2, 3 y 4, indicando que estaban satisfechos con el uso del entrenamiento en habilidades conductuales en las sesiones, que el contenido les resultaba útil para trabajar como futuros supervisores y que tienen una mayor comprensión de la evaluación de un escenario ético. Siete participantes se mostraron muy de acuerdo con la pregunta 5 y los dos restantes indicaron que estaban de acuerdo con la afirmación de que seguirán utilizando el contenido para formar a otras personas y el participante restante se mostró de acuerdo con la afirmación.

Discusión

Los resultados de este estudio sugieren que la aplicación del entrenamiento en habilidades conductuales dio lugar a que todos los participantes en el estudio aplicaran correctamente este entrenamiento a la hora de instruir a un supervisado o estudiante para evaluar diversos escenarios éticos. Los resultados también indicaron que todos los participantes estuvieron de acuerdo en que el contenido les sería útil cuando trabajaran como supervisores en el futuro. También apuntan que la formación para utilizar una lista de comprobación al evaluar un escenario ético puede realizarse a distancia utilizando un paquete estructurado, como el entrenamiento en habilidades conductuales.

Estos resultados tienen múltiples implicaciones. La primera se refiere a instruir a los estudiantes para que apliquen procedimientos de formación basados en la competencia. Todos los participantes mostraron inicialmente puntuaciones bajas en la líneabase cuando se les pidió que demostraran el entrenamiento en habilidades conductuales. La Figura 4 presenta el porcentaje de sesiones que mostraron todos, algunos o ninguno de los componentes de cada paso del entrenamiento en habilidades conductuales en todos los participantes. En la líneabase, más del 80% de las sesiones de los participantes no mostraban ningún componente de instrucciones, ensayo o retroalimentación. Aunque el 81% mostraron parcialmente el modelado, la mayoría de los participantes sólo modelaron los apartados de la lista de comprobación, si las había, que determi-

Tabla 6 Resultados del cuestionario de seguimiento

PREGUNTA	TOTAL RESPUESTAS	1	2	3	4	5
1. Estoy satisfecho con el contenido de la capacitación	9	8	1	0	0	0
2. Estoy satisfecho con el uso del Entrenamiento en Habilidades Conductuales (EHC) utilizado en la capacitación	9	9	0	0	0	0
3. Siento que el contenido será útil cuando/si trabajo como supervisor una vez que obtenga la certificación	9	9	0	0	0	0
4. La capacitación aumentó mi comprensión para evaluar un escenario ético	9	9	0	0	0	0
5. Continuaré utilizando el contenido del estudio a lo largo de mis estudios y/o en la práctica clínica para evaluar escenarios éticos que surjan	9	7	2	0	0	0
6. Continuaré utilizando el Entrenamiento en Habilidades Conductuales (EHC) durante mis estudios y/o en la práctica clínica para capacitar a otros en habilidades o procedimientos	9	8	1	0	0	0

Nota. Los valores en la fila de encabezado hacen referencia a una escala tipo Likert en la que 1 indica "totalmente de acuerdo" y 5 "totalmente en desacuerdo".

naron que era importante tomar notas para un escenario concreto. La Figura 5 muestra el porcentaje de sesiones en las que se mostró un modelado de cada componente de la lista de comprobación entre los participantes durante la líneabase, el mantenimiento y la generalización. Ningún participante modeló la consideración de la seguridad del profesional o la traducción de procedimientos no basados en la evidencia a principios analítico-conductuales en la líneabase. Veintiuno de los puntos de la lista de comprobación se modelaron en menos del 25% de las sesiones, lo que indica una tasa muy baja. Esto incluía puntos como la seguridad del cliente y la familia, la identificación de las leyes que serían aplicables, de soluciones múltiples y la consideración de las preferencias del cliente. Hasta que no se proporcionó una formación explícita sobre cómo instruir a una tercera persona, los participantes no aplicaron de forma fiable los pasos del entrenamiento en habilidades conductuales cuando se les pidió que instruyeran a una persona. Los datos de mantenimiento indican que todos los puntos fueron modelados a partir de la lista de comprobación tras la formación durante el 83% o más de las sesiones. Los datos de generalización indicaron que todos los elementos fueron modelados a partir de la lista de comprobación tras la formación durante el 67% o más de las sesiones. Las instrucciones, el modelado, el ensayo y la retroalimentación se incluyeron parcial o totalmente en todas las sesiones de mantenimiento y generalización de los participantes. Se han proporcionado recomendaciones para las prácticas de supervisión dentro de la literatura analítico-conductual en relación con la aplicación de temas como el uso de un enfoque basado en la competencia (Sellers et al., 2016b; Turner et al., 2016), la incorporación de oportunidades de toma de decisiones en la supervisión (Turner et al., 2016) y la inclusión de la ética en la supervisión (Sellers et al., 2016b). Este estudio demuestra la aplicación de estos conceptos en la preparación de personas que quieren conseguir la certificación a través de un enfoque piramidal para aplicar la TDC al evaluar escenarios éticos. Este método de "formar al preparador" utiliza mucha literatura dentro de la investigación analítico-conductual (Parsons et al., 2013; Erath et al., 2020) para la formación para evaluar escenarios éticos.

Una segunda implicación es enseñar cómo poder preparar de forma eficaz a otros en la evaluación de escenarios éticos. La literatura analítico-conductual ha recomendado incluir la evaluación de escenarios éticos dentro de las actividades de supervisión (Brodhead & Higbee, 2012; Sellers et al., 2016b). Este estudio proporciona un apoyo preliminar de que el entrenamiento en habilidades conductuales se puede utilizar dentro de las prácticas de

Figura 4 Porcentaje de pasos del entrenamiento en habilidades conductuales demostrados organizados por fases

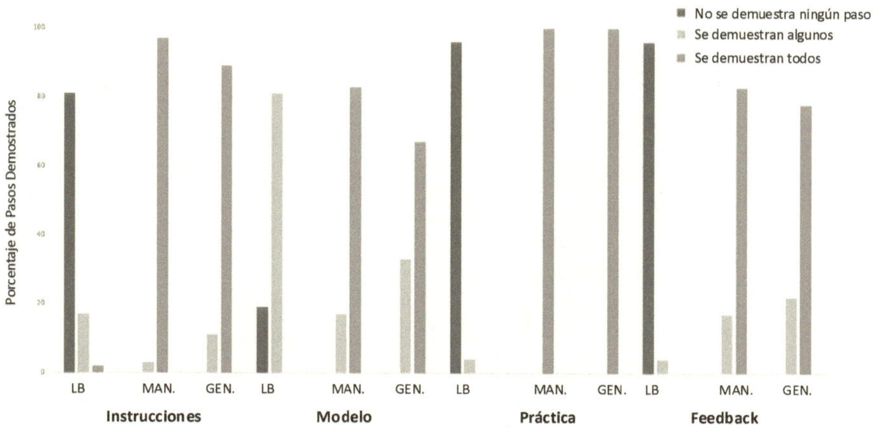

Nota. LB = Líneabase; GEN. = Generalización; MAN. = Mantenimiento.

supervisión para cuando se enseña una estructura para navegar por un escenario ético.

Además, la lista de comprobación creada en este estudio incluía recomendaciones combinadas de la bibliografía analítico-conductual sobre los componentes clave para evaluar un escenario ético (Bailey y Burch, 2016; Brodhead, 2015; Newhouse-Oisten et al., 2017; Rosenberg y Schwartz, 2018). Este formato podría ser utilizado por los profesionales principiantes o aquellos que buscan conseguir la certificación para tener un escenario con múltiples consideraciones y evaluarlo sistemáticamente teniendo en cuenta los componentes críticos. El uso de la lista de comprobación proporciona una combinación de variables relevantes importantes. Por ejemplo, aunque los riesgos de seguridad pueden no ser aplicables a todos los escenarios, cuando están presentes, la solución seleccionada se basaría en gran medida en esta información. Al utilizar diversos escenarios éticos a lo largo de la formación, los estudiantes siguieron aplicando la misma estructura a múltiples contextos y situaciones. Se necesitarían pruebas adicionales de la lista de comprobación para determinar qué decisiones se toman debido al uso del modelo para formular una decisión. Es posible que en el futuro

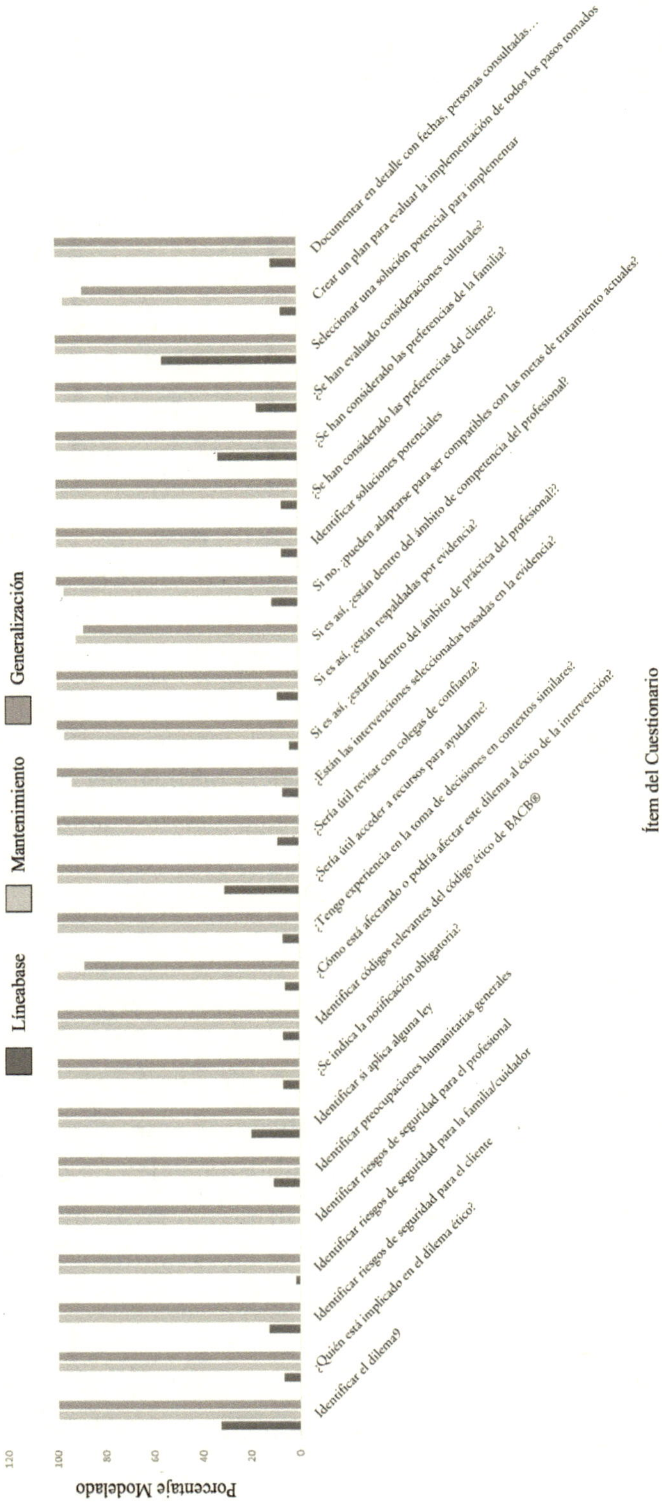
Líneabase
Mantenimiento
Generalización
Porcentaje Modelado
120
100
80
60
40
20
0
Identificar el dilema?
¿Quién está implicado en el dilema ético?
Identificar riesgos de seguridad para el cliente
Identificar riesgos de seguridad para la familia/cuidador
Identificar riesgos de seguridad para el profesional
Identificar preocupaciones humanitarias generales
Identificar si aplica alguna ley
¿Se indica la notificación obligatoria?
Identificar códigos relevantes del código ético de BACB®
¿Cómo está afectando o podría afectar este dilema al éxito de la intervención?
¿Tengo experiencia en la toma de decisiones en contextos similares?
¿Sería útil acceder a recursos para ayudarme?
¿Sería útil revisar con colegas de confianza?
¿Están las intervenciones seleccionadas basadas en la evidencia?
Si es así, ¿estarán dentro del ámbito de práctica del profesional?.
Si es así, ¿están respaldadas por evidencia?
Si es así, ¿están dentro del ámbito de competencia del profesional?
Si no, ¿pueden adaptarse para ser compatibles con las metas de tratamiento actuales?
Identificar soluciones potenciales
¿Se han considerado las preferencias del cliente?
¿Se han considerado las preferencias de la familia?
¿Se han evaluado consideraciones culturales?
Seleccionar una solución potencial para implementar
Crear un plan para evaluar la implementación de todos los pasos tomados
Documentar en detalle con fechas, personas consultadas...
Ítem del Cuestionario

Figura 5 (página opuesta) Porcentaje de ítems del cuestionario modeladas organizadas por fases

sea necesario modificar la lista de comprobación para obtener más información sobre su uso en el desarrollo de programas de toma de decisiones éticas.

Los resultados de este estudio indican que se puede enseñar eficazmente a los estudiantes a aplicar el entrenamiento en habilidades conductuales cuando prepararan a una tercera persona a evaluar un escenario ético. Aunque ha habido varios estudios que han demostrado la eficacia de aplicar dicha formación para preparar al personal en diversos temas (Clayton & Headly, 2019; Hogan et al., 2015; Homlitas et al., 2014; Lavie & Sturmey, 2002; Parsons et al., 2013; Rosales et al., 2009; Sarokoff & Sturmey, 2004), sigue siendo necesaria la investigación para evaluar la eficacia de este tipo de formación en otros temas. Las áreas que pueden beneficiarse de una mayor investigación del uso del entrenamiento en habilidades conductuales son demostrar el desarrollo de relaciones terapéuticas con los consumidores, mostrar conductas de colaboración con otros profesionales, participar en la humildad cultural y navegar por la toma de decisiones complejas que incorporan tanto la toma de decisiones éticas junto con el juicio clínico. Seguir validando empíricamente los métodos de formación eficaces para la enseñanza de diversos temas es esencial para la educación de las personas que quieren esa certificación más allá de las habilidades técnicas.

Una tercera implicación es que la aplicación a distancia del entrenamiento en habilidades conductuales para enseñar a instruir a un tercero en la evaluación de un escenario ético es un enfoque eficaz. Este estudio amplía la investigación analítico-conductual que evalúa la aplicación eficaz del entrenamiento en habilidades conductuales para entrenar a distancia al personal (Fisher et al., 2014; Rios et al., 2020). A medida que la profesión de analista de conducta sigue aumentando, hay estudiantes que pueden no tener acceso a instrucción o supervisión presenciales. La evaluación continua de métodos eficaces para instruir a las personas a distancia es fundamental para ofrecer un instrucción y supervisión de alta calidad a aquellos que pueden tener un acceso limitado a supervisores o a instrucción presencial en las universidades. Aunque el estudio tiene múltiples implicaciones dentro de la práctica clínica, también existen limitaciones que deben tenerse en cuenta. Las variables dependientes principales de este estudio se centraron en la habilidad de supervisión del porcentaje de pasos correctos al aplicar el entrenamiento en habilidades conductuales; sin embargo, los cambios de los participantes en el proceso de evaluación al utilizar la lista de comprobación no fueron el objetivo principal dentro de este estudio. Aunque se observó que los participantes se implicaban en la evaluación de los escenarios éticos al utilizar la lista como parte de la aplicación de esa formación, se recomienda una evaluación adicional. Deben realizarse más investigaciones para determinar si esta formación conduce a un cambio dentro del proceso de evaluación del escenario ético y la solución generada.

Este estudio no evaluó escenarios de la vida real. Los futuros estudios deberían investigar la eficacia de utilizar una lista de comprobación para evaluar más allá de los escenarios prescritos a la vida real. También debería explorarse si la práctica de evaluar escenarios de forma aislada utilizando un proceso de toma de decisiones o una lista de comprobación se traduciría en la aplicación de la mejor decisión para el contexto presentado en un escenario. Un estudio adicional podría investigar si el uso de una lista de comprobación conduciría al mismo efecto que el que se elegiría sin el uso de esa lista.

Además, el tiempo necesario para practicar la aplicación del entrenamiento en habilidades conductuales con el fin de evaluar un escenario ético puede ser difícil de programar o realizar durante una sesión de supervisión. Una formación exhaustiva suele incluir una inversión de tiempo, aunque el tiempo necesario para aplicar el entrenamiento en habilidades conductuales es elevado debido a la duración de los modelados y los ensayos (al menos 20 minutos cada uno) para completar exhaustivamente todos los pasos de la lista de comprobación. El requisito de tiempo fue mayor (media general de 5 h 32 min 50 s) que el de otros estudios de entrenamiento piramidal que utilizan el entrenamiento en habilidades conductuales, como los 50 minutos comunicados en Erath et al. (2020) para preparar la habilidad de reforzar una conducta específica y Parsons et al. (2013), cuya formación no superó las 2 horas para las dos habilidades de aplicar un procedimiento de enseñanza y una evaluación de preferencias. Deberían realizarse más investigaciones para evaluar si otras habilidades requieren tiempos de formaciones similares.

Las futuras investigaciones deberán estudiar también si el entrenamiento en habilidades conductuales es el método más eficaz para instruir a los estudiantes sobre conductas de supervisión y toma de decisiones éticas, o si podrían utilizarse otros métodos validados empíricamente. Comparar los resultados de impartir el entrenamiento en habilidades conductuales con otras modalidades, como la formación didáctica a distancia o por ordenador, son vías de ampliación de la presente área de trabajo.

La respuesta en diversos entornos (es decir, en el hogar, en una clínica, en la universidad) ayudará a proporcionar información contextual que permita al supervisor ofrecer una formación más apropiada para la persona que está siendo preparada, así como a establecer la generalización de la intervención (Tincani & Travers, 2019). Investigar la eficacia de preparar esa habilidad en un formato grupal y esbozar logísticamente cómo se puede garantizar la competencia dentro del alumno también sería beneficioso cuando se considere la aplicación a entornos más allá de la supervisión individual, como entornos universitarios o formaciones de personal más amplias.

Una última posible investigación podría incluir el uso del modelo de toma de decisiones del código ético más reciente, publicado por la BACB (2020). Aunque los pasos descritos en el código actualizado no son idénticos a cada punto de la lista de comprobación creada para este estudio, el paquete de entrenamiento en habilidades conductuales puede utilizarse para instruir sobre los pasos descritos en el código. El modelo de toma de decisiones del código de la BACB (2020) incluye dos pasos adicionales que no se incluyeron dentro de la lista de comprobación de este estudio. Estos son la recopilación de documentación de apoyo y la identificación de los principios básicos que están relacionados con la preocupación. Deberían realizarse más análisis de este modelo y del modelo de la BACB, que podrían aportar más ideas.

Se ha producido un crecimiento sustancial en el número de profesionales que reciben formación para ser analistas de conducta. Los estudiantes requieren una formación en las habilidades fundamentales que son necesarias para aplicar el análisis de conducta. La preparación sistemática de los programas de supervisión durante la preparación de los aspirantes a analistas de conducta proporciona a los alumnos las habilidades necesarias para supervisar a futuros estudiantes. Dentro de esas habilidades, es fundamental la capacidad de formar a otros para lidiar con situaciones éticas a medida que surgen y elegir la mejor solución tras evaluar exhaustivamente el escenario ético. Este estudio demostró el éxito de la aplicación del entrenamiento en habilidades conductuales como medio para formar a estudiantes usando una lista de comprobación al evaluar los escenarios éticos. Estos métodos pueden ser de gran valor tanto para estudiantes como para profesionales en ejercicio que desean mejorar el nivel ético de su práctica clínica y su actividad como supervisores.

9 MÉTODOS DE INSTRUCCIÓN BASADOS EN LA EVIDENCIA PARA ABORDAR INFRACCIONES ÉTICAS[1]

Kimberly A. Schreck | Jonathan W. Ivy | Thomas Zane

Resumen

El análisis de conducta cuenta con un Código Ético (Behavior Analyst Certification Board, 2020), cuyo estudio es obligatorio para los cursos de certificación, y constituye además una norma para los analistas de conducta profesionales. Sin embargo, no existe ninguna práctica basada en la evidencia sobre cómo enseñar ética, ni tampoco sobre cómo abordar conductas poco éticas por parte de terceros. Este artículo evalúa la eficacia de programas de formación en ética del análisis de conducta desarrollados a partir de la instrucción basada en la evidencia en otros campos, el entrenamiento en habilidades conductuales o la aplicación de gamificación. Comparemos el grado en que mejoraron los estudiantes de tres universidades en la realización independiente de conductas para abordar el comportamiento poco ético. Los resultados indicaron que el método de instrucción influyó significativamente sobre la independencia de los estudiantes a la hora de abordar conductas poco éticas. Al tratarse de la primera investi-

[1] Schreck, K. A., Ivy, J. W., & Zane, T. (2023). Teaching behavior analysts to address unethical behavior: Developing evidence-based ethics instructional methods. *Behavior Analysis in Practice.* https://doi.org/10.1007/s40617-023-00845-6

gación que evalúa métodos eficaces de instrucción en ética profesional del análisis de conducta, el artículo ofrece líneas futuras para la enseñanza de contenido ético basada en la evidencia en el análisis aplicado de conducta.

Para garantizar que los analistas de conducta actúan de forma ética y pueden diferenciar el comportamiento ético del que no lo es, la BACB ha ido desarrollando una serie de códigos éticos. El actual código ético para analistas de conducta (BACB, 2020) establece que los analistas deben comportarse de forma ética de acuerdo con dicho código y abordar los problemas éticos a medida que se dan. Este documento clasifica los principios éticos fundamentales (es decir, tratar bien a los demás; compasión, dignidad y respeto; comportarse con integridad y garantizar la propia competencia) y las conductas éticas. Para comportarse de forma ética, el código ético asegura que los analistas deben identificar y definir los posibles problemas éticos, reconocer sus posibles riesgos, identificar a los individuos implicados, abordar las cuestiones éticas dentro de variables contextuales y educar a los demás sobre ética y conducta profesional.

El código ofrece un proceso de toma de decisiones para abordar los posibles problemas éticos y sugerencias para la gestión de infracciones éticas (por ejemplo, obtener datos y documentación, determinar y evaluar los pasos de las acciones e intervenciones, cumplir leyes y reglamentos sobre licencias,). Además de estas recomendaciones para abordar situaciones poco éticas, el texto proporciona varios códigos relevantes y específicos que ordenan directa e indirectamente que los analistas de conducta deben intentar intervenir cuando observen posibles infracciones éticas (por ejemplo, el punto 1.02, "Cumplir los requisitos legales y profesionales"; el 2.10, "Colaborar con colegas"; el 2.19, "Abordar las condiciones que interfieren en la prestación de servicios"; el 3.01, la "Responsabilidad ante los clientes"). Así pues, el Código Ético define e identifica los requisitos éticos y algunas sugerencias generales sobre lo que los analistas de conducta deben hacer para corregir las infracciones éticas que observen.

Aunque el código ofrece sugerencias generales para abordar las conductas poco éticas, las investigaciones sobre ética profesional y sobre el abordaje de conductas poco éticas por parte de terceros siguen siendo en su mayoría sugerencias. Los especialistas en ética conductual sugieren que la ética aplicada en este campo debería incluir la definición de conductas y procesos; la identificación de cuestiones y principios éticos complejos; la determinación de las posibles repercusiones de las conductas poco éticas desde múltiples puntos de vista; y, por último, el tratamiento directo de las cuestiones éticas (Bailey, 2021; Bailey & Burch, 2016, 2022; Brodhead, 2015; Brodhead & Higbee, 2012; Kelly et al., 2020; Romanczyk, 2017; Rosenberg & Schwartz, 2019; Schreck & Miller, 2010). Sin embargo, no existe ninguna investigación analítico-conductual en la actualidad que evalúe empíricamente métodos para enseñar a los estudiantes a identificar y abordar estas preocupaciones éticas en entornos aplicados. Dada la escasez de investigación relacionada con cómo enseñar a identificar y abordar dichas situaciones, los instructores de análisis aplicado de conducta deben apoyarse en la investigación dentro de campos profesionales y científicos de servicios similares (por ejemplo, la psicología) donde se han identificado componentes críticos para la instrucción ética. Estos componentes incluyen acciones como la identificación de los problemas éticos y los códigos pertinentes, la determinación de soluciones éticas y el abordaje de conflictos éticos.

Formación ética en campos afines

La investigación en campos afines al análisis de conducta ha apoyado una diversidad de componentes para su inclusión en clases y seminarios de instrucción ética. Esta investigación ha identificado que la instrucción ética eficaz incluye el uso de enfoques basados en casos (por ejemplo, Antes et al., 2009; Medeiros et al., 2017; Mulhearn et al., 2017; Watts et al., 2017); diversos métodos instruccionales que incluyen el aprendizaje experimental, la práctica y el desarrollo de habilidades a lo largo del curso (por ejemplo, Antes et al., 2009; Christensen et al, 2017; Mulhearn et al., 2017; Watts et al., 2017); múltiples actividades de aprendizaje (por ejemplo, Antes et al., 2009; Watts et al., 2017); actividades en grupo e individuales (ver Medeiros et al, 2017; Watts et al., 2017); predicción o previsión de los efectos (como Mulhearn et al., 2017); y la instrucción de contenidos específicos del campo (por ejemplo, Mulhearn et al., 2017; Watts et al., 2017). Además de sugerir componentes instruccionales necesarios, esta investigación ha identificado componentes sin éxito de la instrucción ética. La investigación no ha apoyado los cursos exclusivamente académicos y didácticos (por ejemplo, Antes et al., 2009; Watts et al., 2017), ni los debates y las discusiones éticas filosóficas (como Medeiros et al., 2017; Mulhearn et al., 2017; Watts et al., 2017).

¿Qué faltan en la instrucción ética en campos afines?

Aunque existen investigaciones sobre los componentes necesarios para la instrucción ética en campos similares a ABA, la mayoría de las investigaciones se han centrado en la identificación de cuestiones éticas (Antes et al., 2009; Medeiros et al., 2017; Steele et al., 2016; Watts et al., 2017) y en la toma de decisiones o el razonamiento cognitivo (Antes et al., 2009; Medeiros et al., 2017; Ritter, 2006; Steele et al., 2016; Watts et al., 2017). Esta investigación sobre instrucción ética no cuantifica los cambios en la conducta ética de los estudiantes. Tradicionalmente la formación en este área no ha medido la aplicación práctica de conductas éticas o el abordaje de conductas poco éticas en los demás, sino que se ha centrado en la identificación y razonamiento relacionados con conductas éticas (Steele et al., 2016).

Guías para la formación ética de analistas de conducta

Basándose en la investigación de campos similares y en sugerencias de los especialistas en ética conductual para una instrucción exhaustiva y eficaz, la instrucción ética conductual podría incluir: objetivos específicos de instrucción; contenidos específicos de ética (por ejemplo, instrucción ética específica de ABA y escenarios de casos específicos); retroalimentación frecuente; y métodos instruccionales variados (por ejemplo, aprendizaje experimental con oportunidades de participar en conductas objetivo, múltiples actividades, objetivos conductuales específicos, combinaciones de actividades grupales e individualizadas y predicción de efectos). Además de generalizar la investigación de campos relacionados, la instrucción en ética de analistas de conducta debería utilizar métodos instruccionales de técnicas analítico-conductuales basadas en la evidencia (independientes de la instrucción en ética). El uso de estas técnicas puede proporcionar un marco instruccional robusto para la formación en ética. En concreto, este enfoque podría incluir la instrucción de contenidos de ética específicos de ABA y diversos métodos instruccionales basados en ABA o similares (como el entrenamiento en habilidades conductuales y la gamificación).

Escenarios éticos

Sobre la base de las sugerencias de investigación en campos relacionados mencionados anteriormente, una instrucción eficaz en ética conductual debería incluir instrucción específica para cada campo y escenarios para cada caso (por ejemplo, Antes et al., 2009; Medeiros et al., 2017; Mulhearn et al., 2017; Watts et al., 2017). Los instructores de ética disponen de muchas fuentes a partir de las cuales desarrollar los escenarios. Principalmente, pueden encontrar una instrucción específica en el actual Código Ético (BACB, 2020). Podrían también desarrollar sus propios escenarios para utilizarlos en la instrucción, también pueden recurrir a textos con ejemplos (p.ej., Sush & Najdowski, 2021).

Actividades de aprendizaje

Una vez que los instructores de ABA identifican el contenido específico y los escenarios de casos, deben desarrollar un curso de ética de analistas de conducta para incluir la instrucción basada en la evidencia, como el aprendizaje experimental, las múltiples actividades, los enfoques específicos de conductas, las combinaciones de actividades grupales e individualizadas y la predicción de efectos (por ejemplo., Antes y otros, 2009; Christensen y otros, 2018; Medeiros y otros, 2017; Mulhearn y otros, 2017; Watts y otros, 2017). Abordar estos métodos de instrucción desde un enfoque analítico-conductual requiere que los instructores de ética definan las conductas observables para identificar los problemas éticos, abordar situaciones, prevenir problemas éticos y evaluar intervenciones éticas que funcionen (Brodhead & Higbee, 2012).

Enfoques instruccionales

Para abordar estas necesidades de los cursos de ética, un enfoque de entrenamiento en habilidades conductuales (por ejemplo, Miles & Wilder, 2009) podría ser beneficioso. La investigación ha demostrado que dicha formación es eficaz en la enseñanza de diversas habilidades, como las habilidades sociales en niños diagnosticados con autismo (por ejemplo, Dogan et al., 2017), el placaje en el fútbol (Tai & Miltenberger, 2017), los simulacros de evacuación en centros educativos (Dixon & Vargo, 2017) y diversas habilidades laborales (ver Parsons et al., 2012, 2013). La generalización de los componentes del entrenamiento en habilidades conductuales a la instrucción ética implicaría: describir las habilidades éticas específicas que deben enseñarse (por ejemplo, citar los elementos relevantes del código o hacer sugerencias específicas); proporcionar descripciones escritas de las habilidades éticas (por ejemplo, cómo acercarse a un analista de conducta que pueda estar mostrando una falta de ética, decidir las acciones que deben tomarse); practicar y demostrar las habilidades y conductas éticas con los datos correspondientes sobre el rendimiento; y dar opiniones sobre el rendimiento de los estudiantes (Parsons et al., 2012, 2013). Las primeras investigaciones indican que el uso de entrenamiento en habilidades conductuales puede ser eficaz para identificar y evaluar escenarios éticos (ver Piazza et al., 2023 en el capítulo previo).

Métodos adicionales pasan por incorporar el aprendizaje experiencial, las actividades múltiples, o la gamificación. La gamificación se ha considerado una estrategia de aprendizaje utilizada en juegos digitales (videojuegos) y no digitales (simulaciones, juegos de mesa, juegos de cartas) para aprender material académico (Dicheva et al., 2015; Wiggins, 2016). Aunque no es una técnica específica de ABA, los fundamentos filosóficos de la gamificación implican conceptos conductuales como: aumentar la motivación (operaciones de establecimiento); mejorar el aprendizaje (adquisición de destrezas conductuales, conductas definidas de forma operacional); aumentar las respuestas mediante programas de reforzamiento (recompensas, puntos, insignias, programas de razón fija, programas de razón variable); participar en la repetición experimental y social de conductas con una retroalimentación constructiva y sin errores (incitación, aprendizaje sin errores, entrenamiento en habilidades conductuales); ofrecer reglas y límites a las conductas; y, por último, ilustrar el progreso, objetivos o nivel de destreza esperado con claves visuales (recopilación de datos y niveles de dominio; Alsawaier, 2017; Dicheva et al, 2015; Morford et al., 2014; Wiggins, 2016). La investigación sugiere que la gamificación puede servir en contextos educativos para aumentar la motivación y el aprendizaje de conductas, especialmente si los juegos implican ficción (por ejemplo, una narrativa o historia, escenarios de casos de clases de ética), interacciones sociales (competición o colaboración) y aprendizaje experimental (Dicheva et al., 2015; Sailer & Homner, 2020). Estos estudios sugieren la eficacia de la gamificación, aunque indican la necesidad de realizar más investigaciones con diseños experimentales rigurosos, especialmente en entornos de educación superior (Sailer & Homner, 2020).

El uso de estos métodos instruccionales variados (entrenamiento en habilidades conductuales y gamificación) para enseñar contenidos éticos de ABA y para afrontar conductas poco éticas en otras personas puede considerarse como hipotéticamente eficaz. Sólo se ha podido encontrar un ejemplo publicado de informes empíricos sobre la eficacia del aprendizaje experiencial específico, conductas definidas de forma conductual para afrontar situaciones éticas en el lugar de trabajo y ejemplos de métodos instruccionales (Piazza et al., 2023, ver capítulo anterior). En el presente estudio evaluamos de forma preliminar un sólido enfoque instruccional de ética para analistas de conducta que incluye métodos instruccionales sugeridos por la investigación (por ejemplo, instrucción didáctica de habilidades, entrenamiento en habilidades conductuales y gamificación básica) para enseñar contenidos específicos de ética y estrategias para abordar conductas poco éticas. En concreto, el objetivo consistió en enseñar a los estudiantes a acercarse a otras personas que tuvieran conductas poco éticas y a resolver dichas incidencias.

Método

Participantes y entorno

Los participantes eran estudiantes de posgrado matriculados en cursos de ética en ABA en tres universidades diferentes que ofrecían un máster en análisis de conducta ($N = 52$). Se obtuvo el consentimiento informado de los estudiantes matriculados en cada una de las tres universidades. Cada programa se designó como una secuencia de cursos verificada. Los instructores de los tres cursos eran analistas de conducta certificados.

La primera universidad era un campus de tamaño medio de un sistema universitario público situado en el centro de Pensilvania. El instructor impartía este curso presencial durante un semestre que duraba 16 semanas. El aula estaba equipada con filas de pupitres y sillas, orientadas hacia la parte delantera del aula. En la parte delantera de la sala había un podio con un ordenador y un proyector. Once estudiantes graduados de primer año de la universidad 1 (mujeres = 9, hombres = 2) participaron en el estudio. Para la mayoría de los estudiantes, el curso de ética se realizó dentro de los cuatro primeros cursos de la secuencia de titulación.

La universidad 2 estaba en Kansas y ofrecía la clase en formato online durante un semestre de 16 semanas. La cohorte de participantes en esta universidad estaba formada por 17 estudiantes de posgrado (mujeres = 15; hombres = 2). Para la mayoría de los estudiantes, el curso de ética era el primero de la carrera.

Por último, la universidad 3 era una pequeña universidad de Massachusetts, que también ofrecía la clase en formato online durante un semestre de 11 semanas. La cohorte de participantes estaba formada por 24 alumnos de licenciatura. Para la mayoría de los estudiantes, el curso de ética era el primero de la carrera.

Materiales

Escenarios éticos

Los autores desarrollaron escenarios que describían infracciones éticas para los días de simulación de la prueba y para las posteriores a la instrucción (ver ejemplos de escenarios en la Tabla 1). Los escenarios de la prueba fueron idénticos en todas las universidades y contenían infracciones potenciales de múltiples apartados del Código Ético (BACB, 2020). Los escenarios para la formación de un día de simulación presentaban infracciones éticas que correspondían a secciones específicas del Código Ético (por ejemplo, Apartado 1- Responsabilidad como profesional) programadas para varias sesiones de clase en las que se trataban esos apartados. Se desarrolló al menos un escenario de código ético para cada apartado del Código Ético (Apartados 1-6). Los instructores desarrollaron escenarios de intervención, utilizando un formato similar, para sus respectivas clases. El contenido de los escenarios procedía de materiales de cursos anteriores, experiencias personales y materiales publicados (libros de texto, artículos). Los escenarios posteriores a la instrucción incluían infracciones éticas en todo el código y consistían en una combinación de escenarios desarrollados por el instructor (universidades 2 y 3) y escenarios de la vida real obtenidos de analistas de conducta en ejercicio (universidad 1).

Tablas de respuesta

Las posibles respuestas de los analistas a los que se les planteó una conducta poco ética se construyeron para ser utilizadas dentro de las simulaciones de prácticas basadas en experiencias profesionales con la confrontación ética. Las opciones "Respuesta a la confrontación inicial" (ver Tabla 2) y "Respuesta al cuestionamiento continuado" (ver Tabla 3) contenían cada una seis tipos de respuesta que debía promulgar el analista de conducta que incurría en infracciones éticas (es decir, el analista de conducta infractor: OBA). Cada tipo de respuesta tenía una etiqueta y ejemplos de lenguaje corporal, frases o características de respuesta. A los seis tipos de respuesta de cada tabla se les asignó un número del 1 al 6.

Guion

Los autores desarrollaron un guion para que se correspondiera con los dos primeros pasos del entrenamiento en habilidades conductuales, describiendo la habilidad objetivo y proporcionando una descripción escrita de dicha habilidad (Parsons et al., 2012). El guion describía ocho pasos para abordar una infracción o dificultad ética (ver tabla 4). Los pasos se clasificaron en tres fases: (1) preparación; (2) presentación inicial del problema; y (3) escucha y resolución. Cada fase correspondía a un paso del guion. Los instructores construyeron los componentes de los pasos de este guion basándose en las variables de confrontación descritas por Keith-Spiegel (2013). También incluía una columna para la recogida de datos. Cada paso tenía una casilla correspondiente para que el recopilador de datos puntuara las respuestas correctas independientes (+), las respuestas incorrectas (-), las respuestas correctas provocadas (+P) y las respuestas incorrectas provocadas (-P).

La validez social del guion fue evaluada antes del inicio del estudio por siete expertos en el campo de la ética del análisis aplicado de conducta (miembros del consultorio de dilemas éticos de ABA,

Tabla 1 Ejemplos Resumidos de Escenarios

CONDICIÓN	ESCENARIOS DE EJEMPLO
Líneabase	Bill es un hombre de 25 años con autismo que ha tenido hábitos de sueño variables en los últimos meses. Se despierta varias veces por la noche. Afortunadamente, vuelve a dormirse y el sueño interrumpido no parece interferir con la vigilia ni la energía al día siguiente. Recientemente, al despertarse por la noche, se ducha. Es independiente en la ducha. No tiene compañero de cuarto. El BCBA en su caso informa al personal que se niegue a dejar que Bill se duche solo debe ducharse antes de acostarse o al despertar.
Ejemplos de intervención	Decides asistir a un taller muy publicitado por un BCBA (quien también se anuncia como "terapeuta ecléctico certificado"). Durante el taller, el BCBA recomienda el uso combinado de procedimientos que no están empíricamente verificados como efectivos para tratar conductas o déficits de comunicación en niños con autismo. Esto incluye usar integración sensorial, suplementos, etc., en coordinación con programación ABA. Tu agencia clínica está consultando con el Sr. Famoso, quien desarrolló el tratamiento "pan rebanado" para evaluar y tratar a cada cliente. Tu jefe y el Sr. Famoso te dicen que necesitas entregar tus gráficos y datos para que sean revisados. Sabes que el tratamiento "pan rebanado" puede ser investigado. Tu jefe quiere que uses el tratamiento en todos los clientes. Tu jefe y el Sr. Famoso están interesados en publicar el tratamiento y el jefe obtendrá más honorarios de consultoría (por ejemplo, más clientes, más fama).
Sondeos de post-intervención	Descubres que tu supervisor, quien es BCBA, mantiene una relación sexual con el padre de uno de sus antiguos clientes. La relación comenzó antes del alta del cliente y continúa después. Estás trabajando con un adulto que recibe servicios ABA en el hogar. Su equipo requiere que el RBT esté físicamente presente en el dormitorio del hijo para tomar datos. Los padres han pedido al BCBA que no se requiera al RBT por privacidad. Un RBT se acerca a ti (BCBA) y te dice que su supervisor altera o destruye los datos de comportamiento. Los padres solo ven los datos alterados. No entienden por qué los comportamientos de su hijo solo se describen como diferentes en la escuela y no en casa. El BCBA dice a los padres que su hijo simplemente actúa de forma diferente en la escuela.

Tabla 2 Respuestas Conductuales a una Confrontación Inicial

TIRADA DE DADO	TIPO DE CONDUCTA	EJEMPLOS DE LENGUAJE CORPORAL Y CONDUCTA	EJEMPLOS VERBALES
1	Evasiva	Manos en la cabeza, cabeza hacia abajo, mirada evitativa	Cambiar de tema, negar el evento, reinterpretar o reformular como una conducta "menos objetable"
2	Despectiva	Suspirar, poner los ojos en blanco, recostarse en la silla	No es gran cosa, todo el mundo lo hace, no hace daño a nadie
3	Defensiva	Brazos cruzados, ceño fruncido, sentarse atrás en la silla, elevar la voz	No es gran cosa, todo el mundo lo hace, no hace daño a nadie
4	Nerviosa	Respiración rápida, frotarse las manos, morderse las uñas	Uhhh..., titubeo, Bueno... Excesivamente disculpándose, esto me molesta, cambiar de tema
5	Confundida	Cejas fruncidas, encogerse de hombros, manos en la cara, fruncir el ceño, mirar al vacío	No entiendo lo que dices, ¿puedes repetirlo? ¿cuál es el problema aquí?
6	Agresiva o Confrontacional	Cara enojada, brazos cruzados, negar con la cabeza, burlarse, interrumpir, elevar la voz, inclinarse hacia adelante, contacto visual directo	¿Quién te nombró policía de la ética? ¿Por qué me atacas? Seguro que tú tampoco eres perfecto. No es asunto tuyo.

autores publicados sobre ética). Los expertos proporcionaron respuestas en una escala Likert de 5 puntos (es decir, definitivamente no apropiado a definitivamente apropiado) para cada componente del guion. La respuesta media para la validez social fue de 4,6 sobre 5 preguntas posibles. Los revisores aportaron sugerencias para condensar el guion original y proporcionar ejemplos adicionales de conductas y una redacción específica. Las sugerencias de los expertos en ética conductual se resumieron y se aplicaron todas las sugerencias al final.

Variable dependiente y medida

El número de pasos del guion completados de forma independiente (+) fue la variable dependiente principal. Un paso se puntuaba como completado de forma independiente si un alumno realizaba

Tabla 3 Respuestas ante el cuestionamiento ético.

DADO	ESTILO DE RESPUESTA	EJEMPLOS POSIBLES
1	Comprensión inadecuada del código ético	"El código ético dice que debemos colaborar con otros." "Has visto en otros talleres múltiples pruebas de que este tratamiento es efectivo (*Google, Blogs*, capacitaciones internas, etc.)"
2	Confundido	Actúa como si no tuviera idea de lo que habla el CBA; quieres comportarte éticamente pero no entiende por qué piensan que su acción no es ética.
3	Evasivo	Evita el conflicto, es beligerante o confrontacional
4	Comprometido	"¿Y si hiciera esto...?" en lugar de "...". En este caso puede modularse el nivel de compromiso (positivo o negativo)
5	Competitivo	"¿Y tú qué? Vi que tú hiciste..."
6	Colaborador	Habla con el CBA sobre lo que se puede ha

una conducta sin ningún tipo de ayuda, tal y como se describía en el documento. Por ejemplo, un saludo se puntuaba como completado de forma independiente si un alumno decía el nombre del analista de conducta agresor y un saludo de uso común (por ejemplo, "Hola Mark"). Un saludo se puntuó como incorrecto (-) si el alumno empezaba a tratar la preocupación ética sin reconocer primero a la otra parte. Las respuestas no tenían que producirse en un orden prescrito.

En el caso de la universidad 1, los datos fueron recogidos durante las sesiones de clase programadas regularmente por un recopilador de datos estudiantil (ver más adelante los procedimientos para la descripción de la participación de los estudiantes).

Los recopiladores de datos alternativos (es decir, un analista de conducta con doctorado o máster) ayudaron a recopilar los datos de la líneabase. Todos ellos recibieron una formación por parte de los investigadores. En las universidades 2 y 3, los instructores recopilaron dichos datos revisando los vídeos que los estudiantes colgaban en la página web de gestión del curso.

Procedimientos para la líneabase y prueba previa

Durante la sesión de clase inicial, los instructores ofrecieron una visión general del proyecto y distribuyeron documentos de consentimiento informado. Cabe destacar que esta visión estaba guionizada. El instructor informó a los alumnos de que, como parte de la clase, participarían en simulaciones (por ejemplo, juegos de rol) para abordar las preocupaciones éticas y las infracciones.

Tras la introducción de las simulaciones y los procedimientos para obtener el consentimiento informado, el instructor realizó una prueba preliminar. El instructor dividió la clase en grupos de dos o tres alumnos y asignó papeles iniciales a cada miembro. Los papeles consistían en el analista de conducta infractor (es decir, OBA: el analista de conducta que realizaba conductas poco éticas) y el analista de conducta confrontado (es decir, CBA: el analista de conducta que abordaría al analista de conducta infractor sobre el problema ético). Para cada grupo, se asignó aleatoriamente un escenario, entre tres opciones disponibles, utilizando el lanzamiento de un dado. A CBA y OBA se les presentó un escenario. Tras presentarlos, los investigadores lanzaron los dados para determinar los tipos de respuesta de OBA (ver Tablas 2 y 3) para proporcionar diferencias y aleatorización en las respuestas a través de las confrontaciones. A continuación, se instruyó al analista para que abordara la preocupación ética con OBA.

No se permitieron más de 15 minutos para completar un escenario. Ni los investigadores ni los instructores dieron pistas, comentarios ni corrección de errores durante la prueba. En caso de que un alumno hiciera una pregunta, el investigador decía algo como: "Intente hacerlo lo mejor posible" o "No puedo responder a esa pregunta ahora mismo". Ambos analistas intercambiaron sus papeles hasta que todos los alumnos tuvieron la oportunidad de participar como analista confrontado. Los datos fueron recogidos por instructores y analistas formados con un máster.

Tabla 4 Guion para abordar un problema ético.

FASE	CONDUCTA
Preparación	Paso 1 Decir en voz alta antes del paso 2: a. Estoy cumpliendo con mis responsabilidades éticas profesionales. b. Estoy previniendo daño a los clientes o a la credibilidad de mi campo. c. Estoy ayudando a mi colega; no creo que sea malintencionado ni poco ético; creo que puede ser un error honesto.
Presentación inicial del problema	Paso 2 Saludar al analista de conducta involucrado Paso 3 Decir algo sincero y positivo sobre el analista o sus habilidades Paso 4 Iniciar la conversación: "¿Puedo preguntarte algo? Me preguntaba qué sabías sobre la situación X." Paso 5 Describir la información que tienes objetivamente, sin culpas ni críticas, mostrando interés genuino Paso 6 Pedir la respuesta o interpretación del analista de conducta. Escuchar con atención. Si la respuesta es satisfactoria, se cierra la situación
Oír y resolver	Paso 7 Después de la respuesta, decidir si el asunto está resuelto o si necesitas seguir preguntando: a. Hacer preguntas adicionales b. Si el problema continúa, sugerir opciones c. Si el analista concede el punto ético, usar una frase reflexiva: "Me alegra que estemos de acuerdo. ¿Qué sigue ahora?" d. Si el analista te convence de que no hay dilema ético, usar una frase de cierre: "Entiendo." Paso 8 Finalizar la conversación con una frase profesional, como: – "Gracias sinceramente por dialogar conmigo." – "Ahora comprendo mejor." – "Aprecio que me escucharas."

Instrucción del curso

En las reuniones del curso inmediatamente posteriores a la prueba, los estudiantes recibieron instrucción relacionada con el Código de Ética para Analistas de Conducta (BACB, 2020), información relacionada con la conducta ética y cómo abordar los posibles dilemas que pudieran surgir en el trabajo profesional. En cada curso, los instructores proporcionaron instrucción didáctica sobre los fundamentos, las definiciones y las aplicaciones de la ética en cada uno de los apartados del Código Ético en orden numérico (es decir, Apartado 1, 2, etc.). Durante la clase, cuando no participaba en simulaciones o en la recogida de datos, el instructor realizaba su clase como de costumbre. Esto incluía participar en debates en clase, repasar los códigos éticos y evaluar las aplicaciones de los códigos éticos a situaciones del mundo real.

Jornadas de estimulación y formación

Para instruir sobre cómo abordar conductas poco éticas en otras personas, los instructores de la universidad realizaron prácticas de simulación diarias. Antes de participar en las sesiones, los instructores realizaron una práctica utilizando el entrenamiento en habilidades conductuales (Parsons et al., 2012, 2013) sobre cómo aplicar el guion. Esta formación tuvo lugar en diferentes momentos del semestre en cada universidad, pero generalmente comenzó en la segunda o tercera semana del semestre y continuó durante unas semanas. Al principio, los instructores explicaron los fundamentos del guion (por ejemplo, la importancia de saber cómo intervenir en situaciones poco éticas, cómo prevenir posibles daños a los clientes). A continuación, los instructores describieron cada uno de los pasos del guion necesarios para dirigirse a un analista de conducta o a un técnico que pudiera estar incurriendo en conductas poco éticas. El tercer paso consistió en que el instructor representara un escenario mientras explicaba los pasos del guion. La práctica de los pasos de este documento se produjo a través de la práctica directa a lo largo de los cursos. Tanto los estudiantes como los instructores proporcionaron una retroalimentación verbal y visual (revisión de los datos del guion) sobre lo bien que el estudiante se adhería a dicho guion.

Tras la instrucción didáctica de los apartados del Código Ético (por ejemplo, Apartado 1: Responsabilidad como profesional), los instructores realizaron jornadas de simulación durante periodos seleccionado en las clases. Durante los días de simulación, los alumnos practicaron cómo abordar diversas infracciones éticas. Dentro de las secciones del Código Ético con información significativa, es posible que se realizara más de un día de simulación (Apartados 2 y 3). Durante algunos días de simulación, los alumnos tuvieron múltiples opciones de escenarios éticos (ver Tabla 1 para tener más ejemplos).

Antes de cada día de simulación, se proporcionó a los estudiantes el escenario o los escenarios, el guion y las tablas de preparación. Antes del día del simulacro, los estudiantes tuvieron un trabajo de preparación específico para el escenario asignado que incluía: identificar el Código Ético (BACB, 2020) relevante para el escenario; determinar la gravedad de la infracción; evaluar a las partes interesadas o interlocutores; desarrollar planes de contingencia para la escalada de la confrontación (por ejemplo, los pasos siguientes si no se resolvía el enfrentamiento); determinar las habilidades profesionales necesarias para participar en el enfrentamiento; dilucidar el riesgo de participar en el enfrentamiento; y desarrollar un análisis de tareas personalizado relacionado con cada una de las posibles reacciones del analista de conducta infractor (ver cuadros 2 y 3). Partes de estos pasos de preparación se desarrollaron y ampliaron a partir de sugerencias publicadas (por ejemplo, Bailey & Burch, 2016, 2022).

El día del simulacro, los estudiantes se agruparon en parejas o en tríos que fueron rotando para cada simulacro. En cada trio, los estudiantes actuaron como OBA, CBA y recopilador de datos. En las parejas, los estudiantes actuaron como OBA o CBA y el instructor actuó como recopilador de datos. Para las clases presenciales, las simulaciones se realizaron en un aula estándar. Para las clases en internet, las simulaciones se realizaron en salas de descanso o se grabaron en vídeo y se enviaron. Antes de comenzar la simulación, cada alumno revisó el escenario. Antes de que el analista confrontado comenzara la presentación inicial del escenario y el guion (ver Tabla 4), el infractor lanzó un dado para determinar el tipo de respuesta durante la presentación inicial del problema (ver el Tabla 2). El confrontado también lanzó el dado para determinar sus respuestas a la sección de Escucha/Resolución del escenario (ver Tabla 3).

Una vez finalizada la simulación, los alumnos de los tríos o emparejamientos ofrecieron comentarios verbales y visuales, tratando hasta qué punto el analista infractor había seguido el guion. El OBA, el recopilador de datos o el instructor dieron comentarios verbales positivos y constructivos sobre la calidad de la aplicación del guion por parte del CBA. Tras la finalización del escenario, los alumnos escribieron resúmenes del producto de la confrontación (por ejemplo, una nota de progreso resumiendo la confrontación, un correo electrónico al OBA o un plan de los "próximos pasos" para un escenario no resuelto). Los estudiantes recopilaron datos para un número variable de simulacros de formación en las tres universidades, desde ninguno (universidad 3) hasta seis (universidad 1).

Sondeo posterior a la instrucción

Se realizó un sondeo posterior a la instrucción hacia el final del semestre para evaluar la eficacia de la instrucción y la práctica con simulación. Se obtuvieron escenarios novedosos de instructores y analistas de conducta en ejercicio que representaban posibles infracciones éticas en todos los apartados del Código Ético (BACB, 2020). Estos escenarios proporcionaban dilemas de la vida real que no estaban asignados específicamente a una sección concreta del código. Esto requirió que los estudiantes se prepararan e identificaran los códigos éticos apropiados en la totalidad del documento. Además, los sondeos posteriores a la instrucción no contenían comentarios ni ayudas. Durante el sondeo realizado tras la instrucción, los alumnos completaron todos los procedimientos relacionados con la preparación, simulación y finalización, tal y como se realizaron durante los días de simulación de la práctica.

Diseño experimental

El resultado de la práctica de simulación se evaluó mediante dos métodos. En primer lugar, se construyó una prueba previa y posterior para permitir la comparación estadística entre las tres clases universitarias. Este análisis permitió la comparación estadística entre la instrucción previa y la posterior. Además, se utilizó una prueba en los diseños de grupo (por ejemplo, Perone & Hursh, 2013) para proporcionar un análisis más tradicional dentro de los sujetos en todas las universidades para las sondeos anteriores a la prueba, práctica de simulación y posterior a la formación.

Acuerdo entre observadores

El acuerdo entre observadores (AEO) se evaluó para el 60% de todas las simulaciones (universidad 1), el 33% de todas las simulaciones (universidad 2) y el 33% de todas las simulaciones (universidad 3). El AEO fue medido por los instructores y los estudiantes graduados dentro de la clase. Los recopiladores de datos del AEO puntuaron de forma independiente el número de pasos del guion completados de forma independiente por los analistas durante las simulaciones. Los coeficientes de AEO se calcularon utilizando el recuento total de pasos de guion completados de forma independiente. El menor número de pasos de guion completados de forma independiente (+) se dividió por el mayor número de pasos completados de forma independiente (+) y se multiplicó por 100. El AEO medio de la universidad 1 fue del 96% (rango = 86%-100%), el de la universidad 2 fue del 94,5% (rango = 75%-100%), el de la universidad 3 fue del 95% (rango = 75%-100%).

Análisis de datos y resultados

Aunque los analistas de conducta suelen considerar que el análisis estadístico es único en la investigación conductual (como Fisher y Lerman, 2014), proporciona un apoyo adecuado para evaluar un análisis a nivel grupal que compara las pruebas previas y posteriores en las tres universidades. Para determinar si la instrucción en ética ABA tuvo como consecuencia una mejora estadísticamente significativa en las respuestas de los estudiantes, se realizó una "prueba t" *de* muestras emparejadas. Esta prueba evaluó la diferencia entre la finalización independiente inicial de los pasos del guion por parte de los estudiantes y su finalización de los pasos al concluir las clases de ética en ABA. Los resultados indicaron una diferencia significativa entre las respuestas independientemente correctas a los pasos del guion antes de la práctica (M = 3,04; SD = 1,699) y las respuestas independientemente correctas después de la práctica (M = 7; SD = 1,398); [t (45) = 12,731, p <,001].

El intervalo de confianza del 95% de la diferencia entre las medias osciló entre 4,58 y 3,33 e indicó una diferencia entre las medias de las muestras. Este análisis estadístico indicó que la mejora de los alumnos en su aplicación independientemente correcta de los pasos del guion se debió a la instrucción y no al azar.

El análisis también se realizó en las distintas fases de la prueba en todos los grupos. Un análisis visual de las comparaciones previas y posteriores entre la prueba preliminar y posterior a la instrucción respaldó el análisis estadístico de la eficacia de la instrucción sobre ética en ABA (ver figuras 1 y 2). En las tres universidades, la finalización independiente de los alumnos aumentó de media de 3 pasos de guion independientes correctos en la líneabase a 7,25 respuestas de guion independientes correctas en la fase de sondeo posterior a la instrucción. Esto indica que las respuestas incorrectas de los alumnos fueron, como promedio, menos de 0,75 de los 8 pasos de guion durante el sondeo posterior a la instrucción. Ver el número de pasos de guion en la Figura 1 completados por cada clase de ética universitaria en la prueba, la práctica y el sondeo tras la instrucción. Además, en cada centro educativo, las respuestas individuales de los estudiantes en la prueba preliminar estaban más distribuidas en el número de pasos completados correctamente que en los sondeos posteriores a la instrucción. Durante los sondeos posteriores, las respuestas individuales de los alumnos se agruparon más hacia los extremos superiores del número de pasos correctos. La Figura 2 muestra la agrupación de las respuestas individuales de los alumnos de cada universidad durante la prueba preliminar y los sondeos posteriores a la instrucción.

El análisis visual de los pasos de guion independientes correctos durante el día de simulación para la universidad 1 y 2 indicó un cambio de nivel desde la prueba preliminar hasta la práctica. Los alumnos de la universidad 1 completaron correctamente 2 de los 8 pasos del guion durante la prueba preliminar, como promedio. Durante el día de simulación, el número de pasos de guion correctos de forma independiente aumentó y se mantuvo en niveles constantemente altos durante toda la práctica (*M* correcto = 7,3 de los 8 pasos de guion). Durante la prueba posterior a la instrucción, los alumnos de la universidad 1 completaron 7,6 de los 8 pasos del guion, como media.

Los estudiantes de la universidad 2, por otro lado, completaron como promedio cuatro de los ocho pasos del guion correctamente durante la prueba preliminar. Durante el día de simulación, el número de pasos de guion correctos de forma independiente completados aumentó y se mantuvo en niveles altos y constantes durante toda la práctica (*M* correcto = 7,5 de los 8 pasos de guion). En la prueba realizada tras la instrucción, los alumnos de la universidad 2 completaron una media de 7,5 de los 8 pasos del guion.

Por último, los estudiantes de la universidad 3 completaron correctamente, como media, tres de los ocho pasos del guion durante la prueba previa. Tras la práctica, el número de pasos de guion correctos completados aumentó como media a 6,5 durante la prueba posterior a la instrucción.

Figura 1 Número medio de pasos del guion realizados correctamente en cada universidad

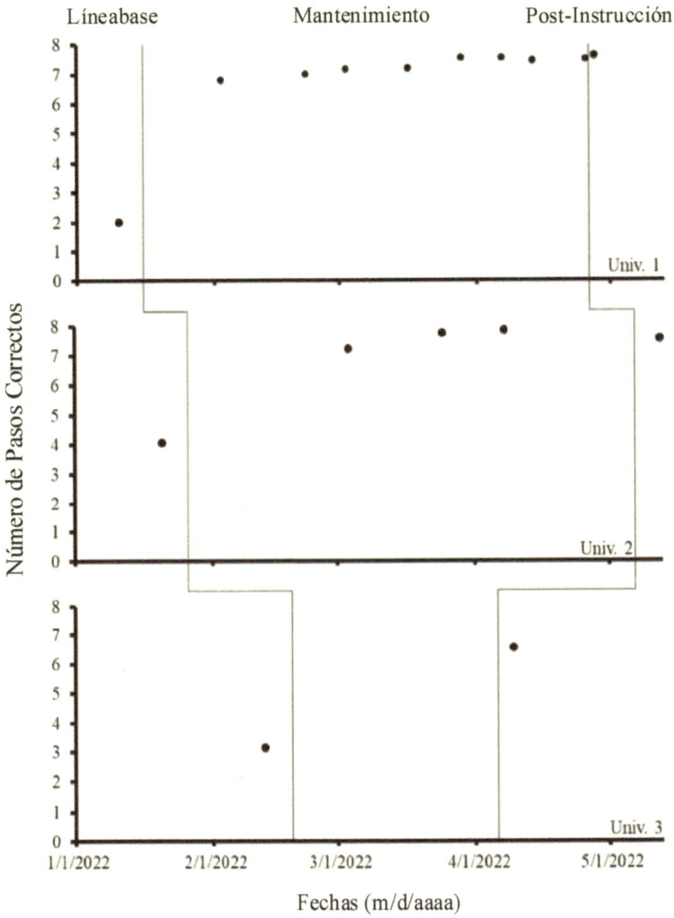

Discusión

El objetivo de esta investigación fue evaluar los efectos de un paquete de intervención instruccional sobre la conducta de abordar las preocupaciones éticas en los cursos de ética a nivel de posgrado de ABA. Este paquete incluía la instrucción estándar del curso (por ejemplo, presentaciones didácticas), entrenamiento en habilidades conductuales, gamificación simple y experiencias de prácticas simuladas. En el estudio participaron estudiantes e instructores de tres universidades diferentes.

Los resultados se determinaron mediante análisis estadísticos y visuales, y mostraron que los tres grupos de estudiantes mejoraron notablemente en la aplicación de los pasos del guion diseñado para abordar a un analista de conducta o técnico que se comporta de forma poco ética. Las tres cohortes universitarias aumentaron sus respuestas correctas independientes al guion (es decir, conductas definidas para abordar conductas poco éticas) desde antes de la instrucción (prueba preliminar) hasta el final de la clase de ética (prueba posterior a la instrucción). Según el análisis visual de las fases que incluían la prueba preliminar, la práctica y la prueba posterior a la instrucción, las múltiples sesiones de formación instruccional con datos (es decir, la universidad 1 y 2) dieron como resultado niveles medios más altos de respuestas correctas independientes en los pasos del guion durante la prueba posterior a la instrucción. Sin embargo, incluso con los simulacros sin datos (es decir, los datos no recogidos por la universidad 3), los aumentos significativos en las respuestas correctas independientes mejoraron desde la prueba preliminar hasta la posterior a la instrucción.

Este estudio proporciona uno de los primeros análisis de la eficacia de un enfoque de instrucción ética respaldado por la investigación (por ejemplo, inclusión de instrucción ética específica en ABA, entrenamiento en habilidades conductuales y gamificación). Este estudio respaldó la instrucción ética en ABA que incluía objetivos instruccionales específicos; contenido ético específico (por ejemplo, instrucción ética específica del campo y escenarios de casos específicos); retroalimentación frecuente; y métodos instruccionales variados (como aprendizaje experimental, múltiples actividades, objetivos conductuales específicos, combinaciones de actividades grupales e individualizadas, predicción de resultados) dieron lugar a un aumento de las respuestas correctas para abordar conductas poco éticas. La inclusión de estos métodos instruccionales dentro de la instrucción ética en ABA proporcionó apoyo probatorio a la investiga-

Figura 1 Número medio de pasos y puntuaciones individuales

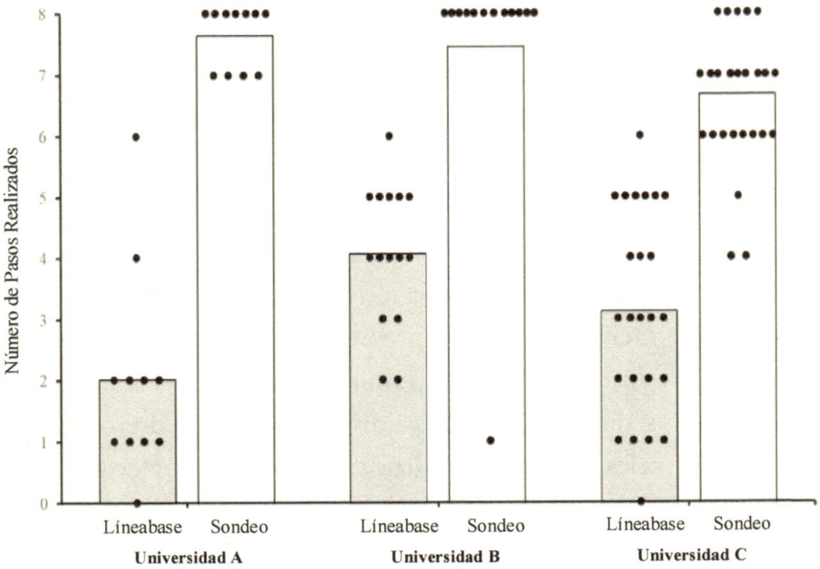

Nota. Los gráficos de barras muestran el número promedio de pasos completados para la línea base (barra gris) y la prueba posterior a la instrucción ("Prueba"; barra blanca). Las puntuaciones individuales a través de los diferentes entornos y condiciones están representadas con círculos negros llenos.

ción sobre instrucción ética basada en pruebas de otros campos (Antes et al., 2009; Christensen et al., 2018; Medeiros et al., 2017; Mulhearn et al., 2017; Watts et al., 2017); las técnicas ABA generalizadas a la ética, como el entrenamiento en habilidades conductuales (Dixon & Vargo, 2017; Dogan et al., 2017; Miles & Wilder, 2009; Parsons et al., 2013; Tai & Miltenberger, 2017); y la eficacia de la gamificación en la instrucción ética (Alsawaier, 2017; Dicheva et al, 2015; Morford et al., 2014; Sailer & Homner, 2020; Wiggins, 2016).

Además, este estudio proporcionó algunas de las primeras investigaciones basadas en ABA para abordar la instrucción de un conjunto de habilidades éticas que están a menudo descuidadas en la instrucción ética. Esta es la de la conducta vocal-verbal, específica al acercarse a una persona que podría estar realizando diversas prácticas faltas de ética (Steele et al., 2016). El guion de la práctica se desarrolló para cumplir las sugerencias de los especialistas en ética conductual sobre lo que debe incluir la instrucción en ética aplicada: conductas y procesos definidos de forma conductual; identificación de cuestiones y principios éticos complejos; determinación de las posibles repercusiones de una conducta poco ética desde múltiples puntos de vista; y, tratamiento directo de las cuestiones éticas (Bailey, 2021; Bailey & Burch, 2016, 2022; Brodhead, 2015; Brodhead & Higbee, 2012; Kelly et al., 2020; Romanczyk, 2017; Rosenberg & Schwartz, 2019; Schreck & Miller, 2010). A lo largo del estudio, la aplicación del guion por parte de los estudiantes mejoró significativamente, lo que proporcionó un apoyo preliminar basado en la evidencia a estas sugerencias de instrucción ética aplicada.

Aunque este estudio parecía ofrecer la primera investigación empírica sobre la instrucción ética basada en ABA, los resultados siguen siendo preliminares debido a varias limitaciones. Por ejemplo, realizar una investigación experimental en varias universidades puede ser un reto importante debido a los formatos en los que se lleve a cabo la instrucción (por ejemplo, presencial, híbrida u online), los programas semestrales y la aplicación del diseño. Así, las diferencias inherentes entre las universidades limitan el grado en el que puede realizarse una comparación directa. Esta limitación es inherente a toda investigación que se lleva a cabo en varios lugares. Por otro lado, el rendimiento de los estudiantes mejoró en cada universidad a pesar de estas diferencias, lo que aumenta la validez externa de los hallazgos. Los futuros estudios que investiguen la eficacia de los métodos instruccionales de ética deberán evaluar el posible impacto de estas variables instruccionales, un diseño de simulación más ajustado, escenarios éticos validados y coherentes en todas las universidades y la repetición de estos resultados.

Otra posible limitación del diseño tuvo que ver con el uso de una única prueba preliminar. Como consecuencia, al realizar una única prueba en cada universidad, no se obtuvo un patrón de respuesta observado en múltiples oportunidades de respuesta (es decir, respuestas de guion en varios escenarios). Dada la finalidad y la estructura de las clases, repetir la prueba preliminar sin instrucción en clase no era posible ni redundaba a favor de los estudiantes. La instrucción en clase (es decir, la intervención relacionada con la ética y el rendimiento del guion) comenzó en cada clase de ética después de la primera sesión. Sin embargo, ya que era poco probable que el rendimiento de los estudiantes mejorara en las múltiples medidas de la prueba preliminar porque el guion y los procedimientos para abordar una infracción ética aún no formaban parte de su historial de aprendizaje, es posible que esto no constituya una limitación significativa.

Además de las limitaciones relacionadas con la prueba preliminar, sigue siendo posible que la repetición de las pruebas pudiera haber supuesto una amenaza para la validez interna. El tamaño de la muestra de este estudio siguió siendo relativamente pequeño y no se pudo realizar el análisis de las características demográficas. Sin embargo, la muestra fue suficiente para el análisis estadístico. La inclusión de este análisis (es decir, la *prueba t de* muestras emparejadas) aumentó la validez del hallazgo y redujo el impacto de la limitación de una única prueba preliminar y de las pruebas repetidas. Sin embargo, sigue existiendo la limitación de que parte de la mejora de los alumnos podría explicarse por la repetición de las prácticas.

La eficacia de la práctica en ética en ABA desde la prueba preliminar hasta la posterior a la formación sólo pudo determinarse a partir de la combinación de los métodos instruccionales (por ejemplo, entrenamiento en habilidades conductuales + gamificación + instrucción didáctica). Los resultados de este estudio se obtuvieron analizando la totalidad del método instruccional y proporcionaron cierto apoyo a la eficacia del método instruccional. No obstante, debe realizarse más estudios al respecto para evaluar qué componentes instruccionales produjeron el mayor cambio de conductas, y ver si son necesarios más pasos en el guion o si deben añadirse otros métodos instruccionales. Por ejemplo, la gamificación utilizada en este estudio implicaba un nivel molar de gamificación (por ejemplo, lanzar dados para las respuestas, puntos ganados inmediatamente por las respuestas correctas, simulaciones). La mejora podría estar directamente relacionada con los componentes de ensayo dentro del entrenamiento en habilidades conductuales y el lanzamiento de dados con la generalización de las respuestas. Se sugiere que futuras investigaciones evalúen la eficacia de componentes adicionales de la gamificación, como tablas de clasificación y datos públicos, competición y cooperación, aumento de las reglas y estrategias del juego, aplicación de más estrategias y programas reforzadores (Morford et al., 2014).

Además de la evaluación de los componentes instruccionales, futuras investigaciones podrían evaluar la generalización del uso del guion fuera del aula. En este estudio, la prueba posterior a la instrucción proporcionó un intento de generalización de los guiones en todos los apartados posibles del Código Ético (BACB, 2020) y en ejemplos de la vida real. Sin embargo, no se recogió ninguna medida directa para determinar si el rendimiento de los estudiantes en una simulación de clase dio lugar a una generalización para responder a conductas poco éticas en el mundo real. Aunque quizás sea difícil de realizar, sería muy útil evaluar esta aplicación en el mundo real.

Aunque las limitaciones de este estudio restringen su generalidad, los resultados ofrecieron un primer apoyo empírico a los métodos instruccionales basados en la evidencia. El guion utilizado para enseñar estas aplicaciones éticas abarcaba de forma exhaustiva la conducta y los comportamientos éticos, como utilizar la práctica basada en la evidencia; identificar cuestiones éticas y posibles riesgos; abordar las cuestiones éticas dentro de variables contextualizadas; educar a los demás sobre la ética y la conducta profesional; y documentar y evaluar las acciones tomadas (BACB, 2020). Los métodos descritos en este estudio podrían generalizarse, reproducirse y ampliarse dentro de la instrucción en el aula y el trabajo supervisado para avanzar hacia la identificación de la instrucción ética basada en la evidencia. La aplicación y expansión de estos métodos instruccionales también podría tener como consecuencia una reducción en el número de analistas de conducta denunciados por infracciones éticas y, lo que es más importante, un aumento de los analistas que se comporten éticamente.

SECCIÓN IV

PROMOCIÓN DE LA ÉTICA PROFESIONAL EN LA PROVISIÓN DE SERVICIOS

10 CÓMO FOMENTAR LA COMUNICACIÓN Y TOMA DE DECISIONES ÉTICAS EN UNA AGENCIA DE SERVICIOS CONDUCTUALES[1]

Linda A. LeBlanc | Olivia M. Onofrio |
Amber L. Valenti

Resumen

Este artículo describe el desarrollo de un sistema, la *Red Ética*, diseñado para promover el debate sobre cuestiones éticas en una organización de servicios sociosanitarios. El sistema incluye varios componentes básicos, como personas (como líderes y embajadores), herramientas (por ejemplo, línea directa, módulos de formación) y recursos (temas de conversación mensuales). Se analizaron los datos de seis años de llamadas a la línea de consultas para identificar las inquietudes más comunes y se compararon los datos con el registro de infracciones publicado por *Behavior Analyst Certification Board.* Ofrecemos algunas recomendaciones para crear sistemas similares en otras organizaciones.

[1] LeBlanc, L. A., Onofrio, O. M., Valentino, A. L., & Sleeper, J. D. (2020). Promoting ethical discussions and decision making in a human service agency. *Behavior Analysis in Practice, 13*, 905–913. https://doi.org/10.1007/s40617-020-00454-7

Los analistas deben rendir cuentas ante un código de conducta denominado Código de Cumplimiento Profesional y Ético para Analistas de Conducta de BACB (BACB, 2014, en adelante, el Código). Los diez apartados diferentes del código abarcan temas relacionados con la responsabilidad hacia los clientes, hacia la disciplina, la supervisión y la investigación, entre otros. Este código orienta la ética profesional y la conducta profesional en la práctica del análisis de conducta, a diferencia de la conducta personal o cotidiana (Bailey & Burch, 2016). Este código se desarrolló para garantizar que el trabajo socialmente importante que los analistas de conducta realizan para sus clientes como, por ejemplo, encontrar soluciones humanas y eficaces, o aplicar programas que funcionen, tenga lugar "protegiendo en todo momento los derechos de los clientes" (Bailey & Burch, 2016, pág. 30).

Aunque el código es relativamente sencillo, el contexto aplicado en el que uno podría operar de acuerdo con él es complejo y con frecuencia impredecible. Es posible que los analistas se enfrenten a cuestiones éticas complejas con regularidad, dado que suelen trabajar con poblaciones vulnerables y en situación de riesgo (Brodhead & Higbee, 2012). Estas cuestiones se vuelven más relevantes a medida que la profesión sigue creciendo (Rosenberg & Schwartz, 2019). Aunque el código y los modelos de toma de decisiones publicados existen para guiar la acción profesional (Bailey & Burch, 2016; Rosenberg & Schwartz, 2019), hay pocos datos procedentes de las organizaciones de provisión de servicios conductuales que aclaren cuáles son los dilemas éticos más prevalentes. La sospecha es que los problemas éticos pueden ser lo suficientemente comunes en las organizaciones de servicios ABA como para justificar una infraestructura de orientación y supervisión ética (Brodhead & Higbee, 2012).

BACB (2018) resumió las notificaciones de presunta infracción presentadas contra profesionales certificados durante los años 2016-2017 e indicó que los códigos 5.0 (supervisión) y 10.0 (no informar a BACB) tenían el mayor número de infracciones presentadas, mientras que el código 1.0 representaba la tercera categoría más alta. Los subcódigos del código 2.0 se encontraban en las categorías quinta y octava más presentadas. En una actualización reciente, los códigos 1.0 y 7.0 se convirtieron en las infracciones más frecuentes, con subcódigos relacionados con la integridad, las relaciones múltiples y las acciones éticas citadas con frecuencia. El código 10.0 (no informar a BACB) pasó al tercer lugar, mientras que el 5.0 (supervisión) pasó al cuarto lugar. Pero estos datos probablemente no capturan las situaciones éticas cotidianas que muchos técnicos de conducta registrados (RBT) y analistas de conducta tienen y que son preocupantes, pero que podrían no justificar un informe al organismo profesional certificado. Es posible que muchas situaciones éticas puedan resolverse directamente mediante una simple conversación (ver Código 7.02c; BACB, 2014), que es de hecho la práctica recomendada para abordar muchas cuestiones éticas en primera instancia (Bailey & Burch, 2016).

La *Red Ética de Salud Conductual Trumpet* (en adelante, la Red Ética) fue fundada en 2012 por el equipo de liderazgo ejecutivo de una mediana empresa dedicada a recursos humanos. El objetivo era crear una red de ética integral para apoyar a los miembros del equipo a ser proactivos para facilitar el debate abierto de cuestiones profesionales y éticas, establecer los más altos estándares de conducta profesional, tratar los dilemas éticos con rapidez a medida que surgían y crear capacidad para la conducta ética en todos los niveles de la organización. El objetivo de este artículo es describir la Red Ética para otros que quieran replicar el desarrollo del sistema. Además, se presentarán datos de los primeros seis años de existencia de esta red para ofrecer una muestra de los problemas que surgen en la práctica del análisis de conducta como guía para otras organizaciones que estén desarrollando apoyos para una conducta ética en las compañías de recursos humanos. Por último, se ofrecerán estrategias y recomendaciones para los líderes de las organizaciones de ABA que puedan necesitar modificar componentes del sistema para adaptarlos a las necesidades de sus organizaciones. La evaluación de este modelo representa una opción que los proveedores podrían utilizar como guía para establecer sus propios recursos para abordar problemas éticos en sus organizaciones.

Método

Componentes

El equipo ético. El equipo de la Red Ética incluía tres grupos: el equipo directivo, los miembros del equipo ético, y los equipos clínicos y administrativos de toda la organización. Es decir, todos los individuos de la organización se consideraban miembros de la Red Ética. No obstante, el equipo directivo y los miembros del equipo ético eran los más implicados en el desarrollo y la distribución de recursos y apoyos (ver la sección sobre el desarrollo de recursos basados en datos). La Figura 1 muestra la relación entre los distintos roles.

Equipo directivo. El nivel más alto de toma de decisiones y liderazgo de la organización (es decir, el equipo ejecutivo) está representado por el director de la Red Ética. En los siete años de existencia de esta red, tres personas han desempeñado el papel de director, incluidos el primer y el tercer autor. Actuaban como recurso, revisaban datos e impulsaban ideas para el desarrollo de recursos, ayudaban a facilitar reuniones y recibían todas las comunicaciones de la línea directa de ética para determinar cómo, cuándo y quién debía responder. Los cargos de presidente y vicepresidente eran nombrados por el equipo ejecutivo y, por lo general, se seleccionaban entre los miembros actuales o recientes del equipo ético. Estos puestos son similares al de coordinador de ética descrito por Brodhead y Higbee (2012). Se nombraba a una persona para el cargo de vicepresidente durante un año y luego, pasaba al cargo de presidente durante un segundo año (es decir, el vicepresidente se convertía en el siguiente presidente y se nombraba a un nuevo vi-

Figura 1 Representación gráfica los roles integrados en la Red Ética

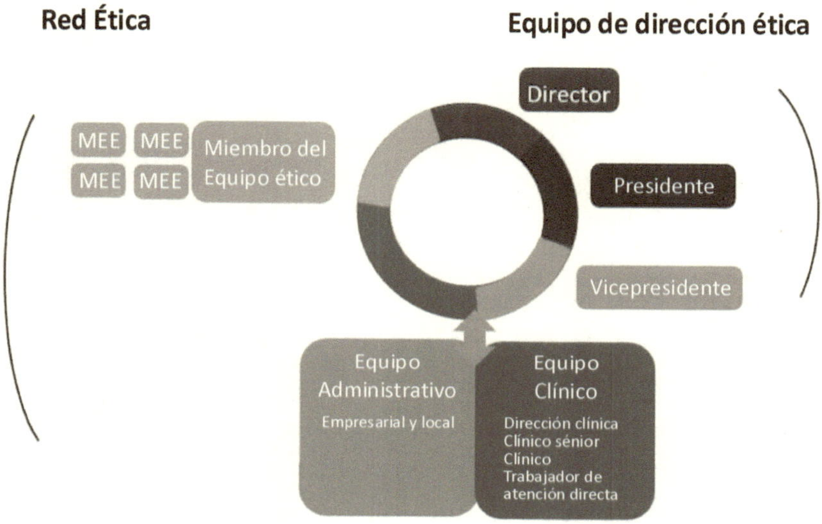

cepresidente). Estos dos roles se consideraron puestos de liderazgo y de formación de líderes, y cada persona que ocupaba el puesto recibía un pequeño estipendio por su trabajo al final del año y se le asignaba una ayuda adicional para viajes a conferencias y actividades de desarrollo profesional en ética.

Miembros del equipo ético. Los miembros del equipo ético eran voluntarios que decidieron participar en las reuniones que se celebraban regularmente, y colaborar en la elaboración de recursos y materiales de formación. Podían desempeñar casi cualquier función clínica o administrativa en la organización, pero lo más frecuente era que desempeñaran el papel de analista de conducta clínico o que aspiraran a ese papel y acumularan activamente horas de experiencia de trabajo de campo como preparación para la certificación. Estos puestos como voluntarios no tenían una duración determinada y los miembros del equipo prestaban sus servicios mientras tenían capacidad e interés suficientes o hasta que eran nombrados para el puesto de vicepresidente. La mayoría de los miembros del equipo entraban y salían del mismo en un plazo aproximado de 12 a 18 meses. El equipo directivo de la Red Ética y los miembros voluntarios se reunían aproximadamente una o dos veces al mes durante una hora para planificar los recursos y tratar cuestiones éticas o relativas al Código Ético.

Los equipos clínico y administrativo. Los equipos clínico y administrativo eran generalmente los destinatarios de las iniciativas del equipo directivo y de voluntarios. Al menos una vez al año, la dirección de la organización (es decir, todos los miembros del equipo ejecutivo y los líderes operativos) y el equipo administrativo participaban en un debate sobre un tema ético con aplicabilidad general (ver más información en los siguientes apartados). Por ejemplo, una discusión se centró en las partes del código pertinentes a los recursos humanos y a las interacciones profesionales apropiadas en el lugar de trabajo. Otro debate se centró en cuestiones éticas relacionadas con el marketing y las declaraciones públicas (por ejemplo, no solicitar testimonios o la importancia de las prácticas basadas en la evidencia). Además, los equipos clínicos de todos los niveles (es decir, de técnico a analista con doctorado) participaron en una a tres prácticas y debates éticos cada año (ver la información adicional que figura a continuación).

Iniciativas de formación

Establecimiento de la infraestructura y formación inicial. Algunos de los primeros objetivos de la Red Ética fueron establecer una base para conceptualizar y responder a los escenarios éticos utilizando un enfoque estructurado para la resolución de problemas. El énfasis en esta formación inicial y en la infraestructura era enseñar una estrategia global de resolución de problemas que fuera aplicable a muchas situaciones diferentes, incluidos los dilemas éticos y la toma de decisiones clínicas. Para lograr este objetivo, se crearon dos recursos que se incorporaron a los materiales de formación. El primer recurso era un modelo estructurado de resolución de problemas en varios pasos que se utilizaba habitualmente con muy diversas personas, desde niños con problemas de conducta hasta ejecutivos de empresas multinacionales, para abordar problemas tan diversos como la agresividad y los problemas de habilidades sociales o la sensibilidad cultural (Arya, Margaryan y Collis, 2003; LeBlanc, Sellers y Alai, 2020; Smith, Lochman y Daunic, 2005). Diferentes versiones de modelos estructurados de resolución de problemas incluyen cuatro, cinco, seis o siete pasos, pero todos se centran en el mismo programa básico (Glago, Mastropieri y Scruggs, 2009; LeBlanc et al., 2020). Se adopta una versión de seis pasos de este modelo de resolución de problemas difundido para todos los aspectos de la resolución de problemas clínicos, incluida la de dilemas éticos. Los seis pasos eran: reconocer el problema, definir el problema, generar soluciones potenciales, evaluar las ventajas y desventajas de las soluciones potenciales, aplicar una solución y evaluar los resultados de la solución. En toda la organización, se enseñó a las personas a analizar y responder a escenarios éticos basándose en estos seis pasos como parte de su formación inicial (es decir, en las dos primeras semanas de contratación).

El segundo recurso fue una conceptualización y representación de cuatro conceptos globales (seleccionados por el primer autor) que sirven de base para el comportamiento ético y profesional en muchas disciplinas, incluido el análisis de conducta (Bailey & Burch, 2016; Smith, 2005; Zur, 2007). Estos cuatro conceptos deben respetarse en todas las situaciones profesionales y no hacerlo nos expone al riesgo de que surjan conductas poco éticas. Por lo tanto, los componentes individuales del código y las respuestas a las situaciones éticas (es decir, las soluciones descritas anteriormente) deben guardar relación con uno o varios de estos conceptos: no dañar, límites, confidencialidad y profesionalidad. Estos conceptos son similares a las razones descritas como fundamento de la necesidad del código (por ejemplo, la acción humanitaria y la protección de los derechos de los clientes). El gráfico utilizado en los materiales de formación inicial (es decir, en las dos primeras semanas de contratación) representaba cada concepto como un pilar de la conducta profesional responsable.

Se empezó a tratar temas éticos al iniciarse un miembro del personal en la organización y se integró la formación a todos los niveles. Como parte de la formación inicial, cada empleado de la organización completó un módulo de diseño instruccional online que cubría varios aspectos del código, los conceptos de los pilares de la profesionalidad, así como el modelo para la resolución de problemas éticos y la toma de decisiones. Se incluyó información específica para los nuevos terapeutas y analistas de conducta. Una versión del módulo se adaptó para el equipo administrativo centrándose en aspectos del Código Ético y en escenarios de problemas éticos que era más probable que se encontraran en las tareas administrativas. Otra versión del módulo se centró en aspectos del código y en escenarios de problemas éticos que era más probable que se encontraran en la prestación de servicios clínicos.

Cultura, contingencias y debate continuo. El objetivo de la formación y del debate continuo era crear responsables eficaces y éticos en todos los niveles de la organización. También el de facilitar una cultura de toma de decisiones éticas identificando y proporcionando contingencias para la conducta ética. Además, el equipo ético invitaba normalmente a nuevos miembros voluntarios de todos los niveles de la organización (por ejemplo, técnicos, aspirantes a profesionales certificados, analistas de conducta, profesionales de apoyo administrativo). Todos los miembros del equipo colaboraron en el desarrollo y la impartición de formación y recursos de comunicación para la organización, y recibieron un reconocimiento público como líderes éticos y embajadores de la Red Ética.

Tras la formación inicial en ética, los equipos tuvieron oportunidades para tratar el tema. Las estrategias más empleadas fueron la distribución de material escrito y formaciones, así como debates dinámicos en directo. Las dos estrategias escritas más utilizadas fueron los temas de debate mensuales y la información enviada por correo electrónico (es decir, los "datos curiosos" sobre ética). En el Tabla 1, figuran ejemplos de temas para cada estrategia. Los temas de conversación mensuales se distribuyeron a los directores clínicos de toda la organización para facilitar el tratar temas éticos en las reuniones mensuales del equipo. Estos documentos proporcionaban una visión general por escrito de una cuestión ética común (por ejemplo, las relaciones duales) y una revisión detallada de los códigos pertinentes y estrategias para evitar o resolver la cuestión ética. Además, los documentos solían ofrecer escenarios y ejemplos de respuestas que seguían un guion y que podían utilizarse en juegos de rol con los miembros del equipo para ayudarles a practicar su respuesta ante tal situación. Los datos sobre ética se escribían en correos electrónicos que eran amenos y eran distribuidos por toda la organización (es decir, tanto a los miembros del equipo administrativo como del equipo clínico de todos los niveles de cualificación). Estos correos se diseñaron para ser breves y llamativos (como infografías y vídeos) y se centraron en un único tema relacionado con la ética como recordatorio (por ejemplo, se acercan las fiestas y no aceptamos regalos) o anuncios (hay nuevos códigos éticos para los técnicos).

Se realizaron debates dinámicos en directo de frecuencia trimestral del equipo clínico y actividades de clubes de lectura realizadas como seminarios web (ver ejemplos de temas en la Tabla 1). Los debates trimestrales del equipo clínico se basaban en presentaciones y discusiones sobre temas avanzados de ética y liderazgo (como cuestiones éticas que surgen cuando las familias se separan o divorcian, la importancia de operar dentro de su ámbito de competencia). Los debates trimestrales eran creados y dirigidos habitualmente por miembros del equipo ético y se creaban en respuesta a cuestiones éticas que habían surgido a lo largo del año o a partir de ciertos eventos. Los clubes de lectura se centraban en artículos publicados que trataban algún aspecto de la conducta ética, y los codirigían miembros del equipo ético y el autor del artículo. Por último, cada año los responsables de ética realizaban una formación y trataban con el equipo administrativo las partes del Código Ético que eran especialmente apropiadas para las actividades de apoyo administrativo (por ejemplo, no solicitar testimonios con fines publicitarios).

Consulta de dilemas éticos. Para ofrecer a los miembros del equipo un apoyo inmediato, se creó un consultorio interno de dilemas éticos. La línea directa se encontraba en la intranet de la organización y era accesible para cualquier miembro del equipo. Los envíos eran anónimos para todos, excepto para el director de ética, que los recibía por correo electrónico. Una vez recibidos, el director eliminaba la información identificativa. En caso de emergencia, el director se ponía en contacto con el miembro del equipo en un plazo de 12 horas. Si no era una emergencia, el director eliminaba la información de identificación del envío, y lo revisaba con el presidente y el vicepresidente. Estos elevaban el caso a la siguiente reunión de la Red Ética con los voluntarios, y uno o dos miembros del equipo se ofrecía a elaborar una respuesta en el plazo de una semana.

El formulario de presentación ética se diseñó específicamente para seguir los pasos de resolución de problemas y toma de decisiones descritos en los materiales de formación. Por ejemplo, el formulario da ayudas a los miembros del equipo para describir su inquietud (es decir, detectar el problema), considerar qué punto del Código era relevante para el escenario (es decir, definir el problema), nombrar posibles soluciones a su dilema y enumerar los pros y contras de las posibles soluciones. Los números del Código de BACB se enumeraron en un menú de selección desplegable. Ver el apéndice.

Desarrollo de recursos basado en datos. Los responsables y el equipo ético se reunían regularmente (cada 2 a 4 semanas) para desarrollar y ejecutar el plan anual de desarrollo de recursos y formación. A veces, se identificaban nuevos temas y otras veces se redistribuían

Tabla 1 Ejemplos de recursos creados por los miembros de la Red Ética

CATEGORÍA	TÍTULO	DESCRIPCIÓN
Punto de discusión mensual	"Festividades y posibles conflictos éticos"	Los días de fiesta pueden dar lugar a dilemas éticos. Anticipar y planificar estos eventos puede reducir la probabilidad de conflictos. Este punto de discusión proporciona orientación y guiones de ejemplo.
Dato curioso	"Relaciones de supervisión"	Describe el código 5.0 sobre las relaciones entre supervisado y supervisor.
Discusión clínica trimestral en equipo	"Relaciones duales donde menos las esperas"	Esta formación ampliada describe situaciones comunes que pueden generar conflictos de relaciones duales. La capacitación presenta estrategias para evitar o resolver estas situaciones, priorizando el profesionalismo, los límites apropiados y el principio de no causar daño al cliente y su familia.
Club de lectura	"Enseñar y mantener la conducta ética en una organización profesional"	El grupo leyó y debatió el trabajo de Brodhead y Higbee (2012).
Discusión ética semestral	"Líneas difusas: implicaciones éticas del uso de redes sociales"	Se trató de una discusión facilitada a nivel corporativo sobre el trabajo de O'Leary, Miller, Olive y Kelly (2015), con un enfoque en las implicaciones para las actividades de marketing y difusión, así como publicaciones personales.

recursos que ya se habían hecho con anterioridad (por ejemplo, la información sobre la ética de dar y recibir regalos de los clientes se distribuía a mediados de noviembre de cada año). Los temas se seleccionaron basándose en una revisión de los envíos recientes recibidos en la línea directa sobre ética y en conversaciones directas con personas de la organización que querían ofrecer su aportación (por ejemplo, el director general sugirió un tema sobre las interacciones entre compañeros en el lugar de trabajo). Una vez sugeridos esos temas, los responsables identificaron el mecanismo que parecía más adecuado para los mismos (como un hecho divertido, tema de conversación mensual, formación de todo el personal). A continuación, reclutaron a miembros del equipo ético para que les ayudaran con los temas que más les interesaban (ver una muestra de los temas tratados en cada mecanismo de distribución en la Tabla 1).

Procedimientos de codificación

Se descargaron todos los envíos a la línea directa de ética remitidos por miembros del personal desde la concepción de la Red Ética a finales de 2012 hasta 2019. Se revisaron un total de 137 envíos. Los datos de éstos se descargaron en una hoja de cálculo de Microsoft Excel, que incluía la información cumplimentada por cada miembro del personal que realizó el envío. Los campos rellenados por el remitente se incluyen en el apéndice. Los nombres de los remitentes se eliminaron antes de que el documento fuera revisado por el segundo autor.

Codificación y análisis de datos. El segundo autor leyó y codificó cada envío para conocer el año y el mes de envío, si la situación se describía como urgente o no urgente, el cargo y los antecedentes del remitente y los códigos y subcódigos de BACB identificados por el remitente. A continuación, el codificador identificó cualquier código o subcódigo adicional que fuera relevante basándose en la descripción escrita del problema o dificultad ética.

La frecuencia de envíos se calculó para cada año completo desde 2012 hasta 2019. El porcentaje de envíos calificados de urgentes por el remitente se calculó sumando el número de envíos calificados de urgentes al número de envíos calificados de no urgentes, y dividiéndolo por el número total de envíos. La frecuencia de los cargos de los remitentes se calculó para las siguientes categorías y subcategorías cuando procedía: servicios administrativos y de apoyo, liderazgo clínico (es decir, director regional, director clínico), clínico superior, clínico (es decir, clínico o clínico asociado), proveedor de atención directa (es decir, terapeuta superior o terapeuta) y sin identificar. Se anotó la frecuencia de identificación para cada uno de los diez códigos de BACB, tal y como fueron identificados por el remitente y los investigadores. A continuación, el investigador identificó el número total de códigos y subcódigos identificados para cada envío y calculó una media dividiendo el número total de códigos y subcódigos identificados para todos los envíos por el número total de envíos.

Acuerdo entre observadores (AEO). Un segundo codificador independiente (el tercer autor) puntuó el 25% de las entradas (n = 35) según los códigos éticos pertinentes para cada envío. La segunda codificadora descargó la misma hoja de cálculo junto con el código de BACB y puntuó una de cada tres entradas para asegurarse de que se muestreaba todo el período de tiempo. Leyó cada envío seleccionado e identificó los códigos pertinentes. A continuación, se compararon las respuestas de los codificadores primario y secundario. Para que se puntuara un acuerdo, los codificadores tenían que estar de acuerdo en todos los códigos relevantes para esa entrada (es decir, el envío generaba un acuerdo perfecto en todos los códigos identificados por los revisores). El acuerdo global se calculó sumando el número de acuerdos por el número de acuerdos más desacuerdos y multiplicando por 100 para obtener un porcentaje. De los 35 envíos puntuados para el AEO, hubo 30 acuerdos y 5 desacuerdos. Como consecuencia, la puntuación global del AEO fue del 86%. El tipo de desacuerdo más común fue que un codificador identificara un código adicional que el otro no había identificado. Un segundo codificador también puntuó la posición del remitente para cada remitente (es decir, se puntuó el AEO para el 100% de los envíos). Para estas medidas, el AEO se calculó dividiendo el número menor por el mayor y convirtiéndolo en un porcentaje. El AEO resultante para las posiciones de los remitentes fue del 100%.

Resultados

La frecuencia de envíos para cada año completo de 2012 a 2019 se representa en la Figura 2. En los meses de noviembre y diciembre de 2012 no se representa gráficamente, pero sólo tuvo una única presentación. Hubo una tendencia creciente durante los tres primeros años completos y las presentaciones se estabilizaron entre los años 2015 y 2019 (M = 25,25 para estos cuatro últimos puntos de datos). En todos los años, el porcentaje de envíos descritos como urgentes por el remitente fue del 12%, mientras que el 88% se describieron como no urgentes, lo que sugiere que los remitentes utilizaban la línea directa de forma proactiva para iniciar conversaciones sobre situaciones que podrían surgir o convertirse en urgentes si no se abordaban.

La frecuencia de la posición de los remitentes se representa en la Figura 3. La categoría con menor número de envíos fue "no identificado", seguida de "proveedores de atención directa". La categoría con el mayor número de envíos fue la de "clínico", que incluía tanto a los analistas de conducta como a los que estudiaban para la certificación y ejercían de coordinador de casos bajo la supervisión de un líder clínico. El número de empleados de la organización osciló entre aproximadamente 600 y 900 durante estos años, y aproximadamente el 75% y 80% de los empleados ocupaban puestos de proveedores de servicios directos. Por lo tanto, el número de envíos por empleado es muy bajo, y los clínicos y los puestos de liderazgo están muy sobrerrepresentados en los informes en comparación con los proveedores de atención directa.

El número medio de códigos BACB relevantes por envío (es decir, identificados por el remitente) fue de 1, en un rango de 0 a 4. La mayoría de los envíos sin códigos BACB indicaron "no estoy seguro" como respuesta. Por el contrario, el número medio de códigos BACB identificados en los envíos por el investigador revisor (es decir, identificados por un experto) fue mayor, de un 1,43, en un rango de 0 a 5 códigos por envío. La distribución de los envíos entre las áreas de códigos se representa en la Figura 4, con los datos del remitente original representados como una barra rellena y los datos del revisor experto como una barra sombreada. El área de códigos más frecuentemente identificada tanto por los remitentes como por el revisor fue el código 2. La segunda más respaldada por los remitentes fue "no estoy seguro/no procede", seguida de cerca por el código 1. En cambio, el investigador revisor identificó más artículos para el código 1 y menos artículos sin código aplicable o discernible. Una ventaja potencial de una red ética es que las personas que no están seguras de si un código específico es aplicable pueden pedir ayuda a un colega que tenga más probabilidades de reconocer los códigos pertinentes para una situación. Una segunda ventaja potencial de una red de ética es que los analistas que están al principio de su carrera pueden aprender a identificar mejor otras infracciones relevantes del código a través de sus interacciones con el equipo de la línea directa de ética. El investigador revisor también puntuó los subcódigos de las áreas identificadas con más frecuencia (códigos 1 y 2) y descubrió que los subcódigos 1.06 (relaciones múltiples y conflictos de intereses), 2.05 (derechos y prerrogativas de los clientes) y 2.06 (mantenimiento de la confidencialidad). Los datos completos sobre los subcódigos de los códigos 1.0 y 2.0 disponibles previa solicitud fueron los que se identificaron con mayor frecuencia.

Una comparación directa con los datos reportados por BACB no es posible debido al formato del informe. Es decir, los informes de BACB combinan varias secciones de códigos juntas por categoría en su informe de casos para 2018, mientras que aquí se informa de cada área de códigos por separado. No obstante, es posible hacer algunas observaciones generales. Los datos de la línea directa de Trumpet indican que los códigos 1.0 y 2.0 son los que se presentan con más frecuencia. Del mismo modo, los datos de 2018 de BACB revelan que varios elementos del Código 1.0 están representados en notificaciones de presuntas infracciones que resultaron en violaciones corroboradas y medidas disciplinarias. Sin embargo, los elementos del Código 2.0 son sólo la quinta, séptima, octava y novena agrupaciones más comunes en los datos de BACB, con pocas infracciones sustanciadas por agrupación. Por último, los informes de BACB (2016-2017; BACB, 2018) indican ambos una elevada proporción de infracciones relacionadas con el incumplimiento de las normas o de los requisitos de presentación de informes (es decir, el código 10), mientras que ninguna de las comunicaciones a la línea directa de Trumpet estaba relacionada con el código 10.

Figura 2 Frecuencia de solicitudes a la línea de consultas éticas

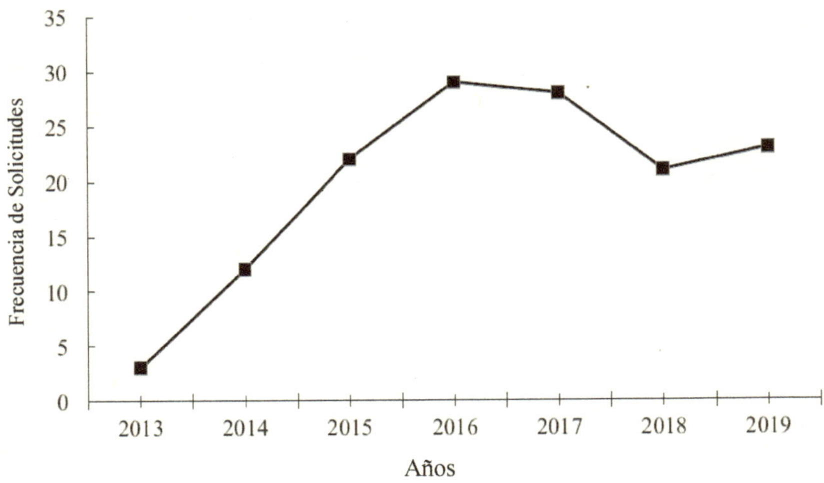

Discusión

Brodhead y Higbee (2012) han ofrecido recomendaciones para crear una estructura de apoyo a la orientación y formación éticas en las organizaciones de servicio conductuales. Este artículo ilustra un sistema de apoyos activos desarrollado en una gran institución con el objetivo de fomentar el debate abierto sobre ética y la resolución de problemas en los dilemas éticos. Muchos de los componentes del sistema (es decir, la Red Ética) son similares a los descritos por Brodhead y Higbee (2012), incluido el equipo directivo y el énfasis en formación y supervisión. Brodhead et al. (2018) sugieren que los potenciales empleados con capacidad de discernimiento deberían evaluar las organizaciones examinando "hasta qué punto la organización espera que los empleados realicen una conducta ética y apoya activamente esas expectativas" (pág. 165). Una forma de apoyar activamente esas expectativas de conducta ética es crear un sistema como la Red Ética descrita en este artículo.

Existen varias explicaciones conductuales de por qué alguien puede comportarse de forma poco ética o no denunciar a otros que se comportan de forma poco ética. La red se diseñó para abordar cada una de estas posibles explicaciones. En primer lugar, informar y discutir acerca conductas poco éticas puede ser desagradable, lo que puede llevar a evitar el asunto a menos que se desarrollen sistemas que faciliten la conversación. En nuestro sistema ético se incorporaron contingencias de reforzamiento positivo por pedir u ofrecer ayuda (por ejemplo, respuesta inmediata y apoyo de un líder, estatus y reforzamiento por participar en la red). El hecho de que las discusiones se produjeran en momentos fijos en lugar de en respuesta a crisis se concibió para eliminar cualquier proceso de condicionamiento operante o contingente que pudiera producirse (es decir, desencadenadas por las crisis) sobre cuestiones éticas. En segundo lugar, los individuos pueden tener un déficit de habilidades al intentar filiar un dilema ético. Sin una formación y apoyos específicos, puede producirse una conducta poco ética por desconocimiento del código y de sus principios generales. Los compo-

Figura 3 Solicitudes a la línea de atención ética según rol profesional

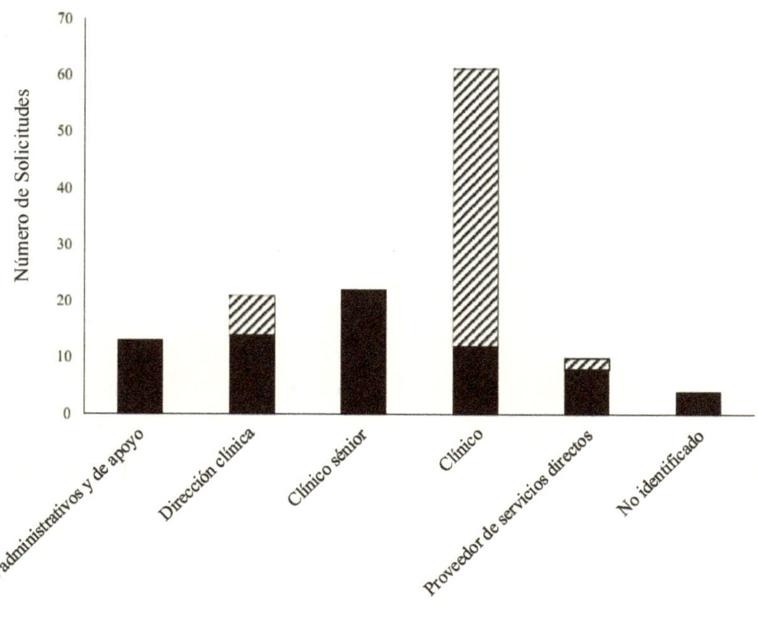

Nota. Cuando existen dos niveles para una misma categoría laboral (por ejemplo, liderazgo clínico y profesional clínico dentro de dirección clínica), el nivel júnior se representa con barra sólida y el sénior con barra rayada.

Figura 4 Número de veces que se identificaron las secciones del código ético en las solicitudes (2012-2019).

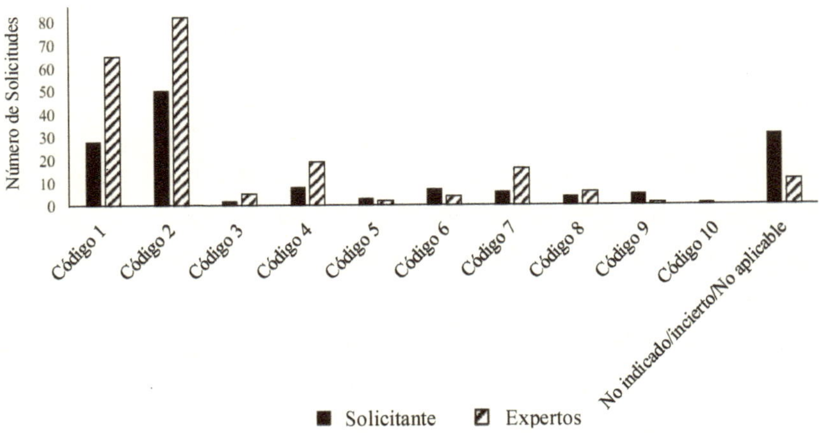

nentes de la Red Ética se diseñaron para minimizar los déficits de habilidades y centrarse en un enfoque estructurado de resolución de problemas utilizado en distintos contextos. También en un pequeño número de principios subyacentes en lugar de códigos numéricos. En tercer lugar, el esfuerzo de respuesta que supone obtener apoyo y recursos para la toma de decisiones éticas puede conducir a una reducción de las denuncias y de la búsqueda de ayuda. Los recursos de fácil acceso y uso, como la línea directa, los temas de conversación mensuales y los datos curiosos distribuidos por correo electrónico se diseñaron para reducir el esfuerzo de respuesta con el fin de obtener apoyo ético. Es probable que cada una de estas posibilidades exista en el día a día de los analistas que se enfrentan cada día a la toma de decisiones éticas y es necesario tenerlas en cuenta en la creación de una cultura que promueva la toma de decisiones éticas.

El análisis de los envíos a la línea directa de la Red Ética ofrece algunos puntos de vista. En primer lugar, hubo una pendiente ascendente en la frecuencia de envíos a lo largo de los primeros años del sistema. Este patrón puede sugerir que se necesita tiempo para que las contingencias de reforzadores positivos en competencia superen a las contingencias de negativos inherentes. También puede sugerir que las iniciativas de formación continua establecieron importantes habilidades previas para el envío (por ejemplo, conocimiento del código o suficientes ejemplares para identificar los dilemas). En segundo lugar, los códigos identificados con mayor frecuencia fueron los códigos 1.0 y 2.0. Estas áreas se centran en la conducta responsable del analista de conducta y su responsabilidad ante los clientes, y los subcódigos más comunes se centraron en las relaciones duales o los conflictos de intereses, los derechos de los clientes y la confidencialidad.

Otro hallazgo digno de mención fue el hecho de que quienes desempeñaban el papel de expertos solían identificar más códigos relevantes que el remitente original. Además, la fuente más común de desacuerdo entre los expertos fue cuando uno de ellos identificó un área que podría ser relevante. Estos datos hablan de que la mayoría de las situaciones éticas tienen implicaciones y preocupaciones. Las situaciones difíciles no encajan fácilmente en un único código o subcódigo sin que se identifiquen otras cuestiones. Estos hallazgos también son evidentes en los datos comunicados por BACB (2018), que descubrió que la mayoría de los envíos incluían infracciones múltiples (es decir, de dos a más de cinco). Algunos de los temas respaldados en los envíos a la línea directa diferían de las infracciones comunicadas a BACB (por ejemplo, ningún envío del código 10), pero los envíos sobre relaciones duales y derechos de los clientes fueron elevados en ambas fuentes.

Aunque estos datos ofrecen algunas ideas sobre los envíos a la línea directa durante varios años, no hubo una evaluación experimental de los componentes del sistema como necesarios o suficientes para producir una sólida toma de decisiones éticas. El dominio del módulo de diseño instruccional sugiere que se adquirieron ciertos programas verbales, y los envíos a la línea directa sobre ética sugieren que la gente buscó orientación y recursos. Sin embargo, no hay forma de saber cuántos dilemas éticos reales se produjeron a lo largo de varios años como comparación y medio para calcular si se estaba presentando un porcentaje creciente o sustancial de dilemas. Futuros estudios podrían evaluar experimentalmente los componentes incluidos en esta red ética. El objetivo de este artículo, por tanto, era proporcionar un ejemplo para otros que quieran construir sistemas que apoyen la conducta ética y faciliten el tratamiento sincero y proactivo de las situaciones difíciles, así como de las posibles soluciones. Al hacerlo, este tipo de sistemas pueden ayudarnos en nuestro empeño por realizar un trabajo socialmente importante protegiendo en todo momento los derechos de los clientes (Bailey & Burch, 2016). Sin embargo, las organizaciones de servicios sociosanitarios pueden diferir sustancialmente en tamaño, recursos y experiencia. *Trumpet Behavioral Health* es una organización relativamente grande con recursos comprometidos con el desarrollo de sistemas, experiencia e infraestructura para apoyar la aplicación de normas clínicas. Otras organizaciones podrían carecer de experiencia o recursos e infraestructura para el enfoque multicomponente adoptado en Trumpet.

Las siguientes sugerencias pueden ayudar a las organizaciones de servicios conductuales a modificar el enfoque para satisfacer sus necesidades. En primer lugar, puede ser necesario que haya un único líder de la red ética en una organización más pequeña. Es importante que el responsable tenga influencia en toda la organización para que se traten temas éticos tanto entre los equipos clínicos como entre los de apoyo administrativo. En segundo lugar, es posible que las organizaciones necesiten apoyarse en los recursos existentes en lugar de crear los suyos propios, como se hizo en Trumpet. Afortunadamente, ahora existen muchos más recursos publicados sobre ética que en 2012, cuando se creó la Red Ética en Trumpet. Estos recursos publicados pueden incorporarse a un club de lectura, incluso si las otras categorías de recursos enumeradas en la Tabla 1 no son posibles. En tercer lugar, ahora que existen datos procedentes de este análisis y de BACB, una organización podría tratar los debates y recursos éticos sobre los problemas más denunciados. Es decir, poner el foco en los debates sobre las relaciones duales, la responsabilidad ante los clientes y la privacidad y confidencialidad trataría muchos problemas éticos existentes y potenciales, aunque no todos.

11 GUÍA PARA LA CREACIÓN DE COMITÉS ÉTICOS EN SERVICIOS CONDUCTUALES[1]

David J. Cox

Resumen

Las guías éticas suelen implicar reglas. Todas ellas pueden variar en precisión y especificidad dependiendo del contexto al que se apliquen. Los códigos deontológicos suelen implicar normas éticas que se redactan de forma general para abarcar el amplio conjunto de situaciones con las que se puede encontrar un profesional. Pero, a pesar de estar redactados de forma general, estos códigos se aplican a situaciones específicas con las que se encuentran los profesionales. De hecho, la aplicación de normas generales a contextos específicos puede resultar a veces difícil y compleja. Las organizaciones sanitarias tienen varias opciones para ayudar a sus empleados a comportarse de forma ética, y una de ellas consiste en nombrar a un único coordinador de ética. En cambio, el enfoque dominante en la mayoría de las organizaciones sanitarias es crear un comité ético (Moon Pediatrics, 143(5), e20190659, 2019). A pesar de la popularidad del comité ético en otras profesiones, se desconoce hasta qué punto las organizaciones que prestan servicios de análisis aplicado de conducta han establecido y ponen en funcionamiento los comités éticos. Tanto

[1] Cox, D. J. (2020). Developing an ethics committee in an applied behavior analysis agency. *Behavior Analysis in Practice, 13*(2), 482–491. https://doi.org/10.1007/s40617-020-00455-6

las funciones del coordinador de ética como las de estos comités tienen ventajas e inconvenientes. Por ello, este artículo está dedicado a analizar las ventajas e inconvenientes de nombrar a un coordinador de ética y de establecer un comité ético. Y también esboza los pasos y consideraciones que las organizaciones pueden utilizar para guiar la creación de un comité ético.

Las guías y códigos éticos suelen expresarse en forma de reglas. Una regla puede definirse como un estímulo verbal que especifica una o varias relaciones entre contextos, respuestas y consecuencias (Barnes-Holmes et al., 2001; Catania, Shimoff y Matthews, 1989; Schlinger y Blakely, 1987; Skinner, 1969). Las reglas pueden derivarse de formas diferentes (Skinner, 1957/2025, 1969). Por ejemplo, tras entrar en contacto directo con una contingencia, el individuo puede generar una regla sobre las relaciones contexto-respuesta-consecuencia que ha experimentado (por ejemplo, Baum, 1995; Rosenfarb, Newland, Brannon y Howey, 1992). La regla generada puede regir la conducta de la persona en el futuro (por ejemplo, Rosenfarb et al., 1992) o la conducta de los demás (por ejemplo, Baum, 1995; Glenn, 1989). Y, una vez emitida la conducta, los demás pueden continuar emitiendo y siguiendo la regla incluso sin entrar en contacto con las contingencias originales responsables de esta.

Las reglas tienen ciertas características. Una de ellas es su grado de precisión. Por ejemplo, es poco probable que las reglas generadas especifiquen todas las características de las contingencias originales (Peláez y Moreno, 1998). También es posible que las reglas no especifiquen cómo cambian con el tiempo las relaciones entre contextos, respuestas y consecuencias. En relación con esto, los contextos, las respuestas y las consecuencias especificados en una regla para una contingencia que se produjo en un lugar pueden no ser relevantes o producirse en un lugar diferente. Por ejemplo, el uso de palabrotas entre adolescentes varía dependiendo de si el contexto es un vestuario deportivo o una reunión familiar. En resumen, las reglas pueden que no sean precisas debido a descripciones originales que no sean perfectas; relaciones cambiantes entre contextos, respuestas y consecuencias a lo largo del tiempo; y diferentes relaciones entre contextos, respuestas y consecuencias en distintos lugares. En resumen, todas las reglas serán algo inexactas para alguien, en algún lugar o en algún momento, y esto también es cierto para las normas éticas.

Otra característica de las reglas es su grado de especificidad. Las reglas pueden ser específicas o generales (Peláez y Moreno, 1998). Una regla identifica con precisión el contexto, la respuesta y contingencia de la consecuencia. Por ejemplo, una persona puede decir: "Me voy de vacaciones dentro de dos semanas y estaré fuera un mes. Si riega y corta mi césped cada semana que yo esté fuera, le pagaré 100 dólares el mes siguiente" (Barnes-Holmes et al., 2001). Una regla general identifica de forma ambigua el contexto, la respuesta o consecuencia. Por ejemplo, una persona puede decir: "Me voy de vacaciones. Si te encargas de mi jardín, haré que merezca la pena". En el ejemplo concreto, el hablante identifica con precisión el momento y la duración del contexto en el que se refuerza la conducta, las conductas concretas que se refuerzan y la cantidad de reforzador que se entregará. En el ejemplo general, el contexto, la respuesta y la consecuencia son ambiguos. No está claro cuándo y durante cuánto tiempo la persona se ausentará (el contexto), qué respuestas contactarán con reforzamiento y la cantidad, y el tipo de reforzador putativo que entregará el hablante.

Las normas de ética profesional se escriben habitualmente de forma general, pero se aplican de forma específica. Esto puede dar lugar a variaciones en la aplicación de las normas éticas de acuerdo a las personas y los contextos. Por ejemplo, la directriz 1.05 del Código de Cumplimiento Profesional y Ético para Analistas de Conducta (el Código) de la BACB afirma: "Todos los analistas de conducta prestan servicios, enseñan y realizan investigaciones sólo dentro de los límites de su competencia, definida como acorde con su educación, formación y experiencia supervisada" (BACB, 2014). La definición y el criterio de "competencia" de cada persona están determinados por su historia con las contingencias y la conducta verbal sobre la "competencia" de su conducta y la de los demás (Brodhead, Quigley y Wilczynski, 2018). En total, es probable que las diferentes historias y experiencias de aprendizaje den lugar a variaciones en la forma en que cada analista de conducta aplica la directriz 1.05, generalmente escrita, a su repertorio específico y a los contextos concretos en los que presta sus servicios.

La variación en la forma en la que los analistas de conducta aplican las normas éticas no es en sí negativa. La variación es la consecuencia de los procesos de conducta al aplicar una norma general a los cientos de situaciones en las que los analistas se encuentran cada día. Además, las normas éticas que están escritas de forma demasiado específica pueden ser poco útiles en algunas situaciones y llevar a que las normas se ignoren en favor de conductas determinadas por las contingencias experimentadas (por ejemplo, Hackenberg & Joker, 1994). No obstante, la coherencia en la forma en que dos analistas de conducta diferentes aplican las normas éticas profesionales parece esperarse cuando ambos analistas comparten una clientela similar y experimentan entornos de trabajo parecidos (por ejemplo, dos empleados que trabajan para la misma organización). A su vez, los líderes de la organización pueden desarrollar procesos formales para ayudarse mutuamente a adaptar de forma coherente las normas éticas escritas a los contextos específicos del lugar de trabajo. Dos procesos formales que pueden ayudar a los empleados a tomar decisiones éticas son poner un coordinador de ética y crear un comité ético.

Sistemas de ayuda a la toma de decisiones éticas

Coordinadores de ética

Una estrategia para ayudar a los empleados de una organización a tomar decisiones éticas es nombrar a un coordinador de ética (Brodhead & Higbee, 2012). Se trata de una persona que es como un experto en ética y que, por lo tanto, supervisa y controla la conducta ética dentro de una organización (Brodhead & Higbee, 2012). Este coordinador es responsable de desarrollar sistemas para supervisar la conducta ética, crear materiales de formación para la adquisición de conductas éticas y ayudar en el desarrollo de reglamentos de relevancia ética.

Su función en las organizaciones de servicios sociosanitarios tiene varias ventajas. La principal ventaja es que una sola persona es responsable de todas las actividades relacionadas con la ética. Se necesita mucho tiempo y recursos para crear los materiales, sistemas y procesos que conllevan las actividades relacionadas con la ética y su supervisión. No es muy probable que las instituciones que financian servicios sanitarios puedan amortizar la inversión en actividades relacionadas con la ética. Como consecuencia, muchas organizaciones tienen que cubrir los costes asociados a dichas actividades. Por ello, contar con una sola persona responsable de las actividades relacionadas con la ética requiere menos recursos que mantener a varios empleados. De esta forma, los coordinadores de ética pueden ser un gran punto de partida cuando los recursos limitan la capacidad de las organizaciones de desarrollar comités éticos. En relación con esto, una segunda ventaja de tener una persona responsable de todas las actividades relacionadas con la ética es la claridad que tendrán los empleados al saber con quién tratar los temas de educación, consulta y desarrollo de normativas relacionadas con la ética. A su vez, el nombramiento de un coordinador de ética puede llevar a una aplicación más eficaz de estos procesos dentro de la organización.

El principal inconveniente de confiar en un coordinador de ética es que una sola persona es responsable de todas las actividades relacionadas con la ética. Ello puede tener tres efectos negativos. Uno de ellos tiene que ver con lo que significa ser un "experto en ética" y con la forma en que el coordinador es designado por una organización. El conjunto de habilidades necesarias para ser considerado un "experto en ética" se ha definido históricamente de forma ambigua, y existe un debate que se centra en torno a si la experiencia en ética puede existir en los entornos sociosanitarios (por ejemplo, Brummett & Ostertag, 2018; Ho, 2016; Iltis & Rasmussen, 2016; McClimans & Slowther, 2016; Rasmussen, 2016; Rhodes, 2019). Reformuladas en forma de preguntas, ¿cómo sabemos que alguien está cualificado para ser coordinador de ética? ¿Qué habilidades y competencias debe demostrar alguien para que pueda afirmar que es experto en ética? Estas cuestiones distan mucho de ser triviales cuando se pone a una sola persona a cargo de la educación, la consultoría y el desarrollo de normativas relacionadas con la ética para toda una organización.

Un segundo inconveniente de depender de una sola persona implica la posibilidad de que las afirmaciones éticas sean tendenciosas. Esto es en referencia al sesgo de selección, por el que una persona toma decisiones basándose en un número menor de observaciones que en todas las existentes (Rothman, Greenland y Lash, 2008). Cada persona tiene una historia de aprendizaje diferente. Es probable que la historia y las circunstancias actuales del coordinador de ética difieran de las de otros empleados. A su vez, la formación, consultoría y elaboración de reglamentos relacionados con la ética podrían estar selectivamente sesgados hacia la historia y las contingencias experimentadas por el coordinador, y no aplicarse a las situaciones específicas con las que se encuentran otros empleados. Reformuladas como preguntas, ¿cómo sabemos que las conductas reivindicadas como "lo que hay que hacer" por un coordinador de ética son, de hecho, lo que hay que hacer? ¿Qué datos y pruebas deben aportar los coordinadores para respaldar su visión sobre lo correcto o incorrecto?

Un último inconveniente de depender de un coordinador de ética es la posibilidad de que las actividades sean insostenibles o intermitentes. Si a la organización no recupera la inversión hecha en procesos y estructuras éticas dentro de la organización, tendrá que sufragar los gastos de su bolsillo o depender de que el coordinador ofrezca voluntariamente su tiempo. Todos los gastos se tendrían en cuenta si la organización tiene una buena situación económica. De no ser así, esos gastos podrían ser los primeros en recortarse cuando una organización entra en tiempos difíciles. Depender del trabajo voluntario también crea dificultades en el mantenimiento de actividades relacionadas con la ética. Confiar en este tipo de trabajo pone el mantenimiento de la conducta del coordinador de ética a merced de contingencias de reforzamiento que operan fuera del control de la organización y en competencia con el trabajo por el que se paga al coordinador de ética. Sin medir o controlar estas contingencias, la frecuencia y la coherencia de las actividades relacionadas con la ética pueden fluctuar con el tiempo en relación con las contingencias laborales y personales.

Comités éticos

Una segunda estrategia para ayudar a que los empleados tomen decisiones éticas es crear un comité ético. Aunque son comunes en muchas otras áreas de la prestación de servicios sociosanitarios (Moon, 2019), los comités formales de ética no parecen ser tan habituales en las organizaciones de análisis de conducta. En muchas instituciones sanitarias, los comités éticos se han convertido en el método estándar para algunas actividades relacionadas con la ética. Éstas incluyen educar a los profesionales sanitarios sobre la ética aplicada relevante para sus entornos de trabajo, redactar y revisar la normativa de la organización, proporcionar consultas sobre casos de ética, ofrecer un foro para que los empleados expresen los desafíos éticos a los que se enfrentan en el trabajo y revisar proyectos de investigación dentro de la organización (Moon, 2019).

La creación de un comité ético tiene varias ventajas. En primer lugar, la pericia ética no depende de una sola persona. La bibliografía sobre ética aplicada, clínica, de investigación y empresarial es amplia. Un grupo de personas interesadas en tratar y aplicar la ética puede leer más bibliografía ética de lo que cualquier persona podría hacer individualmente. Los grupos de personas también pueden tener más probabilidades de encontrar soluciones eficaces a los retos del lugar de trabajo cuando existen las circunstancias adecuadas en torno a la conducta cooperativa y creativa (p.ej., Benbunan-Fich & Hiltz, 1999; Heller, Keith, & Anderson, 1992; Mumford, Feldman, Hein, & Nagao, 2001). Las circunstancias que rodean a la bibliografía, colaboración y resolución creativa de problemas con las actividades relacionadas con la ética, así como la toma de decisiones pueden ser útiles cuando los miembros del comité ético no tienen una formación o experiencia en ética aplicada (Rasmussen, 2016; Swetz, Hook, Hellyer, & Mueller, 2013).

Una segunda ventaja de un comité ético en la empresa es que puede que tenga un sesgo menos selectivo en sus afirmaciones (es decir, es probable que un mayor número de personas cubra más del número total de posibles historias de aprendizaje únicas y circunstancias actuales específicas de los empleados de la organización). Hay varias formas de reducir el sesgo selectivo, como haciendo que todas las partes interesadas de la organización estén representadas y contribuyan a las actividades. Estos comités suelen estar compuestos por uno o más miembros de cada departamento o puesto de la organización (es decir, las partes interesadas). Por ejemplo, en una institución de ABA que preste servicios a domicilio a niños y adolescentes habrá partes interesadas de la organización que apliquen el análisis de conducta (por ejemplo, técnicos registrados en conducta [RBT]), supervisen casos individuales (analistas asistentes de conducta [BCaBA] y analistas de conducta certificados con grado de maestría [BCBA]), supervisen las operaciones (como un director clínico o director ejecutivo), proporcionan apoyo administrativo (por ejemplo, empleados en el departamento de Recursos Humanos y Administración), reciben los servicios (clientes o supervisores de los clientes) y financian los servicios (por ejemplo, institución pública o compañía de seguros). Como comité compuesto por partes interesadas, el grupo tiene un mayor acceso a las normas y contingencias con las que podrían encontrarse los empleados de cada puesto de la empresa. Incluir las perspectivas de todas las partes interesadas disminuye la probabilidad de que las actividades relacionadas con la ética estén selectivamente sesgadas hacia el historial de aprendizaje y las circunstancias actuales de un solo individuo.

Por último, como dice el refrán "a muchos hombros, carga ligera" (Heywood, 1562). Para las organizaciones con recursos limitados, repartir el trabajo voluntario entre varias personas reduce el tiempo que cada una dedica a tales actividades. Cabe señalar una organización cuyos objetivos relacionados con la ética requieran aproximadamente cuatro horas semanales de trabajo voluntario. Repartir esas cuatro horas de trabajo voluntario entre ocho personas conduce a 30 minutos de trabajo voluntario a la semana por persona. Esto puede ser más fácil de lograr y más sostenible a largo plazo en comparación con una sola persona a la que se le pida cuatro horas de voluntariado a la semana. Además, las actividades relacionadas con la ética pueden cesar si las contingencias externas y concurrentes ya no apoyan las actividades de voluntariado relacionadas con la ética para un coordinador. En cambio, puede que la pérdida de una sola persona de un comité tenga menos repercusiones en la realización de esas actividades.

La creación de comités éticos también presenta varios inconvenientes. En primer lugar, requieren la coordinación de dos o más personas. Esto puede añadir tiempo, complejidad y recursos a las actividades relacionadas con la ética. Por ejemplo, considerar a un empleado que solicita una consulta relacionada con una experiencia que tuvo durante una sesión nocturna de análisis de conducta. Es probable que pueda llamar al coordinador, o escribirle un mensaje de texto o un correo electrónico y proporcionarle orientación o asesoramiento antes de la siguiente sesión. En cambio, dependiendo de la estructura del comité, es posible que el empleado no reciba ninguna orientación o asesoramiento hasta que se reúna un número mínimo de miembros del comité para tratar la situación. Esto puede llevar días o semanas e impedir una consulta que sea práctica. Este inconveniente puede mitigarse mediante el establecimiento de "líneas directas de ética" u otros métodos de comunicación que indiquen que se necesita rápidamente un asesoramiento.

En aras de la eficacia, cada miembro del comité también puede convertirse en la persona a la que acudir para pedir consejo sobre cuestiones éticas específicas. Un empleado podría buscar a un miembro debido a la experiencia de éste o porque sea su supervisor. Sin los procesos y contingencias adecuados en torno a la aplicación del proceso, esto puede dar lugar al equivalente funcional de múltiples coordinadores de ética que operan de forma independiente. Que esto sea bueno o malo probablemente dependa de la organización y de la función que quieran que cumpla el comité ético. Es probable que este inconveniente pueda mitigarse desarrollando y aplicando procesos que coordinen la conducta de los miembros del comité (ver la sección Estructura de los comités éticos para obtener más información).

Con tareas no divisibles, los comités éticos requieren más recursos que un coordinador de ética. Por ejemplo, se puede considerar una situación en la que se pide a un comité que revise una propuesta de normativa o de investigación que requiere una hora para que cada persona la revise. La cantidad acumulada de tiempo dedicado a tareas no compartidas es al menos *n* veces mayor, donde *n* es el número de miembros del comité implicados. Además, es probable que el comité quiera convocar una reunión para tratar la revisión de cada persona, lo cual añadiría más tiempo. Este inconveniente puede solucionarse de alguna manera mediante una planificación adecuada y si se aclara el presupuesto disponible, así como del alcance del comité ético (ver la sección "Funciones comunes de los comités éticos" para obtener más información).

Un segundo inconveniente es el mayor riesgo de violar la confidencialidad sin la formación y supervisión adecuadas. Los miembros del comité ético pueden tener acceso a mucha información personal de clientes, familiares y empleados. La confidencialidad podría quebrantarse durante las reuniones del comité en las que los miembros utilizan información de casos relacionados, pero separados, al tratar un tema. La confidencialidad también podría violarse cuando los miembros hablan con los empleados fuera de las reuniones al dar consejos sobre un tema relacionado con la ética. Utilizar ejemplos o estrategias de otras situaciones similares puede llevar a un miembro del comité a divulgar accidentalmente detalles o información que violen la confidencialidad. El quebrantamiento de esa confidencialidad es, sin duda, un riesgo si hay un sólo coordinador. Sin embargo, el riesgo de violación de la confidencialidad aumenta cuando son varias las personas que deben mantener la información confidencial.

En tercer lugar, el sesgo también puede producirse cuando un grupo toma decisiones éticas o proporciona un asesoramiento ético. El pensamiento grupal es un fenómeno recogido en la literatura de psicología social que sugiere que ciertas situaciones pueden llevar a un grupo de personas a tomar decisiones que no sean óptimas al no considerar soluciones alternativas a un problema (ver Turner & Pratkanis, 1998 para una revisión). Traducido a procesos operantes, la variabilidad reducida podría surgir a través de contingencias de escape o de reforzamiento diferencial. Las contingencias de escape pueden llevar al pensamiento grupal si uno o más miembros del comité no aportan soluciones alternativas para escapar o evitar el conflicto entre los miembros durante la discusión. Otra posibilidad es que algunas soluciones entren en contacto con más reforzadores que otras y, por lo tanto, se ofrezcan con más frecuencia en futuras conversaciones del comité. El sesgo por pensamiento grupal podría considerarse un caso de sobregeneralización. El sesgo por pensamiento grupal podría mitigarse mediante contingencias que promuevan la cooperación y variabilidad de las soluciones, así como cambiando regularmente a los miembros del comité ético (por ejemplo, Benbunan-Fich & Hiltz, 1999; Heller et al., 1992; Mumford et al., 2001).

Por último, las dificultades que entraña la sostenibilidad financiera como coordinador también existen para el comité. Independientemente de que las actividades recaigan en una persona o en un grupo, los costes no reembolsados son costes no reembolsados. Las limitaciones de recursos y la sostenibilidad financiera pueden mitigarse recurriendo a un comité ético, pero seguirán existiendo e incluso, pueden agravarse en función de la estructura de dicho comité (por ejemplo, pedir a todo el comité que realice una consulta ética en lugar de pedirla a un sólo coordinador de ética).

Cómo crear un comité ético

Existen varias estrategias para que las organizaciones de análisis de conducta ofrezcan a sus empleados actividades relacionadas con la ética. Brodhead y Higbee (2012) ofrecen una visión de cómo desarrollar un puesto de coordinador de ética. Para las organizaciones individuales o consorcios de organizaciones o entidades públicas que estén interesadas en crear un comité ético, el resto de este artículo describe los pasos para crear dicho comité y algunas consideraciones importantes para cada paso. Las dos decisiones más importantes son determinar la función y la estructura. Después de describir cada una de estas áreas, se esbozan los siete pasos restantes para crear un comité ético, que son colocados en el orden de realización recomendado, aunque algunos pasos pueden realizarse simultáneamente.

Funciones comunes de los comités éticos

En muchos entornos de atención médica, los comités éticos han cumplido una o todas de al menos cinco funciones diferentes (Moon, 2019; Post & Blustein, 2015). Entre ellas se incluyen la educación ética; el desarrollo, la revisión y las recomendaciones de la normativa institucional; la revisión y consulta de casos; un grupo para tratar cuestiones éticas a las que se enfrentan las partes interesadas de la organización; y la revisión de posibles investigaciones llevadas a cabo por empleados de la organización. Cada nuevo comité debe determinar si cumplirá cada una de estas funciones, el orden de prioridad relativo de las funciones en caso de que se aborden varias, el tiempo que se dedicará a cada función y la forma en que podría cumplir cada una de forma práctica y eficaz. La decisión de cumplir cada función vendrá determinada por el interés colectivo de los miembros del comité, el apoyo institucional, y los conocimientos y aptitudes generales de los miembros. Planificar de forma proactiva la función de un comité aumentará las probabilidades de que éste se mantenga en el tiempo. También ayudará a moldear los sistemas de recopilación de datos con el objetivo de medir la eficacia del comité ético en el cumplimiento de su función.

Educación ética. Es probable que haya que tomar varias decisiones importantes si una de las funciones del comité es la educación ética de los empleados. La decisión más importante es, sin duda, el objetivo de la educación ética en la organización: ¿Por qué intenta la organización aumentar la educación ética de los empleados? ¿Se trata de un valor general que la organización sostiene? ¿Desea la organización que los empleados tengan en general un mayor conocimiento de la ética? ¿Existen determinadas situaciones a las que los empleados se enfrentan habitualmente y que la organización quiere que gestionen de forma independiente? ¿Está la organización interesada en ampliar los conocimientos de los empleados sobre ética aplicada, clínica, de investigación y empresarial más allá de lo que se trató en su formación? ¿Está interesada la organización en aumentar la conciencia y la sensibilidad éticas de forma general?

Una vez conocido el objetivo de la educación ética, es probable que deban tomarse una serie de decisiones. Algunas de estas incluyen la identificación de temas para los eventos de educación ética, la frecuencia de los eventos, la modalidad para impartir los eventos, si existirán circunstancias para la participación de los empleados y el objetivo de cada evento educativa. La forma en que una organización responda a estas preguntas estará determinada por el propósito de la educación ética dentro de la organización y en relación con la cantidad de apoyo organizacional disponible para los miembros del comité.

Desarrollo y revisión de la normativa. Es probable que haya que tomar varias decisiones importantes si una de las funciones de un comité ético es elaborar o revisar la normativa institucional relativa a la prestación de servicios éticos. Podría decirse que la decisión más importante es el propósito de que el comité ético elabore o revise la normativa institucional. ¿Busca la organización un par de ojos extra para revisar las normativas y que esos ojos vengan de empleados interesados y educados en temas éticos? ¿O la organización está interesada en algo más específico? Por ejemplo, puede estar interesada en mejorar la diversidad y la equidad en las prácticas de contratación, mejorar la validez social y la seguridad de los servicios prestados por los empleados, mantener la calidad y la prestación ética de los servicios al tiempo que se hacen recortes presupuestarios, o desarrollar una nueva normativa para orientar a los empleados que se enfrentan a los retos éticos más comunes.

Una vez que se conozca el propósito de implicar al comité ético en el desarrollo y la revisión de la normativa, es posible que deban tomar varias decisiones. Por ejemplo, una decisión que hay que tomar es con qué tipos de normativas participará el comité ético. ¿Participará en todas o sólo en un conjunto específico de decisiones normativas? Una segunda decisión es qué papel tendrá el comité ético en el desarrollo y la revisión de las normativas. ¿El comité ético proporcionará simples recomendaciones o consejos que podrán o no incluirse en las decisiones normativas? ¿O participará directamente el comité ético en la elaboración de la normativa? Una última decisión es con qué frecuencia participará el comité en la elaboración o revisión de las normativas. ¿Serán el desarrollo y la revisión de la normativa una función continua del comité ético, una actividad anual o se hará caso por caso? Al igual que en la educación ética, la forma en que una organización responda a estas preguntas estará determinada seguramente por el propósito de involucrar al comité en el desarrollo de la normativa y en relación con la cantidad de apoyo organizacional de que dispongan los miembros del comité ético.

Consulta y revisión de casos. Una función más común junto con la educación ética es que los comités realicen consultas éticas y revisiones de casos (Moon, 2019). Para esta función, es probable que deban tomarse varias decisiones importantes. Al igual que en las funciones antes mencionadas, la primera decisión que probablemente haya que tomar es el propósito de dicha consulta. La consulta puede adoptar la forma de una "línea directa de ética" en la que el comité (o unos pocos miembros) realice una consulta rápida y puntual sobre un asunto que se haya planteado. Alternativamente, la consulta podría adoptar la forma de una participación continua en un equipo clínico hasta que el comité ya no sea necesario -análogo a traer a un experto en alimentación para que ayude en un caso hasta que ya no se presenten problemas de alimentación-. Por último, la consulta ética también podría adoptar la forma de revisión de casos después de que se hayan tomado las decisiones para proporcionar una retroalimentación y educación a los empleados para que moldeen su conducta de cara al futuro.

Una vez decidido el objetivo de la consulta ética dentro de la organización, es probable que deban tomarse varias decisiones. Por ejemplo, una tiene que ver con el tipo de eventos para los que los empleados pueden solicitar una consulta ética y quién puede solicitarla. Las preguntas pueden girar en torno a si todos ellos pueden solicitar una consulta sobre cualquier cuestión; para qué experiencias y eventos se puede solicitar una consulta, si es necesario ponerse en contacto primero con un supervisor del equipo (por ejemplo, con analistas de conducta) y dar su aprobación de que el tema es apropiado para el comité ético y no para un departamento diferente (por ejemplo, clínico o de recursos humanos), quién participará en la consulta ética (como clientes, supervisores u otros miembros del equipo) y el método por el que los empleados deben solicitar la consulta.

La organización también tendrá que determinar qué sucede con la consulta después de que se produzca. Las preguntas pueden referirse a cómo se documentará dicha consulta, si ésta pasa a formar parte del expediente permanente de los clientes o empleados y cómo se abordarán las cuestiones de privacidad con las actividades. Al igual que la educación ética y el desarrollo de normativas, la forma en que una organización decida estas cuestiones estará determinada por el objetivo de la consulta ética y la cantidad de apoyo organizacional de que dispongan los miembros del comité para las actividades.

Grupo de debate. Es probable que haya que tomar varias decisiones importantes si una de las funciones del comité ético es ofrecer un grupo para tratar cuestiones éticas. La decisión más importante es, una vez más, decidir el objetivo de tener ese grupo de discusión sobre ética. ¿Permitirá ese grupo que los empleados expresen escenarios éticos con los que entran en contacto en su trabajo diario? ¿Proporcionará el comité ético escenarios para que los empleados practiquen la toma de decisiones éticas? ¿Se integrará dicho grupo en otras reuniones de debate, como en reuniones mensuales del equipo clínico para destacar la ubicuidad de la ética en las actividades cotidianas? En relación con esto, hay que decidir qué ocurre con toda la información tratada durante el grupo. Es posible que los empleados no estén dispuestos a asistir y a seguir participando si no se resuelven los problemas relacionados con la ética. El comité ético tendrá que responder a la pregunta: ¿Cómo convertiremos los debates éticos en temas procesables que puedan reforzar la participación continuada de los empleados?

Es posible que haya que tomar varias decisiones si la función de un comité es proporcionar un grupo de debate para los empleados. La primera y más importante es cómo se mantendrá la confidencialidad. Estos foros tratarán temas directamente relacionados con los clientes, los supervisores de los clientes, los empleados o las personas ajenas a la organización y con las que trabajan los empleados. La privacidad de la información personal, sanitaria y educativa de todas las personas está protegida legalmente (por ejemplo, la Ley de Derechos Educativos y Privacidad de la Familia, 1974; la Ley de Portabilidad y Responsabilidad del Seguro Médico, 1996), y el comité ético tendrá que desarrollar y aplicar normativas y procedimientos para garantizar la confidencialidad en los debates. En relación con esto, habrá que tomar decisiones sobre qué temas son apropiados y cuáles no para los foros de debate con respecto a la privacidad y relevancia general de los temas. El comité ético también tendrá que decidir a quién se permitirá participar. ¿La participación en los grupos de debate del comité ético estará restringida sólo a determinados empleados, o a empleados y clientes, o estarán abiertos al público? Por último, el comité ético tendrá que decidir con qué frecuencia se celebrarán estos grupos. Es probable que las respuestas a todas las preguntas anteriores estén determinadas por el objetivo de formalizar un grupo de debate sobre ética y por la cantidad de apoyo organizacional de que disponga el comité ético para planificar y organizar dichos grupos y actuar sobre los temas tratados.

Revisión de propuestas de investigación. Una última función de los comités éticos puede ser el revisar las actividades de investigación de las organizaciones. Aquí surge la pregunta: ¿Cuál es el propósito de que el comité ético evalúe propuestas de investigación? ¿El objetivo es garantizar la seguridad de los clientes y empleados y defender los principios del Informe Belmont (Oficina del Secretario, 1979), que proporciona orientación sobre la protección de participantes de investigación? ¿El comité ético sólo revisará y hará comentarios sobre cuestiones éticas? ¿O se integrará el comité ético en un proceso más amplio? En relación con esto, ¿qué influencia tendrá el comité con respecto a los protocolos presentados a la grupos de trabajo (sólo recomendaciones, pleno poder de veto)? En este punto, es importante señalar que la literatura revisada por expertos y relevante para la ética de la investigación es en gran medida distinta, aunque está relacionada con la literatura para la ética clínica (National Academy of Sciences, 2009). Esto repercutirá directamente en la formación de los miembros de los comités. Las respuestas a todas estas preguntas vendrán determinadas, de nuevo, por la cantidad de apoyo que dispongan los miembros del comité para su participación en la revisión de investigación, cuando dichas actividades requieran garantizar los derechos y el bienestar de los posibles participantes en investigación. El comité debe también supervisar que el proceso de consentimiento no sea motivo de influencia indebida y que el acceso a la investigación sea equitativo para todos los clientes que cumplan los criterios de inclusión.

Estructura de los comités éticos

Los comités éticos, por definición, implican a más de una persona. El número y la composición de los miembros de los comités pueden determinarse de varias maneras (Tabla 1). Sin embargo, estos comités suelen estar compuestos mínimamente por un presidente o coordinador del comité ético, un asesor jurídico y un asesor ético local (Academia Americana de Pediatría, 2001; Moon, 2019). El presidente del comité ético puede estar determinado por su interés, formación y experiencia previa. En cualquier caso, la organización tendrá que determinar si el presidente del comité rotará tras un periodo fijo (por ejemplo, de uno o dos años) o si el cargo es indefinido. El presidente del comité es el responsable de organizar las actividades relacionadas con la ética, gestionar el presupuesto y coordinar la conducta de los miembros, si procede. Los asesores jurídicos y éticos pueden o no participar en todas las actividades y reuniones. Igualmente, pueden surgir situaciones durante las actividades del comité que tengan ramificaciones jurídicas o impliquen otros temas desconocidos. Identificar a quién se puede contactar en caso de que haya alguna cuestión jurídica y ética ajena a la competencia del presidente del comité puede ayudar en las actividades de éste.

A menudo, estos comités incluyen a otros roles además del de presidente, asesor jurídico y asesor ético (Academia Americana de Pediatría, 2001; Moon, 2019). El número y la composición de los miembros del comité ético pueden determinarse de varias maneras. Una posibilidad es que dependa del interés personal; un empleado interesado en participar en el comité ético podría ser un miembro activo. Añadir miembros al comité por interés personal tiene las ventajas de permitir que más personas participen y de ofrecer a cada empleado la oportunidad de participar. Sin embargo, esto puede tener varios inconvenientes. Permitir que todos los empleados interesados se conviertan en miembros del comité puede dar lugar a altibajos en el número de miembros, lo que dificultaría la organización y realización de actividades. Además, requerirá seguramente que todos los miembros se ofrezcan voluntarios, ya que la mayoría de las organizaciones puede que no puedan costear un comité numeroso. Por último, puede dar lugar a una selección de empleados poco representativa, ya que los que probablemente participen sean aquellos que puedan asistir a las reuniones, ofrecerse como voluntarios y tengan interés en la ética. A su vez, una composición no representativa puede conducir a actividades o productos del comité que estén sesgados hacia los puntos de vista de los empleados más representados en el comité (por ejemplo, analistas de conducta vs. técnicos).

Otra posibilidad para incluir miembros al comité, más allá de los principales, consiste en que el comité esté compuesto por un número fijo de partes interesadas de la organización. Esa cifra se decide en función de la representación institucional y la experiencia. Por lo tanto, el comité estaría compuesto por al menos un miembro que represente a cada departamento, cargo o parte interesada dentro de la empresa. Por ejemplo, en el caso de una agencia mediana de servicios ABA con 10 analistas de

Tabla 1 Estructuras comunes de los comités éticos en el ámbito sociosanitario y algunas ventajas e inconvenientes de utilizar cada estructura

ESTRUCTURA	VENTAJAS	INCONVENIENTES
Miembros elegidos por si interés personal en ética	1. Hay un mayor número de miembros y una mayor participación de los empleados. 2. Todos tienen la oportunidad de sentirse escuchados y de contribuir.	1. La participación fluctúa con el tiempo. 2. Es probable que se requiera que los miembros ofrezcan su tiempo como voluntarios. 3. Es más difícil organizar las actividades. 4. Es poco probable que la estructura del comité refleje con precisión la estructura organizacional.
Comités organizados según a reglas organizacionales específicas.	1. Se garantiza que todos los estamentos de la organización están representados. 2. La composición del comité es predecible. 3. Es más difícil organizar las actividades.	1. Seleccionar y reemplazar a los miembros del comité implica trabajo administrativo adicional. 2. Algunas personas pueden sentir que sus opiniones no son escuchadas si no son seleccionadas para formar parte del comité.

conducta y 50 técnicos que prestan servicios a domicilio a niños con trastornos del espectro autista, lo ideal sería que el comité ético estuviera compuesto por al menos un analista, un técnico, un cliente o tutor del cliente, una persona de administración y una persona vinculada a temas de financiación. La idea es que el comité esté compuesto por al menos un miembro de cada departamento que pueda verse afectado por las decisiones normativas o las consultas éticas que pueden no ser consideradas por las personas de otros departamentos. Una estrategia relacionada tendría una representación proporcional de los miembros de la organización en el comité. Utilizando el ejemplo anterior, esto implicaría incluir a cinco técnicos por cada analista que esté en el comité.

Utilizar un número fijo de partes interesadas de la organización tiene la ventaja de garantizar que todos los aspectos de la organización estén representados en las actividades del comité. No es probable que un solo empleado esté al tanto de las normas que afectan a otros roles dentro de la organización. Incluir al menos a un representante de cada departamento de la organización aumenta la probabilidad de que el alcance de las actividades y decisiones del comité incluyan la perspectiva de al menos una persona de cada estamento. Además, utilizar un número y una composición fijos permite a la organización presupuestar el tiempo y las actividades de los miembros, lo que puede conducir a una mayor estabilidad de las actividades y de la participación.

Los principales inconvenientes de utilizar un número fijo de partes interesadas de la organización son dos. En primer lugar, requiere un trabajo administrativo adicional de organizar cómo se seleccionarán los miembros del comité para representar cada aspecto de la organización (en comparación con la simple comunicación de cuándo se celebrarán las reuniones del comité cuando se utiliza el enfoque de "miembros por interés"). En segundo lugar, la mayor formalidad para los empleados que representen sus cargos en el comité, lo que puede aumentar la probabilidad de que se espere una compensación por el tiempo dedicado a trabajar en las actividades y asistir a las reuniones. Esto puede aumentar el coste financiero del comité ético.

Pasos para crear un comité ético

Las decisiones más difíciles de tomar al formar un comité ético son probablemente cuáles serán su función y estructura. Pero, estos pasos son sólo dos de los muchos necesarios para establecer y poner en marcha el comité. En este artículo se describen otros pasos que deban realizarse para formarlo (ver un resumen en la Tabla 2). Los pasos 1-3 requieren la participación de los empleados de nivel ejecutivo y directivo de la organización, y es probable que deban realizarse antes de los pasos restantes. Los pasos 4-7 son más específicos de las actividades iniciales y continuas del comité ético, por lo que es probable que puedan tener lugar simultáneamente. Por último, el paso 8 implica poner en marcha y comenzar a analizar sistemas y procesos.

Paso 1: Conseguir el apoyo de la dirección. El primer paso para establecer un comité ético es conseguir el apoyo de la dirección de la organización para desarrollar y mantener un comité ético. Si la dirección de la organización no está interesada en apoyar el comité, entonces hay pocas razones para avanzar más allá de este paso.

Sin embargo, si la dirección de la organización está interesada en apoyar un comité ético, entonces los fundadores pueden solicitar qué recursos podrían estar disponibles para apoyar dicho comité y cómo podría encajar dentro de las normativas y sistemas de la organización. Comprender qué recursos se dispone y cómo repercutirán las actividades del comité ético en la organización ayuda a identificar las limitaciones para las posibles actividades. A su vez, la disponibilidad de recursos y el encaje dentro de la organización repercutirán en la función y estructura del comité.

Paso 2: Determinar la función y la estructura del comité ético. El segundo paso consiste en que los fundadores del comité trabajen dentro de las limitaciones identificadas en el paso 1 para determinar su función y estructura. Al establecerlo, es posible que este paso sea el que requiera más tiempo, implique muchas preguntas diferentes (esbozadas en las secciones anteriores) y suponga muchas conversaciones entre los fundadores del comité y la dirección de la organización. El objetivo de este paso es trazar formalmente las actividades a las que se dedicará el comité, así como sus plazos y estructuras de las reuniones, los plazos y los criterios de evaluación, así como la identificación y sustitución de los miembros del comité.

Paso 3: Formar al personal. El tercer paso consiste en formar al personal de la organización sobre el próximo comité ético. Es posible que se deba instruir sobre el objetivo del comité, las actividades

Tabla 2 Pasos a considerar al desarrollar un comité ético

1. Obtener el respaldo de la dirección y claridad sobre los recursos disponibles.
2. Determinar la función y la estructura del comité ético.
3. Formar al personal sobre la función y la estructura del comité ético.
4. Seleccionar a los miembros del comité.
5. Capacitar a los miembros del comité en las habilidades necesarias para cumplir la función del comité ético.
6. Identificar los principios rectores del comité ético.
7. Establecer formalmente los sistemas, procesos y la red de comunicación que permitan al comité cumplir su función.
8. Aplicar y poner en marcha los procesos, y revisar la función, estructura, principios y procesos del comité ético de forma periódica.

Nota. Es probable que los pasos 1 a 3 deban realizarse antes que los posteriores. Los pasos 5 a 8 pueden llevarse a cabo de forma simultánea. El paso 9 ocurre después de que el comité ético haya sido establecido.

en las que participará y en las que no, cómo encaja dicho comité en otros sistemas y procesos de la organización, y cómo los empleados pueden participar y aprovecharlo.

Paso 4: Elegir a los miembros del comité. El cuarto paso consiste en identificar formalmente a los miembros del comité ético utilizando los procesos determinados y detallados en el paso 2. Si se utiliza el método "por interés", entonces se proporcionaría a los empleados un método formal para inscribirse. Si se utiliza el de "número fijo", entonces se seguiría un proceso formal para solicitar ser miembro y seleccionar al conjunto. En relación con lo anterior, el comité ético puede querer esbozar y comunicar las fechas y procesos específicos para la sustitución de los miembros del comité.

Paso 5: Formar a los miembros del comité. Es posible que pocos empleados de la organización tengan la formación en todas las habilidades necesarias para aplicar con soltura las actividades del comité ético. El Código de BACB trata explícitamente la importancia de ejercer dentro del ámbito de competencia de cada uno (BACB, 2014), y la competencia se considera cada vez más un área importante de debate y medida en la literatura sobre la práctica (por ejemplo, Brodhead, Cox, & Quigley, 2018; Brodhead, Quigley, & Wilczynski, 2018; Teodorescu & Binder, 2004; Turner, Fischer, & Luiselli, 2016). Aunque normalmente se trata en términos de prestación de servicios del análisis de conducta, la competencia también parece relevante para las actividades de los comités éticos.

Ya existen competencias básicas para la consulta de ética asistencial (American Society for Bioethics and Humanities, 2011; Courtwright, 2013; Larcher, Slowther y Watson, 2010). Éstas incluyen factores como los conceptos básicos de las teorías y los principios éticos; la aplicación y la práctica del razonamiento moral; el conocimiento pertinente de los términos clínicos y los procesos de enfermedad; el contexto cultural de las poblaciones de clientes y empleados; el conocimiento de los códigos éticos profesionales; de las leyes locales, estatales y federales pertinentes; y de las normativas y los procesos organizacionales para aplicar las recomendaciones del comité. Parece que la mayoría de estas competencias también sean relevantes para las actividades de los comités de las organizaciones que prestan servicios de análisis de conducta. Los comités podrían utilizar estas competencias como punto de partida para la formación de sus miembros mientras el análisis sigue tratando otras competencias básicas específicas del campo y de otras funciones que los comités puedan desempeñar.

Paso 6: Identificar los principios rectores. Una vez obtenidas las competencias éticas básicas, los miembros del comité pueden empezar a cumplir sus funciones. Puede que haya muchas tareas diferentes que puedan realizarse y decisiones que requieran un orden de prioridades. Al igual que en el paso anterior, hay que decidir en qué temas se centrará el comité y el orden de prioridades. Habrá que tomar una decisión sobre qué normativas existentes se revisarán o en qué temas sin una normativa actual se centrarán y su orden. Con la consulta ética, es posible que se den situaciones en las que dos directrices éticas diferentes sugieran conductas incompatibles (es decir, un dilema ético) y habrá que recomendar una línea de actuación. Con la investigación, sin embargo, habrá que tomar decisiones sobre qué tipos de proyectos de investigación se permitirán, cómo se asignan los recursos entre los proyectos de investigación disponibles y el grado de compensación riesgo-beneficio que se permitirá.

Las decisiones que implican el establecimiento de prioridades pueden verse favorecidas por el desarrollo de un conjunto de principios rectores y valores que los miembros del comité ético puedan utilizar para tomar decisiones como parte de sus funciones (por ejemplo, Craft, 2013). El objetivo es desarrollar un conjunto de principios rectores y jerarquizados que permitan al comité tomar decisiones coherentes a la hora de fijar prioridades que se alineen con los valores y la misión de la organización. Por ejemplo, durante la consulta ética del comité, puede surgir un conflicto entre los principios éticos de *primum non nocere* ("primero no dañar") y *benefacción* (los servicios deben trabajar para maximizar la mejora del cliente). La forma en que el comité ético priorice y clasifique estos valores influirá en las recomendaciones que se ofrezcan durante la consulta de un caso. Es importante destacar que estos valores y principios rectores pueden cambiar con el tiempo a medida que el comité adquiera experiencia en la aplicación del código deontológico.

Paso 7: Formalizar los procesos del comité. En esta etapa del establecimiento de un comité ético, los miembros deben tener la mayoría de las piezas necesarias para cumplir con las funciones. Éstas incluyen una sólida comprensión de los recursos disponibles para el comité, la(s) función(es) que se espera que cumplan sus miembros, cómo se mantendrá a los miembros a lo largo del tiempo, el contenido y los métodos de formación para que sean competentes en el cumplimiento de su función, así como la clasificación general de los principios que conducirán a decisiones éticas coherentes.

Este paso implica esbozar formalmente todos los procesos y procedimientos del comité ético como un sistema organizacional único y cohesionado. Las herramientas de la literatura sobre gestión de la conducta organizacional ayudarán a mapear el comité como un sistema organizacional y cómo el comité ético encaja formalmente en un sistema organizacional más amplio (por ejemplo, análisis de sistemas conductuales: Austin, 2000; Brethower, 1982; Daniels & Daniels, 2004; Rummler, 2004; Rummler & Brache, 1995; redes de comunicación: Houmanfar & Johnson, 2003; Houmanfar, Rodrigues, & Swetz, 2009). En relación con lo anterior, quizás el componente más importante del paso 7 sea identificar los indicadores clave de rendimiento para saber hasta qué punto el comité ético está cumpliendo su función. Es decir, el comité debe saber qué datos deben recopilarse para permitirle analizar su conducta.

Paso 8: Poner a prueba los procesos y revisarlos. El último paso en la creación de un comité ético es poner en marcha y a prueba los procesos planeados. Existe literatura dedicada a la ciencia de la aplicación (ver Fixsen, Naoom, Blasé, Friedman y Wallace, 2005 para un resumen de la literatura). Esta investigación es relevante para aplicar los procesos y procedimientos descritos anteriormente, así como para las recomendaciones que el comité ético proporciona a los empleados. El análisis de conducta y los diagramas de sistemas de rendimiento (por ejemplo, Brethower, 1982; Diener, McGee, & Miguel, 2009) pueden utilizarse con la recopilación continua de datos para analizar la actuación del comité y lo que ocurre con las recomendaciones. Concretamente, puede que el comité ético quiera analizar hasta qué punto está cumpliendo la función asignada, la eficacia de los procesos del comité, y cómo pueden tener que cambiar los procesos y clasificaciones de valores en función de las situaciones dinámicas a las que se enfrentan los empleados, así como la organización que se adapta a un mercado de prestación de servicios de análisis de conducta.

Conclusión

Los códigos deontológicos que orientan a los profesionales sociosanitarios tienen que redactarse de forma general para abarcar el conjunto de escenarios con los que puede encontrarse cualquier miembro de la profesión. A pesar de estar redactados de esa forma, las directrices éticas se aplican a situaciones específicas con las que se encuentran los profesionales. La aplicación de normas generales a contextos específicos puede resultar a veces difícil y compleja (por ejemplo, Bailey & Burch, 2011; Sush & Najdowski, 2019). Las organizaciones de servicios sociosanitarios pueden adoptar varias estrategias para ayudar a sus empleados a comportarse de forma ética. Un enfoque consiste en nombrar a un único coordinador de ética (Brodhead & Higbee, 2012). En cambio, la solución dominante en la mayoría de las organizaciones es establecer un comité ético (Moon, 2019). A pesar de la popularidad del comité ético en otras profesiones, se desconoce hasta qué punto las organizaciones que prestan servicios de análisis de conducta ponen en marcha tales comités. Para las organizaciones interesadas en establecer dicho comité, este artículo ofrece una visión general de los pasos que deberían considerarse.

12 PROMOCIÓN DE LA PRÁCTICA ÉTICA Y BASADA EN LA EVIDENCIA MEDIANTE PANELES DE REVISIÓN[1]

Jesse J. Logue | Kristin M. Hustyi |
Lauryn M. Toby | Erica E. Outlaw

Resumen

Aproximadamente 10.000 nuevos analistas de conducta entraron en la profesión en 2021, lo que representa casi el 20% de la fuerza laboral actual en EEUU. A medida que sigue dándose un crecimiento exponencial, es fundamental que las organizaciones desarrollen una estructura para apoyar el desarrollo de los profesionales principiantes, así como la prestación de servicios éticos y de calidad. Aunque es responsabilidad del profesional determinar y practicar dentro de su competencia, las investigaciones indican que muchos analistas no reciben la formación y supervisión de casos necesarias para gestionar adecuadamente algunos de los clientes que se les asignan, en concreto aquellos con conductas desafiantes graves (Colombo et al. *Behavior Analysis in Practice, 14*(1), 11-19, 2021). Los profesionales con formación y supervisión inadecuados pueden correr el riesgo de adoptar procedimientos restrictivos para lidiar con conductas aparentemente intratables cuando, de hecho, existen opciones menos restrictivas

[1] Logue, J. J., Hustyi, K. M., Toby, L. M., & Outlaw, E. E. (2023). Promoting ethical and evidence-based practice through a panel review process: A case study in implementation research. *Behavior Analysis in Practice, 16*(1), 312–324. https://doi.org/10.1007/s40617-023-00807-y

basadas en la evidencia. Este artículo describe el desarrollo de un panel de revisión de procedimientos (PRP) como estrategia organizacional para alinear los procedimientos de evaluación y tratamiento con las directrices de la práctica ética cuando se trabaja con pacientes con conductas graves. Los datos del primer año de aplicación se evaluaron dentro del marco de la ciencia de la aplicación que indica que, en la muestra actual, el proceso de PRP mitigó efectivamente el uso de procedimientos de tratamiento restrictivos en el 80% de los casos y promovió la adopción de prácticas basadas en la evidencia en el 79% de los casos, lo que dio lugar a reducciones en el 72% de las conductas de interés en la muestra.

El campo del análisis aplicado de conducta (ABA), y en concreto de la credencial de analista de conducta certificado (BCBA), ha experimentado un crecimiento exponencial en los últimos años. De hecho, sólo en 2021 entraron en este campo 10.000 nuevos certificados, lo que supone casi el 20% del sector en EEUU (BACB, s.f.). La creciente prevalencia de los trastornos del espectro autista (TEA) ha aumentado la demanda de proveedores de análisis de conducta. Concretamente, la demanda nacional de profesionales certificados aumentó un 38% entre 2020 y 2021 (BACB, 2022), y más del 70% de los BCBA informaron de que el TEA es su principal objetivo profesional. Con esta afluencia de proveedores recién acreditados aparecen algunas cuestiones sobre el equilibrio tanto de la cantidad disponible de servicios del análisis de conducta como de la calidad de los servicios prestados.

Áreas de competencia y la selección de procedimientos de tratamiento

Aunque los proveedores recién certificados pueden estar autorizados a realizar una amplia gama de actividades profesionales y clínicas, eso no garantiza el dominio de éstas (Brodhead et al., 2018). Brodhead et al. (2018) trataron la necesidad de que los analistas identifiquen y practiquen dentro de su área de competencia, al tiempo que toman medidas para facilitar el desarrollo de nuevas habilidades para estar listos para afrontar casos cada vez más complejos que se presenten a lo largo de su carrera. Esto incluye participar en actividades de desarrollo profesional, tanto antes de obtener el certificado como, lo que es más importante, después de obtenerlo. Sin embargo, hay diversos factores que pueden llevar a un analista a ejercer fuera de los límites de su competencia (por ejemplo, aceptar a un paciente que de otro modo no podría acceder a los servicios, aceptar a un paciente porque se siente más cualificado que otros profesionales disponibles aunque no esté óptimamente cualificado, incentivos económicos por aceptar pacientes, no reconocer cuándo las necesidades de un paciente caen fuera de su nivel de competencia, malentendidos respecto a la aplicabilidad universal de los principios de conducta), que presentan un grave riesgo de daño a los consumidores, al campo y a los analistas de conducta (Brodhead et al., 2018).

Estos riesgos se agravan aún más cuando los analistas no reciben la formación o supervisión necesarias para gestionar adecuadamente los casos asignados. DiGennaro et al. (2015) encuestaron a 382 analistas de conducta en ejercicio sobre el grado en que se utilizaban prácticas y gestión del rendimiento con apoyo empírico en sus entornos aplicados. Los resultados indicaron que más de la mitad de los que respondieron no recibieron una formación inicial en su trabajo antes de hacerlo de forma independiente, y un tercio no recibió formación o apoyo de forma continua. Colombo et al. (2021) ampliaron estos resultados examinando la formación inicial y continua proporcionada a 125 profesionales que atendían a personas con conductas graves desafiantes, e indicaron que al 43% de los profesionales que respondieron se les asignó su primer caso de conducta grave sin recibir una supervisión inicial o continua. Asimismo, el 65% de los profesionales recibió una formación limitada sobre la realización de análisis funcionales (AF) (un caso o ninguno). Esto pon en riesgo la calidad del tratamiento, dadas las décadas de investigación que relacionan estos análisis funcionales con intervenciones eficaces y resultados satisfactorios (Hanley et al., 2003; ver también el número especial sobre análisis funcionales en el *Journal of Applied Behavior Analysis [JABA]*, 2013, Vol. 46).

En conjunto, estos resultados sugieren que algunos entornos aplicados pueden no estar del todo equipados para apoyar a los profesionales recién acreditados a la hora de adquirir nuevas competencias, y que puede haber una brecha problemática en la aplicación de las mejores prácticas entre los analistas que apoyan a personas con conductas graves. Los profesionales con una formación inadecuada pueden correr un mayor riesgo de adoptar tratamientos ineficaces con sus pacientes, lo que a su vez puede mantener o aumentar la tasa de conductas perjudiciales. En concreto, pueden correr el riesgo de adoptar procedimientos restrictivos para controlar conductas aparentemente intratables cuando, de hecho, existen alternativas menos restrictivas basadas en la evidencia.

Para garantizar un uso juicioso de tales procedimientos, el Código Ético para Analistas de Conducta (BACB, 2020) ofrece una orientación sobre las precauciones y métodos de evaluación que deben utilizarse al considerar procedimientos restrictivos para garantizar un tratamiento seguro y humano, así como la protección de los derechos de los pacientes. Las referencias más explícitas al uso de procedimientos restrictivos o basados en castigos en el Código Ético se encuentran en el apartado 2.15: "Minimizar el riesgo de las intervenciones de cambio de conducta". Esta sección establece que

> "los analistas de conducta recomiendan y aplican procedimientos restrictivos o basados en castigos sólo después de demostrar que no se han obtenido los resultados deseados utilizando medios menos intrusivos, o cuando un equipo de intervención determina que el riesgo de daño para el cliente supera el riesgo asociado a la intervención de cambio de conducta". Cuando recomiendan y aplican procedimientos restrictivos o basados en castigos, los analistas cumplen con cualquier proceso de revisión requerido (un comité de revisión de ética). Los analistas deben seguir evaluando y documentando la eficacia de

> los procedimientos restrictivos o basados en castigos y modificar o interrumpir la intervención oportunamente si resulta ineficaz (pág. 12)

La literatura experimental respalda estas directrices, sugiriendo que pueden correlacionarse diversos efectos secundarios con los procedimientos restrictivos o basados en el castigo, como la respuesta emocional, la agresión operante, el escape, la evitación y el contraste conductual, o un aumento de la tasa de conductas problemáticas en condiciones de no castigo, algunas de las cuales pueden ser un problema mayor que la conducta objetivo (Azrin y Holz, 1966; Hutchinson, 1977; Linscheid y Meinhold, 1990). La investigación sobre la generalización y mantenimiento de los resultados del tratamiento también es limitada, ya que las reducciones en los índices de conductas generalmente no se transfieren a entornos no clínicos ni se mantienen a largo plazo (Lerman & Vorndran, 2002). Además, las personas con formas graves de conducta desafiante pueden ser especialmente vulnerables al uso excesivo del castigo debido a los efectos de reforzamiento negativo en quienes lo imparten. Es decir, cuando se aplica el castigo, a menudo se produce un cese temporal pero inmediato de la conducta desafiante que puede servir como reforzador negativo para quien aplica el estímulo de castigo. Reese (1966) describió este fenómeno de manera concisa: "El castigo refuerza al castigador" (pág. 37).

Desarrollar estrategias para promover una práctica ética y basada en la evidencia

Aunque la principal responsabilidad recae sobre l analista de conducta a nivel individual, las organizaciones pueden crear una estructura para promover la adhesión a las directrices de la práctica ética y la selección de procedimientos de tratamiento que sean eficaces. En la bibliografía se han propuesto diversas soluciones para promover la conducta ética entre los analistas de conducta en ejercicio. Por ejemplo, Brodhead y Higbee (2012) describieron un sistema que podrían adoptar las organizaciones clínicas y que incluye el papel del coordinador ético, el experto en ética responsable de supervisar y controlar la conducta ética del personal clínico, así como de facilitar la supervisión y las oportunidades de formación de acuerdo con las directrices éticas de BACB. Asimismo, Cox (2020) describió cómo las organizaciones podrían desarrollar un comité ético, un enfoque popular en otros sectores de la atención sanitaria. Los comités operan convocando a grupos de personas con interés y experiencia en ética que pueden ofrecer ventajas frente a una situación en la que una sola persona es responsable de la conducta ética de la organización. Esto lleva a una resolución de problemas más eficaz, a un menor riesgo de parcialidad y a la sostenibilidad en el tiempo (Cox, 2020). Como alternativa, LeBlanc et al. (2020) describieron el desarrollo de una Red Ética, un sistema integral de apoyos y estrategias organizacionales para promover la conducta ética proporcionando al personal clínico diversas oportunidades de formación, distribuyendo material escrito de contenido ético, creando debates del equipo clínico y estableciendo clubs de lectura, así como una línea directa de consultas (ver este trabajo en el Capítulo 10 de esta edición).

Aunque parece que cada una de estas soluciones tenga como resultado un alto nivel de conducta ética entre los profesionales, hay pocos datos publicados que demuestren el grado en que estos sistemas cambian la conducta de los profesionales o influyen en las decisiones. Y como consecuencia, en la trayectoria de la atención a los pacientes. Una cuestión central para alinear las decisiones terapéuticas con las directrices de la práctica ética es el grado en que los profesionales adoptan sistemáticamente procedimientos de evaluación y tratamiento basados en las mejores evidencias disponibles. Sin embargo, las demostraciones de eficacia en la investigación e incluso de la difusión y la formación no son suficientes para producir una amplia adopción y aplicación de prácticas basadas en la evidencia (es decir, procedimientos de evaluación y tratamiento para los que la investigación ha proporcionado un nivel aceptable de evidencia de que la práctica produce efectos positivos para las personas con TEA (Steinbrenner et al., 2020).

Se ha dicho a veces que las prácticas basadas en la evidencia tardan una media de 17 años en incorporarse a la práctica clínica habitual y, lo que es aún más preocupante, sólo alrededor de la mitad de estas prácticas alcanzan un uso clínico generalizado (Balas & Boren, 2000; Grant et al., 2003; Morris et al., 2011). Esta desconexión entre la investigación y la práctica está presente en múltiples industrias, disciplinas y especialidades, no siendo el análisis de conducta inmune a este problema (Dingfelder & Mandell, 2011). Varios factores están implicados en la distancia entre investigación y práctica, incluidas las demandas contrapuestas a los profesionales, la falta de conocimientos, habilidades y recursos, y el desfase entre las pruebas de investigación y las prioridades operativas. Estos factores crean bloqueos en el puente entre investigación y práctica que, en circunstancias más ideales, garantiza que las intervenciones pasen de la eficacia a la aplicación en la práctica clínica (Bauer et al., 2015). Por lo tanto, es necesario desarrollar y probar estrategias para abordar estos bloqueos y promover una utilización más amplia de la práctica basada en la evidencia.

La ciencia de la aplicación, un campo de estudio activo y en rápido crecimiento, se desarrolló para abordar estas necesidades. Esta ciencia estudia métodos, sistemas y estrategias para promover la incorporación sistémica de las prácticas basadas en la evidencia con el fin de mejorar la calidad y la eficacia de los servicios sanitarios (Eccles y Mittman, 2006). Aunque la población y el entorno pueden parecerse a los de la investigación clínica, y pueden recogerse datos sobre los resultados clínicos, la principal unidad de observación en la investigación sobre la aplicación es la conducta de los clínicos o de las organizaciones clínicas. La investigación aplica habitualmente un enfoque mixto, que combina métodos cualitativos y cuantitativos de recopilación y análisis de datos para comprender los factores que influyen en la adopción, aplicación y sostenibilidad de la práctica basada en la evidencia. A diferencia de la investigación clínica tradicional, cuyo objetivo es comprender la eficacia de prácticas de tratamiento específicas centrándose en la validez interna, la ciencia de la aplicación da prioridad a los entornos y contextos del mundo real, a la participación limitada de los investigadores y a centrarse en la validez externa.

El objetivo general de la ciencia de la aplicación es "continuar el trabajo" de la investigación clínica tomando las innovaciones clínicas y evaluando las estrategias que las trasladan a una práctica más amplia. Con este objetivo, los principios y métodos de la ciencia de la aplicación difieren de los de la investigación clínica (Bauer et al., 2015). La distinción y el marco utilizado para evaluar las estrategias de aplicación pueden ser útiles para aplicar a gran escala prácticas éticas y basadas en la evidencia bien establecidas en análisis de conducta, especialmente considerando el constante crecimiento del sector.

El propósito de este estudio fue evaluar el impacto de un panel de revisión de procedimientos (PRP) como estrategia organizacional para promover la alineación con las directrices de la práctica ética y la utilización de práctica basada en la evidencia durante la evaluación y el tratamiento de problemas de conducta graves. El proceso PRP se diseñó para evaluar el mérito de los procedimientos restrictivos cuando se proponía su uso durante el tratamiento de conductas desafiantes graves y para promover alternativas basadas en la evidencia. Este proceso era similar a los caracterizados como estrategias de gestión de la calidad en la literatura de la ciencia de la aplicación (ver Powell et al., 2012). El impacto de este proceso se evaluó en función de seis variables de resultado utilizadas para valorar estrategias en la investigación sobre la aplicación: adopción, eficacia, seguridad, adecuación, aceptabilidad y eficiencia. En concreto, interesaba responder a las siguientes preguntas:

1. ¿Mitigó el PRP el uso de procedimientos restrictivos utilizados con la muestra actual de pacientes?

2. ¿Promovió el proceso PRP la adopción de nuevas prácticas basadas en la evidencia?
3. ¿Se observaron reducciones en las conductas objetivo tras el proceso de PRP?
4. ¿Se observó una mejora de la seguridad de los pacientes tras el proceso PRP?
5. ¿Los analistas de conducta que participaban consideraron apropiados y aceptables el proceso, la decisión y las recomendaciones del PRP?
6. ¿Los analistas de conducta participantes consideraron que el proceso PRP era eficaz?

Se presentan a continuación los datos preliminares de los resultados del primer año de aplicación en una única organización y se ofrecerán recomendaciones para futuras investigaciones en análisis de conducta basadas en el marco de la ciencia de la aplicación. El fin es reducir la desconexión entre práctica basada en la evidencia y la disponibilidad y use de esta en entornos clínicos y prácticos.

Método

Participantes y entorno

Este estudio de caso retrospectivo y observacional se realizó en un proveedor integral de servicios de tamaño medio en la región central de EEUU. Esta organización atiende a pacientes con TEA sin restricciones de edad ni criterios de exclusión relacionados con la frecuencia, gravedad o magnitud de las conductas desafiantes. En el momento en que se aplicaron los procedimientos, había 252 pacientes que recibían servicios, con edades comprendidas entre los 18 meses y los 32 años.

El equipo clínico estaba formado por 30 analistas de conducta a los que se había proporcionado formación continua sobre diversos temas, como la evaluación de la conducta funcional, el tratamiento basado en funciones, el uso histórico de enfoques de tratamiento restrictivos y basados en castigos en la investigación analítico-conductual, así como las directrices éticas de la práctica. Posteriormente, se aplicó el proceso PRP (descrito con más detalle en la siguiente sección) y 14 analistas autoseleccionados (47%) participaron presentando propuestas solicitando el uso de procedimientos restrictivos específicos con sus pacientes. La media de años de experiencia de los analistas participantes era de 2,2 años después de haber obtenido la certificación (rango: 0-5 años, mediana: 2,5 años). Todos los analistas supervisaban entre 8 y 10 pacientes que recibían 25 horas o más de tratamiento semanal de análisis de conducta.

Todos los analistas también habían realizado previamente una formación en intervención en crisis (CDI). El contenido cubierto en este plan de estudios incluía la identificación y respuesta a situaciones de crisis, estrategias proactivas y emparejamiento con estímulos positivos, estrategias de redirección, estrategias verbales de desescalada y prevención, estadios de conductas peligrosas, estrategias de prevención de lesiones, posicionamiento corporal y sujeciones físicas utilizadas en el manejo físico y notificación de incidentes. Los analistas de conducta y los técnicos registrados en conducta (RBT) empleados en la organización debían asistir a todos las formaciones presenciales, observar todas las habilidades necesarias modeladas por un preparador y luego realizarlas en un contexto funcional antes de utilizar cualquiera de las técnicas. Se exigió a los analistas y técnicos que presentaran un informe de incidencias cada vez que se aplicara una estrategia de intervención en crisis con un paciente, así como cada vez que se produjera una lesión, a un paciente o miembro del personal, con independencia de su gravedad o del uso de contención física.

El estudio también incluyó a cuatro expertos encargados de revisar las propuestas. El panel estaba formado por dos analistas de conducta que terminaron sus doctorados, ambos psicólogos licenciados con más de 15 años de experiencia en la evaluación y el tratamiento de conductas desafiantes, un analista con máster y con 10 años de experiencia clínica y 5 años de experiencia en la evaluación y el tratamiento de conductas desafiantes graves; y, por último, un experto que iba rotando. Éste último era uno de los siete directores clínicos de la organización. Cada uno tenía una formación de nivel de máster, entre 10 y 20 años de experiencia clínica y era responsable de las operaciones diarias en una de las clínicas de la organización, incluida la supervisión directa de 4-5 analistas de conducta. En cada revisión, se invitaba al panelista rotatorio desde una ubicación diferente, de modo que los directores clínicos no revisaban las propuestas de los analistas que supervisaban directamente.

Procedimiento

El proceso de PRP incluía tres pasos principales: Los analistas de conducta preparaban y presentaban propuestas solicitando el uso de uno o más procedimientos restrictivos si, basándose en su juicio clínico, éstos estaban clínicamente indicados. A continuación, se asignaban panelistas para revisar las propuestas y, por último, se tomaban decisiones basadas en el voto de los expertos. Se instruyó a todos los analistas de la organización para que recurrieran al proceso PRP si estaban utilizando o considerando utilizar cualquier procedimiento de la siguiente lista que requiriera una revisión prospectiva: sobrecorrección restitutiva, demandas contingentes, ejercicio contingente, cualquier contención física o mecánica, tiempo fuera, reprimendas verbales, cualquier uso de estímulos sensoriales aversivos o el uso de una sala sin mobiliario. Esta sala era un espacio bien iluminado de 2.5 x 2.5 m con una sola puerta, equipada con suelos y paredes acolchados y monitorizada por vídeo. El uso de esta exigía el cumplimiento estricto de los siguientes normas: monitorización continua por vídeo y audio, duración mínima preestablecida y "criterios de calma" (por ejemplo, un minuto sin de conductas autolesivas), duración máxima preestablecida o criterios de finalización (por ejemplo, si no se alcanzan los criterios de calma al cabo de 10 minutos, se intenta la transición del paciente a un ambiente menos restrictivo), y documentación de cada uso en un informe de incidencia que se archivaba en el historial del paciente.

Instrumentación

Se construyeron dos formularios electrónicos utilizando una aplicación de creación de formularios (Olonoh, 2006), que permitía a los analistas de conducta presentar una propuesta para utilizar un procedimiento restrictivo (en adelante, el Formulario de Solicitud PRP) y a los panelistas revisar la información proporcionada en la propuesta, evaluar el mérito de la solicitud, proporcionar recomendaciones para las modificaciones de procedimiento necesarias, y votar para aprobar o denegar los procedimientos solicitados (en adelante, Formulario de Revisión PRP). Este formulario requería que el analista expusiera su proceso para llegar al procedimiento o procedimientos solicitados, y proporcionara una justificación que describiera por qué el procedimiento restrictivo era necesario para abordar la conducta o conductas objetivo que se presentaban. A continuación, se enumeran los puntos incluidos en el Formulario de solicitud de PRP.

1. Definición operacional de la conducta o conductas objetivo.
2. Resumen de los procedimientos y datos de la FBA, incluida la función hipotética de cada conducta.
3. Lista de estrategias basadas en los reforzadores utilizados, pero que no habían servido para reducir las conductas objetivo y aumentar las conductas de sustitución
4. Identificación de cómo se seleccionó el procedimiento propuesto (por ejemplo., revisión bibliográfica o evaluación del castigo).
5. Pasos detallados del procedimiento propuesto:
   a. Descripción de las estrategias basadas en el reforzamiento junto con los procedimientos propuestos.
   b. Estrategias de recogida de datos utilizadas para determinar la eficacia de las estrategias basadas en el reforzamiento y el castigo.

   c. Materiales necesarios para aplicar el procedimiento propuesto. Descripción del plan de supervisión (por ejemplo, cómo y cuándo el analista de conducta recibirá supervisión y orientación sobre el uso del procedimiento y cómo proporcionará una supervisión y vigilancia al personal de atención que aplique el procedimiento).
6. Descripción de cómo y con qué frecuencia se evaluará la eficacia del procedimiento.
7. Descripción de cuándo se desvanecerá o interrumpirá el procedimiento
8. Apéndices (como protocolos escritos, resultados de la FBA, datos, gráficos).

Los analistas de conducta que rellenaron el formulario PRP utilizaron casillas de verificación para seleccionar una o más topografías de conductas correspondientes a los puntos 1-3. Las opciones de respuesta incluían agresión, conducta autolesiva, destrucción de la propiedad, fuga, rabieta u otros. Cuando se seleccionaba una topografía, se generaba automáticamente un campo de respuesta en el formulario que permitía al analista dar una respuesta detallada correspondiente a cada topografía única de conducta. Los puntos 4-8 eran campos de respuesta larga y el 9 permitía a los analistas cargar hasta tres archivos en su solicitud. Todos los campos requerían respuestas, por lo que no se recogieron propuestas parciales o incompletas. Además, todas ellas incluían información o datos apropiados para cada campo y, por lo tanto, no hubo casos en los que un formulario PRP no pudiera ser revisado y evaluado por los expertos.

Una vez cumplimentado, el formulario se envió al primer autor, que difundió la propuesta al panel de revisión. Los panelistas evaluaron la propuesta de forma independiente respondiendo a un conjunto estándar de preguntas que figuraban en el formulario de PRP y enviaron sus respuestas por vía electrónica. En cada punto del formulario, los panelistas marcaron una casilla para indicar si se había proporcionado suficiente información o si se necesitaba más, señalando la información o los datos específicos necesarios para tomar una mejor decisión. La última pregunta pedía al panelista que seleccionara una decisión final entre las siguientes opciones: (1) procedimientos aprobados, (2) procedimientos denegados, o (3) se necesita más información para tomar una decisión. La última opción se incluyó para animar a los panelistas a buscar aclaraciones sobre las áreas grises de la propuesta, a considerar situaciones en las que el procedimiento solicitado podría estar justificado y a fomentar una retroalimentación más dinámica sobre programas adicionales o alternativos que el analista podría considerar. A continuación, se muestra una lista de los puntos incluidos en el formulario del revisor de PRP.

Formulario del revisor de PRP

1. ¿Están claramente definidas las conductas objetivo?
2. ¿Se realizó una FBA y se identificó una función hipotética para cada conducta?
3. ¿Incluye la propuesta datos suficientes para determinar la función de la conducta?
4. ¿Son suficientes las estrategias de reforzamiento enumeradas?
5. ¿Incluye la propuesta datos suficientes sobre el tratamiento que demuestren que las estrategias basadas en el reforzamiento fueron ineficaces?
6. ¿Se identificó claramente la selección del procedimiento restrictivo, como si se incluyó la propuesta literatura de apoyo o datos de evaluación del castigo?
7. ¿Están claramente descritos los procedimientos propuestos, incluida una descripción de cómo se seguirá utilizando el reforzamiento, qué tipo de datos se recogerán y todos los materiales necesarios enumerados?

8. ¿Se han descrito claramente la supervisión y el control del procedimiento propuesto, incluida la supervisión de todas las partes implicadas en su aplicación?
9. ¿Se establecieron directrices claras sobre cómo y cuándo se evaluaría la eficacia del procedimiento?
10. ¿Se definieron claramente los procedimientos para el desvanecimiento y la interrupción?
11. ¿Incluían los apéndices toda la información pertinente necesaria para determinar si los procedimientos propuestos están justificados?

Decisión y firma de los panelistas

Cuando todos los panelistas habían completado su revisión, se tomaba una decisión final basada en una mayoría simple. Si había una decisión dividida (por ejemplo, dos panelistas indicaban que se necesitaba más información o denegaban la solicitud) se elegía la decisión más conservadora (procedimientos denegados).

Independientemente de la decisión del panel, el primer autor organizó una o más consultas con el analista de conducta que presentó el formulario de solicitud de PRP para revisar la decisión, resumir los comentarios de los panelistas y proporcionar asesoramiento sobre la aplicación de procedimientos adicionales o alternativos de evaluación y tratamientos basados en la evidencia cuando fuera recomendable. Las consultas con los analistas tenían como objetivo:

1. Asegurarse de que se han identificado con precisión la función o funciones de las conductas objetivo.
2. Asegurarse de que los planes de tratamiento se diseñaron para minimizar los estímulos evocadores, enseñar y reforzar el uso de conductas de sustitución y, cuando proceda, extinguir las conductas objetivo.
3. Garantizar que los planes de intervención en crisis incluyeran definiciones adecuadas de los criterios, que estuvie-

ran diseñados para atenuar las conductas peligrosas, que aumentaran la seguridad del paciente y del personal y aumentaran la confianza del personal y su capacidad de intervención.

La decisión de aprobar la solicitud indicaba que los datos de evaluación y tratamiento, así como la información proporcionada en la propuesta eran suficientes y apoyaban el uso del procedimiento solicitado basándose en un consenso conservador. En estos casos, se dio permiso al analista de conducta para empezar a aplicar el procedimiento tras obtener el consentimiento informado de los supervisores.

Por el contrario, el denegar la solicitud indicaba que los datos y la información proporcionados en la propuesta no apoyaban el uso del procedimiento solicitado por una o ambas de las siguientes razones: datos insuficientes relacionados con la función de la conducta (es decir, se habían recopilado muy pocos datos o eran evidentes los defectos o debilidades metodológicas con los procedimientos utilizados para hipotetizar la función) o datos insuficientes relacionados con los enfoques de tratamiento basados en el reforzamiento y la función (es decir, no se habían agotado las estrategias basadas en el reforzamiento o no se alineaban con la función hipotetizada). Si se denegaba un procedimiento, se proporcionaba al analista los comentarios y recomendaciones de los panelistas en relación con las alternativas basadas en la evidencia al enfoque solicitado. También se informó al analista de que sería necesaria una nueva presentación si en el futuro quería aplicar un procedimiento restrictivo al paciente.

Si los revisores devolvían una solicitud de más información, el analista de conducta tenía la oportunidad de proporcionar más claridad sobre elementos específicos de su solicitud o hacer modificaciones significativas a su solicitud. De hecho, éstos podían solicitar el uso del procedimiento como parte de un plan integral de crisis y no como un componente del tratamiento, o solicitar un procedimiento menos restrictivo, como el uso de la Sala de Enfoque con la puerta abierta y un miembro del personal presente en la sala. Como alternativa, los analistas tenían la opción de retirar su solicitud si durante la reunión se identificaban una práctica basada en la evidencia que no había sido usada antes de que hicieran innecesario el procedimiento solicitado. Todo el proceso, desde la presentación de la solicitud hasta la consulta, tenía un plazo de una semana, y los panelistas indicaron que el proceso de revisión y votación de las propuestas duraba entre 30 y 60 minutos.

Fiabilidad entre evaluadores

La fiabilidad entre evaluadores de las decisiones de los panelistas se calculó utilizando un método de acuerdo porcentual por pares para todas las propuestas PRP. Para cinco de las 21 propuestas totales presentadas, sólo tres de los cuatro revisores estaban disponibles para votar (el revisor 2 o 3 estaba ausente), lo que dio como resultado un total de 111 emparejamientos, que incluían 81 acuerdos por pares y 30 desacuerdos por pares. De los desacuerdos, 28 (93%) implicaban una discrepancia en la que la decisión de un revisor era denegar la solicitud y la de otro era solicitar más información. Las dos restantes (7%) implicaron una discrepancia en la que la decisión de un revisor fue aprobar la solicitud y la de otro solicitar más información. No hubo discrepancias en las que un revisor votara a favor de aprobar y otro a favor de denegar las solicitudes. En la tabla 1 se muestra el porcentaje de decisiones en las que cada par de revisores estuvo de acuerdo. El porcentaje medio de acuerdo por pares fue del 73%.

Análisis de datos

Se elaboró un formulario de extracción de datos para facilitar una revisión de los registros y un análisis retrospectivo tras el primer año de aplicación (ver la tabla 2 para un resumen de las variables). El segundo autor (que no participó en el desarrollo ni en la aplicación del proceso PRP) trazó los datos y el primer autor confirmó de forma independiente los datos de cada paciente. Se revisó cada formulario enviado durante el primer año de aplicación para obtener la siguiente información: fecha de la solicitud, nombre del paciente, sexo, edad en el momento de la solicitud, procedimiento(s) solicitado(s), conductas objetivo correspondientes al procedimiento(s) solicitado(s), métodos de FBA utilizados (por ejemplo, informador, descriptivo, experimental), función(es) notificada(s) de la(s) conducta(s) objetivo en el momento de la solicitud *(*pre-PRP*)* y procedimientos de tratamiento utilizados en el momento de la solicitud *(*pre-PRP*)*. Se revisó el historial clínico del paciente para obtener la siguiente información: tasa media mensual de conducta(s) objetivo por hora en el momento de la solicitud (pre-PRP*)*, tasa media mensual de conducta(s) objetivo por hora a los seis meses de la solicitud *(*post-PRP*)*. Dentro del registro del paciente, se revisó el Plan de Intervención sobre la Conducta (PIC) del paciente para obtener la siguiente información: Métodos utilizados y función(es) de la(s) conducta(s) objetivo *(*post-PRP*)*, tratamiento *(*post-PRP*)* y procedimientos de crisis *(*post-PRP*)*. También se revisaron los informes de incidencia del historial del paciente, incluido el número medio de informes relacionados con la(s) conducta(s) objetivo durante los tres meses anteriores a la presentación del formulario de solicitud de PRP (pre-PRP*)*, y la media de informes mensuales de incidentes seis meses después de la presentación del formulario *(*post-PRP*)*. Esto incluía cualquier informe que documentara lesiones al paciente, a otros pacientes o a miembros del personal como consecuencia de ello, así como cualquier informe que documentara el uso de control físico u otros procedimientos restrictivos como respuesta a la conducta objetivo. Por último, se revisaron los formularios del revisor del PRP correspondientes a cada solicitud para obtener la siguiente información: recomendaciones de los panelistas sobre práctica basada en la evidencia o alternativas a tener en cuenta, la decisión de cada panelista y la final del panel.

A continuación, se utilizó el formulario de extracción de datos para comparar los procedimientos de evaluación, tratamiento y crisis utilizados antes y después de la participación en PRP para evaluar la fidelidad con la decisión de PRP y la adopción de las práctica basada en la evidencia recomendadas por los panelistas. Para evaluar la eficacia, se comparan la(s) función(es) notificada(s) y la tasa de conductas objetivo por hora antes y después de la participación y calculamos el porcentaje de reducción de la tasa de todas las conductas objetivo. Para evaluar la seguridad, también se compara el número medio de informes de incidentes presentados por mes antes y después de la participación en el proceso PRP. Por último, para evaluar la adecuación, la aceptación y la eficacia del proceso PRP, se distribuye un cuestionario anónimo de validez social a los analistas de conducta que participaron en el proceso y se resumieron las respuestas.

Resultados

Entre julio de 2021 y julio de 2022, se presentaron un total de 21 formularios de solicitud PRP para 20 pacientes diagnosticados de TEA (un paciente pasó a trabajar con un analista de conducta diferente y ambos presentaron formularios de solicitud con cuatro meses de diferencia; ver el paciente 15 en la tabla 3). Un paciente fue dado de alta poco después de que se presentara un formulario, por lo que los datos de este paciente se excluyeron del análisis. Para evaluar el proceso se utilizaron los efectos de los 19 pacientes restantes, entre los que había 3 mujeres y 16 hombres de edades comprendidas entre los 5 y los 20 años (*M* = 10,6 años) (ver Tabla 3). Todos los pacientes presentaban formas graves de conductas desafiantes, incluidos el SIB (*n* = 6; 32%), la agresión física (*n* = 14;

Tabla 1 Media del porcentaje de acuerdo por pares (PAP) de los revisores PRP

PAP MEDIO	PAP, REVISORES 1 Y 2	PAP, REVISORES 1 Y 3	PAP, REVISORES 1 Y 4	PAP, REVISORES 2 Y 3	PAP, REVISORES 2 Y 4	PAP, REVISORES 3 Y 4
73%	68%	78%	71%	56%	74%	89%

74%) y la destrucción de la propiedad (*n* = 6; 32%). Siete pacientes (37%) presentaban múltiples topografías de conductas desafiantes graves. Los procedimientos solicitados incluyeron el tiempo fuera (n = *2; 11%*), el uso de una sujeción CDI (es decir, contención física; *n* = 3; 16%), el uso de equipo de protección (por ejemplo, casco, muñequera; *n* = 5; 26%) y el uso de la sala de enfoque (*n* = 12; 63%). No hubo solicitudes para utilizar la sobrecorrección restitutiva, las demandas contingentes, el ejercicio contingente, la reprimenda verbal ni la estimulación aversiva sensorial.

Recomendaciones y resultados

Adopción, eficacia y seguridad

Al menos cuatro solicitudes fueron denegadas (20%; pacientes 1-3 y la solicitud inicial del paciente 15) y otras cuatro fueron aprobadas (20%; pacientes 4-7). Además, siete fueron aprobadas sólo cuando se cumplieron los criterios de crisis (35%; pacientes 8-14) y cinco fueron retiradas tras la consulta (25%; pacientes 16-19 y la segunda solicitud del paciente 15). La revisión de los PIF de los pacientes indicó que los procedimientos restrictivos solicitados se documentaron adecuadamente en el PIF posterior de los 19 pacientes (es decir, los procedimientos no figuraban si se denegaban o retiraban, figuraban con los procedimientos de tratamiento si se aprobaban o figuraban con los procedimientos de crisis si se aprobaban sólo en situaciones de crisis).

El proceso PRP aplicó métodos adicionales a 15 pacientes (79%), incluidos procedimientos de FBA adicionales a 10 pacientes (53%) y 13 conductas objetivo en total. De ello, esa aplicación adicional tuvo como consecuencia una hipótesis de función(es) diferente para 5 de los 10 pacientes[2] Otras práctica basada en la

[2] De los cinco pacientes con funciones diferentes, cuatro recibieron evaluaciones funcionales de la conducta (FBA) que incluyeron tres métodos distintos de FBA (p.ej., procedimientos con informantes, descriptivos y experimentales), y un paciente recibió una FBA que incluía dos métodos diferentes.

Tabla 2 Variables incluidas en el registro de revisión

VARIABLES DEL PACIENTE Y DEL PROCESO	DATOS PREVIOS A LA SOLICITUD DE PRP	DATOS POSTERIORES A LA SOLICITUD DE PRP (6 MESES DESPUÉS DE LA PARTICIPACIÓN)
Fecha de la solicitud Nombre Género Edad Conductas de interés Procedimientos solicitados (por el BCBA) Procedimientos recomendados (por panelistas) Panel de discusión	Métodos FBA utilizados Funciones identificadas Procedimientos de intervención usados Tasa media de conducta problema por hora Número medio de solicitudes recibidas al mes	Funciones identificadas Procedimientos de intervención usados Tasa media de conducta problema por hora Número medio de solicitudes recibidas al mes Procedimientos en caso de crisis

evidencia recomendadas fueron las evaluaciones del equipo de protección (Moore et al., 2004), la formación en comunicación funcional (ECF, en inglés; Kurtz et al., 2011), el adelgazamiento del programa de reforzamiento tras esa formación (Fisher et al., 2000) y diversos procedimientos de reforzamiento diferencial (RD, en inglés) (Chowdhury & Benson, 2011). Se observaron reducciones en la tasa de conductas objetivo por hora para 18 de las 25 conductas objetivo totales en todos los pacientes (72%) 6 meses después de la participación en el proceso PRP. Esto incluyó una reducción en al menos una conducta objetivo para 13 pacientes (68%), incluidos en el análisis. De las conductas objetivo que mostraron mejoría, el porcentaje medio de reducción a los 6 meses fue del 67%. Asimismo, se observó una reducción del número medio de informes de incidentes presentados al mes en 11 pacientes (58%).

Las cuatro solicitudes denegadas incluían una de uso de una sujeción en una crisis, una tanto de uso de una retención como de equipo de protección, y dos de tiempo muerto. En cada uno de estos, los panelistas recomendaron que se realizaron procedimientos adicionales de FBA. Además, para un paciente que mostró conducta autolesiva, el panel recomendó formación en comunicación

Tabla 3 Características de los pacientes, resultados del proceso PRP y resultados clínicos a los 6 meses de seguimiento

PACIENTE	GÉNERO	EDAD	CONDUCTA DE INTERÉS	PROCEDIMIENTO SOLICITADO	DECISIÓN PRP FINAL	OTROS PROCEDIMIENTOS BASADSO EN LA EVIDENCIA	% DE PBE ADOPTADAS	% REDUCCIÓN EN TASA POR HORA DE LA CONDUCTA	REDUCCIÓN MENSUAL DE INCIDENTES
1	H	6	Agresión	Tiempo fuera	Denegado	FBA*	100%	55%	Sí
2	H	5	Agresión	Tiempo fuera	Denegado	FBA	100%	71%	Sí
3	H	13	Conducta autolesiva	CDI, Equipo protector	Denegado	FBA, ECF, Equipo protector	100%	77%	Sí
4	M	6	Conducta autolesiva	Equipo protector	Aprobado	Equipo protector	n/a	23%	No
5	M	8	Conducta autolesiva	Equipo protector	Aprobado	ECF, DR, Equipo protector	100%	n/a	Sí
6	H	8	Conducta autolesiva	Equipo protector	Aprobado	Equipo protector	n/a	n/a	No
7	H	7	Conducta autolesiva	Equipo protector	Aprobado	FBA, ECF, DR**,Equipo protector	75%	n/a	No

Tabla 3 (Continuación)

PACIENTE	GÉNERO	EDAD	CONDUCTA DE INTERÉS	PROCEDIMIENTO SOLICITADO	DECISIÓN PRP FINAL	OTROS PROCEDIMIENTOS BASADSO EN LA EVIDENCIA	% DE PBE ADOPTADOS	% REDUCCIÓN EN TASA POR HORA DE LA CONDUCTA	REDUCCIÓN MENSUAL DE INCIDENTES
8	M	11	Agresión	Habitación focalizada	Solo en crisis	n/a	n/a	61%	Sí
9	H	9	Agresión, destrucción	Habitación focalizada	Solo en crisis	ECF	100%	100%, 40%	Yes
10	H	8	Agresión, destrucción	Habitación focalizada	Solo en crisis	FBA*	100%	73%, 93%	Sí
11	H	11	Agresión, autolesiva	Habitación focalizada	Solo en crisis	Desvanecimiento del programa de reforzamiento	100%	67%, 74%	No
12	H	11	Agresión, destrucción	Habitación focalizada	Solo en crisis	N/A	n/a	73%, n/a	Sí
13	H	16	Agresión, destrucción	Habitación focalizada	Solo en crisis	n/a	n/a	n/a	No
14	H	11	Agresión	Habitación focalizada	Solo en crisis	FBA*	100%	45%	No
15	H	15	Agresión, destrucción	Habitación focalizada/CDI	Denegado/ Retirado	FBA*	100%	85%, 86%	No

Tabla 3 (Continuación)

PACIENTE	GÉNERO	EDAD	CONDUCTA DE INTERÉS	PROCEDIMIENTO SOLICITADO	DECISIÓN PRP FINAL	OTROS PROCEDIMIENTOS BASADSO EN LA EVIDENCIA	% DE PBE ADOPTADOS	% REDUCCIÓN EN TASA POR HORA DE LA CONDUCTA	REDUCCIÓN MENSUAL DE INCIDENTES
16	H	8	Agresión	CDI, sala focalizada	Retirado	n/a	n/a	Sin datos	No
17	H	20	Agresión	sala focalizada	Retirado	FBA	100%	n/a	Sí
18	H	16	Agresión	sala focalizada	Retirado	FBA*, ECF, desvanecimiento del programa	100%	90%	Sí
19	H	12	Agresión, destrucción	sala focalizada	Retirado	FBA	100%	30%, 67%	Sí

**La aplicación de métodos FBA adicionales daba lugar a nuevas hipótesis funcionales.*

***Procedimiento no adoptado.*

(Aquí he adaptado las abreviaturas para claridad: SIB = conducta autolesiva, PD = destrucción de la propiedad, FBA = evaluación funcional de la conducta, ECF = entrenamiento en comunicación funcional, DR = reforzamiento diferencial.

funcional y una evaluación del equipo de protección. En todos los casos, las práctica basada en la evidencia recomendadas se adoptaron en la iteración posterior del PBI del paciente, y se observaron reducciones en todas las conductas objetivo (rango: 55%-85%) seis meses después. Para tres de estos pacientes, también se produjo una reducción en el número medio de informes de incidentes en el seguimiento de 6 meses.

Las cuatro solicitudes aprobadas fueron para el uso de equipo de protección contingente a episodios de conducta autolesiva. En todos los casos, se recomendaron práctica basada en la evidencia adicionales, incluidos procedimientos adicionales de FBA, ECF, procedimientos de reforzamiento diferencial y una evaluación del equipo de protección. Todas las prácticas basadas en la evidencia se adoptaron para un paciente y tres de esas cuatro prácticas se adoptaron para el otro paciente. En un caso, se observó una reducción del 23% en la conducta autolesiva. En el resto no se observaron mejoras en la tasa de conducta autolesiva por hora. En un caso, aunque no se vio ninguna mejora en la tasa de conductas objetivo, se produjo una reducción en el número medio de informes mensuales de incidentes.

Siete solicitudes de procedimientos se aprobaron sólo cuando se cumplían los criterios de crisis. Esos criterios se individualizaron y, en general, se definieron por episodios prolongados de la conducta objetivo que seguían aumentando en gravedad cuando se minimizaban los estímulos evocadores, lo que incrementaba el riesgo de daño a sí mismo o a los demás. Las siete eran para el uso de la sala de enfoque para pacientes que mostraban agresión física sola o en combinación con destrucción de la propiedad (n = 4) o conducta autolesiva (n = 1). Se recomendaron prácticas basadas en la evidencia adicionales para cuatro pacientes, incluidos procedimientos de FBA, ECF y de suavizar el programa de reforzamiento. Se adoptaron todos los práctica basada en la evidencia y se observaron reducciones en la tasa de al menos una conducta objetivo en seis de los siete pacientes (rango: 40%-100%). Se observó una reducción del número medio de informes mensuales de incidentes en cuatro de los siete pacientes. Por último, las cinco solicitudes retiradas tras la consulta con el primer autor incluían solicitudes para utilizar únicamente la sala de enfoque o en combinación con el uso de sujeciones contingentes a episodios de agresión, tanto individual como en combinación con destrucción de la propiedad (*n* = 1). En cuatro casos (pacientes 15, 17, 18 y 19), se recomendaron más prácticas basadas en la evidencia, incluidos procedimientos adicionales de FBA, ECF y otros del programa de reforzamiento. Y todos fueron adoptados. En un caso (paciente 16), no se recomendaron esas prácticas, pero el panel hizo la recomendación de trasladar al paciente a un aula de terapia separada para reducir la probabilidad de agresión física hacia sus compañeros. Además, el analista de conducta que trataba a este paciente cambió la estrategia de recogida de datos poco después de participar en el proceso PRP, por lo que no fue posible realizar comparaciones pre-post de la tasa de conductas objetivo por hora (apuntado como "datos que faltan" en la Tabla 1). En tres casos en los que se añadieron estas prácticas, se observaron reducciones en la tasa de conductas objetivo por hora (rango: 30%-90%). En tres casos, se observó una reducción del número medio de informes de incidentes presentados al mes.

Validez social

Adecuación, aceptabilidad y eficacia

Se invitó a los analistas de conducta que enviaron los formularios de solicitud de PRP a rellenar un breve cuestionario anónimo de validez social. Los que respondieron valoraron ocho elementos en una escala Likert de 6 puntos indicando su grado de acuerdo con cada afirmación (ver Tabla 4). Todos los que respondieron (*N* = 13) estuvieron de acuerdo en que participar en el proceso PRP les ayudó a alinear el plan de cambio de conducta y los procedimientos con las prácticas basadas en la evidencia y el código ético para analistas de conducta, les ayudó a identificar las modificaciones necesarias en sus procedimientos de evaluación y tratamiento que no habían considerado previamente. Esto les ayudó a desarrollar sus habilidades clínicas. Además, todos los respondientes estuvieron de acuerdo en que su paciente se benefició de su participación en el proceso PRP y todos estuvieron de acuerdo en que volverían a utilizar el proceso si estuvieran considerando el uso de procedimientos restrictivos. Con respecto a la eficacia, el 69% de los respondientes estuvieron de acuerdo en que el formulario de solicitud de PRP era fácil de usar y rellenar y el 85% estuvieron de acuerdo en que el proceso en general era eficaz. Cuando se les preguntó cuánto tiempo tardaron en rellenar el formulario, la mayor proporción de los que respondieron (n= 9; 69%) indicaron que tardaron entre 30 y 60 minutos en rellenarlo.

Discusión

Este estudio presenta una estrategia organizacional para apoyar a los analistas de conducta en la armonización de sus procedimientos con las directrices éticas y de práctica basada en la evidencia propias de la evaluación y tratamiento de conductas desafiantes graves. En general, el proceso PRP mitigó efectivamente el uso de procedimientos restrictivos como componentes del tratamiento para el 80% de la muestra y promovió la adopción de otras prácticas basadas en la evidencia para el 79% de la muestra. Se observaron reducciones en la tasa de conductas objetivo y en el promedio de informes mensuales de incidentes para el 68% y el 58% de la muestra, respectivamente. El proceso también fue visto favorablemente por los usuarios, que informaron de que era eficiente, redundaba positivamente en los pacientes y ayudaba a mejorar sus habilidades clínicas.

Este estudio avanza la literatura existente sobre la promoción de prácticas éticas a nivel organizacional. En primer lugar, mientras que la mayoría de los informes publicados en este campo se han centrado en apoyos destinados a promover la conducta ética en todas o en la mayoría de las normas de BACB, el proceso PRP abordó un conjunto relativamente reducido de conductas éticas (aunque conductas que repercuten directamente en el tratamiento de los pacientes) relacionadas principalmente con el código ético 2.15 de BACB, "Minimizar el riesgo de las intervenciones de cambio de conducta". En consonancia con este código, el proceso PRP proporcionó un medio para normalizar la documentación que justificaba los procedimientos propuestos. En los casos en que los analistas de conducta consideraban que determinados procedimientos restrictivos estaban clínicamente indicados, se les exigía que aportaran datos detallados de evaluación y tratamiento que demostraran que no se habían obtenido los resultados deseados utilizando medios menos intrusivos. Además, condujo al desarrollo de un órgano de revisión debidamente constituido para evaluar los procedimien-

Tabla 4 Ítems del cuestionario de validez social

PREGUNTA	MEDIA (DT)	% ACUERDO
Participar en el proceso PRP me ayudó a alinear el plan y los procedimientos de intervención con prácticas basadas en la evidencia.	5,46 (0,66)	100%
Participar en el proceso PRP me ayudó a alinear el plan y los procedimientos de intervención con el código de ética del BACB.	5,69 (0,48)	100%
El proceso PRP me ayudó a identificar modificaciones necesarias en mis procedimientos de evaluación y/o tratamiento que no había considerado previamente.	5,15 (0,80)	100%
Participar en el proceso PRP ha contribuido a desarrollar mis competencias clínicas.	5,46 (0,78)	100%
Mi paciente se benefició de mi participación en el proceso PRP.	5,69 (0,48)	100%
El formulario PRP fue fácil de usar y completar.	4,62 (1,26)	69%
Considero que el proceso PRP fue eficiente.	4,92 (1,19)	85%
Utilizaré el proceso PRP nuevamente si estoy considerando el uso de procedimientos restrictivos.	4,92 (1,19)	100%

La escala Likert para cada ítem iba de 6 (muy de acuerdo) a 1 (muy en desacuerdo).

Tabla 5 Códigos de ética del BACB incorporados al proceso PRP

CÓDIGO ÉTICO	INTEGRACIÓN EN EL PROCESO PRP
2.11 Obtención del consentimiento informado	Se instó a los BCBA a obtener el consentimiento informado de los cuidadores antes de implementar procedimientos aprobados.
2.12 Consideración de necesidades médicas	Se instó a los BCBA a consultar con un profesional médico si existía la posibilidad de que las necesidades médicas influyeran en la conducta problemática.
2.13 Selección, diseño e implementación de evaluaciones	Se documentaron todos los procedimientos de FBA y se incluyeron resúmenes de datos en las propuestas. Si los procedimientos o datos de FBA eran insuficientes, la consulta se centraba en seleccionar y diseñar evaluaciones más adecuadas. Al considerar equipamiento de protección, se recomendaba una evaluación para determinar el nivel mínimo necesario para la seguridad y la mitigación de consecuencias sensoriales.
2.14 Selección, diseño e implementación de intervenciones de cambio de conducta	Se documentaron todos los procedimientos basados en la función y en el reforzamiento, y se aportaron resúmenes de datos. Si los procedimientos o datos eran insuficientes, la consulta se centraba en seleccionar o diseñar prácticas basadas en evidencia (PBE).
2.15 Minimizar el riesgo en intervenciones de cambio de conducta	Se documentaron procedimientos menos intrusivos antes de proponer procedimientos restrictivos. Si los datos eran insuficientes, la consulta se centraba en seleccionar o diseñar PBE adecuadas. Se documentó un plan para la supervisión, evaluación y criterios de retirada. Se realizó una revisión formal antes de la implementación de procedimientos restrictivos.
2.17 Recogida y uso de datos	Se documentaron todos los procedimientos de recogida de datos y se proporcionaron resúmenes. Se documentó un plan de recogida de datos para evaluar los procedimientos propuestos.
2.18 Evaluación continua de la intervención	Los revisores del panel proporcionaron seguimiento y consulta periódicos para garantizar la evaluación continua de la eficacia de los procedimientos aprobados.
2.19 Consideración de condiciones que interfieren con la prestación del servicio	Se instó a considerar condiciones que pudieran limitar la eficacia de procedimientos menos intrusivos y se apoyó la modificación de dichas condiciones cuando correspondía.
3.01 Responsabilidad hacia los clientes	El PRP proporcionó un enfoque sistemático para mitigar el uso de procedimientos restrictivos, permitiendo a los BCBA tomar decisiones éticas que respalden los derechos de los clientes, maximicen los beneficios y eviten daños.
3.03 Aceptación de clientes	El PRP ofreció recursos adicionales y consulta a los BCBA que consideraban procedimientos restrictivos, independientemente de su alcance de competencia identificado.

tos propuestos con el fin de garantizar que los analistas siguieran cumpliendo el código ético. El proceso PRP también tradujo varios otros códigos en normativas, cuando procedía. El Tabla 5 muestra cada uno de estos códigos y cómo se incorporaron al proceso PRP cuando era aplicable.

En segundo lugar, el proceso PRP facilitó la identificación de los casos que requerían revisión y consulta mediante criterios de procedimiento específicos. La mayoría de las descripciones de los sistemas de apoyo ético implican responder a las cuestiones planteadas a medida que surgen, haciendo recaer en el equipo de tratamiento o en alguien con supervisión directa la responsabilidad de identificar el curso del tratamiento como potencialmente problemático. Es posible que los analistas, e incluso los supervisores, no reconozcan la necesidad de una consulta adicional o la disponibilidad de enfoques alternativos basados en la evidencia en algunas situaciones. El proceso PRP no requiere que el clínico haga una interpretación sobre si sus procedimientos propuestos requieren revisión, sino que impone dicha revisión prospectiva en cualquier instancia en la que se estén considerando procedimientos específicos. De hecho, los datos presentados sugieren que muchos analistas pueden no haber reconocido la disponibilidad de práctica basada en la evidencia alternativas o modificaciones de procedimiento justificadas antes de presentar su propuesta. De hecho, el proceso PRP condujo con frecuencia a la recomendación y adopción de esa práctica, y el 100% de los analistas que respondieron al cuestionario de validez social coincidieron en que el proceso les ayudó a identificar modificaciones necesarias de su enfoque actual que no habían considerado previamente.

En tercer lugar, el proceso PRP facilitó la revisión individualizada por pares en casos que implicaban conductas desafiantes graves. Esa revisión ha sido recomendada como una actividad de desarrollo profesional esencial para analistas de conducta novatos (Brodhead et al., 2018; Bailey & Burch, 2010). En el contexto de la evaluación y el tratamiento de conductas desafiantes graves, es fundamental que los analistas tengan acceso a la supervisión y la consulta de alguien con experiencia como medio para ampliar su conocimiento de las mejores prácticas y los límites de su competencia en esta área. Del mismo modo, la consulta de expertos y especialistas es una estrategia indicada en la ciencia de la aplicación cuando se hipotetiza que hay una laguna de conocimientos o la falta de competencia es una barrera clave en la adopción de las práctica basada en la evidencia (Bauer et al., 2015). El proceso PRP agilizó el acceso a los expertos homólogos con un coste mínimo o nulo, y los datos de validez social indicaron que los participantes consideraron que el proceso era eficiente y eficaz para seguir desarrollando sus habilidades clínicas. Cabe señalar varias limitaciones. En primer lugar, el PRP no utilizó un proceso de revisión que fuese ciego; los analistas conocían la identidad de los revisores y éstos sabían la identidad de los analistas que presentaban propuestas. Las futuras investigaciones podrían abordar esta limitación incorporando, como mínimo, un proceso de revisión a ciegas en el que los revisores no conozcan la identidad del analista que presenta el formulario para reducir el riesgo de sesgo. En segundo lugar, la fiabilidad entre revisores del PRP, aunque estimada de forma conservadora, fue inferior a la aceptable, según la mayoría de las normas de investigación clínica. No se dieron criterios específicos a los revisores sobre cómo evaluar las propuestas ni se proporcionaron directrices explícitas sobre cuándo debían tomar una decisión frente a otra. Además, se incluyó la opción de votar para conseguir más información con el fin de animar a los miembros del panel a buscar aclaraciones, considerar situaciones en las que el procedimiento solicitado podría estar justificado y aportar comentarios sobre enfoques de tratamiento adicionales o alternativos que el analista podría considerar. Esto contrasta con un paradigma de votación dicotómico (es decir, aprobar o denegar), que casi con toda seguridad habría mejorado la fiabilidad, pero podría haber obstaculizado un diálogo más matizado respecto a posibles enfoques de tratamiento. No obstante, las futuras aplicaciones podrían proporcionar una formación más específica a los panelistas o directrices para sus decisiones con el fin de mejorar la fiabilidad.

En tercer lugar, el proceso PRP como estrategia de aplicación para promover la adopción de práctica basada en la evidencia se basó en gran medida en la experiencia del panel. Éste contaba con aproximadamente 50 años de experiencia colectiva a la que recurrir a la hora de proporcionar comentarios y orientación a los analistas participantes. Las organizaciones que no cuentan en su plantilla con personal con amplia formación y experiencia en la evaluación y el tratamiento de formas graves de conductas desafiantes pueden no ser capaces de reproducir el proceso con la misma eficiencia o eficacia. Esto limita la generalización de los efectos del presente estudio. Sin embargo, dichas organizaciones podrían buscar la tutoría de expertos externos en la materia para aprovechar su experiencia y obtener conocimientos y perspectivas adicionales sobre la prestación de servicios éticos y basados en la evidencia a personas con conductas desafiantes graves (véase Courtney et al., 2021).

Es importante señalar que las prácticas basadas en la evidencia recomendadas no fueron los únicos enfoques que se utilizaron con la muestra actual. Muchos pacientes ya contaban con ECF, procedimientos de reforzamiento diferencial (por ejemplo, RDO, RDA, RDTB o DRI) y procedimientos de reforzamiento no contingente (RNC, en inglés) en el momento de su participación en el proceso PRP y todos habían utilizado previamente al menos un método de FBA. La lista de práctica basada en la evidencia recomendadas que se resume en los resultados representa procedimientos que se recomendaron además de, o en lugar de aquellos que se estaban utilizando actualmente. Además, otros comentarios de los panelistas que no implicaban la recomendación de un nuevo procedimiento también se compartieron con el analista durante las consultas (por ejemplo, recomendaciones para ajustar las características del entorno, los estímulos instructivos, el tipo y el programa de reforzamiento), por lo que los efectos del tratamiento no pueden atribuirse únicamente a las práctica basada en la evidencia recién recomendada, especialmente en los casos en que se aplicaron en combinación con procedimientos anteriores u otras modificaciones menores. No obstante, los datos sugieren que el proceso sí influyó en las decisiones de tratamiento de los analistas que a su vez se asociaron a mayores mejoras en muchos de los pacientes.

Por último, el PRP no se aplicó dentro de un diseño de investigación muy controlado. Las recomendaciones y las intervenciones no se controlaron estrictamente como es habitual en la investigación empírica, que prioriza la validez interna y el establecimiento de conexiones causales. En cambio, el estudio realizado se llevó a cabo dentro de un marco de ciencia de la aplicación que prioriza la producción de conocimientos generalizables en relación con las estrategias organizacionales que maximizan el impacto de la práctica basada en la evidencia sin controlar la variabilidad naturalista. Por lo general, la investigación sobre la aplicación pone un mayor énfasis en la evaluación de los procesos dentro de muestras más reales. Se hace hincapié en abordar los bloqueos en la cadena de la investigación a la práctica que conducen a lagunas en la calidad a medida que los clínicos practican en entornos clínicos menos controlados. Dentro de este marco, el estudio actual se clasificaría mejor como un diseño híbrido de tipo III, en el que el objetivo principal del estudio es determinar la utilidad de una estrategia de aplicación y el objetivo secundario es evaluar los efectos clínicos asociados a la aplicación (Curran et al., 2012). Este tipo de diseño pone a prueba la capacidad de una estrategia de aplicación para mejorar el uso de la práctica basada en la evidencia al tiempo que recopila datos sobre los efectos clínicos durante la aplicación. Estos diseños son útiles cuando la eficacia de la práctica basada en la evidencia recomendadas está bien establecida (como es el caso de las prácticas recomendadas en el presente estudio, por ejemplo, FBA, ECF y el reforzamiento diferencial), pero no está claro hasta qué punto es probable que los efectos sean sólidos en las condiciones de aplicación (Bauer et al., 2015). No obstante, la naturaleza cuasi experimental de este estudio debe situarse en este contexto y los resultados deben interpretarse con cautela. Futuras investigaciones podrían intentar replicar los procedimientos utilizando modalidades más experimentales. Esas réplicas de los procedimientos actuales mejorarían nuestra comprensión de la sostenibilidad y la generalidad de los efectos en otros entornos clínicos.

La investigación que se haga en un futuro también debería explorar otras aplicaciones de la ciencia de la conducta dentro del campo de la práctica analítico-conductual. Los analistas de conducta han lamentado durante mucho tiempo la adopción fallida de prácticas basadas en la investigación, señalando que incluso en áreas en las que el campo ha producido intervenciones potentes, la gran mayoría de los profesionales no las aprovechan (Baer & Wolf, 1987; Slocum et al., 2014). Se puede tomar como ejemplo la utilización de procedimientos experimentales de AF. Las investigaciones sugieren que una mayoría de analistas nunca o casi nunca utilizan esa formación para identificar la función de la conducta, incluso cuando supuestamente han recibido entranamiento y cuando creen que esos procedimientos son el método de evaluación más informativo (Desrochers et al., 1997; Oliver et al., 2015; Roscoe et al., 2015).

El campo de la ciencia de la aplicación trata de acercar lo que se sabe y lo que se hace en la práctica clínica, identificando y abordando las barreras que impiden la adopción de intervenciones bien establecidas y tratamientos basados en la evidencia (Westerlund et al., 2019). Aunque el campo de la ciencia de la aplicación está creciendo rápidamente y se está volviendo más complejo,[3] el enfoque básico consiste en conseguir que la gente utilice lo que funciona.

[3] Powell et al. (2015) han descrito 73 estrategias en ciencia de la aplicación. Proctor et al. (2011) proponen 17 posibles dominios de resultados a considerar en un estudio de aplicación, y la *Society for Implementation Research Collaboration* (2020) ha recopilado un repositorio con más de 400 medidas relacionadas con el proceso de aplicación.

La investigación sobre aplicación es el estudio de los procesos y las estrategias que hacen que los enfoques de tratamiento basados en investigación se apliquen de forma generalizada en el entorno asistencial medio (Proctor et al., 2009). Existen innumerables oportunidades para ampliar la aplicación de intervenciones basadas en la evidencia ya desarrolladas en el seno del análisis aplicado de conducta. Además, la integración de la investigación en ciencia de la aplicación en el análisis de conducta puede ayudar a llevar al campo hacia prácticas que sean consistentemente de alta calidad, y no de calidad deficiente o variable. Ello sin duda redundará en el bien de los innumerables receptores de nuestros servicios.

SECCIÓN V

FACTORES CULTURALES EN LA PROVISIÓN DE SERVICIOS ABA

4 SENSIBILIDAD CULTURAL Y ATENCIÓN A LA DIVERSIDAD COMO FACTORES EN LA PROVISIÓN ÉTICA DE SERVICIOS ABA[4]

Alyssa Uher | Mikeya Dunnigan | Marisa H. Fisher

Resumen

Durante más de una década, los analistas de conducta han pedido prácticas más sensibles culturalmente. Dentro de la edición más reciente del *Código de Ética para Analistas de Conducta*, se añadió el punto 1.07 sobre sensibilidad cultural y diversidad (Behavior Analyst Certification Board, 2020b). La inclusión de esta nueva norma ofrece un paso positivo, aunque queda un amplio margen para profundizar. Este artículo pretende contextualizar la relevancia y la necesidad de la norma 1.07, tanto a nivel social como dentro del campo del análisis aplicado de conducta (ABA). Se presenta una cronología de acciones anteriores llevadas a cabo, así como los cambios en ABA que se alinean con la inclusión de esta norma junto a las dificultades asociadas a su adopción. Por último, se proporcionan orientaciones sobre cómo hacer que las prácticas de análisis de conducta sean culturalmente más sensibles a través de la confrontación de los prejuicios personales del analista, el uso de

[4] Uher, A., Dunnigan, M., & Fisher, M. H. (2023). Putting concepts into action: A brief description of 2022 BACB Ethics Code Standard 1.07 & actionable recommendations for evolving practices of behavior analysts. *Behavior Analysis in Practice*. https://doi.org/10.1007/s40617-023-00818-9

pedagogías culturalmente sensibles, la actualización y adaptación de las prácticas en relación con la selección de habilidades y las evaluaciones, así como la colaboración con los clientes y equipos. A través de la comprensión de su urgencia y de las aplicaciones directas en el trabajo, este documento pretende ayudar a los analistas de conducta a cambiar sus prácticas y sus estilos de toma de decisión para que sean más sensibles culturalmente.

Los analistas de conducta deben tener un comportamiento ético exquisito por el bien de sus clientes y de la sociedad. BACB desarrolló el *Código Ético para Analistas de Conducta* (2020b; en adelante, el Código) para guiar la práctica profesional y permitir la evaluación del comportamiento ético. Este *código* describe las normas éticas a las que deben adherirse los analistas de conducta cuando una vez certificados, así como el de los estudiantes que esperan estarlo en un futuro. Estos profesionales son los responsables de conocer y adherirse al código en todas las actividades profesionales de este campo (por ejemplo, prestación directa de servicios, consulta, supervisión, formación, investigación).

El 1 de enero de 2022, entró en vigor la edición más reciente del código ético (BACB, 2020b). En este nuevo documento, se introdujeron varios cambios y se añadieron otros puntos, como la norma 1.07, bajo el título de "Diversidad y sensibilidad cultural". Esta norma establece que los analistas de conducta deben participar activamente en actividades de desarrollo profesional para adquirir conocimientos y habilidades relacionados con la sensibilidad y diversidad cultural. El profesional debe evaluar sus prejuicios y su capacidad para responder a las necesidades de personas que pueden variar en edad, discapacidad, etnia, expresión o identidad de género, estatus migratorio, estado civil, origen nacional, raza, religión, orientación sexual, o nivel socioeconómico. Los analistas también evalúan los prejuicios de sus alumnos supervisados y estudiantes, así como la capacidad con la que estos pueden abordar las necesidades de diversas culturas (BACB, 2020b, pág. 9).

Hemos redactado este artículo para apoyar la respuesta de los analistas de conducta a la norma 1.07, con el objetivo de describir la importancia de esta nueva norma y ofrecer acciones que los analistas pueden llevar a cabo para facilitar su adherencia a esta directriz al trabajar con clientes. Aunque la norma aborda varias áreas de la diversidad, el foco está puesto en cómo se aplica a las poblaciones marginadas desde el punto de vista racial, étnico y religioso. En primer lugar, se repasa la relevancia y la necesidad de la norma, incluido un tratamiento de los antecedentes a nivel social y del análisis aplicado de conducta. Luego, se ofrece un resumen de acciones necesarias y cambios preliminares dentro de ABA que se alinean con la inclusión de esta norma. Tras dar una visión general de la norma, se detallan las vías para convertir las recomendaciones de prácticas culturalmente sensibles en pasos claros y que se puedan llevar a la práctica. Se termina este artículo con unas recomendaciones para las futuras investigaciones y desarrollos prácticos.

Lo que realmente significa la atención a la diversidad

El concepto que engloba la cultura de una persona es bastante amplio. Se pueden considerar varios factores que forman parte de la identidad cultural de un individuo, como la edad, el tener una discapacidad, el origen étnico, la expresión o identidad de género, el estatus migratorio, el estado civil, el origen nacional, la raza, religión, orientación sexual o el nivel socioeconómico. Dados los diversos aspectos de la identidad cultural de una persona, los movimientos a favor de una práctica culturalmente sensible comenzaron con un llamamiento a los profesionales (como a los analistas de conducta) para que fueran competentes en este área. La denominada competencia cultural es la capacidad de un profesional de desarrollar una conciencia de sus creencias, valores y prejuicios culturales al tiempo que adquiere conocimientos de las normas y conductas de otras culturas, y muestra habilidades profesionales que combinan ambos elementos para proporcionar prácticas culturalmente sensibles (Danso, 2018; Mlcek, 2014; Sousa & Almeida, 2016). En críticas recientes se ha argumentado que el concepto de cultura se construye individual y socialmente, y está en un constante cambio, lo que convierte la competencia cultural en un objetivo que los profesionales deben esforzarse por alcanzar (Dean, 2001).

Para intentar lograr dicha competencia cultural, el profesional crea un ambiente culturalmente sensible para que el cliente sea tratado como un experto, mientras que el profesional busca continuamente el conocimiento e intenta comprender al cliente dentro de su identidad cultural (Dean, 2001). De esa manera, para crear un ambiente culturalmente sensible, el analista utiliza su competencia cultural en constante evolución para crear y apoyar un ambiente que reconozca y aborde las cuestiones multiculturales. En su actividad profesional debe de validar las prácticas culturales del cliente y fomentar la toma de decisiones aceptables culturalmente (Garrett et al., 2001; Vincent et al., 2011).

Para empezar a trabajar en la competencia cultural y crear ambientes culturalmente sensibles, los analistas deben, en primer lugar, entender y reconocer la sociedad en la que viven. Por ejemplo, EEUU fue fundado por un grupo de personas que utilizó a otro para establecer un régimen económico (Baptist, 2016; Stone, 1971). Como consecuencia, la desigualdad en el país es sinónimo de su cultura dominante (blanca) (Horner-Johnson, 2021; Jensen, 2012; Lemke, 2016; Swidler, 1992). A medida que EEUU se ha ido desarrollando, los grandes problemas de la desigualdad se han ido entretejiendo con la historia social del país. Por ello, existen disparidades entre la raza, el género, el estado de discapacidad y la clase socioeconómica en todos los aspectos de la sociedad, como en la educación. A través de un acceso desigual e inequitativo a servicios como el transporte, la atención sanitaria, Internet, las oportunidades de empleo y la educación, dicha desigualdad está arraigada en el carácter y la calidad de vida de la mayoría de los estadounidenses (Noguera, 2017, pág. 130).

Tanto las personas racializadas e indígenas de color y las personas discapacitadas[5] experimentan actualmente los índices más altos de desigualdad en salud y educación (Planty et al., 2008, Organización Mundial de la Salud, 2017). Dado que las desigualdades raciales se experimentan en todas las poblaciones de personas discapacitadas, es más importante reconocer y comprender las experiencias interseccionales de las personas discapacitadas que también pertenecen a minorías raciales o étnicas para poder ofrecer prácticas culturalmente sensibles (Horner-Johnson, 2021).

Identidades interseccionales

La interseccionalidad es la forma en que las múltiples identidades culturales de un individuo se unen y se ven afectadas por la sociedad (Boveda & Aronson, 2019). Cuando se debaten cuestiones de justicia social, limitaríamos nuestro análisis al considerar un aspecto de la identidad cultural de una persona, como la discapacidad, sin tener en cuenta otros, como la raza. En lugar de separar estas identidades, es su intersección lo que mantiene que esas experiencias sean distintas y únicas, y moldea la identidad cultural de cada individuo (McCall et al., 2014). Así, reconocer la interseccionalidad y comprender que ninguna identidad individual existe de forma aislada informará mejor del desarrollo y la aplicación de prácticas culturalmente sensibles (Crenshaw, 1989).

Los analistas de conducta atienden a clientes con identidades interseccionales fluidas y, por lo general, oprimidas. Por ejemplo, más del 80% de los analistas de conducta aseguran que su principal área está relacionada con poblaciones discapacitadas, incluyendo el autismo (72,2%), la educación (6,92%) y la discapacidad intelectual y trastornos del desarrollo (2,76%) (BACB, 2020), Pero,

5 Usamos "persona/s con discapacidad" de manera intencional en reconocimiento al la resistencia al lenguaje centrado en la persona que está siendo expresado por la comunidad de personas con discapacidad. Discapacitado no es una palabra negativa.

lamentablemente, BACB no informa de los datos demográficos de los clientes que reciben estos servicios. El desarrollo de la competencia interseccional, es decir, la comprensión de cómo las personas con múltiples identidades culturales se ven afectadas por la sociedad (Boveda y Aronson, 2019), apoya la provisión de prácticas culturalmente sensibles al proporcionar a los analistas de conducta una mejor comprensión de las experiencias únicas de sus clientes.

El conjunto de *Estudios Críticos sobre Raza y Discapacidad* (DisCrit, en inglés) proporcionan un marco útil para ayudar a estos analistas a comprender la interseccionalidad de la identidad de discapacidad de un individuo y sus otras identidades (por ejemplo, la raza). "DisCrit" combina la teoría crítica de la raza y los estudios sobre discapacidad para analizar estos constructos interdependientes y el impacto de estas identidades múltiples y minoritarias (Annamma et al., 2013). Aunque una revisión en profundidad de los estudios mencionados está fuera del alcance de este artículo, su inclusión dentro de las enseñanzas de ABA podría proporcionar numerosas ventajas al análisis de conducta e informar el desarrollo de prácticas culturalmente sensibles.

Un ejemplo que pone de relieve la importancia de estas diferentes identidades es cuando se intenta enseñar a interactuar con la policía. Existen habilidades, como ser capaz de llamar a la policía y responder a preguntas básicas de identificación por parte de los agentes, que pueden salvar vidas. Aunque dichas habilidades pueden ser importantes, las vidas de los clientes se pondrían en peligro si se enseñaran sin tener en cuenta la intersección de la discapacidad y las otras identidades del individuo. El riesgo de ser sujeto de violencia policial aumenta significativamente cuando la discapacidad se cruza con la raza, la clase, el género y si se pertenece al colectivo LGBTQ+ (Mueller et al., 2019). En los últimos años, el uso excesivo y desproporcionado de la fuerza policial contra comunidades racializadas se ha hecho más visible, mientras que la discapacidad ha permanecido al margen del foco de los principales medios de comunicación (Perry y Carter-Long, 2016). Los datos estiman que las personas con discapacidad representan entre el 30% y 50% de los casos de abuso policial, mientras que del 33% al 50% de las personas que han muerto por acciones policiales son discapacitadas (Perry & Carter-Long, 2016). Con esta realidad sobre la mesa, y, por ejemplo, al determinar si un programa de habilidades de seguridad policial sería beneficioso, el analista de conducta debe ser consciente de las identidades que se entrecruzan, como la raza más la discapacidad.

Cómo hemos llegado hasta aquí

Aunque la inclusión de la norma 1.07 es nueva en el código de 2022, la idea de una práctica del análisis de conducta culturalmente sensible no es nueva. Mientras que el código ético anterior, *Código de Cumplimiento Profesional y Ético para Analistas de Conducta* (en adelante, Código de Cumplimiento; BACB, 2014), no contenía una sección explicita, ni tampoco requisitos relacionados con las prácticas culturalmente sensibles y las identidades interseccionales, algunos podrían asegurar que la Norma 1.05: "Relaciones profesionales y científicas" atisba el abordaje de esta necesidad. En la subsección C, el Código de Cumplimiento detallaba que los analistas de conducta deben buscar formación, consulta y supervisión si una diferencia de edad, género, raza, cultura, etnia, origen nacional, religión, orientación sexual, discapacidad, lenguaje o estatus socioeconómico afecta significativamente al trabajo del analista (BACB, 2014, pág. 5). De esa forma, aunque no se indicaba explícitamente, algunos profesionales pueden haber interpretado que este código apunta que deben estar bien informados sobre las identidades interseccionales de sus clientes y las diferentes culturas que pueden o no compartir. Más allá de la orientación proporcionada por los códigos de BACB, muchos analistas de conducta han publicado artículos sobre la importancia de introducir de forma más explícita prácticas y conceptos relevantes a la diversidad. De hecho, varios de ellos han sugerido ideas, como desarrollar una formación y un plan de estudios que contengan la cultura y la diversidad, así como aumentar las oportunidades de supervisión profesional y el apoyo a aquellos analistas que pertenecen a una minoría (Beaulieu et al., 2019, Conners et al., 2019, Fong et al., 2016, Gatzunis et al., 2022, Ortiz et al., 2023). Fong y Tanaka (2013) destacaron que, aunque el Código de Cumplimiento de 2014 incluía la Norma 1.02, la de "Competencia", dicha directriz no abordaba la importancia de la competencia cultural o la capacidad de trabajar de forma competente con personas de diferentes culturas. Por ello, estos autores desarrollaron definiciones operacionales de cultura y competencia cultural, y propusieron recomendaciones para redactar nuevas normas de competencia cultural en el ámbito de ABA (Fong y Tanaka, 2013).

Wright (2019) utilizó el marco de humildad cultural del trabajo social para sugerir adaptaciones a las prácticas de análisis de conducta. El filósofo británico argumentó que el término humildad cultural es más apropiado para representar la responsabilidad individual e institucional que debería existir en el análisis de conducta. También trató las formas en que los profesionales podrían utilizar la autogestión (*self-management*), un método habitual en ABA, para abordar las disparidades y mejorar sus efectos a través de la autorreflexión. Por último, en respuesta a la mayor visibilidad del impacto del racismo debido a las recientes muertes de personas racializadas, como George Floyd, Breonna Taylor y Elijah McClain a manos de la policía, la revista *Behavior Analysis in Practice* publicó una serie de artículos titulada *Police Brutality and Systemic Racism*, editada por Denisha Gingles y Jomella Watson-Thompson.

Obstáculos

Aunque muchos analistas de conducta han llevado a cabo iniciativas que se pueden considerar audaces para mejorar la competencia cultural, estos proyectos no han estado exentos de obstáculos y limitaciones. El código de 2022 incluye ahora una norma específica relacionada con la capacidad de respuesta cultural (BACB, 2020b); sin embargo, los llamamientos para una inclusión más explícita de normas relacionadas con la competencia cultural pueden encontrarse desde hace muchos años, sin estar relacionados con cambios propuestos por BACB. Además, incluso con los diferentes y varios artículos, grupos y movimientos que han creado los analistas en busca de prácticas más sensibles desde el punto de vista cultural, sigue habiendo poca formación tanto en los programas de educación como de formación continua (Beaulieu et al., 2019; Uher et al., 2023). En 2019, se encuestó a analistas para conocer si consideraban importante la formación en competencia cultural y qué parte de dicha formación incluía el trabajo con personas de diversos orígenes (Beaulieu et al., 2019). Los autores descubrieron que, aunque indicaron que consideraban que recibir formación para trabajar con clientes marginados era extremadamente importante, la mayoría de ellos afirmaron haber recibido poca o ninguna formación al respecto. Profundizando en este hallazgo, se realizó recientemente una revisión sistemática para identificar las prácticas comunes para la formación de la competencia cultural dentro de las profesiones de servicios sociales. Esta revisión reveló que hasta la fecha no se han publicado programas de formación para analistas de conducta en la literatura revisada por expertos (Uher et al., 2023).

Por último, las recientes acciones de BACB indican que este campo aún tiene mucho que avanzar. Por ejemplo, tras no emitir la BACB una declaración en respuesta al asesinato de George Floyd el 25 de mayo de 2020, se creó una petición en *change.org* titulada "Llamamiento a BACB" para apremiar a la institución a que denunciase la injusticia racial; acción que reunió 4.024 firmas (Kelly, 2020). El 4 de junio de 2020, BACB publicó un comunicado en Facebook (BACB, 2020a; véase la Figura 1). Esa declaración generó varios comentarios que criticaban el hecho de que el organismo afirmara que no puede hablar en nombre de la disciplina ni representarla. Muchos usuarios consideraron esta publicación como algo vacío y que demostraba una falta de responsabilidad al abordar

Figura 1 Declaración de BACB en respuesta a la muerte de George Floyd.
***Nota.* Traducido de la cuenta de Facebook de BACB.**

BACB - Behavior Analyst Certification Board
June 4, 2020 ·

Los trágicos acontecimientos de la semana pasada y las injusticias sociales persistentes en Estados Unidos son un claro recordatorio del racismo sistémico en nuestro país. Expresamos nuestra solidaridad con nuestros colegas, certificados, clientes y con toda la comunidad negra al condenar todos los actos de racismo, discriminación y violencia sin sentido.

La BACB está comprometida con la diversidad y la igualdad, y otorga el más alto valor a la inclusión en todos los ámbitos, ya sean profesionales, la universidad o la comunidad en general. Aunque la BACB, como certificadora profesional, no puede hablar en nombre de toda nuestra disciplina ni representarla, nuestras asociaciones profesionales sí pueden hacerlo. Por ello, reconocemos y valoramos las recientes declaraciones detalladas de APBA, ABAI y otras organizaciones que condenan las injusticias sociales y reafirman el compromiso de nuestra disciplina con la inclusión y el respeto mutuo hacia todas las personas.

los temas de injusticia racial. Los que respondieron también expresaron su frustración tanto por el retraso en hacer cualquier tipo de declaración pública, ya que fue diez días después del asesinato de George Floyd, y también por el hecho de que la publicación no hiciera ningún intento de sugerir cambios.

En respuesta al comunicado en Facebook de BACB, el 9 de junio de 2020 se realizó una segunda petición en *change.org* que se tituló: "Requisitos de formación en competencia cultural para analistas de conducta" (Beaulieu, 2020). Esta petición, en la que se hacían eco del comunicado de Facebook, recibió 3.072 firmas. En ella se pedía que BACB cambiara al menos dos puntos. El primer cambio sugerido consistía en que BACB convocara un grupo de trabajo diverso que desarrollara y adoptara directrices para trabajar con personas de entornos marginados, minoritarios u oprimidos; y, por otro lado, que añadiera elementos de competencia cultural en futuras versiones de la lista de tareas, así como requisitos de formación continua. Hasta la fecha, no se ha convocado ningún grupo de trabajo de este tipo. No obstante, cabe señalar que el actual Comité de Diversidad, Equidad e Inclusión de la *Association for Behavior Analysis International* ha añadido contenido (ocho tareas en cuatro dominios) en el esquema del contenido del examen de BACB, que es una guía para el examen de certificación para los analistas (BACB, 2022).

El segundo cambio sugerido consistía en que BACB publicara los datos demográficos de todos los profesionales certificados, lo que hicieron el 8 de septiembre de 2020 (BACB, s.f.). Nueve días después, la Asociación Latina de Analistas de Conducta (2020) subrayó cuántos analistas de conducta no estaban representados en estos datos: sólo el 53,5% de los analistas con doctorado, el 54,2% de los analistas de conducta y el 30,3% de los técnicos de conducta registrados habían introducido sus datos demográficos en la base de datos.

Los analistas de conducta piden avances

Debido a los obstáculos a la sensibilidad cultural que aún experimentan los analistas de conducta y la continua falta de inclusión de una formación culturalmente competente y de estándares éticos, los analistas han llamado a una evolución en este campo (Miller et al., 2019). Todos los analistas pueden y deben cambiar sus prácticas para ser culturalmente sensibles para satisfacer las necesidades individuales de los clientes. Para ello, Miller et al. (2019) destacan que el análisis de conducta debe evolucionar tanto en la práctica individual como organizacional. Subrayan que dicha evolución requerirá una evaluación de cómo los servicios de análisis afectan tanto a los consumidores directos de los servicios como a la sociedad.

Esta área necesita evolucionar con el desarrollo de objetivos y procedimientos en un nuevo enfoque interaccional, en el que las perspectivas y las identidades culturales del consumidor se reconozcan y se tengan en cuenta como parte del desarrollo del programa (Miller et al., 2019). Cuando los analistas reconocen la intersección de las identidades culturales de sus clientes son más capaces de considerar el impacto y la influencia de estas identidades a la hora de tomar decisiones sobre el diseño y aplicación de intervenciones (DeFelice y Diller, 2019).

Los analistas de conducta también deberían evolucionar para centrarse en la equidad en la prestación de servicios, en lugar de centrarse en la igualdad (Departamento de Educación de EEUU, 2013). Aunque los términos igualdad y equidad suenan muy parecidos, la distinción entre ambos produce decisiones muy diferentes. La igualdad en una situación se da cuando todo el mundo, independientemente de sus necesidades individuales, recibe las mismas herramientas para completar una tarea y todo el mundo recibe el mismo trato. Pero, al final puede que no todo el mundo sea capaz de completar la tarea porque la herramienta puede no ser apropiada para algunas personas. Un ejemplo que se relaciona con las prácticas analítico-conductuales son las consideraciones a la hora de recomendar el número de horas de servicio de ABA que debe recibir un cliente. Cuando se recomienda el número de horas de servicio, se determina teniendo en cuenta las necesidades y objetivos individuales del cliente (es decir, basándose en la equidad). Si el número de horas de servicio se determinara basándose en la igualdad, todos recibirían entonces una recomendación por la misma cantidad de horas de servicio. Esta equidad se centra en el número concreto de horas de las que se beneficiaría cada individuo, en lugar de centrarse en dar las mismas horas a todos los clientes. Por otro lado, la igualdad se distingue por el proceso, mientras que la equidad se distingue por el producto final. Del mismo modo, es incapaz de ver a dos personas autistas como intercambiables sobre su diagnóstico. En otras palabras, que un analista de conducta seleccione e implemente una intervención con un cliente autista porque esa intervención fue eficaz para otro cliente autista implica que el analista de conducta ve a estas dos personas como intercambiables.

Es importante señalar que es tarea de todos los analistas liderar esta evolución. Las prácticas culturalmente sensibles destacan la necesidad de elevar las voces de las personas marginadas, pero no es tarea de éstas ser los responsables del cambio. En 2022, más de la mitad (53,66%) de todos los analistas en ejercicio eran blancos. Pero esta cifra aumenta hasta el 70,5% en el caso de los analistas acreditados (BACB, s.f.). Dado que la mayoría de los analistas de conducta que proporcionan formación y supervisión a los futuros profesionales son blancos, éstos necesitarán habilidades para ser culturalmente sensibles tanto con los clientes como con el personal que no comparte su identidad racial. No obstante, no corresponde a los analistas de entornos marginados tomar la iniciativa de impulsar el campo hacia la competencia cultural. Aunque los analistas marginados tendrán muchas ideas y contribuciones, el concepto de responsabilizar a los oprimidos de la educación de los demás desvía la atención de las responsabilidades que tienen los profesionales para desarrollar sus competencias. Todos somos responsables de la mejora de la profesión y cada analista de conducta debería realizar un trabajo personal (Machalicek et al., 2022). Estos datos también indican que existe una necesidad crítica de diversificar el campo, tanto para los clientes marginados a los que se atiende como para los que estudian para ser analistas de conducta.

Hacia dónde vamos: Acciones necesarias para llevar a la práctica la norma 1.07

Para comenzar la evolución del análisis de conducta, se presentan ahora cuatro áreas dentro de la práctica de ABA en las que se pueden realizar cambios para servir mejor a los consumidores de una forma culturalmente sensible. Son: el reconocimiento de nuestros prejuicios personales; la aplicación de pedagogías culturalmente sensibles; la priorización de habilidades y evaluaciones; y la colaboración con el cliente y equipo. La Figura 2 sirve como recurso que desglosa estas cuatro áreas y proporciona medidas inmediatas que los analistas pueden tomar para mejorar sus servicios.

Reconocer los prejuicios personales

Un individuo no puede ser culturalmente sensible sin reconocer sus prejuicios personales. De hecho, tal reconocimiento es también una nueva norma dentro del *código* de 2022: "Norma 1.10: Conciencia de los prejuicios y las taras personales" (BACB, 2020b).

Aplicar pedagogías culturalmente sensibles

- Utilizar la *Entrevista sobre el Lenguaje e Intereses Familiares* de Espinosa et al. (2011).
- Buscar recursos culturalmente apropiados para determinar cómo y dónde se puede integrar el idioma materno del cliente a lo largo del día.
- Seguir el tutorial paso a paso de Martínez y Mahoney (2022) para crear planes de intervención conductual comprensibles y culturalmente adaptados.
- Utilizar múltiples materiales en la enseñanza, ampliando
- la representación cultural variando nombres, temas y ejemplos en las actividades de enseñanza.
- Contar con una amplia gama de materiales adaptados a la lengua/s del cliente (p.ej., libros y juguetes en diferentes idiomas, con personajes e historias diversas; etiquetado de objetos comunes del aula en varios idiomas; juguetes electrónicos o vídeos en diferentes idiomas).

Reconocer los sesgos personales

- Participar de forma continua en capacitaciones sobre sensibilidad cultural al cumplir con las normas de formación continua.
- Involucrarse activamente en grupos diversos de personas y culturas fuera del entorno profesional para aprender cómo piensan y actúan distintas comunidades y adquirir recursos que mejoren la práctica profesional.
- En las conversaciones y el trabajo con colegas, fomentar el diálogo sobre los sesgos inconscientes identificados durante el proceso de aprendizaje personal.
- Crear un entorno y un espacio en el que todas las personas se sientan seguras para señalar y abordar los efectos de las palabras y prácticas de los demás, promoviendo en todo caso la responsabilidad de las partes implicadas.

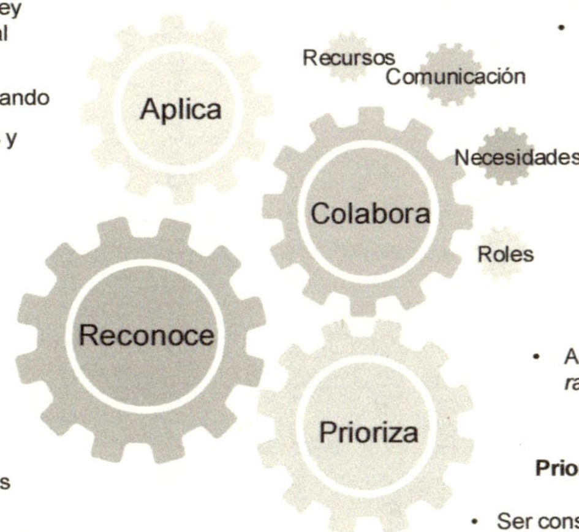

Trabajo en equipo

- Disponer de un paquete de recursos con información de contacto de entidades locales y nacionales para el uso del equipo al cargo del cliente.
- Ofrecer horarios de atención flexibles, incluyendo fines de semana y noches, para permitir que miembros del equipo, como tutores, puedan participar sin interferir con otras responsabilidades.
- A lo largo del proceso, generar oportunidades para recibir retroalimentación del equipo encargado del cliente sobre los servicios prestados, dudas u otras inquietudes.
- Ofrecer servicios de protección de los derechos de los clientes a fin de que los miembros del equipo puedan conocer su situación y qué derechos le asisten en el contexto de la provisión de servicios.
- Proporcionar múltiples vías para que el equipo del cliente participe en el proceso de tratamiento del niño, como medios digitales, correo electrónico, teléfono o encuentros presenciales.
- Administrar la *Lista de Verificación para la Relación Colaborativa entre Profesional y Familia* (Avendano & Cho, 2020).

Priorizar las habilidades de interés y las evaluaciones

- Ser consciente de las costumbres familiares y su posible impacto en los programas de intervención: por ejemplo, ¿qué tipo de utensilios emplea la familia en las comidas?
- Mantener contacto periódico con la familia del cliente para verificar si hay cambios en las prioridades del programa de intervención.
- Asegurar la adecuación del lenguaje empleado en la aplicación de programas y evaluaciones: al evaluar la capacidad del cliente para etiquetar objetos cotidianos, es importante considerar que lo que se considera "cotidiano" puede variar, así como los nombres que se asignan a esos objetos.

Figura 2 (página opuesta) Cuatro tipos de acciones para favorecer una práctica analítico conductual con mayor sensibilidad cultural.

Todo el mundo, independientemente de si es miembro de un grupo dominante u oprimido, tiene prejuicios personales. Dentro de un contexto racial, el sesgo también puede considerarse un prejuicio (Matsuda et al., 2020). Los prejuicios pueden colarse en el trabajo cuando no se reflexiona de forma activa y crítica sobre los pensamientos y conductas. Cuando se reflexiona de manera crítica sobre las suposiciones que se realizan, se puede empezar a reconocer que un conjunto de contingencias puede conducir a un conjunto específico de conductas que pueden ser reforzadas o vistas como aceptables en una cultura, aunque el mismo conjunto de conductas pueda ser castigado o visto como desfavorable por otra cultura (Conners & Capell, 2020, pág. 7). De esa manera, todos los individuos deben reconocer y abordar sus prejuicios, independientemente de su posicionamiento social.

Para reconocer los sesgos, el analista debe identificar en primer lugar sus sesgos personales. Como no hay una herramienta para evaluar los sesgos, la Tabla 1 proporciona una diversidad de evaluaciones que pueden utilizarse para ayudar a los analistas a identificar las contingencias complementarias y competitivas entre sus identidades, y también las de los demás. La Tabla 1 proporciona una lista de módulos educativos que los analistas de conducta pueden utilizar para aprender sobre los sesgos personales, así como a la hora de ser más proactivos al identificar las influencias que sus sesgos personales tienen en sus prácticas. Cuando se identifican y reconocen esos sesgos, los analistas pueden situar mejor a sus clientes dentro de sus objetivos de intervención (Conners y Capell, 2020). Como el proceso de evaluación de los sesgos personales no es una oportunidad única de estudio, estas autoevaluaciones y módulos pueden utilizarse tanto como autorreflexión como para identificar las áreas de mejora. Cuando los analistas reflexionan sobre sus posicionamientos y cultura, son capaces de etiquetar más

Tabla 1 Herramientas para conocer nuestros sesgos personales

TIPO	NOMBRE	DESCRIPCIÓN	FUENTE
Evaluación	*Autoevaluación de sesgos inconscientes para educadores*	Esta autoevaluación te ayudará a descubrir áreas en las que puedes tener un sesgo inconsciente, te guiará a explorar tu propio historia personal y en qué grado pudo haber influido en tu sesgo; a aprender cómo desmontarlo buscando más de una forma de interpretar una situación o interacción, y a usar el poder de los libros para conocer las vidas, experiencias e historias de aquellas personas hacia quienes puedes tener un sesgo.	*Maryland State Education*
	Autoevaluación Personal de Conductas Anti-sesgo	Una lista de verificación para evaluar actitudes y comportamientos individuales relacionados con el sesgo. Proporciona un espacio para establecer metas y áreas de mejora después de realizar la evaluación.	*Anti-Defamation League*
	Test de Asociación Implícita	Mide la fuerza de las asociaciones entre conceptos y evaluaciones o estereotipos para revelar los sesgos ocultos o inconscientes de una persona.	*Project Implicit*
Contenido educativo	*Módulos sobre Sesgos Implícitos*	Esta serie de módulos aborda el sesgo implícito. Módulo 1: Comprensión del Sesgo Implícito, cubre los conceptos básicos, incluyendo qué es, sus orígenes y el sesgo implícito en acción. Módulo 2: Implicaciones en el Mundo Real, analiza el rol e impacto identificable del sesgo implícito en distintos contextos institucionales. Módulos 3 y 4 abordan cómo evaluar el sesgo implícito con el Test de Asociación Implícita y cómo interpretar los resultados para avanzar.	*Kirwan Institute for The Study of Race and Ethnicity*
	Modelo ADDRESSING	Un marco que facilita el reconocimiento y la comprensión de las complejidades de la identidad individual. Incluye consideraciones sobre edad, discapacidades del desarrollo, discapacidades adquiridas, religión, etnicidad, orientación sexual, nivel socioeconómico, pertenencia a grupos indígenas, nacionalidad y género, lo cual contribuye a una comprensión completa de la identidad cultural.	Hays (2001)

su perspectiva e identificar que las experiencias que han tenido y los enfoques que utilizan para ver el mundo no son los mismos para los demás. Si los analistas no reflexionan sobre sus conductas y pensamientos, corren el riesgo de confundir sus creencias y valores personales con su deber que tienen con los clientes (Rogerson et al., 2022). Como reflexiones personales, pueden reconocer estas diferencias para comenzar el trabajo activo de comprobar sus sesgos y suposiciones (McGill et al., 2021). La comprobación de los prejuicios y las suposiciones al entablar nuevas relaciones con los clientes creará un ambiente de colaboración. El hecho de reconocer y abordar dichos sesgos puede afectar significativamente a las interacciones. En la Figura 2 se muestran otros pasos que los analistas de conducta pueden dar para eliminar sus prejuicios personales.

Aplicación de pedagogías culturalmente sensibles

Los servicios de ABA están destinados a garantizar que cada cliente reciba las intervenciones adaptadas individualmente que mejor se adapten a sus necesidades (Cooper et al., 2020). Para garantizar que estos servicios también abordan las complejidades y los matices de las identidades interseccionales de los clientes, los analistas deben utilizar prácticas culturalmente sensibles (Johnson et al., 2006; Vincent et al., 2011). Las prácticas culturalmente sensibles no son un plan de estudios predeterminado, un conjunto específico de estrategias, una dilución del plan de estudios, un enfoque para sentirse bien o sólo para clientes de orígenes concretos (Nieto, 2016, pág. 1). Más bien, es una mentalidad que respeta y honra la singularidad de cada cliente junto con sus experiencias e historias culturales (Nieto, 2016). Las prácticas culturalmente sensibles garantizan que las personas con identidades interseccionales reciban el apoyo que necesitan para prosperar. También ofrecen oportunidades para que las normas sociales, políticas, religiosas, socioeconómicas y raciales guíen las mejores prácticas para cada persona, así como el conocimiento sobre cómo la identidad de cada uno moldea e influye en el aprendizaje (Nieto, 2016).

Para mejorar las prácticas culturalmente sensibles en ABA, Mathur y Rodríguez (2022) crearon un currículo de receptividad cultural para analistas de conducta que incluye siete puntos en los que se enumeran las conductas objetivo, el contexto de aprendizaje, los efectos y las pruebas de generalización. Además del plan de estudios, Mathur y Rodríguez (2022) también crearon una lista detallada de verificación de competencias de un plan de estudios exhaustivo de receptividad cultural para los analistas. Este plan demuestra que las prácticas culturalmente sensibles deben aplicarse y regirse a nivel organizacional, en lugar de centrarse en los analistas de conducta individuales, y los autores hacen un llamamiento a los profesionales y a los programas y organizaciones educativas para que lo hagan.

El objetivo de una enseñanza culturalmente sensibles debe incluir, como mínimo, la participación de la familia; la incorporación del lenguaje del hogar al ambiente de aprendizaje; y la comprensión de la historia y la cultura, así como de la comunidad dentro del aula (Ferlazzo, 2020). En primer lugar, la respuesta cultural implica la colaboración con los clientes y sus familias. Colaborar con las familias ayudará a los analistas de conducta a adaptar mejor sus servicios a su cliente y tratar las preferencias de instrucción del cliente y su(s) tutor(es) (Mathur y Rodríguez, 2022). Por ejemplo, aunque no sea posible que la instrucción se imparta solamente en la lengua materna del cliente, hay muchas maneras de incorporarla a lo largo de la instrucción. La planificación de cómo se va a hacer hincapié en el lenguaje y cómo se puede utilizar su lengua a lo largo del día debe ser una colaboración. Un método es utilizar el modelo de desarrollo de la lengua inglesa con apoyo de la lengua materna (Oliva-Olson et al., 2019), que se diseñó para los profesores que no dominan la lengua materna de sus clientes. A nivel organizacional, los propietarios y administradores de las instituciones pueden organizar la formación de todo su personal según este modelo. Aunque la instrucción se imparte principalmente en inglés, este módulo ayuda a identificar cómo pueden entretejerse los apoyos lingüísticos y multiculturales en el día a día (Oliva-Olson et al., 2019). Dado que todos los aspectos de las prácticas analítico-conductuales deben tenerse en cuenta cuando los analistas de conducta se esfuerzan por ser culturalmente sensibles, las formas en que pueden actualizarse las prácticas son infinitas. Como paso en la dirección correcta, la Figura 2 enumera ejemplos que los analistas de conducta pueden realizar para que sus prácticas sean más sensibles desde el punto de vista cultural.

Dar prioridad a las habilidades objetivo y a su evaluación

Aunque la intervención individualizada es una piedra angular de las prácticas de ABA, la inclusión de consideraciones culturales tanto en la selección de las habilidades objetivo como en la evaluación puede crear una experiencia aún más individualizada. Aunque se prevé que en los próximos años surjan recursos orientados al analítico-conductual, la Figura 2 ofrece una breve lista de consideraciones y acciones que los analistas de conducta pueden realizar para incorporar mejor la respuesta cultural al priorizar las habilidades objetivo y utilizar las evaluaciones.

Las habilidades objetivo

A la hora de crear objetivos de intervención para los clientes, los analistas de conducta se preguntan primero: "¿qué habilidades van a ser útiles para el cliente?". Los analistas deben comprender y reconocer que no son la única persona que decide qué es lo mejor para sus clientes. De hecho, su papel es apoyar y ayudar a guiar al cliente para que identifique los objetivos y las habilidades que son importantes para él. Para responder a esta pregunta, los analistas deben trabajar con el cliente para determinar sus objetivos e intereses y, a continuación, deben colaborar con los supervisores para desarrollar una comprensión más informada de lo que es importante para la familia en un momento dado. Obtener la opinión familiar puede ser esencial para determinar qué habilidades priorizar, y cómo evaluar e interpretar los resultados (Jiménez-Gómez y Beaulieu, 2022). Por ejemplo, mientras que a algunos tutores les gustaría centrarse en habilidades como la comunicación, otros querrán poner la mirada en habilidades en las que se hace menos hincapié, como la identificación de los miembros de la familia, las habilidades de seguridad o la limpieza de su habitación y otras tareas para ayudar en casa (Jiménez-Gómez y Beaulieu, 2022).

Dar prioridad a los objetivos identificados a través de la colaboración ayudará a garantizar a los clientes y tutores que su aportación y sus pensamientos, experiencias y opiniones son queridos y esenciales en la creación y continuación de los planes de intervención. Los analistas de conducta también pueden trabajar con los clientes y las familias para dar prioridad a los objetivos educativos, teniendo en cuenta los distintos objetivos que exigen los departamentos de educación escolar, regional y nacional.

Evaluaciones

Además de redactar planes de intervención, los analistas también realizan evaluaciones para identificar las habilidades en las que centrarse. Jiménez-Gómez y Beaulieu (2022) señalaron que la investigación sobre las evaluaciones de la conducta que incorporan variables culturales es limitada. La mayoría de las evaluaciones que se utilizan en ABA se desarrollaron partiendo del supuesto de que todos los clientes tienen los mismos objetivos y prioridades (es decir, objetivos y prioridades occidentales, sin discapacidades, neurotípicos; Leaf et al., 2022). La secuencia en la que se ordenan los elementos de una evaluación comunica una proyección universal del desarrollo, al suponer que todo el mundo desarrolla las mismas habilidades más o menos al mismo tiempo y en la misma secuencia. Esta suposición considera cualquier desviación de esta secuencia como un déficit o problema y no tiene en cuenta al individuo o su cultura como una variable de desarrollo importante. Por ejemplo, el gateo se suele considerar un requisito previo para caminar en estas evaluaciones. Si un analista tiene un cliente que no camina, puede optar por enseñarle primero a gatear. Este enfoque puede no tener en cuenta la cultura del niño porque en algunas de ellas no se consideran apropiado animar o enseñar a gatear a un bebé. Por ejemplo, en Jamaica, no se hace hincapié en el gateo porque se considera antihigiénico que el niño se mueva por el suelo (Adolph et al., 2010). Otro ejemplo: los analistas de conducta deben tener en cuenta el lenguaje más utilizado en el hogar a la hora de evaluarlo (Jiménez-Gómez y Beaulieu, 2022). Los clientes que viven en un hogar multilingüe pueden ser capaces de identificar objetos cotidianos en su lengua materna, pero no en inglés. Por lo tanto, si en una evaluación se pide al cliente que identifique los artículos en inglés, los resultados podrían interpretarse como una habilidad deficitaria en la identificación de artículos, y podría desarrollarse y aplicarse un plan de intervención para abordar una habilidad objetivo innecesaria. La cuestión de la idoneidad de la destreza para el cliente y su identidad cultural debe abordarse antes de iniciar la enseñanza.

Colaborar con el cliente y los tutores

El *código* ético de 2022 incluye la Norma 2.09: "Participación de clientes y partes interesadas" (BACB, 2020b), que aborda la participación del cliente en la planificación de su intervención. Esta norma también proporciona una nueva definición para el término "partes interesadas"[6], como aquellas personas que no son el cliente pero que se ven afectadas por sus servicios e invierten en ellos, incluidos los padres, tutores, familiares, representantes legalmente autorizados, colaboradores, empleadores, representantes de agencias o instituciones, las juntas de licencias y los financiadores,

[6] A efectos de este artículo, el término "partes interesadas" se utiliza al hacer referencia al Estándar 2.09, donde posteriormente ha sido reemplazado por la palabra "equipo".

terceros contratistas de servicios (BACB, 2020b). Para que la intervención tenga más impacto, es clave tener en cuenta la colaboración y comunicación en equipo; sin embargo, la escasa cantidad y calidad de la comunicación entre los analistas de conducta y los miembros del equipo se ha convertido en una cuestión a tener en cuenta (Helton & Alber-Morgan, 2018). Para empoderar a los miembros del equipo y ayudarles a posicionarse para saber actuar mejor cuando el cliente está bajo su supervisión, es tarea del analista crear el mejor ambiente para la colaboración en equipo. Dado que el trabajo grupal es una tarea polifacética, la Figura 2 ofrece una breve lista de elementos procesables dentro de cuatro componentes esenciales que los analistas puedan adoptar para mejorar la colaboración.

Comunicar el papel esencial del equipo al cliente

Desde el inicio de los servicios, los analistas de conducta deben ayudar al equipo del cliente a comprender su papel y cómo pueden ayudar a moldear los planes de intervención. El analista debe comunicar de manera clara y concisa, y explicar bien el papel esencial del equipo en el desarrollo y la ejecución del plan de intervención del individuo. La comunicación de las funciones y expectativas crea oportunidades para que personas como los tutores defiendan las necesidades y deseos de su hijo, así como para que den su opinión sobre los servicios que prestan los analistas. Para apoyar la colaboración en equipo, los profesionales pueden proporcionar documentos que describan el papel del analista y cómo pueden diseñarse los servicios que se prestan para alcanzar sus objetivos. Disponer de varias salidas para que los analistas comprendan el ecosistema de cada equipo crea vías para una comunicación abierta y comprensión, al tiempo que garantiza más colaboración.

Comprender las necesidades y los objetivos de cada equipo

Otra forma de establecer una colaboración eficaz es mantener conversaciones de forma directa sobre las necesidades y los objetivos del equipo sobre los servicios. Todas las conversaciones grupales deben incluir al cliente siempre que sea posible. Disponer de materiales de admisión estándar que incluyan ayudas para preguntar a los equipos sobre sus objetivos, así como sobre sus tradiciones o normas, puede ayudar a eliminar sentimientos de alteridad. Los ejemplos para los tutores pueden incluir cuestiones como: ¿Hay alguna práctica en su casa que le gustaría que siguiéramos (por ejemplo, quitarse o ponerse los zapatos)? ¿Hay prácticas en torno a la comida que le gustaría que conociéramos para que podamos seguirlas? ¿Hay diversas formas de comunicarnos, como correos electrónicos, cartas enviadas a casa, llamadas? ¿Qué método prefiere? Formular estas preguntas directas al principio puede abrir la comunicación entre el analista y la familia, y puede evitar varios pasos en falso que, en ocasiones, surgen debido a la falta de conocimientos o a suposiciones (Cole, 2008; Sanders, 2009).

Además, es importante volver a plantear estas preguntas pasado un tiempo. El objetivo es generar más confianza y, así, facilitar que los equipos revelen sus puntos de vista cuando los profesionales demuestren que prestan servicios culturalmente sensibles. A medida que pasa el tiempo y las familias tienen más confianza con el analista, es posible que se quieran hacer cambios. Pueden compartir nuevos pensamientos que han mantenido desde la primera sesión que tuvieron una vez que se ha generado dicha confianza.

Ser consciente de la jerga y el tipo de comunicación

En consonancia con la Norma 2.08: "Comunicación sobre los servicios", los analistas de conducta deben utilizar un lenguaje comprensible a la hora de comunicarse. Las investigaciones demuestran que la jerga utilizada por los analistas es percibida negativamente por los demás (Becirevic et al., 2016; Conners & Capell, 2020; Critchfield et al., 2017). La terminología y la jerga analítico-conductual afectan tanto al cliente como al tutor en los servicios prestados. Esto puede dificultar la comprensión de los objetivos y procedimientos de la intervención. Un lenguaje fácil de entender apoyará una colaboración de calidad entre los analistas, sus clientes y el equipo. Baires et al. (2022) abordan cómo se producirá un cambio sistémico cuando se comprenda la importancia y la profundidad de la escucha, así como la comunicación intercultural. Para los analistas, esto significa que el uso de jerga no sólo crea una barrera para que el cliente y su equipo participen en las decisiones, sino también que la comunicación con poca o ninguna consideración del lenguaje entre personas con antecedentes culturales diferentes también crea una desconexión entre ambas partes.

De hecho, los analistas deben ser conscientes de la complejidad y el método de comunicación. Partiendo de la identificación de prejuicios y suposiciones, los analistas no pueden dar por sentado que el estilo de comunicación que utilizan es el adecuado. Al comunicarse con el equipo del cliente, los analistas deben pensar activamente en elementos como los lenguajes utilizados en el hogar, el nivel educativo y de lectura del receptor, así como los métodos funcionales y los preferidos. Con todas las barreras que existen en las prácticas del análisis de conducta, como la diversidad del lenguaje, tener un diálogo que sea accesible puede ayudar a crear una mejor relación y más cohesiva.

Tener recursos disponibles para los miembros del equipo

La comunicación eficaz también puede apoyarse teniendo recursos disponibles fácilmente. Es posible que los miembros del equipo y los clientes no estén familiarizados con los servicios analítico-conductuales, por lo que la cantidad de novedades podría resultar abrumadora (Freedman, 2016; Martinez & Mahoney, 2022). Disponer de información accesible y fácil de consultar sobre los servicios analítico-conductuales, las leyes y los derechos de los clientes, así como sobre los diversos grupos de defensa y apoyo, puede ayudar a eliminar cierta presión a quienes acaban de iniciar la profesión de analistas. Proporcionar estos recursos al cliente y a los miembros de su equipo puede quitarles parte de la responsabilidad tanto de encontrar la información como de determinar la legitimidad y calidad de la misma. Además, hacer saber al equipo del cliente que existen redes de apoyo puede ayudar a fomentar un mayor sentido de comunidad. Estas redes pueden ayudar a los clientes y a su equipo a conocer mejor las distintas formas que pueden adoptar los servicios analítico-conductuales, lo que a su vez puede apoyar a los analistas a identificar formas de adaptar los servicios para satisfacer sus necesidades de una manera más eficaz.

Avances

La Norma: 1.07 "Diversidad y receptividad cultural" es sólo uno de los muchos puntos añadidos al código ético de 2022. Al situar esta norma dentro de las desigualdades actuales en la sociedad, este artículo ofrece tanto el contexto de esta nueva norma como la justificación de su inclusión. A continuación, para asegurarse de que los analistas van más allá de tener conocimientos básicos, se proporcionan conductas y recomendaciones específicas situadas en muchos aspectos del trabajo como analistas. Dado que el conocimiento necesario para ser culturalmente sensible no podría caber en un único documento, también es importante reconocer que unas introducciones demasiado breves no son de mucha ayuda para llevar el contenido a la práctica. En un intento de equilibrar amplitud y profundidad, el contenido de este artículo pretende a la vez presentar el tema, así como proporcionar bastante información y acciones para ir más allá del nivel superficial. Además de interactuar con fuentes académicas, los analistas de conducta pueden emprender otras acciones como, por ejemplo, unirse y crear grupos de interés especial dentro de diversas organizaciones como la "Association for

Behavior Analysis International" (por ejemplo, el Grupo de Cultura y Diversidad); unirse a comunidades educativas en Internet a través de plataformas; unirse a diversas asociaciones relacionadas con la diversidad (por ejemplo, "Black Applied Behavior Analysts" o "Latino Association For Behavior Analysis"); y, por último, buscar unidades de formación continua que se centren en temas culturalmente relevantes.

La tarea de ser más competente en un área como la de la capacidad de respuesta cultural no es algo sencillo. Mantener el contacto con éste y otros contenidos relacionados será esencial para que todos los profesionales sigan mejorando los servicios de análisis de conducta y perfeccionando el campo. Se espera que este artículo sea un paso más en el proceso de responder a las llamadas de muchos analistas para comprometerse en una evolución analítico-conductual.

14 IGNORANCIA Y DIVERSIDAD CULTURAL: LAS OBLIGACIONES ÉTICAS DEL ANALISTA DE CONDUCTA[1]

Alejandro Arango | Nicole Lustig

Resumen

En los últimos años, el análisis aplicado de conducta (ABA) ha mostrado un creciente interés por comprender y atender la diversidad cultural de las poblaciones con las que trabaja. Como reflejo de este interés, el nuevo Código Ético para Analistas de Conducta del BACB incorpora de forma más explícita y detallada las obligaciones éticas relacionadas con la diversidad cultural. El presente artículo aborda las limitaciones tanto en la capacidad como en la disposición de los analistas al reconocer y superar su propia ignorancia cultural. Se examinan distintas formas en las que esta falta de conocimiento sobre otras culturas puede manifestarse incluso en el cumplimiento intencional del código ético. Se plantea que parte del problema radica en que el código parece asumir que los profesionales siempre son (o pueden llegar a ser) conscientes de lo que desconocen y de sus prejuicios. Frente a ello, se propone una visión más compleja, en la que no puede

[1] Arango, A., & Lustig, N. (2023). Ignorance and cultural diversity: The ethical obligations of the behavior analyst. *Behavior Analysis in Practice, 16*(1), 229–238. https://doi.org/10.1007/s40617-022-00701-z

darse por sentado que las personas identifiquen sus propias lagunas de conocimiento o sus sesgos. Desde una perspectiva ética, se reconoce que en algunos casos estos puntos ciegos están contemplados en el código y deben ser previstos y abordados por el analista. Sin embargo, cuando una persona no es consciente de lo que ignora, comprender la relación entre la falta de sensibilidad cultural y la conducta profesional requiere un enfoque distinto. El análisis realizado en este estudio propone adoptar una actitud de diligencia reflexiva y humildad al tratar cuestiones de diversidad cultural, explorando las áreas en las que se puede ser ignorante sin siquiera advertirlo. Se sostiene que las obligaciones de los analistas de respetar la dignidad de los clientes y sus familias, así como de ofrecer un tratamiento eficaz, exigen esta actitud de diligencia y humildad que trasciende el mero cumplimiento normativo.

El crecimiento y desarrollo del campo del analistas de conducta en las últimas décadas (Deochand y Fuqua, 2016; Dougher, 2017) ha traído consigo un aumento de la diversidad cultural dentro de la población que busca intervenciones analítico-conductuales. Como respuesta, las principales revistas han publicado numerosos artículos que abordan diferentes áreas de la diversidad cultural. Estas áreas incluyen la importancia de la cultura en la evaluación de los clientes (Brodhead, 2019; Rosenberg & Schwartz, 2019) y la adecuación de las intervenciones, enseñanza, experiencia práctica y supervisión al contexto cultural (Ala'i-Rosales, S., 2020; Conners et al., 2019; Conners et al., 2020; Wang et al., 2019). En general, este área se interesa por abordar las lagunas que existen en materia de diversidad en la práctica del análisis de conducta (Brodhead et al., 2014; Fong et al., 2016, 2017; Luczaj et al., 2020; Weiss et al., 2020; Zarcone et al., 2019).

Las consideraciones culturales tienen una importancia ética en el análisis de conducta porque los valores y creencias de los clientes y las partes interesadas son expresiones de su dignidad y de su derecho a la autodeterminación (Kant, 1996; Behavior Analyst Certification Board, 2020). También son importantes porque afectan a la práctica del analista y al efecto de las intervenciones, incluida la aceptación de la familia y la aceptabilidad del tratamiento, la capacidad del analista de reconocer y comprender cómo gestiona la familia los sentimientos hacia su hijo o la capacidad del analista de diseñar un tratamiento eficaz y socialmente significativo (Brodhead, 2019; Fong et al., 2016; Rosenberg y Schwartz, 2019). Estas áreas de la práctica analítico-conductual se reflejan, en distinta medida, en el nuevo código ético para analistas de conducta.

BACB publicó el nuevo *código ético para analistas de conducta* en diciembre de 2020 (Código Ético; Behavior Analyst Certification Board, 2020), que sustituye al *código de cumplimiento profesional y ético para analistas de conducta de* 2014 (Behavior Analyst Certification Board, 2014). Como se analizará en detalle a continuación, el nuevo código se ocupa de la diversidad cultural de una forma más extensa y profunda que el de 2014 (véase también el Tabla 1).

Aunque puede decirse que el código ético de BACB es un paso adelante en el camino para garantizar los niveles más altos de conducta ética de los analistas de conducta, su entrada en vigor también ofrece la oportunidad de analizar sus limitaciones. Varios autores han propuesto que el objetivo final de un análisis de conducta verdaderamente ético requiere que los profesionales comprendan algunos de los códigos éticos (el de 2014, el nuevo o uno futuro), pero que éste no puede ser la única norma que rija la conducta ética, principalmente por la naturaleza altamente contextual de la acción humana (Fong et al., 2016; Rosenberg y Schwartz, 2019; Sellers et al., 2016; Slocum et al., 2014). El objetivo que persigue la profesión sólo puede entenderse en la naturaleza normativa de la ética y el discurso ético, dado que no es una cuestión de afirmaciones empíricas y requiere la implicación de disposiciones subjetivas (Graber y Graber, 2019; O'Donohue y Ferguson, 2011). Conseguir tal objetivo también requiere explorar los hábitos y las prácticas (por ejemplo, la humildad y conciencia cultural) que superan lo escrito en los códigos éticos y ayudan a cultivar las actitudes,

Tabla 1 (página opuesta) Aspectos relacionados con la diversidad en el Código ético de BACB para analistas de conducta (2020).

las habilidades y la disposición para actuar de forma óptima en las complejas situaciones a las que se enfrentan habitualmente los analistas. Con este espíritu ético, Fong et al. (2016) presentan una serie de consideraciones y estrategias para el desarrollo de la conciencia cultural. El analista con conciencia cultural "debería comprender sus propios valores culturales, preferencias, características y circunstancias y tratar de aprender sobre los de sus clientes" (Fong et al., 2016, pág. 84). Esta comprensión debe hacer que el analista sea consciente de "sus propios prejuicios personales y de cómo se comparan y pueden afectar a la relación con su cliente" (Fong et al., 2016, pág. 84). Para ello, estos autores sugirieron el uso de herramientas como la *Autoevaluación de la Diversidad* o la *Escala de Sensibilidad Multicultural* (Fong et al., 2016, pág. 87) que pueden ayudar a los analistas a comprender sus valores y sesgos culturales, siendo más conscientes de su cultura y también de la de sus clientes.[2]

En la misma línea, Fong y sus colegas afirmaron que "es importante ser consciente de sus sesgos o nociones preconcebidas como analista de conducta, así como reconocer las limitaciones en el conocimiento cultural" (Fong et al., 2016, 86). ¿Cuáles son estas limitaciones? ¿Pueden descubrirse y abordarse todas? ¿Cuáles son las obligaciones éticas del analista de conducta en los ámbitos en los que aún no se han descubierto las limitaciones? ¿O tal vez en las que son intratables? Estas cuestiones no se han analizado a fondo en la literatura. Se cree que una reflexión más profunda sobre la naturaleza de las limitaciones del conocimiento cultural y el vínculo entre esas limitaciones y la vida moral del analista puede iluminar parte de la tarea ética (Code, 2004; Sullivan y Tuana, 2007). También, se sitúa la contribución de un analista como

[2] Para otros recursos sobre la evaluación de la competencia o conciencia en diversidad cultural, véanse Assessing Intercultural Competence (Fantini, 2009), Implementing Intercultural Competence Assessment (Deardorff, 2009) o el extenso banco de pruebas sobre multiculturalismo y diversidad elaborado por Conners y Capell (2020).

SECCIÓN	SUBSECCIÓN	CONTENIDO
Introducción	Principios fundamentales	Principios relacionados con un trato equitativo, respeto por la autodeterminación del cliente (incluye proporcionar información suficiente para el consentimiento informado), para aumentar el conocimiento y las competencias relacionadas con la diversidad cultural y la capacidad de respuesta. (1)
Introducción	Aplicación del Código	Se establece que el código de ética del BACB no es exhaustivo y no puede predecir todas las situaciones, y que la interpretación y aplicación requieren un enfoque funcional y contextualizado que tenga en cuenta la situación particular, incluyendo variables relacionadas con la diversidad [...] y posibles desequilibrios de poder. (5) La interpretación y aplicación (toma de decisiones éticas) requieren la aplicación tanto del espíritu como de la letra de los principios y estándares del código de ética del BACB. (5) En un proceso de toma de decisiones éticas, los analistas de conducta deben "considerar la historia personal y los prejuicios en el contexto relevante del individuo" y sus competencias relacionadas con la diversidad cultural y la capacidad de respuesta, y deben "evaluar sus propios prejuicios y capacidades para abordar las necesidades de individuos con diversidad de necesidades y antecedentes" (así como las de los aprendices y supervisados). (9)
Sección 1 – Responsabilidad como profesional	1.07 / Sensibilidad cultural y diversidad	Los analistas de conducta (y sus supervisados) deben ampliar sus conocimientos y habilidades «relacionados con la diversidad cultural y la capacidad de respuesta» y «evaluar sus propios sesgos y su capacidad para atender las necesidades de personas con diversas necesidades y orígenes» (así como los de quienes forman y supervisan). (9) Los analistas de conducta «mantienen la conciencia de que sus sesgos personales [...] pueden interferir con la eficacia de su trabajo profesional» y trabajan para resolver esas interferencias. (9) Los analistas de conducta deben "mantener conciencia de sus propios prejuicios personales que puedan interferir con la eficacia de su trabajo profesional y trabajar para resolver esas interferencias". (9)
Sección 1 – Responsabilidad como profesional	1.07 / Sensibilidad cultural y diversidad 1.10 / Conciencia de prejuicios y limitaciones personales	Al seleccionar evaluaciones, se incluye como criterio adicional que estas respondan de la mejor manera a «las diversas necesidades, contextos y recursos» de las personas usuarias y partes interesadas, además de ser coherentes con los principios del análisis de conducta y basarse en evidencia científica. (12) Al seleccionar intervenciones de cambio de conducta, se prioriza satisfacer las "necesidades, contexto y recursos" diversos, siempre que se cumpla con los principios del ABA, basándose en evidencia científica y utilizando procedimientos de reforzamiento positivo. (12)
Sección 4 – Responsabilidad con supervisados y aprendices		La supervisión y la formación deben "incorporar y abordar temas relacionados con la diversidad". (15)

una continuación del trabajo de varios autores como Rosenberg y Schwartz, cuyos debates sobre la ética y el análisis de conducta exigen un compromiso personal reflexivo y sistemático que vaya más allá del código como conjunto de normas y, más concretamente, como una continuación del trabajo de comprensión de la conciencia cultural y su integración en las prácticas habituales del análisis de conducta (Fong et al., 2016, 2017).

El objetivo de este artículo es explorar la ignorancia existente entre los analistas de conducta sobre las contingencias culturales, cómo repercute esta falta de conocimiento en las obligaciones éticas de un analista, y cómo dichas obligaciones exigen remedios y estrategias para empezar a reflexionar. La ignorancia se pasa por alto y no se examina lo suficiente, al igual que sus consecuencias éticas. Como consecuencia, las ideas del analista sobre qué es la ignorancia, qué la provoca y qué causa, así como sobre cómo abordar la ignorancia, suelen ser incompletas y deficientes. A continuación, se abordarán las conexiones centrales entre la ética y la ignorancia, y se explorarán diferentes dimensiones dentro de este fenómeno. Se observarán las áreas del código ético de BACB relacionadas con la diversidad y se identificarán los puntos en los que la ignorancia de otras culturas (y de la del analista) afectaría a la aplicación correcta y eficaz del código. A continuación, se indicarán cuatro ejemplos de casos hipotéticos de intervenciones analítico-conductuales que ilustran cómo el desconocimiento de otras culturas afecta al tratamiento y a las relaciones con los pacientes. Por último, se ofrecerá un debate sobre lo que falló en los ejemplos de casos presentados dentro del marco de ignorancia propuesto, y se considerará los tipos de hábitos y prácticas cuyo cultivo ayudaría a desarrollar una práctica analítico-conductual sensible a la diversidad multicultural.

Conviene hacer dos apuntes terminológicos. El primero se refiere a los términos sensibilidad cultural, competencia cultural y conciencia cultural. Los tres términos se han utilizado en el análisis de conducta y otras disciplinas relacionadas con la diversidad cultural (Fong et al., 2016, para conciencia cultural; Luczaj et al.,

2020, para competencia cultural; Weiss et al., 2020, para sensibilidad cultural). Semánticamente, cada término tiene ventajas e inconvenientes. Podría decirse que la conciencia cultural tiene connotaciones, sobre todo, cognitivas (saber), que la competencia cultural tiene connotaciones prácticas (hacer) y que la sensibilidad cultural tiene connotaciones más afectivas (sentir y motivación). Naturalmente, los defensores de cada término suelen asegurarse de que dicho término no se entienda de forma restrictiva. Parece que la competencia implica un discurso de dominio que no es muy apto para incluir las limitaciones en las que este estudio se centrará, como también han señalado otros (Fisher-Borne et al., 2015; Wright, 2019). La sensibilidad, a su vez, corre el riesgo de ser entendida por algunos como algo que tiene componentes menos procesables. Para el resto de este artículo, se usará conciencia cultural, aunque se tendrá en cuenta el usado en trabajos académicos que utilizan los tres términos. La conciencia cultural se define aquí como la comprensión de los valores, preferencias y características culturales, así como los de otras culturas. Esta comprensión abarca la conducta verbal y manifiesta, y también los eventos privados (Luczaj et al., 2020). El analista de conducta con conciencia cultural no sólo tiene esta comprensión, sino que tiene la capacidad de "tener un tacto en las contingencias de reforzamiento y castigo" que han establecido los miembros de la cultura del cliente y su familia (Fong et al., 2016, pág. 85).

El segundo punto trata sobre el término "cultura" y su relación con la diversidad. Se comparte la evaluación de Sugai et al. (2012) sobre el término "cultura", incluido el número de formas en que se entiende y se utiliza, y la flexibilidad necesaria a la hora de aplicar las nociones de cultura, subculturas y otros grupos en la investigación y la práctica. La cultura, en sentido amplio, puede definirse como "un conjunto de conductas verbales y manifiestas comunes que se aprenden y mantienen gracias a un conjunto de contingencias sociales y ambientales similares (es decir, la historia del aprendizaje), y que son ocasionadas, o no, por acciones y objetos (es decir, estímulos) que definen un entorno o contexto determinado" (Sugai et al., 2012, pág. 200). A esta definición se añaden los eventos privados de una persona, de la forma en que Luczaj, Cacciaguerra-Decorato y Conners, y Fong, Ficklin y Lee tratan la cultura. Según indican, los estos eventos deberían utilizarse como herramienta para la autoconciencia, pero no en la práctica profesional con los clientes (Fong et al., 2017; Luczaj et al., 2020; Skinner, 1974). Por último, se coincide en que el término cultura incluye diferencias de "raza, clase socioeconómica, edad, religión, orientación sexual, etnia, discapacidad, nacionalidad y contexto geográfico" (Fong et al., 2016, pág. 84).

Ética e ignorancia

Ignorancia, culpable y no culpable

La propuesta ética en este estudio surge de la siguiente conexión: la ignorancia o el desconocimiento por parte de un analista de conducta de los rasgos culturales de sus clientes y de los rasgos culturales de la propia cultura del analista, puede poner en riesgo, y a menudo impide, el cumplimiento de las responsabilidades básicas hacia esos clientes. Siempre que la ignorancia sea responsabilidad del analista, también es responsabilidad de éste corregir la falta de conocimiento. La distinción entre ignorancia no culpable e ignorancia culpable es crucial para comprender las implicaciones éticas de la ignorancia. Es un principio ético muy aceptado que sólo las acciones voluntarias pueden juzgarse correctas o incorrectas y, en consecuencia, que sólo somos responsables de las acciones voluntarias (Aristóteles, 2009). Los casos en los que las acciones dependen de una ignorancia fortuita deben considerarse no voluntarios porque no había nada que el individuo pudiera haber hecho mejor. Si no llego a una cita porque no lo sabía, y mi ignorancia no fue obra mía, no se me puede considerar moralmente responsable. En este caso, por ejemplo, otra persona podría haberse olvidado de informar de la cita. Se trataría de un caso de ignorancia no culpable.

Pero el desconocimiento no absuelve automáticamente a una persona. Deben tenerse en cuenta las causas de la ignorancia de esa persona. Si es deliberado el no comprobar la bandeja de entrada de la oficina o un determinado tablón donde se publican las reuniones, no se puede alegar que las acciones deben contar como involuntarias porque podría haberse hecho mejor (Hoagland, 2007). El ejemplo clásico que ofrece el antiguo filósofo griego Aristóteles es el de la persona ebria: aunque la persona ebria no sepa lo que está haciendo, podría haber previsto la situación y, por tanto, es responsable de lo que ocurre mientras está ebria (Aristóteles, 2009). También es el caso de un analista que pasa por alto el aprendizaje sobre las formas en que los valores culturales podrían influir en la elección del tratamiento (Brodhead et al., 2014) y, en consecuencia, es incapaz de incluir tales consideraciones, lo que repercute en el cliente. Se trata de casos de ignorancia culpable.

Otras dimensiones de la ignorancia

La conexión entre responsabilidad e ignorancia revela que se puede ser moralmente responsable de acciones realizadas sobre la base de cosas que se ignoran. Pero la ignorancia no es una relación única con el conocimiento existente y con las cosas que los analistas ignoran. La conexión ética se irá aclarando a medida que se comprenda mejor el concepto de ignorancia.

Es habitual pensar en la ignorancia como la contrapartida negativa de los conocimientos positivos: son lagunas que hay que llenar. La adquisición de conocimientos profesionales funciona así y uno aprende lo que no sabe. Pero esta imagen es incompleta. El campo visual y los puntos ciegos son una buena metáfora para capturar un aspecto importante de la ignorancia: al igual que el analista no ve los puntos ciegos y cree que no los tienen (a menos que se corrija externamente), hay partes del conocimiento que no son posesiones positivas, sino ilusiones de no ignorar algo que, de hecho, los analistas ignoran. Cuando se trata de intercambios con personas de entornos diferentes al nuestro, las distintas dimensiones de la ignorancia adquieren mayor relevancia. La ignorancia, en su complejidad, es un hecho de nuestra vida. Además, la ignorancia suele tratarse en la vida cotidiana como una omisión o un error en el que el conocedor es pasivo (Bailey, 2007). El acuerdo entre los expertos es que este hecho se produce a menudo de forma activa (Alcoff, 2007; Bailey, 2007; Code, 2004; Hormio, 2018; Ikuenobe, 1998; Mills, 2007; Sullivan & Tuana, 2007; Wieland, 2017a, 2017b).

Falsa creencia y ausencia de una verdadera creencia

Lo que se llama ignorancia en el lenguaje cotidiano abarca dos situaciones distintas: tener una comprensión errónea de un fenómeno o estar desinformado sobre él (Bailey, 2007; Mills, 2007; Montmarquet, 1995). En otras palabras, la posesión de una creencia falsa (por ejemplo, creer que los venezolanos hablan un lenguaje llamado venezolano) o la mera ausencia de una creencia verdadera (para los autores, una creencia sobre el panorama de la diversidad lingüística en Nigeria). Aunque estos dos tipos de ignorancia se mezclan a menudo en la vida cotidiana y en la práctica analítico-conductual, es importante poder distinguir los orígenes de la ignorancia del analista porque, a la hora de abordarla, los remedios son diferentes: corregir creencias erróneas, adquirir información que no teníamos (que probablemente el analista no sabía lo que tenía) o una combinación de ambos.

Cosas que hay que saber y prácticas del saber

Se puede distinguir entre, por un lado, las cosas que los analistas ignoran, como los hechos, los principios científicos, los procedimientos basados en la evidencia o las normas éticas; y, por otro, las prácticas y hábitos mediante los cuales se forman y mantienen un conjunto de conocimientos. En un sentido estricto, un analista de conducta debería desear que lo que sabe sea un conocimiento verdadero y completo. Pero, como un esfuerzo vital, es crucial trabajar en el cómo se sabe, y en prácticas de aprendizaje y conocimiento que tengan como objetivo adquirir nueva información y formar nuevas creencias (historias del aprendizaje), y en revisar y corregir, si es necesario, la información antigua y las viejas creencias. El código ético de BACB registra esta distinción entre hechos y prácticas. Establece que los analistas de conducta deben tener ciertos conocimientos y habilidades (por ejemplo, 2.13, 2.14), y también que los analistas deben "ampliar" sus conocimientos, o "mantener" su pericia, o "evaluar" sus capacidades para trabajar con clientes de orígenes diversos (p.ej., 1.07, 1.10).

Gestión de la ignorancia y el conocimiento

Los analistas no saben muchas cosas sobre el mundo, y este hecho es una expresión de sus trabajos, necesidades e intereses. Muchos de los profesionales no sabían que el amianto se utilizaba para aislar los edificios, pero ahora, una vez se ha convertido en un problema de salud pública, es vox populi. En el análisis de conducta, un analista con formación médica podría encontrar útil el saber cómo influyen ciertos aspectos biológicos en sus clientes, mientras que alguien sin esa experiencia puede ignorarlas y no ser capaz de tener en cuenta esos aspectos. Del mismo modo, un analista bilingüe podría saber más fácilmente cómo una palabra determinada que es similar en los dos idiomas puede conllevar connotaciones que un analista monolingüe desconocería. El desconocimiento forma parte del hecho de que el conocimiento está posicionado: la ubicación social y experiencia disciplinaria, entre otras cosas, dan perspectivas que otros no tienen (Alcoff, 2007).

Influjo de la identidad

Las personas de una determinada identidad social comparten aspectos concretos en sus vidas que las hacen más conocedoras de algunas cosas y más ignorantes de otras. En términos analítico-conductuales, se trata de una manifestación de historias de aprendizaje compartidas. Por ejemplo, en las sociedades abiertamente sexistas, muchas mujeres comparten conocimientos sobre la carga de tiempo y dinero que suponen las expectativas de belleza y presentación que se depositan en ellas social y profesionalmente de un modo que resulta ajeno para la mayoría de los hombres (Isser, 2020). Es más, podría darse el caso de que para muchos hombres no sea fácil, tal vez imposible, comprender estos requisitos como cargas excesivas, o incluso normales. Una norma por la que las personas se ven afectadas de forma diferente, especialmente en situaciones de opresión o coerción, tiene un aspecto diferente para las distintas personas, y esas dimensiones pueden ser ignoradas por los que no están coaccionados (Tessman, 2017) Junto a los valores culturales sobre las divisiones de género, uno se encuentra con la ignorancia por parte de los hombres en dichas culturas sobre lo que se necesita (en cuanto a tiempo), y lo que se necesita (a dinero) para alcanzar los estándares socialmente aceptados que no siempre son una expresión de las preferencias de las mujeres (Medina, 2013).

La ignorancia suele ser una característica estructural de los acuerdos sociales

Las personas pueden beneficiarse de su ignorancia de algunos hechos, contextos o situaciones porque ésta puede ser esencial para que una persona mantenga un estilo de vida. En este caso, se mantiene activamente la ignorancia o se rechaza activamente el conocimiento. Como dice la filósofa Lorraine Code, éste es el caso de los "historiadores" británicos de la India del siglo XIX, como la Historia de la India británica de James Mill de 1817, cuya ignorancia sobre las costumbres y prácticas del país es esencial para que se consideren conocedores de la India, y cuya visión distanciada pasa a formar parte de la versión oficial británica de la ocupación colonial (Code, 2004). Se trata de un caso de "ignorancia culturalmente inducida", que puede "bloquear las posibilidades de las personas de conocer mejor" (Code, 2004, pág. 295; Ikuenobe, 1998). En el análisis de conducta, por ejemplo, la reticencia a reconocer el papel de la cultura en la conducta ha ido acompañada de la ignorancia de otras culturas, y de la insistencia en principios científicos y prácticas de investigación y formación que se basan únicamente en las culturas dominantes. Pero esto es precisamente lo que está cambiando. En diciembre de 2019, el documento "Cambios recientes en el enfoque internacional de BACB" se hacía eco de las cuestiones sobre la diversidad cultural: "También hemos recibido comentarios de que nuestros requisitos éticos no siempre son lo suficientemente sensibles a las prácticas de las distintas culturas" (Behavior Analyst Certification Board, 2019, pág. 2). Como se puede ver, son los comentarios de otras culturas los que llaman nuestra atención sobre la falta de sensibilidad y concienciación cultural.

Ética e ignorancia cultural en la práctica analítico-conductual

Parte de la diferencia entre la ignorancia culpable y la no culpable es que hay algunas cosas que están permitidas no saber y otras que saber. Hay varias razones para que lo analistas se permitan no saber sobre muchas cosas. Quizá sea irrelevante o inofensivo que no se conozca o no sea razonable exigir que se conozca (como cuando algo es difícil de aprender sin una formación). Pero si se añade la distinción entre hechos y prácticas, se puede decir que no siempre se trata de las cosas que se saben y no se saben, sino también de cómo se pretenden saber (Montmarquet, 1987).

¿Cómo se aplica la ignorancia culpable a un analista de conducta? Hay cosas que es inadmisible ignorar. En el análisis de conducta, no conocer el código ético de BACB es inadmisible. Desconocer cómo funciona el "ámbito de competencia" es inadmisible. Parte de la razón por la que es inadmisible, éticamente hablando, es porque estas lagunas chocan con las obligaciones que el profesional ya ha aceptado como miembro de la profesión. El código ético debe ser conocido y acatado, no simplemente porque sea el código ético, sino porque es una norma acordada que refleja ciertos valores y obligaciones derivados de ellos. Estos valores y obligaciones proceden del respeto debido a la autonomía y la dignidad de los pacientes y sus familias, así como de las consecuencias negativas que algunas acciones tendrían para ellos. El código, al hacer muy explícita la diversidad como parte de las obligaciones de un analista de conducta, ha colocado algunas obligaciones generales relacionadas con la diversidad en el lado de las cosas que un analista debe conocer, y eso es un verdadero progreso. Se abordará ahora el código ético para enmarcar el tipo de situaciones en las que los analistas son responsables de sus conocimientos y, en consecuencia, de su ignorancia.

La diversidad en el Código Ético 2020 para analistas de conducta

En comparación con el código recientemente publicado, el de 2014 no abordaba suficientemente la inclusión y la diversidad. En el de 2014, los descriptores de poblaciones diversas sólo aparecían en la Sección 1.05 "Relaciones profesionales y científicas". Al referirse a las "diferencias de edad, sexo, raza, cultura, etnia, origen nacional, religión, orientación sexual, discapacidad, lengua o estatus socioeconómico", el código establecía que los analistas "obtienen la formación, experiencia, consulta y supervisiones necesarias para garantizar la competencia de sus servicios" cuando estos factores "afectan significativamente a su trabajo, y no discriminan, acosan o degradan a las personas debido a estos factores (1.05c, d, e) (2014, pág. 5). Aparte de la sección 1.05 del código de 2014, la palabra "diversidad" no aparecía en el documento y las implicaciones para los profesionales eran a menudo más implícitas que explícitas.

Como consecuencia, el código de 2014 proporcionó una orientación insuficiente en ámbitos en los que la diversidad es importante, principalmente en:

- Ámbito de competencia del analista de conducta: ¿cómo afecta a la competencia profesional el desconocimiento de las particularidades culturales de algunas poblaciones?
- Comunicación y consentimiento: ¿de qué manera, incluida la competencia lingüística pero sin limitarse a ella, influye la diversidad multicultural en las posibilidades de comunicación satisfactoria con los pacientes, incluidas las cuestiones relacionadas con el consentimiento informado?
- Medio profesional: ¿cómo debe incluirse la diversidad en los aspectos de educación, entrenamiento e investigación de la profesión?

El nuevo código ético del análisis de conducta introduce mejoras significativas en todas las áreas que se acaban de enumerar. El documento aborda la diversidad en cuatro secciones. En la introducción, las secciones "Principios básicos" y "Aplicación del código". Se recomienda consultar la Tabla 1 para obtener una lista de los lugares en los que se menciona o se implica la diversidad (todos los materiales citados se han extraído directamente del código ético de BACB).

En primer lugar, el actual código ético menciona varios lugares sobre el hecho de que la población es diversa en varias dimensiones y que estas diferencias afectan a las prácticas del análisis de conducta. Es importante destacar que los profesionales deben trabajar para proporcionar de forma proactiva servicios que respondan a las diferentes poblaciones, tanto a sus "necesidades, contextos y recursos". Es positivo que mencione explícitamente la "diversidad" (Aplicación del código, 1.07, y 4.07) o expresiones relacionadas como "grupos diversos" (Principios básicos-Garantizar la competencia), "necesidades diversas" (2.13, 2.14), y ofrece una lista más completa de descriptores de la diversidad ("edad, discapacidad, etnia, expresión/identidad de género, estatus migratorio, estado civil o parentesco, origen nacional, raza, religión, orientación sexual, estatus socioeconómico" (Principios básicos, "Tratar a los demás con compasión, dignidad y respeto"). Cabe destacar que el código aborda los conocimientos y las habilidades relacionados con los elementos de diversidad cultural en sus "Principios básicos". Los analistas de conducta se afanan en "aumentar continuamente sus conocimientos y habilidades relacionados con la capacidad de respuesta cultural y la prestación de servicios a grupos diversos" (Behavior Analyst Certification Board®, 2020, pág. 4).

Si uno se fija en la lista de descriptores de diversidad de 2020, los cambios en la lista son los siguientes: la lista está ahora en orden alfabético, el género se ha sustituido por expresión e identidad de género, y se han añadido el estatus migratorio y el estado civil. La supresión de *género* debería suscitar dudas porque éste suele utilizarse para referirse a actitudes, sentimientos y conductas culturales sobre el sexo biológico de una persona, mientras que la *identidad de género* se refiere a la sensación que una persona tiene de su género (American Psychological Association, 2019).

Tanto "cultura" como "lenguaje" fueron eliminados de la lista de descriptores. Se trata de un cambio destacado y sería interesante conocer la razón de este cambio. Parece inverosímil que la razón sea no tener en cuenta el lenguaje y la cultura a la hora de abordar la diversidad porque el espíritu de este código ético de 2020 está abierto a reconocer diferentes tipos de diversidad. La sección 1.07 "Sensibilidad cultural y diversidad" conecta ambas cosas directamente. ¿A qué se debe el cambio? ¿Acaso se supone que ahora se incluyen en otra categoría? ¿Pero cuál sería? ¿La etnia? Este puede ser un punto que requiera una corrección para que se incluyan de nuevo en esta lista. De hecho, la diversidad lingüística y cultural son algunos de los aspectos más explorados por los autores que trabajan en este ámbito. Podría decirse que es incoherente con otras partes del código que la cultura y el lenguaje no figuren en la lista de descriptores de la diversidad.

Una mejora notable es la mención de los "prejuicios" en el actual código ético. Los prejuicios aparecen en tres lugares: en la sección sobre toma de decisiones éticas (como un factor que los

Table 2 Resumen de ejemplos.

CLIENTE	ÁREA DE INTERVENCIÓN	ASPECTOS QUE EVIDENCIAN DESCONOCIMIENTO DEL MUNDO CULTURAL DEL CLIENTE	CÓMO EL DESCONOCIMIENTO IMPACTA AL CLIENTE Y AL TRATAMIENTO
Chi 3 años, TEA, nivel 2 de apoyo	retraso en la comunicación, problemas de conducta	- El analista de conducta consideró que el trato previo con personas con una identidad cultural similar al del cliente era suficiente afirmación de su competencia cultural. - Decisiones sobre el uso de intérprete (sí con los padres, no con los clientes). - Dar por hecho que el juego en el suelo era una buena estrategia. - Comunicación con los padres sobre la decisión relativa a la intervención en habilidades de juego.	- Replicabilidad de la intervención en habilidades de juego a realizar en suelo en el hogar. - Los valores y preferencias culturales no se evaluarón con anterioridad a la evaluación y el tratamiento.
Kema 4 años, TEA, nivel 1 de apoyo	Problemas de sueño	- Valor relativo de dormir solo como expresión de autonomía frente a la práctica cultural del colecho y su valor como promotor del apego entre hermanos.	- Posible ausencia de reforzamiento al dormirse - Los valores y preferencias culturales no se evaluarón con anterioridad a la evaluación y el tratamiento. - No se consultó a Kema sus posibles preferencias de tratamiento y no se solicitó asentimiento.

Tabla 2 (Continuación)

CLIENTE	ÁREA DE INTERVENCIÓN	ASPECTOS QUE EVIDENCIAN DESCONOCIMIENTO DEL MUNDO CULTURAL DEL CLIENTE	CÓMO EL DESCONOCIMIENTO IMPACTA AL CLIENTE Y AL TRATAMIENTO
Víctor 5 años, TEA, nivel 3 de apoyo	Habilidades adaptativas (uso del inodoro), comunicación retrasada, conducta autolesiva (SIB) y otros comportamientos problemáticos	- Asumir que un programa de uso del inodoro con extinción para la conducta autolesiva sería eficaz basándose en experiencias previas con otros clientes, sin considerar la cultura del cliente y su familia. - No explicar la extinción ni indagar sobre la aceptabilidad de la extinción para la familia o para la cultura nativoamericana más amplia. - Posibles errores clínicos al recoger datos culturales junto con otros datos de comportamiento problemático. - Se recogieron datos ABC sobre otras formas de conducta problemática, en lugar de sobre la conducta autolesiva. - El entrenamiento de control de esfínteres comenzó el primer día de terapia y el Plan de Intervención Conductual (PIC) no se completó hasta dos semanas después. - El PIC no se utilizó para el control de esfínteres.	- No se evaluaron las preferencias y valores culturales antes de implementar la evaluación y el tratamiento. - La autonomía de Víctor y de su familia se vio afectada al no incorporarlos en la toma de decisiones. - Falta de eficacia y riesgo repetido de culpabilizar a la familia.
Amanda 13 años, TEA, nivel 1 de apoyo	Interacción social, mantenimiento de relaciones	- Asumir que la competencia lingüística es suficiente. - Incomodidad por parte de la BCBA con la clase social y/o el estatus socioeconómico. - Comportamiento gobernado por reglas por parte de la BCBA, usando una "camisa de fuerza" y limitando la adaptabilidad.	- Falta de generalización, en parte debido a la ausencia potencial de reforzamiento en el hogar por falta de entrenamiento parental. - Sesiones cada vez más cortas. - No se evaluaron las preferencias y valores culturales antes de implementar la evaluación y el tratamiento. - No se pidió a Amanda su preferencia sobre la autodefinición al obtener su asentimiento.

profesionales deben tener en cuenta a la hora de tomar decisiones), en la sección sobre receptividad cultural y diversidad (como algo que hay que evaluar) y en la sección referente a la conciencia de los prejuicios y desafíos personales (como algo de lo que hay que ser consciente).

Se resumen ahora los cambios del código ético de BACB en materia de diversidad:

1. Hace más explícita la diversidad como área de interés.
2. Hace explícita la idea de que la capacidad de respuesta a la diversidad requiere acción.
3. Cambia la lista de descriptores de diversidad, añadiendo algunos significativos, pero suprimiendo "cultura" y "lenguaje".
4. Incluye menciones a los prejuicios y a la conciencia de los prejuicios.

Problemas con el código ético de BACB en la práctica

En el siguiente apartado se presentan cuatro ejemplos de casos y sus principales características se resumen en la tabla 2. En cada ejemplo, los factores culturales influyen tanto en las decisiones del analista de conducta, como en la aceptación o la respuesta de la familia o el cliente a los servicios de analistas que se prestan. En algunos casos, estos factores culturales repercuten en el tratamiento de forma obvia; pero, en otros casos, los factores culturales repercuten en el tratamiento de formas más sutiles.

Cabe señalar que se usa el lenguaje de primera identidad (LPI, en inglés) para referirse a los clientes autistas, ya que así lo han solicitado ellos mismos. Se está de acuerdo con el debate de Botha et al. (2021) que centra la autonomía de las poblaciones autistas en la elección del lenguaje sobre el autismo y los autistas, así como su examen de las consecuencias negativas del lenguaje de la primera persona (PFL, en inglés) en el autismo, que a menudo ha llevado a la deshumanización, estigmatización y marginación de esta población.

Ejemplo de caso 1: Chi

Unos padres cultural y lingüísticamente diversos traen a su hijo autista de 3 años, Chi, con un nivel de apoyo 2, a una clínica local de analistas de conducta preocupados por la demora en la comunicación, el aleteo de manos (Kapp et al., 2019) y conductas disruptivas como ser destructivo con sus juguetes durante el juego. La familia es de Vietnam y habla dos idiomas (vietnamita e inglés). En casa, se habla principalmente en vietnamita. Se asignó al caso un analista de conducta joven y blanco. Este analista tenía cierta relación con personas de ascendencia del sudeste asiático porque había crecido en una ciudad relativamente diversa y, durante el instituto, interactuó a menudo con personas de este origen cultural. También se consideraba bastante abierto a otras culturas. Debido a esta historia personal, el analista consideró que estaba cualificado para tratar a este cliente. Se recurrió a un intérprete cuando el profesional impartió la formación para padres porque no conocía ninguna palabra en vietnamita. Pero no se utilizó ningún intérprete cuando se realizó la intervención 1:1 a Chi. Para abordar la conducta disruptiva durante el juego, se utilizó una intervención de habilidades de juego. El analista proporcionó una atención enérgica y casi continua durante la intervención. Durante ésta, el analista estuvo en el suelo con Chi, utilizando varios juguetes preferidos y no preferidos, a menudo ensuciando el suelo. La intervención tuvo funcionó en la clínica, pero los padres fueron incapaces de reproducirla en casa.

La intervención lúdica no consiguió generalizarse por diversas razones, tanto evidentes como sutiles. En primer lugar, los padres fueron incapaces de prestar una atención tan enérgica y continua, quizá debido a la presencia de otros niños y adultos en el hogar o en el espacio de la sala de estar. Pero quizá hubiera otros factores relacionados con la cultura. La variable cultural más obvia es que el analista recurrió a un intérprete para realizar ajustes en función de la diversidad lingüística durante la formación de los padres, pero no con el niño durante la intervención. Un factor más sutil es que puede ser culturalmente inapropiado jugar en el suelo con un niño o hacer un desastre jugando con varios juguetes a la vez. Es posible que el analista eligiera la intervención lúdica específica porque se trataba de una intervención lúdica eficaz que se utiliza con frecuencia en la clínica (Meehl, 1956). Durante el proceso de consentimiento y la entrevista inicial con los padres, el profesional no preguntó sobre las barreras al tratamiento en la casa, ni ofreció opciones o evaluó la preferencia de los padres en el tratamiento (Wilczynski, Henderson, et al. 2016). Un problema en este ejemplo fue que el analista desconocía los valores culturales, las costumbres y las normas de la familia para proporcionar adecuadamente un tratamiento eficaz. Y esta falta de conocimiento o ignorancia afectó a la dignidad de la familia al no preguntar a los padres sobre dichas barreras. O también por sus preferencias en el tratamiento y su derecho a un tratamiento eficaz debido a la incapacidad de reproducir la intervención en el hogar. El analista tenía cierto conocimiento de las diferencias culturales de esta población sobre el respeto social debido a los mayores, las diferencias religiosas y otras debidas a las costumbres cotidianas. Pero el analista no pensó que unos valores y normas menos evidentes pudieran tener un impacto en este caso, y no pensó que ensuciar los juguetes fuera un problema. Este ejemplo muestra que el analista puede ser consciente de algunos aspectos de la cultura de la familia, y puede haberse evaluado como apto para hacerse cargo de un cliente, pero potencialmente podrían identificarse puntos ciegos.

Ejemplo de caso 2: Kema

Otro analista con 5 años de experiencia acepta a una niña de 4 años, Kema, diagnosticada de TEA de nivel 1 que presentaba un historial de dificultades para conciliar el sueño y permanecer dormida. La familia es de Nigeria y habla tanto yoruba como inglés en el hogar. En la casa viven varias personas: la madre, el padre, sus cinco hijos y la abuela y la tía paterna. Durante la entrevista de admisión, el analista recaba información sobre el historial médico y de desarrollo de Kema, y las estrategias anteriores y actuales utilizadas para abordar los problemas de sueño, una de las cuales era dormir con los padres. El analista se centró en eso y desarrolló un plan para que Kema durmiera en su cama. El plan incluía horarios constantes para irse a la cama, una rutina para irse a dormir, un despertador especial con el sol y la luna para indicarle cuándo podía salir de la cama, horarios programados para que un adulto pudiera ir a verla, desvanecimiento sistemático de los programas para ir a verla y reforzadores para que se quedara en su dormitorio toda la noche. Kema mostró mejoras durante varias semanas tras aplicar este programa y las mejoras consistieron en que ella se quedaba en su habitación, se dormía antes y permanecía dormida durante la noche. Después de ver las mejoras, el analista elogió a Kema por hacerlo tan bien y se sorprendió de que no estuviera más orgullosa de sí misma. Kema expresó al profesional que echaba de menos dormir con su familia porque echaba de menos las historias del padre que les contaba a sus hermanos para ayudarles a conciliar el sueño, y que otros niños también dormían con los padres.

El analista ignoraba la adecuación y aceptación cultural del colecho y no era consciente de que los hermanos de Kema también dormían juntos. Aunque el analista estaba promoviendo una conducta que fomenta la autonomía al enseñar a Kema a calmarse y dormirse, la ignorancia del analista sobre el papel cultural del colecho afectó a la dignidad de Kema, en este caso entendida como autodeterminación, al no darle a Kema la posibilidad de elegir o de opinar sobre el tratamiento. El analista pudo haber asumido que el colecho no era apropiado o pudo haberlo discriminado. Esta conducta discriminatoria podría ser imperceptible para el analista, una especie de punto ciego. Podrían pensar que no puede ser un prejuicio hacer todo lo posible para garantizar la independencia en las habilidades de la vida diaria a su edad. La cuestión es que el profesional puede explicar un sesgo como una postura razonable coherente con algunos "valores evidentes" porque les resultaron evidentes, como si no fueran un sesgo. Además, el analista no había considerado todos los reforzadores disponibles durante el colecho y la profundidad de la experiencia familiar con sus hermanos y padres que potencialmente superaban los posibles reforzadores disponibles para Kema y sus padres para abordar su sueño. En este caso, parece relativamente sencillo que el analista no tenga en cuenta aspectos básicos que pertenecen a la cultura del cliente, como las costumbres familiares para dormir y el sentido de que la "autonomía" tiene connotaciones particulares en distintas culturas. Este es un caso que podría explicarse y abordarse dentro de las disposiciones explícitas del código ético de BACB, ya que se refiere a la mejor forma de satisfacer "las diversas necesidades, contextos y recursos" de los clientes y las partes interesadas (Behavior Analyst Certification Board, 2020, 2.13, 2.14). Se trata de un caso más directo de "ignorancia culpable" y podría abordarse dentro del código.

Ejemplo de caso 3: Víctor

Otro analista con 15 años de experiencia acepta a un niño de 5 años, Víctor, diagnosticado de TEA de nivel 3 que mostraba graves déficits en las habilidades de adaptación (por ejemplo, comunicación y habilidades en la vida diaria) y problemas de conducta, incluida la conducta autolesiva (SIB, por sus siglas en inglés). Aunque el inglés era el principal lenguaje hablado en casa, la familia es nativa americana y vive en una zona rural del estado de Washington. Durante la entrevista de admisión, el analista hizo preguntas de rutina sobre el desarrollo de las habilidades de Víctor en todos los dominios, las topografías de la conducta autolesiva (como el morderse a sí mismo), los antecedentes comunes asociados a la conducta autolesiva y los estímulos preferidos de Víctor. La madre informó de que lleva pañales porque todavía no sabe usar el baño. Tras la entrevista de admisión, el analista redacta un programa de control de esfínteres para aplicar el primer día de terapia. El programa de control de esfínteres consistía en programar idas al baño cada hora, utilizar estímulos visuales para apoyarle en la rutina del baño y reforzamiento por orinar en el inodoro. Programas similares habían sido teóricamente eficaces para la mayoría de los niños con los que el analista había trabajado anteriormente. El primer día, cada vez que el profesional decía "hora de ir al baño", Víctor empezaba inmediatamente a realizar la conducta autolesiva y persistía durante toda la rutina del baño. Se aplicó un protocolo de extinción y bloqueo que no permitía escapar de la transición de entrar en el baño y sentarse en el inodoro, y el analista asistió a Víctor durante todo el programa. La conducta autolesiva continuó produciéndose en cada ida al baño con escasa mejoría.

Durante la primera semana de la terapia de Víctor, el analista realizó una evaluación exhaustiva de las habilidades para redactar los programas de adquisición de habilidades, durante la cual se recogieron datos para diseñar un plan de intervención conductual para abordar el problema de conducta de Víctor. Durante la evaluación, se recogieron datos sobre el seguimiento de instrucciones, la realización de tareas y la falta de respuesta porque no se observó ningún problema de conducta y el antecedente asociado a las dos conductas objetivo que se producían era cuando a Víctor se le presentaba una demanda (por ejemplo, "señala la taza" o "iguala la naranja"). El programa incluía estrategias de control de antecedentes (como el uso de advertencias, temporizadores y programas visuales), estrategias basadas en el control de consecuencias (ignorar planeado, bloqueo y guía física) y la enseñanza de una conducta de sustitución a través de un procedimiento de reforzamiento diferencial (por ejemplo, la entrenamiento en comunicación funcional para solicitar un "descanso"). El programa conductual no se redactó hasta que se recogieron los datos durante dos semanas. Incluso después de redactar el programa, no se utilizaron estrategias de apoyo para ir al baño debido a que la razón hipotética por la que se producía el problema de conducta era escapar de la demanda de ir al baño y se consideró que la extinción era el mejor protocolo, ya que se consideraba una demanda "no negociable". Esto plantea la cuestión de la toma de decisiones clínicas: ¿se trata de un error de procedimiento, la atención se ve afectada por la cultura o se considera un error?

Desde el punto de vista del analista de conducta, se aplicaron las técnicas adecuadas, se redactaron programas eficaces y la gestión de los problemas de seguridad que pudieran haberse producido entraba dentro de su ámbito de competencia. Pero, un nivel de desconocimiento de los valores, las preferencias y las normas culturales de la familia en cuanto a las prioridades de qué conductas cambiar y cómo cambiar las conductas objetivo influyó en las decisiones del analista sobre las intervenciones elegidas (Wilczynski, Henderson, et al., 2016a). El analista puede haber asumido que sería socialmente significativo y beneficioso para todos los niños estar entrenados para ir al baño, generalizando así en exceso esa visión del mundo a Víctor sin tener en cuenta otros factores como la cultura. Como en los ejemplos anteriores, el experto manifiesta una conducta de enfoque que, aunque tal vez esté dispuesta a sintonizar con la cultura familiar, juzga que algunas conductas no son o no deberían ser culturalmente relevantes. En este caso, el experto no sólo ignoraba algunos aspectos de la cultura familiar, sino que, lo que es más preocupante, racionalizaba su postura sobre el problema de conducta como algo que está más allá de la cultura, pasando por alto "la bondad del ajuste" entre el procedimiento seleccionado y el contexto cultural (Wilczynski, Trammell, et al., 2016b). El analista puede pensar que tiene un conocimiento respaldado científicamente, cuando en realidad está actuando desde una asunción cultural. Las conclusiones tradicionalmente respaldadas científicamente pueden ser y han sido expresiones de la cultura de quienes producen los resultados científicos.

Además, a menudo los padres no son conscientes de varios aspectos del análisis de conducta, como lo que podría ocurrir probablemente durante una extinción, lo que implica un protocolo o que la conducta suele empeorar antes de mejorar. Esto afecta potencialmente a la autonomía de varias maneras. Aunque el analista intentaba respetar la autonomía de Víctor enseñándole una habilidad de adaptación crítica, elegir abordar el aseo por encima de todo, exponer a Víctor a los riesgos de la extinción para reducir la conducta problemática y no ejecutar el programa no era respetar verdaderamente su autonomía ni la de sus padres. Esto puede parecer un problema propio de los analistas de conducta y de la prestación del servicio, en general. Sin embargo, se puede encontrar un área problemática similar en la que la aplicación de la extinción se ha utilizado y explicado tradicionalmente con resultados científicos de la cultura dominante.[3] De nuevo, de forma similar al ejemplo primero, el de Chi, parece que el analista es competente o consciente de algunos aspectos de la cultura de la familia, pero potencialmente podrían identificarse puntos ciegos (Sue & Sue, 2002).

Ejemplo de caso 4: Amanda

Otro experimentado analista hispanohablante acepta a una niña de 13 años con TEA de nivel 1, Amanda, cultural y lingüísticamente diversa, que tiene dificultades para interactuar socialmente y mantener relaciones debido a sus intereses circunscritos y perseverantes por hablar de personajes mitológicos y dibujarlos. Los padres hablan español e inglés en casa, pero animan a Amanda a hablar inglés, ya que es el idioma en el que se imparte toda la educación en la escuela. A pesar de que ambos padres trabajan a tiempo completo, uno de ellos siempre estaba en casa cuando el analista impartía la terapia. Amanda y su familia viven en las afueras de un pequeño pueblo de la zona rural de Idaho y el experto viaja dos horas de ida hasta el domicilio familiar. Para complicar aún más la situación, la familia vive en unas condiciones que no son ideales para la terapia vis a vis: una pequeña casa móvil sin patio y con diversos animales vagando libremente. La casa no estaba limpia y la ropa sucia cubría el sofá, había platos sucios en los mostradores y la mesa de la cocina, y unas cuantas gallinas sin enjaular vivían dentro de la casa. Al analista se le asignó específicamente trabajar con Amanda porque ambos eran hablantes de español. Sin embargo, los padres de Amanda eran trabajadores inmigrantes de México y Amanda se consideraba ciudadana estadounidense de pri-

[3] Para una revisión sistemática de la extinción de escape consultar Chazin et al. (2021).

mera generación. La analista era una ciudadana estadounidense de 3ª generación procedente de España y de clase media-alta en cuanto a estatus socioeconómico. Aunque habitualmente no son insalvables, deben tenerse en cuenta las diferencias léxicas y de pronunciación entre hablantes de español de distintos grupos.

Mientras se formaba y completaba sus estudios, las únicas oportunidades de formación a las que tuvo acceso la analista fue trabajar con niños pequeños con TEA de familias blancas de clase media enseñándoles habilidades basadas en la Evaluación de las competencias lingüísticas y de aprendizaje básicas, o ABLLS-R en inglés (Sundberg & Partington, 1998). Las casas de las familias de los ejemplos anteriores estaban relativamente bien cuidadas y organizadas y los padres disponían de un espacio en el que el analista podía trabajar cara a cara con sus hijos. Pero la analista tuvo dificultades para encontrar un espacio de trabajo libre de distracciones en el hogar para la terapia de Amanda. Además, la profesional se solía sentar incómoda con las condiciones de vida y entrar en la casa le resultaba cada vez más aversivo a lo largo de las semanas. Como consecuencia, la analista empezó a llegar tarde y a marcharse pronto porque se sentía incómoda, posiblemente por prejuicio de la diferencia de estatus socioeconómico.

La profesional realiza evaluaciones y desarrolla intervenciones de acuerdo con su formación utilizando el ABLLS-R. La analista desarrolló una intervención en habilidades sociales que implicaba tomar la palabra en conversaciones y Amanda estaba haciendo progresos con la intervención en terapia uno a uno. Aunque Amanda progresaba en la terapia realizada tanto en español como en inglés, no hubo intentos de formación de los padres para aplicar la intervención, lo que tuvo un impacto en la generalización de la intervención al interactuar con su familia. A pesar de poder realizar ajustes lingüísticos en la intervención, es posible que la analista esté llevando a cabo una conducta gobernada por reglas que es coherente con su formación, sus experiencias pasadas o las operaciones dentro de su organización. La conducta gobernada por reglas es la conducta ocasionada por estímulos verbales (instrucciones y reglas) que se produce sin consecuencias reforzantes (Hayes & Ed., 1989). A menudo, los analistas tienen una manera estándar de practicar que aprendieron a través de la formación (por ejemplo, cursos y experiencia supervisada) o guiados por su organización, siendo probablemente reforzados por seguir las reglas, a menudo no cuestionan su formación o pautas recomendadas por diversas razones (Meehl, 1956). En este caso, parece como si la analista fuera competente, y lo es hasta cierto punto, pero está llevando a cabo una práctica regida por reglas que potencialmente puede erosionar un tratamiento que de otro modo sería eficaz y compasivo.

Estudios anteriores han demostrado que el uso de un lenguaje no nativo influye en los efectos conductuales de los clientes (Neely et al., 2020; Padilla Dalmau et al., 2011; Rispoli et al., 2011). Además, utilizar un analista no nativo en el proceso de consentimiento puede limitar a los padres a la hora de tomar una decisión autónoma sobre la aceptación del tratamiento (Brodhead et al., 2014; Dennison et al., 2019). Aunque el idioma es relativamente fácil de corregir en muchos casos mediante el uso de intérpretes, no debería ser la única variable cultural para tener en cuenta o corregir. No se realizaron ajustes lingüísticos cuando el analista trabajaba con Chi en el ejemplo 1 y esto puede haber limitado la capacidad del profesional para responder adecuadamente a los padres de Chi o a otras personas de la casa que hablaran vietnamita. Pero, como se describe en el ejemplo del caso de Amanda, puede haber otros sesgos culturales de los que el analista debe ser consciente, incluso cuando se tiene en cuenta el idioma.

Ignorancia cultural en la práctica analítico-conductual: ¿Qué falló en estos ejemplos?

Con estos casos, se analizará ahora cómo actúa la ignorancia en los ejemplos presentados. La distinción crítica es entre ignorancia culpable y no culpable. Este estudio se ha basado en el código de BACB y en los principios morales generales de respetar la dignidad de los clientes y de las partes, así como de proporcionar un tratamiento eficaz. Al examinar lo que salió mal, es importante subrayar que la ignorancia culpable no requiere que el analista fuera consciente de lo que ignoraba. Ésta puede ser una cuestión de desconocimiento, independientemente de si el profesional era consciente de ello o no. En ambos casos, las familias y los clientes pueden verse afectados si el analista permanece ignorante, y el efecto puede incluir infracciones a la autonomía, el respeto y la dignidad de las familias y los clientes, así como la no prestación de una atención eficaz.

El ejemplo del caso de Kema es una situación en la que el analista no tiene en cuenta el contexto cultural del cliente (ver las secciones 1.07 y 2.14 del código ético de BACB). Ignorar los aspectos culturales del cliente y no tenerlos en cuenta como criterio ("adicional a los principios científicos") son obstáculos para proporcionar evaluaciones y tratamientos culturalmente sensibles al cliente, a su familia inmediata y a la comunidad. Este tipo de desprecio va en contra del código ético y constituiría un caso de ignorancia culpable. Pero la responsabilidad no es sólo del analista porque puede que no haya tenido la oportunidad de "incorporar y abordar temas relacionados con la diversidad" en su formación (Código Ético 4.07). La culpa de la ignorancia del analista no es sólo suya sino, al menos en parte, sistémica y responsabilidad del sistema profesional del análisis de conducta. En la mayoría de los casos, la formación en competencia cultural se proporciona en la supervisión de la experiencia de campo porque no hay requisitos de tareas de curso en una secuencia de cursos verificada para convertirse en analista de conducta. En los cursos no se exige ninguna formación para entrevistar o relacionarse con familias de diversos orígenes (por ejemplo, habilidades interpersonales, creación de relaciones, empatía o prestación de cuidados compasivos) y esto, de nuevo, también se deja en manos de la supervisión (LeBlanc et al., 2020; Taylor et al., 2019). Dependiendo del programa de formación, un aspirante a analista de conducta puede disponer de una supervisión limitada para recibir experiencias y conocimientos que le permitan desarrollar y dominar las habilidades en materia de competencia y concienciación culturales.

El ejemplo del caso de Víctor, muestra un fallo en la selección, el diseño y la aplicación de la intervención para el cambio de conducta (ver en el código ético el punto 2.14 de la BACB). El analista contaba con los conocimientos técnicos necesarios para el programa, se redactaron puntos eficaces y se tuvieron en cuenta posibles cuestiones de seguridad muy dentro del ámbito de competencia del profesional. Por un lado, el analista no tuvo en cuenta los valores y las normas culturales para saber qué conductas cambiar y racionalizó su postura de que algunas cuestiones van más allá de la cultura. Tal vez en este aspecto el analista creyó tener en cuenta las diferencias culturales, pero no pensó que la prioridad de la práctica para ir al baño formara parte de las diferencias culturales relevantes.

Lo que es más preocupante en ese ejemplo es que el analista procedió de un modo que ignoraba prácticas bien establecidas que también tienen que ver con la cultura del cliente y su familia. Según Taylor et al. (2019), el establecimiento de relaciones influye directamente en la aceptación familiar y en la aceptabilidad del tratamiento y, por lo tanto, la competencia cultural también afectará a la aceptación familiar. Y puesto que la aceptación familiar afectará a la eficacia de la intervención, es importante reconocer cómo está gestionando la familia sus sentimientos acerca de la discapacidad de su hijo (el cliente), el progreso en la intervención y otros factores estresantes para la familia. ¿Hacen los analistas un buen trabajo escuchando a los padres y cambiando las opciones de tratamiento cuando no les gusta lo que estamos haciendo? ¿Debería un analista comprobar continuamente con las familias cómo se sienten respecto a la interacción analista-niño, y ser más sensible y abierto a los comentarios de la familia cuando ésta procede de una cultura diferente? Ante contextos culturales diversos, la perspectiva del cliente y su familia antes y durante la intervención no puede ignorarse, tanto porque afecta a la aplicación del PIF a lo largo del tiempo como porque la aplicación es una de esas áreas en las que el código ético de BACB demanda tener en cuenta los contextos de las partes interesadas.

En esta línea, el código ético representa un progreso inequívoco para el análisis de conducta porque hace explícitas las áreas relacionadas con la diversidad que los profesionales deben conocer o tener en cuenta. La desatención de las áreas relacionadas con la diversidad es ahora un caso de ignorancia culpable, y lo específico se encuentra tanto dentro de las cosas y los hechos que un analista ignora, como dentro de las prácticas que un profesional sigue para evaluar, mantener y ampliar su pericia. En la medida en que el análisis de conducta como campo incluye la formación y supervisión, la responsabilidad ética de lo que los analistas saben o ignoran también recae sobre la formación y supervisión.

Actitud ante lo que no sabemos

Aunque el código ético de BACB representa un avance muy significativo, se propone una reflexión sobre sus límites. ¿Son conscientes los analistas de sus limitaciones en materia de diversidad cultural? ¿Puede un analista, a pesar de todas sus mejores intenciones, discernir siempre cuándo ellos (y sus colegas, supervisados y estudiantes) están evaluando adecuadamente las "necesidades, contextos y recursos" de clientes culturalmente diversos?

Se considera ahora el ejemplo de caso nº 1, que muestra una situación en la que la evaluación del analista respecto a su competencia no fue directa ni descaradamente errónea. El experto no estaba despreciando al cliente y la cultura de su familia. La historia personal previa del analista con este amplio bagaje cultural le dio motivos para pensar que estaba suficientemente cualificado. Este trabajador sostendría que siguió el proceso ético de toma de decisiones que propone el código ético, especialmente cuando pide a los profesionales que "consideren [su] historial personal de aprendizaje y prejuicios" (Behavior Analyst Certification

Board, 2020, pág. 5). Confrontado con punto 1.07 del código ético que aborda la "receptividad y diversidad cultural" y el 1.10 sobre "conciencia de los prejuicios y desafíos personales", el analista podría argumentar que creía tener un grado razonable de conciencia de la otra cultura; y, en segundo lugar, que evaluó sus prejuicios y concluyó que, dado que la conducta objetivo no tocaba cuestiones religiosas o de género, la intervención era lo suficientemente sensible desde el punto de vista cultural. Además, el analista puede explicar que su intervención cumplía los puntos 2.13 y 2.14 sobre las evaluaciones e intervenciones que mejor satisfacen "las diversas necesidades, contextos y recursos" de los clientes y sus familias. Pero resulta que el experto del ejemplo nº 1 no disponía de las herramientas para evaluar adecuadamente su propia conciencia. Se considera también aquí el caso de Amanda (ejemplo nº 4). La institución asignó a Amanda un analista hispanohablante, teniendo en cuenta el aspecto lingüístico de la diversidad cultural y acatando de este modo el código ético 1.07 de BACB. Sin embargo, la analista quizás no era consciente de sus prejuicios personales con respecto al estatus socioeconómico (por ejemplo, de un origen de clase media alta a un origen rural, de trabajadora inmigrante), o a muchas otras normas culturales en las que la diferencia entre una ciudadana estadounidense de 3ª generación (los bisabuelos eran de España) y una familia inmigrante (de México) puede ser bastante dramática. El idioma puede ayudar a realizar evaluaciones e intervenciones culturalmente apropiadas, pero no es suficiente. La competencia lingüística puede ayudar a ocultar diferencias más profundas y llevar al analista y a otros a ignorar activamente esas diferencias. En concreto, las poblaciones "hispanas" o "latinas" son tan culturalmente diversas internamente que estas diferencias pueden ignorarse fácilmente a menos que alguien sea consciente de ellas.[4]

[4] Reconocemos que los términos "hispano", "latinx", "latino/a" y "latine", entre otros, son objeto de debate entre las poblaciones a las que supuestamente se refieren. Las objeciones incluyen las connotaciones colonialistas que se perciben en

Estos dos casos no parecen problemáticos desde el punto de vista del código ético de BACB y de la idea de ignorancia culpable. Muchos analistas pueden ver reflejados sus situaciones: aunque no sepan todo lo que hay que saber sobre otras culturas, no se descuidan. Este es precisamente el punto de este estudio: se necesita dar sentido a lo que está mal en estos ejemplos. Para ello, se analizarán los prejuicios y la conciencia de los prejuicios (código ético de BACB, 1.07 y 1.10). Como definición de trabajo que conecta las cosas que se ignora con los sesgos, se entiende que tenemos sesgos porque ignoramos algunos hechos que nos harían imparciales (un error cognitivo), o porque somos incapaces de aplicar a las situaciones algunos hechos que conocemos (un error práctico), o una combinación de ambos. El segundo caso -sabemos, pero somos incapaces de aplicar- es un caso de sesgo-conciencia.

El código ético de BACB parece reflejar dos suposiciones comunes de las personas reflexivas en su vida cotidiana sobre nuestros sesgos y prejuicios:

- Lo ideal sería no tener prejuicios.
- Pero la realidad no es ideal y tenemos prejuicios. Sin embargo, somos conscientes de ellos, y si no lo somos, podemos tomar conciencia y controlarlos.

el término "hispano"; los elementos excluyentes para personas no binarias presentes en "latino/a"; la percepción de extranjerismo de la "x" en "latinx" y la dificultad que algunas personas encuentran para pronunciarlo; o el carácter no gramatical de la "e" en "latine", que hace poco probable su adopción generalizada. En un nivel más profundo, algunos miembros de comunidades que quedarían englobadas bajo el término "latinx" rechazan la propia idea de tal agrupación, señalando las profundas diferencias entre diversos "subgrupos", como, por ejemplo, chicanos, cubanoamericanos, inmigrantes latinoamericanos, descendientes nacidos en EEUU de personas provenientes de América Latina y personas de ascendencia indígena. Reconocemos que las opiniones en estos aspectos varían enormemente entre comunidades e individuos.

Estas dos suposiciones parecen funcionar en el código ético y forman parte de una lógica de dominio que, posiblemente basada en la autoimagen de analista de conducta como profundamente arraigada en sólidos principios científicos de alcance universal, pretende tratar la conducta ética como un sujeto que debe y puede ponerse bajo control. Pero, parece que, como conocedores y como agentes morales, uno se encuentra en una posición menos lúcida y que no es fácil de ver porque el sesgo a menudo elude la detección y el examen de la persona que tiene el sesgo o el prejuicio. Se ofrece una analogía para demostrar por qué es un punto que merece la pena problematizar. Un sesgo es como el ángulo muerto al conducir un coche: hay que enseñar a la gente ese ángulo muerto. Los requisitos para los nuevos conductores no asumen que sean conscientes de los ángulos muertos y demandan que los nuevos conductores aprendan sobre ellos. En concreto, para el caso de la diversidad cultural, parece que el código ético asume que un analista es capaz, en general, de determinar cuándo estas diferencias afectan a su trabajo. Pero se suelen ignorar y subestimar las diferencias culturales, y se resta importancia a su influencia. Esto se hace sin intención deliberada: a veces las diferencias culturales no se registran o no se registran como deberían (Bailey, 2007; Medina, 2013; Shotwell, 2011; Sullivan & Tuana, 2007). Por ello, el analista no debe limitarse a suponer que las personas conocen sus puntos ciegos.

En lugar de las suposiciones anteriores sobre lo bueno que es el conocimiento y capacidad para ver los puntos ciegos, se debería mirar desde una perspectiva más humilde como conocedores agentes morales: somos conscientes de algunos de nuestros sesgos e intentamos controlarlos, a veces con éxito; somos conscientes de que algunos sesgos son desconocidos para nosotros, pero tomamos iniciativas para descubrirlos e intentamos controlarlos; y, reconocemos que ineludiblemente tendremos algunos sesgos que podrían permanecer invisibles e impermeables al examen y la corrección.

En este contexto, existen más herramientas para analizar problemas como los que rodean al ámbito de competencia y la práctica sobre los que Brodhead et al. (2018) llamaron recientemente la atención. Describen varias razones por las que un analista ejercería fuera de su ámbito de competencia, siendo una de ellas la incapacidad o dificultad para discernir las situaciones que realmente están fuera de su ámbito. Los analistas principiantes podrían aceptar a un nuevo cliente de una familia culturalmente diversa con la que no tienen experiencia previa de trabajo. Sin embargo, fuera del estrato cultural, el profesional se siente seguro de que el problema de conducta y los déficits de habilidades del cliente encajan dentro de su competencia, ya que ha trabajado antes con conductas similares (como en el ejemplo nº 1). Si el analista novato se siente competente y adopta una conducta gobernada por reglas estrictas, siguiendo los pasos y procedimientos descritos por el sistema gubernamental (por ejemplo, institución, escuela u hospital) y se basa en lo aprendido previamente en sus cursos, experiencia de formación o supervisión, podrían surgir problemas (el ejemplo nº 4). Podrían surgir estas cuestiones porque esas normas, pasos, procedimientos, cursos, experiencia formativa y supervisión pueden seguir sin ser adecuados para el caso que nos ocupa (quizá porque aún no tienen la suficiente conciencia cultural) y su confianza en ellos parece encubrir dificultades más profundas.

En contribuciones recientes a la literatura sobre el análisis de conducta se han tratado estrategias para superar estos déficits mediante cambios en el plan de estudios y experiencias supervisadas (Taylor et al., 2019; Wright, 2019). Por ejemplo, Wright proporcionó a los profesionales un cuestionario de autorreflexión para ayudar a los analistas a identificar posibles sesgos evaluando sus eventos privados y tratándolos con un supervisor. Este cuestionario puede ayudar al analista a reconocer interacciones potencialmente problemáticas o culturalmente incompatibles entre el profesional y la familia, permitiendo al analista a abordar cuestiones específicas de forma continua. Sin embargo, esto requiere que el experto y el supervisor sean capaces de discernir los posibles problemas y prejuicios para evitar practicar en la ignorancia. Ser ignorante, o no ser capaz de discernir estos sesgos problemáticos potenciales, limitará al analista a la hora de pensar en otras alternativas, quizá más apropiadas desde el punto de vista cultural. Además, esto repercute en la obligación del analista de proporcionar al cliente y a su familia un tratamiento eficaz.

Conclusión

Hay elementos centrales de los valores éticos y las responsabilidades de un analista en los que la conciencia cultural suele repercutir en la práctica. Por ejemplo, la autonomía, definida como autodeterminación, está en el centro de las obligaciones del analista con los clientes, así como de los profesionales de las profesiones sanitarias y de salud mental (Koocher & Keith-Spiegel, 2008, págs. 6-7). Pero, los factores culturales suelen limitar la capacidad del cliente y de los supervisores para tomar decisiones autónomas debido al idioma o a los sistemas de creencias. Pero, es posible que el analista de conducta no siempre sea consciente de estos factores limitantes en su relación con la cultura. También es una obligación central de un profesional proporcionar un tratamiento eficaz. Teniendo en cuenta que las contingencias culturales forman parte de los factores que influyen en la conducta de un cliente, un analista que desconozca algunas diferencias culturales y su significado puede proporcionar un tratamiento menos eficaz. Ser consciente de las diferencias culturales facilita las probabilidades del tratamiento al mejorar la aceptación por parte de los padres y el cumplimiento posterior.

Se debería evitar considerar la cultura sólo cuando no se están logrando progresos con una intervención o las habilidades no se están generalizando a otros contextos, como el ambiente del hogar con los padres aplicando la intervención con Chi en el ejemplo nº 1. Es obligación ética de los profesionales revisar los enfoques de enseñanza ineficaces, pero considerar la cultura debería ser una parte proactiva de la evaluación, no algo tardío. Es algo fundamental evaluar las variables culturales y ayudar al juicio clínico del analista (Meehl, 1956). Allen y Warzak (2013) sugirieron realizar una evaluación funcional de las contingencias múltiples, remotas y concurrentes que influyen en la adherencia de los padres a las intervenciones. Quizá esto también pueda hacerse con la cultura. En el ejemplo nº 2, un analista más consciente de la cultura podría haber optado por realizar una intervención diferente, más sensible culturalmente hablando, que abordara todas las cuestiones posibles sin restringir el acceso de Kema a una diversidad de reforzadores por estar con su familia. Además, aunque los analistas no estén de acuerdo sobre la pertinencia de las diferencias culturales en cuestiones específicas de los objetivos del tratamiento, una cuestión fundamental por la eficacia del tratamiento exige que los profesionales se informen sobre cómo dichas diferencias pueden tener un impacto adverso en los efectos. Por ejemplo, conseguir la aceptación y cooperación de los familiares para los tratamientos, y su sostenibilidad en el tiempo, estará directamente relacionado con las diferencias culturales. Sin embargo, es difícil pensar que uno aprenda sobre tales diferencias y llegue a no cambiar al menos algunos de los objetivos de todas las intervenciones.

A la inversa, se debe evitar pasar por alto la cultura cuando hay progresos. Es fácil pasar por alto la importancia de los ajustes culturalmente sensibles si el niño progresa en una habilidad que el analista considera un problema socialmente significativo. Este avance puede llevar a descartar cuestiones importantes. Si el cliente progresa con la intervención sin pensar en los ajustes culturales, ¿es suficiente? ¿Tienen en cuenta los analistas los factores de diversidad cultural cuando identifican y evalúan los cambios de conducta socialmente significativos? Se pide a los profesionales que reconozcan cuándo deben realizar ajustes culturalmente apropiados en la evaluación y el tratamiento, pero la falta de conciencia cultural y la incapacidad para discernir entre los factores culturalmente relevantes conllevan el riesgo de que el analista no realice ningún ajuste, especialmente cuando éste está progresando. Aunque los clientes culturalmente diversos pueden mostrar mejoras con los procedimientos estándar de evaluación y tratamiento sin ajustes culturales, ¿podrían conseguir más mejoras con ajustes culturales? Dado que el cliente tiene derecho al tratamiento socialmente más significativo (Wolf, 1978) y eficaz disponible diseñado por un analista competente (Van Houten et al., 1988), ¿podemos permitirnos ignorar las variables culturales cuando se están realizando progresos? Aunque varios programas de análisis de conducta sí tienen requisitos de cursos o supervisión para realizar modificaciones culturalmente apropiadas, lo que se quiere decir a lo largo de este artículo es que es importante darse cuenta de que existe una tensión, sin una resolución obvia o evidente, entre el progreso del cliente como prueba de eficacia y la necesidad de realizar ajustes culturales para maximizar la eficacia.

Se acompaña este tratamiento con la recomendación de adoptar una actitud ética. En primer lugar, esta actitud llama la atención sobre el hecho de que hay muchas cosas que se desconocen en materia de diversidad, y no hay consciencia de lo que no se sabe o de lo que se resta importancia por considerar que no es importante conocerlas. Es una invitación a reconocer la ignorancia de los analistas, y a incorporar un aprecio y una voluntad de examen de uno mismo. En segundo lugar, esta actitud hace que los profesionales busquen aprender sobre lo que no se sabe y a trabajar en los hábitos y procedimientos mediante los cuales se pueden ampliar los conocimientos, mantener la pericia y evaluar las capacidades. Se trata de un ejercicio continuo de detección de puntos ciegos, de sensibilidad hacia los clientes y sus familias.

Esta actitud implica un crecimiento continuo y gradual. Saber que no se sabe todo pero que se intenta aprender sobre el impacto de la diversidad cultural implica, entre otras cosas, que incluso en los asuntos en los que hay una "ignorancia" concreta -que la habrá para todo profesional- no se buscan las lagunas de conocimiento como excusas. Para el analista que muestre la actitud de trabajar para informarse sobre cuestiones culturalmente diversas, incluso los casos de ignorancias concretas, no serán juzgados como fracasos. Esto daría una perspectiva matizada del complejo y lento proceso por el que están pasando los analistas de conducta a la hora de incorporar perspectivas multiculturales.

Del mismo modo, Wright argumentó que la incorporación del marco de la humildad cultural ayudaría al analista a mejorar sus efectos, como las disparidades sanitarias y el acceso a la atención. La humildad cultural se presenta como una alternativa a la competencia cultural, y la justificación de su adopción se deriva de la necesidad de actuar contra los "desequilibrios de poder" que fomentan la marginación de ciertas comunidades y crean injusticias (Wright, 2019, pág. 805). Estas son buenas razones para incentivar más diversidad y prácticas multiculturalmente conscientes. Superar la ignorancia es una obligación con los demás -con los clientes y sus familias- pero depende de una especie de autoconciencia. El trabajo de Fong y sus colegas en dos artículos diferentes (Fong et al., 2016, 2017) subrayó que la conciencia cultural es, en parte, un trabajo de toma de conciencia de la cultura. Pero aquí hay que tener cuidado. Aunque la autoconciencia cultural puede ayudar a alguien a tener una mejor perspectiva de su visión de la vida, e incluso ayudarle a comprender en un sentido general que otras culturas organizan la vida de forma diferente, el objetivo es comprender a los demás correctamente y de un modo que conduzca a un tratamiento eficaz. En resumen, requiere un trabajo personal por el bien de los demás.

En este contexto, la humildad cultural es un objetivo para el analista como conjunto de actitudes. Pero se debe considerar con cautela como un marco para abordar las conductas individuales e institucionales. La humildad cultural trabaja a través de la autorreflexión. Pero sin un requisito firme de superar la ignorancia sobre los demás, ésta puede seguir siendo interesada. La autorreflexión de Wright es un ejemplo de una autoevaluación que podría ser, o será, limitada. Tal vez los analistas puedan tener una comprensión recíproca de la conciencia cultural atendiendo a la relación terapéutica, de forma muy parecida al marco de Taylor, LeBlanc y Nosik para proporcionar cuidados compasivos. La atención compasiva tiene la virtud de dirigirse muy directamente a la otra parte, en este caso, al cliente y a su familia. Todavía hay mucho que recomendar en la propuesta de Wright, siempre que se oriente no sólo a comprender la cultura a nivel individual y sistémico, sino que vaya más allá para formular preguntas que intenten identificar los desequilibrios de poder y las barreras potenciales.

Combinando las contribuciones de la autorreflexión sobre humildad cultural de Wright (2019) y el método de Taylor et al. (2019) para proporcionar cuidados compasivos, se sugiere otro estudio para evaluar el aumento de la humildad cultural del analista mediante la frecuencia de los desequilibrios de poder identificados como la variable independiente, utilizando múltiples líneas de base entre los participantes. Otro estudio que se podría hacer en el futuro podría consistir en desarrollar análisis de tareas (AT) o listas de comprobación de las habilidades de atención, interpersonales y de empatía para formar a los analistas de conducta utilizando el entrenamiento en habilidades conductuales (ECC) como variable independiente mediante un diseño de criterio cambiante para demostrar la mejora en la atención compasiva. Esto podría lograrse de dos maneras. El entrenamiento en habilidades conductuales utilizando un análisis de tareas podría aplicarse primero en un contexto de formación, como la supervisión, con escenarios simulados y luego generalizarse en situaciones reales después de que los analistas hayan demostrado su dominio en dicha formación y después de que la lista haya desaparecido. Como alternativa, los escenarios podrían aumentar en complejidad cultural. Todas estas ideas podrían recoger también información sobre la integridad y la aceptabilidad del tratamiento como variable dependiente secundaria.

Se sugiere que una actitud que se tome en serio la ignorancia, y exija vigilancia y humildad es importante para cumplir con las obligaciones del analista. Pero sería un error sugerir que la superación de la ignorancia es tarea exclusiva de cada persona concreta. El análisis de conducta, como profesión organizada con principios y métodos científicos de desarrollo del conocimiento, formación y supervisión, y práctica, también es responsable del conocimiento y de la ignorancia que se permite y se transmite. También existe una responsabilidad compartida, comunitaria y profesional. El elemento central de este vínculo es que las personas desarrollan su carácter ético en el seno de comunidades. La formación moral se produce en la infancia y, en general, dentro de las circunstancias sociohistóricas cada persona crece y sigue desarrollando su orientación moral. Las obligaciones del análisis de conducta sobre la diversidad cultural dependen, en parte, de que el analista proporcione a los profesionales las herramientas necesarias para ser conscientes y responder a la especificidad culturalmente diversa de todas las situaciones. Al mismo tiempo, hay analistas de conducta individuales y de instituciones de educación, formación, evaluación, supervisión, investigación y difusión del conocimiento, y estas instancias son reforzadoras, propagadoras y mejoradoras de los rasgos éticos que las comunidades de analistas practican y que deberían intentar mejorar continuamente. Se trata de un marco ético bidireccional y complementario, que complementa la responsabilidad ética personal con la ética social. En este caso, pertenece la profesión y a sus órganos como institución social. Independientemente de que los profesionales lo sepan individualmente o no, y de que estén persuadidos de la relevancia de las diferencias culturales para asuntos relevantes para el tratamiento o no, corresponde a la profesión en su conjunto y a sus educadores, investigadores y editores, introducir estos puntos en los planes de estudios, los estudios, publicaciones y otras prácticas.

15 ÉTICA DE LA PRESTACIÓN DE SERVICIOS ABA EN CONTEXTOS DE RECURSOS LIMITADOS[1]

Helen McCabe | R. Eric Barnes | Tian Jiang

Resumen

Las recomendaciones para la intervención en niños pequeños con trastornos del espectro autista (TEA) se centran en una intervención temprana, intensiva y a menudo, individual, basada en métodos de análisis aplicado de conducta (ABA). En gran parte del mundo, existen pocas opciones de intervención temprana. Este artículo analiza esta cuestión: en un contexto en el que no es posible una intervención intensiva y en el que existe una ratio cliente-personal desfavorable. En semejante contexto, ¿cómo puede garantizarse una intervención de alta calidad basada en la evidencia? Se aborda el caso de China, donde la intervención para niños pequeños con autismo se proporciona en diversas organizaciones educativas, y las limitaciones de financiación repercuten en la ratio maestro-alumno. Debido a las dificultades, el uso riguroso de métodos basados en la evidencia suele ir a la zaga de las mejores prácticas. Este estudio presenta un análisis ético de las opciones a las que se enfrentan los educadores y recomen-

[1] McCabe, H., Barnes, R. E., & Jiang, T. (2023). Ethical issues in ABA-based service provision for autism in limited-resource contexts: A case example of the People's Republic of China. *Behavior Analysis in Practice, 16*(1), 184–194. https://doi.org/10.1007/s40617-022-00692-x

daciones basadas en la investigación coherentes con el análisis ético. Dado el contexto actual, se recomienda un enfoque socialmente válido de utilizar sistemáticamente la instrucción en grupo basada en los principios del análisis de conducta para aumentar la eficacia e intensidad de cada aspecto de la intervención. Aunque nos centramos en el caso de China, las recomendaciones y el análisis tienen implicaciones para otros entornos con recursos limitados.

El número de niños con trastornos del espectro autista (TEA) en todo el mundo va en aumento, con una tasa de prevalencia global de 1 de cada 160 (OMS, 2021) y de hasta 1 de cada 100 en China (Sun et al., 2019). A nivel mundial, se presta mucha atención a la importancia de la intervención y la educación tempranas para esta población. Se han establecido métodos de intervención basados en la evidencia, muchos de ellos en el análisis aplicado de conducta (ABA) (National Autism Center, 2015; Steinbrenner et al., 2020), y se recomienda proporcionar numerosas horas de intervención especializada (Pellecchia et al., 2019; Sundberg, 2014). Aunque gran parte de esta literatura se ha realizado en países occidentales, cada vez hay más investigaciones en China (por ejemplo, Liao et al., 2018; Liu & Zhao, 2019; Wang, 2021). Además, las necesidades de los niños con autismo en China son similares a las de otros países, incluidas las habilidades sociales, la comunicación, el autocuidado, etc., que se abordan mediante una intervención eficaz.

Sin embargo, en gran parte del mundo existen pocas opciones para la educación de niños pequeños con TEA. Si es imposible una intervención intensiva y con una elevada proporción de personal por alumno, ¿cómo puede proporcionarse una intervención de alta calidad basada en la evidencia? ¿Cómo pueden aplicarse de forma ética las prácticas basadas en la evidencia cuando la intensidad y la proporción de personal por alumno no coinciden con las recomendaciones de los expertos debido a la escasez de recursos?

Tabla 1 Distribución de recursos médicos.

DOSIS	% TRATADOS	EFECTOS POSITIVOS	EFECTOS NEGATIVOS
Máxima	20%	1600 mejoran significativamente	400 tratados sin éxito 8000 no tratados
Baja	40%	2800 mejoran significativamente	1200 tratados sin éxito 6000 no tratados
Ínfima	100%	400 mejoran significativamente	9600 tratados sin éxito 0 no tratados

Centraremos este debate en China, donde los autores están más familiarizados con los servicios de autismo y la situación social, por ser originarios de China o por haber trabajado muchos años en este campo. Dado el contexto actual, en este artículo se recomienda utilizar la instrucción en grupo basada en los principios ABA para aumentar la eficacia y la intensidad de cada aspecto de los programas de intervención. Aunque este artículo se centra en China, se cree que también puede tener implicaciones para otros entornos en los que los recursos sean limitados.

Cuestiones éticas

En el caso de las intervenciones para niños con TEA en contextos con recursos limitados, conviene empezar con una analogía. El objetivo es facilitar la comprensión de una situación compleja comparándola con otra distinta, pero que comparte ciertos elementos clave. En este estudio, la semejanza radica en la escasez de recursos y en la necesidad de asignarlos de manera justa. Mientras que la distribución de recursos médicos en una epidemia es un tema muy tratado, la asignación de recursos ABA en China apenas se ha explorado. Otras áreas también podrían servir de referencia (educación, vivienda, seguridad pública), pero la literatura se ha centrado sobre todo en la atención sanitaria.

Pongamos como ejemplo una epidemia que afecta a 10000 personas en un lugar con recursos médicos escasos. La enfermedad no es letal, pero sin tratamiento deteriora notablemente la calidad de vida. Solo existe un hospital en la zona, con un suministro limitado del fármaco más eficaz. Si se administra en su dosis completa, apenas el 20% de los enfermos recibirá tratamiento, aunque la mayoría de estos experimentará mejoras duraderas. Si se opta por la dosis mínima, podría tratarse al 40%, con resultados más modestos, pero igualmente relevantes. Si, en cambio, todos recibieran una dosis ínfima, la mayoría no experimentaría ninguna mejora (Tabla 1).

Este ejemplo simplificado ilustra las dificultades de distribuir recursos limitados. A veces parece razonable asignarlos de manera desigual (o incluso recurrir a alternativas menos eficaces) siempre que el criterio de reparto no sea discriminatorio. Si dos personas necesitan un trasplante de corazón y solo hay uno disponible, nadie sugeriría dar a cada una la mitad. Algunos tratamientos médicos, sean fármacos u otras terapias, sencillamente no funcionan si se aplican a dosis medias.

Este argumento suele vincularse al consecuencialismo, frente a marcos éticos como la deontología o la ética de la virtud. Sin embargo, es un error pensar que estas corrientes ignoran las consecuencias: tanto la deontología (Locke, 1980; Kant, 1964) como la ética de la virtud (Hume, 1998; Aristóteles, 2009) incluyen deberes y virtudes relacionados con generar resultados favorables a cuantas más personas sea posible. La diferencia con el consecuencialismo es que, en ocasiones, priorizan otros principios sobre la mera maximización del beneficio. Ahora bien, salvo que exista un deber o virtud en conflicto, todas las principales teorías morales coinciden en que deben promoverse las mejores consecuencias. En la analogía presentada no aparecen tales conflictos, por lo que cualquiera de estas corrientes respaldaría la opción de buscar el mayor bien posible.

En la práctica, en China pocas familias pueden costear un tratamiento ABA completo (ni siquiera uno mínimamente eficaz) y el seguro médico es casi inexistente. El hospital dispone de una financiación muy limitada y no puede "regalar" la medicación. En este escenario, administrar dosis mínimamente efectivas a quienes puedan pagarlas (incluso racionando o soslayando dosis completas) puede ser una decisión ética defendible, pues logra el mayor beneficio posible sin vulnerar ningún deber esencial. También cabría justificar, desde ciertas perspectivas deontológicas, priorizar la administración de dosis completas a quienes puedan costeárselas mientras haya existencias (Garbutt y Davies, 2011). En cambio, repartir dosis iguales a todos resulta éticamente injustificable: el igualitarismo en este caso se derrumba, como ilustra el ejemplo del trasplante.

Cabe distinguir entre la asignación de recursos a gran escala (cómo reparte un gobierno su presupuesto entre diferentes proyectos) y la de recursos a pequeña escala (qué pacientes reciben más o menos atención) (Daniels, 2006; Menzel, 2007). Aunque se podría argumentar que el gobierno debería invertir más en sanidad, aquí se da por hecho que esa asignación será constante, de modo que nuestro análisis ético se centra en cómo gestionar los recursos ya disponibles.

Este artículo aplica la analogía al caso de los servicios de intervención para niños con TEA en China. Las intervenciones para niños pequeños con autismo y otras discapacidades del desarrollo aún no siguen un sistema consolidado en China (Sun et al., 2013), por lo que, en general, los recursos disponibles son muy limitados. Suelen ofrecerse en centros educativos, algunos privados, otros con apoyo parcial del gobierno, y en hospitales (Chen & Cheng, 2020; McCabe, 2008a, 2013; Sun et al., 2013). Incluso los programas con financiación pública dependen en gran medida de las tasas de matrícula abonadas por las familias para mantenerse, lo que repercute directamente en la ratio maestro-estudiante. En los últimos años ha aumentado el número de organizaciones que ofrecen intervenciones a corto plazo, pero persisten grandes carencias: falta de formación, recursos insuficientes y escasez de profesionales cualificados. Todo ello limita tanto el tiempo de intervención como su disponibilidad (Guo, 2006; McCabe, 2013; McCabe y Deng, 2018).

Así, surgen dudas sobre la eficiencia de los modelos actuales y la posibilidad de que algunos programas no estén ofreciendo el máximo beneficio posible a los niños, con el riesgo de que se pierdan oportunidades valiosas de intervención. Este artículo propone recomendaciones éticas para asignar los recursos de forma más adecuada, con el fin de mejorar los servicios de intervención para niños con TEA en China y, por extensión, en otros contextos con recursos limitados.

Antecedentes

Desde que Lovaas (1987) publicase sus estudio sobre la mejora significativa de casi el 50% de los niños con TEA que recibieron 40 horas semanales de enseñanza basada en ABA, fundamentalmente con ensayos discretos (DTT, por sus siglas en inglés), una intervención basada en estos principios, ha crecido el interés por los servicios basados en el análisis de conducta, incluso en China. Ya en 1998, ABA y DTT se introdujeron en China a través de materiales y formación, y los profesores y las familias chinas sintieron que por fin habían encontrado un marco para enseñar a los niños con TEA que era sistemático, comprensible y beneficioso. Varias publicaciones describen los antecedentes y el desarrollo de estos métodos en el país asiático (Guo, 2006; Liao et al., 2018; McCabe, 2008a, 2013; McCabe & Tian, 2001; Wang, 2008).

Antecedentes: ¿Qué se entiende por "análisis aplicado de conducta"?

Existen conceptos erróneos comunes en relación con el análisis aplicado de conducta, como equiparar ABA al "tiempo en mesa" y a la enseñanza de ensayos discretos (Boutot y Hume, 2012). De hecho, ABA "no es un conjunto específico de intervenciones para alumnos con TEA; más bien, es un enfoque científico de la enseñanza y el aprendizaje" (Trump et al. 2018, pág. 383). Muchas prácticas basadas en la evidencia y fundamentadas en los principios de ABA pueden utilizarse y se utilizan normalmente en entornos de educación especial para intervenciones académicas y de conducta (Trump et al., 2018). De hecho, es importante utilizar métodos basados en ABA para permitir que el estudiante funcione en entornos educativos más allá de los entornos individuales (por ejemplo, Charania et al., 2010). También es importante señalar que en nuestra consideración de las mejores prácticas utilizando la intervención basada en ABA en China, seguimos las creencias de Eileen Lamb (2019), madre de una persona con autismo y ella misma también en el espectro, y que escribe lo siguiente sobre su hijo:

> Puedes ayudar a alguien sin cambiar lo que es. Charlie [su hijo] no está en intervención de análisis de conducta porque queremos que sea normal. Queremos que esté seguro, que sea independiente y que aprenda a comunicarse, para disminuir su frustración y, sí, también la nuestra. Queremos reducir las conductas menos funcionales y peligrosas, como jugar con la caja de arena de los gatos, tragarse piedras y correr por la calle, para darle una mejor oportunidad en la vida. No intento "arreglar" el autismo de Charlie (Lamb, 2019).
> Lamb también señaló que en los servicios ABA eficaces, no hay una "talla única" y esto es importante tenerlo en cuenta tanto con respecto de las personas como con respecto al ajuste contextual.

Investigación sobre la intensidad de la intervención ABA

Independientemente de las prácticas específicas basadas en el análisis de conducta que se utilicen, una intervención eficaz para promover la comunicación, la independencia y las conductas funcionales hace hincapié en la instrucción individualizada. En el caso de los niños pequeños, se suele incluir un importante componente individual o uno a uno (1:1). Un modelo de intervención para niños pequeños es la intervención conductual temprana intensiva (EIBI, en inglés), que Reichow (2012) describió como de dos o más años de duración, y que comprende "una programación exhaustiva de más de 40 horas a la semana", haciendo hincapié inicialmente en la enseñanza de ensayos discretos uno a uno (pág. 512).

La intensidad o cantidad de intervención se enfatiza cuando se examina la intervención ABA, incluyendo "las recomendaciones normativas y prácticas de que los niños pequeños con TEA reciban muchas horas de EIBI" (Pellecchia et al., 2019, pág. 1075). Muchos estudios han analizado el impacto de la intensidad (o "dosis") de la intervención basada en el análisis de conducta, algunos de los cuales han descubierto que la intervención con más horas (una media de 20-40 horas semanales) conduce a una mejora más significativa (Dawson et al., 2010; Eikeseth et al., 2002, 2007; Linstead et al., 2017; Lovaas, 1987), y otros descubrieron que menos horas de intervención también producían resultados positivos (Lotfizadeh et al., 2020; Vietze & Lax, 2020; Waddington et al., 2020). Pellecchia et al. (2019) señalaron que las directrices del Behavior Analyst Certification Board® (BACB) indican la importancia de las necesidades individuales, pero incluyen un mínimo recomendado de 10 horas de tratamiento, "con una fuerte recomendación de una dosis mayor" (pág. 1076). Sin embargo, existen razones en diversos contextos por las que se pueden considerar intervenciones ABA de dosis más bajas, incluidas "las limitaciones de costes, las dificultades de programa, [y] la disponibilidad de profesionales competentes" (Lotfizadeh et al., 2020, pág. 94).

Observar únicamente la duración de una intervención o el número total de horas a la hora de considerar la intensidad tiene sus limitaciones. Aunque Rivard et al. (2019) señalaron que, en la bibliografía, la intensidad se considera como el número de horas semanales de intervención que se proporcionan directamente, Warren et al. (2007) sugieren que fijarse en las horas o la duración no proporciona suficiente información sobre otros aspectos de la intensidad, como la frecuencia de la intervención o la "densidad de episodios de enseñanza" (pág. 71). En otras palabras, también es importante considerar la intensidad en relación con "cuántas oportunidades de aprender hay en una sola sesión, en un número determinado de sesiones por semana o mes, a lo largo de un número determinado de semanas o meses" (Warren et al., 2007, citado en Yoder & Woynaroski, 2015, pág. 154).

Asignación ética de recursos en contextos específicos

Aunque está claro que las intervenciones basadas en análisis de conducta para niños con autismo se encuentran entre las prácticas basadas en la evidencia aceptadas (por ejemplo, National Autism Center, 2015), y las investigaciones indican que más horas pueden tener más impacto que menos horas de intervención (por ejemplo, Linstead et al., 2017; Lovaas, 1987; Reed et al., 2007), existe un problema de acceso a los recursos y servicios en China, lo que plantea la necesidad de identificar métodos eficaces que no requieran tantas horas de intervención por parte de los profesionales (Waddington et al., 2020, pág. 2). En cuanto a la dosis adecuada de intervención, Pellecchia et al. (2019) aseguraron que en lugar de pensar que "más es mejor", deberíamos tener en cuenta muchos factores, "incluido el acceso a los servicios, el funcionamiento de la familia, la adecuación cultural y de desarrollo de la intervención y el papel de otras modalidades de tratamiento" (págs. 1076-1077). Como en nuestra analogía, es esencial identificar estrategias para asignar los recursos disponibles para hacer el bien, incluyendo la consideración de las variaciones de tratamiento. Para ampliar la analogía médica, se supone que el limitado suministro de fármacos se previó inicialmente para ser administrado sólo por vía intravenosa, y eso es lo que el hospital tenía previsto hacer. ¿Qué pasaría si alguien demostrara que el mismo fármaco puede administrarse en forma de aerosol y que cada dosis efectiva utiliza una cantidad significativamente menor del fármaco? Cambiar el modo de administración podría permitir un trato más eficaz a muchas más personas, lo que quizá mejoraría drásticamente los efectos para la población objetivo. Esto sería incontrovertible si la administración en aerosol fuera tan eficaz como la intravenosa para todos. La cuestión es que incluso si la administración del fármaco en aerosol fuera ligeramente menos eficaz que la intravenosa, desde una perspectiva de salud pública, la opción éticamente preferible sigue siendo en aerosol porque pueden tratar a más personas usando una dosis que es casi tan eficaz como la intravenosa. Del mismo modo, para atender mejor a los niños con autismo, es importante considerar "la eficacia de las intervenciones administradas según parámetros que apoyen una aplicación a mayor escala y satisfagan mejor la demanda existente" (Peters-Scheffer et al., 2013)" (Rivard et al., 2019, pág. 493).

Se podría argumentar que la perspectiva de la salud pública no es la única relevante y que las cosas se ven diferentes desde la perspectiva del proveedor que tiene a su cargo a clientes concretos. Reconocemos que existe una postura éticamente defendible, aunque no exenta de polémica, según la cual los proveedores tienen la obligación de proporcionar la mejor atención posible a sus clientes, incluso a costa de la salud pública. El punto en cuestión no es argumentar que los proveedores están moralmente obligados a adoptar nuestros métodos sugeridos de instrucción grupal, en lugar de ofrecer tratamientos vis a vis, sino que más bien ambos enfoques sean moralmente defendibles (en contraste con dosis iguales pero ineficaces). Si no eres un proveedor con clientes al cargo (por ejemplo, si estás considerando cómo crear un nuevo centro de tratamiento o qué incentivos gubernamentales fijar para la creación de centros), entonces existe una razón de peso para adoptar la perspectiva de la salud pública.

Recursos de intervención para el autismo en China

En muchos países, la intervención para el autismo está integradaa en el sistema sanitario o educativo. Aunque esto no garantiza la igualdad de trato, hace que el tratamiento sea accesible a más familias si el sistema dispone de recursos limitados. En China, la financiación de la intervención para niños pequeños es limitada, y se proporciona mediante reembolso por recibir un número limitado de programas que no están conectados con el sistema educativo público (Li, 2019; State Counsel, 2015). Desde que comenzó la intervención para niños con autismo en un hospital público a principios de la década de 1990, seguida del primer programa privado para niños con autismo (McCabe, 2008a; McCabe y Tian, 2001), se han establecido programas privados y hospitalarios similares en el país, con un crecimiento cada vez más rápido desde el año 2000 (Shieh y Deng, 2011; McCabe, 2013; McCabe y Deng, 2018).

Actualmente, existe en China una amplia gama de programas de intervención, existiendo en torno a 10000 programas de intervención (Federación China de Personas con Discapacidad, 2021). Las investigaciones demuestran que, aunque la intervención se ha desarrollado rápidamente y se realizan importantes acciones para atender a los niños, no hay suficiente formación para profesionales ni suficientes recursos instruccionales (Liao et al., 2018; McCabe & Deng, 2018).

Los padres han desempeñado un papel central en el desarrollo de los servicios de intervención para niños con autismo en China, en parte porque no hay suficientes profesores. Han tenido un rol desde la fundación de algunos de los primeros programas hasta la asistencia a los programas de intervención con sus hijos, ya sea para ser los destinatarios de la formación o para acompañar a su hijo y proporcionarle una serie de apoyos logísticos y conductuales (Feng & Wei, 2018;

Liu et al., 2020; McCabe & Tian, 2001; McCabe, 2008b; Zou et al., 2008). De hecho, para comprender la prestación de servicios en China, es importante destacar que, además de los niños, suele haber el mismo número de padres que los acompañan dentro y fuera del aula.

Dado que la mayoría de estos programas de intervención sobreviven únicamente o en gran medida gracias a las tasas de matrícula que abonan las familias (McCabe y Deng, 2018), el coste suele depender del ratio maestro-estudiante, por lo que resulta más costoso proporcionar una instrucción individual. En muchos programas, los niños reciben entre 30 y 60 minutos al día de instrucción 1:1, o entre 2,5 y 5 horas a la semana (Liao et al., 2018; McCabe, 2013), y el resto del tiempo lo dedican a asistir a clases con otros 8-10 niños y sus padres, que habitualmente los acompañan (Feng & Wei, 2018), de música, manualidades, deporte, etc. En muchos programas, las clases en grupo están a cargo de un maestro, normalmente también con un maestro de apoyo. Los padres observan y ayudan a sus hijos a participar.

A medida que se desarrollaba el campo de los servicios para niños con autismo, se empieza a disponer en China a partir del año 2000 de formación e información sobre métodos eficaces basados en el análisis de conducta (Hou, 1995; Zou et al., 2008). Algunos de estos materiales hacían hincapié en que una instrucción eficaz debía incluir ensayos discretos durante cerca de 30 horas semanales (Chen et al., 2003). Sin embargo, los recursos limitados hacen que este estándar resulte impráctico. El número de niños con autismo ha crecido más rápido que la capacidad de los programas para proporcionar una intervención basada en la evidencia por parte de profesionales cualificados.

Por ello, un problema importante es que quienes buscan tratamiento para mejorar la calidad de vida de sus hijos no siempre obtienen el tratamiento eficaz que sus hijos necesitan y que se les promete. Hay varias razones para este estado de cosas.

Puede deberse a que el proveedor del servicio desea impartir una instrucción de alta calidad, pero no ha recibido formación en prácticas basadas en la evidencia. También puede deberse a que la intervención se esté proporcionando con una importante falta de fidelidad de tratamiento, lo que podría llevar a que el niño encuentre aversivas las sesiones de intervención, repercutiendo así en la eficacia del tratamiento. Por último, tal vez al niño no le moleste el tratamiento, pero éste no ayuda al niño y a los padres a alcanzar sus objetivos, lo que hace que crea frustración en la familia y que se retiren del tratamiento. Existe un coste de oportunidad para las familias que no buscan un tratamiento mejor y más eficaz en cualquiera de estos casos.

En la actualidad, otro problema a largo plazo afecta a los programas que utilizan una intervención basada en ABA, pero que no pueden proporcionar una intensidad adecuada, lo que probablemente resulte ineficaz. Los efectos poco óptimos asociados al tratamiento del análisis de conducta provocan una percepción pública de ABA como una intervención ineficaz. Esto podría tener como consecuencia negativa a largo plazo que muchas otras personas a futuro no estén dispuestas a probar una intervención que en otras circunstancias podría ser eficaz (ABA), incluso cuando se les ofrezca bajo un formato de contrastada eficacia (McCabe, 2013).

Muchas personas en China tienen excelentes aptitudes educativas o potencial para convertirse en profesores cualificados, pero los factores sociales limitan la intervención intensiva, como suele verse en la literatura. Al no haber suficientes maestros, los padres suelen proporcionar demasiado apoyo a los niños, que con frecuencia son receptores pasivos recibiendo formación en vídeo o escuchando al instructor.

Así, abogamos aquí por una nueva forma de pensar sobre la "intensidad" y la práctica eficaz, que se centre más en las prácticas basadas en la evidencia en un formato de instrucción grupal, con el fin de atender a más alumnos de manera eficaz.

Recomendaciones: Consideración de un modelo alternativo de prestación de servicios

En el panorama actual, surge la cuestión de cómo ofrecer servicios eficaces basados en la evidencia a un mayor número de niños con TEA. Nuestra propuesta consiste en introducir de manera sistemática la enseñanza grupal basada en los principios ABA, de modo que se multipliquen las horas de intervención basada en la evidencia que recibe cada estudiante, incrementando así la eficacia y la intensidad de los distintos componentes de los programas. Diversos estudios han mostrado la eficacia de ABA en contextos grupales (por ejemplo, Leaf et al., 2013; Taubman et al., 2001). Para ello es imprescindible asegurar la fidelidad de la intervención tanto en las sesiones de ratio 1:1 entre terapeuta y estudiante como en las de grupo, ya que constituye un elemento clave para ganar intensidad en términos de horas semanales de intervención (Codding & Lane, 2015). Conviene subrayar que pasar de la instrucción individualizada a la grupal supone un nuevo modelo de prestación de servicios y, además, permite atender a más niños. La interacción entre iguales favorece además el modelado y el aprendizaje por observación, mecanismos poderosos en el desarrollo temprano que complementan la labor del terapeuta.

En situaciones en las que la financiación pública es insuficiente y hay pocos profesionales cualificados, el acceso a programas intensivos y asequibles se vuelve prácticamente imposible para muchas familias (Waddington et al., 2020). Por eso resulta fundamental explorar modelos alternativos de intervención que permitan a los niños con autismo beneficiarse de prácticas avaladas por la evidencia. De hecho, las directrices que insisten en un número mínimo de horas pueden acabar "perpetuando las desigualdades en los servicios para aquellas familias que, por múltiples motivos, no pueden alcanzar la dosis recomendada" (Pellecchia et al., 2019, pág. 1077). A estas dificultades se suman los gastos asociados a los desplazamientos y la falta de centros cercanos en regiones rurales, lo que aumenta la inequidad y acentúa la necesidad de soluciones creativas.

En consecuencia, resulta oportuno contemplar enfoques distintos, como intervenciones de menor intensidad (Waddington et al., 2020) o la enseñanza de ensayos discretos en grupos de dos o más alumnos (véanse Leaf et al., 2011; Leaf et al., 2013; Taubman et al., 2001). En China, la educación especial se organiza mayoritariamente con grupos, ya sea en aulas inclusivas con escaso apoyo (Liu et al., 2020; Qu, 2021) o en programas de intervención donde los estudiantes pasan la mayor parte del día en actividades grupales acompañados de sus padres (Feng & Wei, 2018; Yan et al., 2020). Este contexto confiere a nuestra propuesta de apostar por la instrucción grupal una sólida validez social: persigue objetivos relevantes a nivel comunitario, utiliza métodos culturalmente apropiados y busca generar mejoras tangibles para cada individuo (Wolf, 1978). El tamaño habitual de las clases y la tradición de que los padres permanezcan junto a sus hijos en el aula han configurado un sistema en el que la dinámica grupal es la norma y no la excepción.

Resulta esencial que los hallazgos de la investigación puedan trasladarse a entornos más naturales (Rivard et al., 2019), teniendo en cuenta las características de cada persona y de cada contexto para asegurar que las intervenciones sean realmente efectivas (Rehfeldt, 2011). Mientras Rehfeldt incide en llevar los resultados de la clínica al ámbito natural, nosotros ampliamos esa idea a la transferencia de experiencias entre países. Los expertos subrayan «la importancia de desentrañar las barreras socioculturales» vinculadas a «la asimilación, el compromiso y la eficacia de las intervenciones» (Pellecchia et al., 2019, pág. 1076). Por tanto, la aplicación de prácticas basadas en la evidencia debe adaptarse al contexto local. Aunque en regiones ricas en recursos donde abundan los servicios individuales pueda parecer innecesario priorizar la instrucción grupal, en contextos muy diferentes la enseñanza grupal basada en ABA continúa siendo la opción más ética. Asimismo, deben sopesarse las implicaciones éticas y culturales al trasladar prácticas de un contexto a otro, valorando cómo distintos marcos normativos y creencias influyen en su aplicación.

Conviene recordar que ABA no se limita a un modelo específico de intervención, y ya existen prácticas probadas en contextos grupales. Cuando la disponibilidad de recursos humanos y económicos impide ofrecer un apoyo intensivo individualizado, los docentes deben ingeniárselas para aplicar con eficacia estrategias basadas en la evidencia en clases con varios alumnos. Así, aunque el seguimiento del comportamiento puede resultar más sencillo en sesiones uno a uno, también hay instrumentos eficaces para evaluar y recoger datos en grupo; por ejemplo, el PLA-CHECK, un método de muestreo temporal adaptado a grupos (Doke & Risley, 1972; Spangler & Marshall, 1983). Taubman et al. (2001) compararon la enseñanza de ensayos discretos en un aula preescolar con ocho niños con discapacidad y observaron que era más eficaz que la instrucción individualizada, además de proporcionar más oportunidades de interacción y aprendizaje observacional. Leaf et al. (2013) compararon DTT en formato grupal y comprobaron que su eficacia era equiparable a DTT bajo ratio 1:1. En este estudio, un profesor trabajaba con varios alumnos, alternando ensayos simultáneos con respuesta coral y otros secuenciales donde cada alumno respondía por turno. Esta dinámica grupal facilitó que los estudiantes accedieran a un número mayor de ensayos discretos y, por ello, fue beneficiosa tanto por su efectividad como porque se aproximaba a un entorno natural (Taubman et al., 2001) y «representa más fielmente la enseñanza que encontramos en las aulas ordinarias» (Leaf et al., pág. 83).

Con demasiada frecuencia, las clases abarrotadas (frecuentes en los programas de intervención en China) propician una recepción pasiva de contenidos (Stephenson, 2006). Sin embargo, los niños con discapacidad, incluidos niños con TEA, necesitan que se apliquen prácticas basadas en la evidencia que incorporen «presentaciones repetidas de estímulos instruccionales, altos niveles de respuesta del alumnado, procedimientos sistemáticos de desvanecimiento de apoyos y retroalimentación constante» (Pennington y Courtade, 2015, pág. 40). Los docentes deben lograr que los alumnos con TEA participen activamente y aprendan en entornos grupales. La investigación sobre la participación activa durante la instrucción en grupos completos destaca la importancia de aumentar las oportunidades de respuesta (OTR, por sus siglas en inglés) (Adamson & Lewis, 2017; Haydon et al., 2012; Pennington & Courtade, 2015; Randolph, 2007; Thompson et al., 2019). Incrementar las OTR (ya sean verbales, gestuales o escritas) permite al profesorado observar y valorar la comprensión y el progreso hacia metas concretas, proporcionar retroalimentación inmediata, recopilar datos y ajustar la enseñanza (Adamson & Lewis, 2017; Haydon et al., 2012). Tal como subrayan varios autores, la intensidad viene marcada por un elevado número de oportunidades de aprendizaje (Warren et al., 2007; Yoder & Woynaroski, 2015), y este criterio también puede lograrse en contextos grupales (por ejemplo, Leaf et al., 2013; Taubman et al., 2001).

Las intervenciones basadas en el análisis de conducta se articulan en torno al principio del reforzamiento y exigen una recogida constante de datos; la enseñanza en grupo no debería ser una excepción. Para que la instrucción de toda la clase sea más eficaz y amplíe las oportunidades de recibir retroalimentación y reforzamiento, puede recurrirse a respuestas corales, emplear tarjetas de respuesta o gestos, de modo que todos los niños, incluso los no verbales, participen activamente al mismo tiempo (Common et al., 2020; Heward et al., 1996; Owiny et al., 2018). Asimismo, es posible enseñar habilidades útiles para intervenir en entornos grupales, como levantar la mano de forma apropiada (Charania et al., 2010).

En los programas de intervención en China, gran parte del día se dedica a la enseñanza en grupo, mientras que solo se reservan entre 30 y 60 minutos de las seis o siete horas diarias para sesiones individuales. Aunque se insiste en aplicar los principios de ABA, muchas de estas clases grupales las dirigen los propios maestros que también actúan como terapeutas ABA en la instrucción 1:1. En este contexto existen dos vías para aumentar la intensidad de ABA: por un lado, ofrecer más sesiones individuales, y por otro, aprovechar las horas de clase adicionales para introducir una enseñanza grupal basada en los principios del análisis de conducta. La primera alternativa exige incrementar notablemente el número de profesionales cualificados, con el consiguiente aumento de costes. La segunda resulta más adecuada y realista en el contexto actual. Piénsese en un terapeuta que atiende a ocho alumnos durante 30 minutos al día; en total emplea cuatro horas en sesiones individuales. Ese mismo profesional, debidamente formado, podría dirigir cuatro horas de instrucción grupal basada en ABA con un alto número de oportunidades de respuesta para los ocho alumnos. De este modo, la intensidad de la intervención conductual aumentaría para todos. Aunque la eficacia por hora pueda ser algo menor que en la terapia individualizada, el incremento de hasta ocho veces mas en horas de instrucción ABA compensaría compensa con creces, siempre que se mantenga una elevada fidelidad en la aplicación. Así, el profesorado puede incrementar las oportunidades de responder y de reforzamiento, además de la recogida de datos en un entorno grupal, en parte gracias a la colaboración de los padres que acompañan a sus hijos. Además, la experiencia de trabajar colectivamente puede facilitar el desarrollo de habilidades socioemocionales y fomentar el apoyo entre familias, aspectos que la intervención individual no siempre ofrece.

Promover la instrucción ABA grupal en China

En este trabajo se ha reflexionado sobre cómo distribuir de forma ética unos recursos limitados. En un escenario en el que escasean tanto los profesionales como la financiación necesaria para sostener una intervención intensiva e individualizada desde edades tempranas, ¿de qué manera puede prestarse ese apoyo de manera efectiva? Aunque se prevé un aumento notable de profesionales cualificados en China, el elevado número de niños con TEA hace improbable que cualquier inversión gubernamental cercana baste para atender a la mayoría a corto plazo. Por ello, la plantilla de especialistas crecerá de manera paulatina, sin poder satisfacer la demanda de dosis o intensidad recomendadas de tratamiento basado en la evidencia, especialmente en formatos 1:1. Esta situación nos obliga a reexaminar nuestras prioridades y a plantear estrategias que, sin sacrificar la calidad, amplíen el alcance de las intervenciones para quienes más lo necesitan.

Es imprescindible poner el foco en modos de ofrecer intervenciones avaladas por la evidencia y servicios ABA en grupo, ya sea mediante ensayos discretos grupales (Taubman et al., 2001; Leaf et al., 2013) o con otros métodos pedagógicos adecuados al contexto (Rehfeldt, 2011), combinando las prácticas y expectativas culturales propias de China con procedimientos demostrados. Igualmente, conviene ser conscientes de cómo implantar estas prácticas en un escenario distinto al habitual en la investigación, lo que implica atender a factores socioculturales y posibles barreras (Pellecchia et al., 2019). Solo una adaptación cuidadosa y sensible permitirá que estas metodologías arraiguen de manera efectiva, evitando la reproducción de modelos que no encajan con las realidades locales y pueden generar una resistencia difícil de revertir.

La evidencia muestra que los resultados mejoran cuando los alumnos cuentan con más horas de interacción con un terapeuta ABA (véanse Linstead et al., 2017; Lovaas, 1987; Reed et al., 2007) y con oportunidades de respuesta más frecuentes (Warren et al., 2007). Dado que no es posible incrementar rápidamente el número de profesionales cualificados ni abaratar su coste, una manera óptima de elevar el promedio de horas de contacto y de intensidad consiste en que un mismo docente capacitado cree actividades de enseñanza dirigidas a varios alumnos a la vez, recurriendo a estrategias ABA eficaces en entornos grupales. Por ello, resulta fundamental que los profesores de niños con TEA se formen en los principios básicos y en las prácticas asociadas de ABA que se ajusten a su modelo educativo. Una organización adecuada de los recursos humanos y materiales puede así maximizar el impacto educativo sin comprometer los principios esenciales del ABA.

Retomando la analogía inicial, la enseñanza grupal permite extender un recurso relativamente fijo de profesionales cualificados para ofrecer intervenciones basadas en el análisis de conducta, del mismo modo que el hipotético paso a un fármaco en aerosol alargaría la disponibilidad de ese medicamento. Una vez descartada la idea de repartir dosis iguales, aunque ineficaces, surgen ciertas tensiones éticas porque puede haber personas que se beneficien más de una dosis intensiva de enseñanza 1:1 que de una dosis equivalente en grupo. Si se da prioridad a la instrucción grupal, algunas familias (por ejemplo, aquellas con mayor nivel socioeconómico) cuyos hijos podrían tener acceso a numerosas horas de intervención 1:1 podrían ver limitada esa posibilidad. En consecuencia, un segmento muy pequeño podría resultar perjudicado. Por otro lado, algunos profesionales o divulgadores podrían mantenerse firmes en su compromiso de ofrecer solo lo que considera la práctica óptima (es decir, la enseñanza individualizada) y oponerse a nuestro planteamiento de aumentar la enseñanza grupal.

¿Es éticamente aceptable llevar a cabo un cambio que podría perjudicar a algunos para lograr un beneficio más amplio en la población de niños que necesitan estos servicios? En este estudio se defiende que una organización de servicio público, ya sea un hospital, un centro o una escuela que atiende a niños con necesidades especiales, que hoy emplea sus recursos de manera ineficiente no incumple los principios éticos si desconoce la existencia de métodos más eficaces, y no se la puede culpar por esa ignorancia. Sin embargo, una vez que se conoce un camino mejor para ayudar a las personas, existen sólidos argumentos para sostener que tiene la obligación ética de adoptar el método que resulte más eficaz para quienes atiende, siempre que no vulnere los derechos de nadie. Así, aunque los beneficios de la instrucción grupal puedan ser algo menores para ciertos individuos en comparación con una dosis completa administrada de la manera tradicional (por ejemplo, la administración intravenosa del fármaco o la enseñanza de ensayos discretos en formato 1:1), optar por este método innovador es moralmente permisible, e incluso puede ser necesario, porque permitirá atender a más niños y ofrecerles una intervención basada en la evidencia. De hecho, el profesorado recibiría con agrado un cambio que facilite mayores progresos a un mayor número de estudiantes.

El Código Profesional y Ético del BACB para analistas de conducta (BACB, 2014) proclama que las personas tienen «derecho a un tratamiento eficaz». Pero, ¿cómo cumplir ese objetivo cuando la escasez de recursos impide ofrecer intervenciones intensivas individualizadas 1:1 basadas en ABA? Un modelo educativo que restringe el uso de prácticas basadas en la evidencia a breves sesiones individuales plantea graves dilemas éticos respecto a la distribución de recursos limitados. El derecho fundamental es a recibir un tratamiento efectivo, no a un formato concreto de prestación. Dado que los niños pequeños en China pasan la mayor parte de su jornada en actividades de grupo, urge que los docentes apliquen estrategias basadas en la evidencia en todas las clases, no solo en los momentos cara a cara. Dawson y Bernier (2013) sostenían que los padres deben «desempeñar un papel central en la intervención... [porque] pasan más tiempo con sus hijos que cualquier terapeuta... Así, cada interacción se convierte en una oportunidad de aprendizaje» (pág. 1466). De manera similar, si todos los profesores, incluidos los de las clases grupales, dominaran los métodos del análisis de conducta, cada actividad se convertiría en una ocasión de aprendizaje y se evitaría que los niños permanezcan pasivos en el grupo. Se necesita investigación y aplicación práctica que se centre en cómo estas estrategias, manteniéndose fieles a la evidencia, se ajustan a diferentes contextos del mundo real (Rivard et al., 2019). Esta reflexión nos invita a repensar la equidad no solo como igualdad de acceso, sino también como la provisión de apoyos adaptados a las circunstancias de cada comunidad.

En estas páginas se ha planteado la necesidad de reconsiderar qué significa «hacer análisis de conducta» en los programas educativos de China, y en cualquier lugar donde los recursos no permitan una intervención 1:1 suficiente. Los hallazgos de la investigación deben trasladarse a las aulas reales de manera contextualizada (Rehfeldt, 2011). Cuando los alumnos pasan todo o casi todo el día en un grupo, es esencial incrementar las oportunidades de respuesta en ese entorno para que el docente pueda presentar múltiples estímulos, provocar respuestas activas, ofrecer retroalimentación y refuerzo, y recoger datos sobre la adquisición de habilidades, reduciendo al mismo tiempo la espera y las conductas de distracción (Haydon et al., 2012; Pennington & Courtade, 2015). En una clase en China con ocho niños, ocho padres y un maestro, sería factible formar a los progenitores para que colaboren proporcionando observaciones y recogiendo datos. El rol de los padres en los programas de intervención para el autismo en China ya ha sido objeto de análisis (Feng & Wei, 2018; McCabe, 2008b); resulta interesante explorar con mayor detalle su potencial para contribuir a la recogida de datos, aunque ello se escapa del alcance de este artículo. Una colaboración más estrecha entre profesionales y familias podría traducirse en intervenciones más coherentes y consistentes, extendiendo el aprendizaje a distintos entornos del niño.

Cuando se forme a los docentes para aplicar con eficacia prácticas basadas en la evidencia en formato grupal, como ocurre con los niños con TEA en los programas chinos, se ofrecerá un «tratamiento» mucho más efectivo a un número mayor de alumnos. Las pocas familias que actualmente pueden costear terapeutas ABA privados para intervenciones intensivas 1:1 podrán seguir haciéndolo. A pesar de esta desigualdad, no sostenemos que sea moralmente inaceptable crear programas intensivos de alta calidad para quienes puedan pagarlos. Lo que nos preocupa es que, para la inmensa mayoría de los niños, destinar apenas 30 minutos de una jornada educativa de seis horas a una intervención rigurosa basada en la evidencia no suponga un uso adecuado de su tiempo. Debe procurarse que estas reformas incluyan un diálogo continuo con las familias para que se sientan parte del proceso y confíen en los nuevos enfoques.

Para garantizar una participación más prolongada, resulta indispensable reformar la enseñanza en grupo y a nivel de clase, así como adoptar una comprensión renovada de lo que significa aplicar prácticas basadas en la evidencia y en la ciencia del análisis aplicado de conducta. Si los alumnos de estos programas pasaran de recibir entre 3 y 5 horas semanales de instrucción ABA 1:1 a asistir a entre 18 y 30 horas de enseñanza grupal basada en ABA, aunque cada hora fuera algo menos intensa, el incremento global de oportunidades de respuesta y la utilización sistemática de datos sobre el rendimiento harían que el efecto de la intervención fuese muy beneficioso. Es preciso elaborar prácticas que resulten pertinentes para el contexto y las costumbres locales (Pellecchia et al., 2019; Rehfeldt, 2011), recordando que la alta intensidad se refiere a una densidad de oportunidades de aprendizaje y no solamente al número de horas diarias (Warren et al., 2007). Este objetivo tiene validez social, ya que la instrucción grupal es el entorno habitual de los estudiantes en las escuelas y en los programas de intervención en toda China. Aunque estas recomendaciones parten de la situación en el país asiático, pueden aplicarse a otros lugares con limitaciones de recursos similares. Asimismo, conviene evaluar de manera sistemática la eficacia de estas intervenciones para ajustar la dosis y las estrategias conforme evolucionen las necesidades.

Ante la combinación del elevado número de estudiantes y maestros, y los costes de los servicios ABA en China, se hace necesario un nuevo modelo de enseñanza que ofrezca un nivel adecuado de intervención a muchos más niños. Dado que la instrucción en el país se desarrolla mayoritariamente en grupos, es una cuestión de gran urgencia formar al profesorado en métodos y estrategias que les permitan impartir intervenciones basadas en la evidencia evaluando el desempeño de niños expuestos a formatos grupales. Ello permitirá tanto controlar los costes como mejorar la eficacia de la intervención. Consideramos que, como solución adecuada al contexto local, esta propuesta ofrecerá resultados muy valiosos y beneficiará a un número mucho mayor de niños. La implantación de este modelo exige políticas públicas que respalden la formación continua y la supervisión de la calidad, garantizando su sostenibilidad a largo plazo.

SECCIÓN VI

ÉTICA DE LA INVESTIGACIÓN CLÍNICA

16 ÉTICA DE LA INVESTIGACIÓN EN CONTEXTOS CLÍNICOS[1]

Matthew P. Normand | Hailey E. Donohue

Resumen

Los analistas de conducta disfrutan de una importante ventaja frente a otros profesionales: tienen a su disposición una sólida ciencia del cambio de conducta que procede de diseños de investigación experimental. La ventaja radica en que la literatura de la disciplina consiste en estudios sobre el cambio de conducta individual. Además, los mismos diseños experimentales utilizados para hacer avanzar las ciencias básicas y aplicadas pueden utilizarse para evaluar y perfeccionar procedimientos específicos a medida que se ponen en práctica. Así, la investigación analítico-conductual y la práctica suelen estar entrelazadas. Pero, cuando los analistas de conducta profesionales realizan investigaciones y utilizan a sus clientes como participantes, es necesario tener en cuenta varias cuestiones éticas. La investigación con personas está sujeta a un minucioso control ético, pero las directrices éticas que se han desarrollado suelen describirse en términos de investigación realizada por personas que no son profesionales y que trabajan en universidades o instituciones. Este artículo se centra en varias áreas de especial interés cuando se realiza una investigación en entornos clínicos, incluidas las rela-

[1] Normand, M. P., & Donohue, H. E. (2023). Research ethics for behavior analysts in practice. *Behavior Analysis in Practice, 16*(1), 174–183. https://doi.org/10.1007/s40617-022-00698-5

ciones duales y los conflictos de intereses, la obtención del consentimiento informado y el uso de paneles de revisión ética.

Código ético para analistas de conducta: 6.01 Conformidad con las leyes y reglamentos de investigación. Los analistas de conducta planifican y realizan investigación de forma coherente con todas las leyes y reglamentos aplicables, así como con los requisitos de las organizaciones e instituciones que rigen la actividad investigadora.

Los analistas tienen una ventaja sobre muchos otros en las profesiones sociales: tienen a su disposición un enfoque sólido del cambio de conducta informado principalmente por diseños de investigación experimental de caso único. La ventaja es realmente doble. En primer lugar, la literatura de investigación se centra, en gran medida, en el cambio de conducta individual y, por lo tanto, tiene una relevancia directa para los analistas que buscan cambiar la conducta de personas con necesidades especiales. En segundo lugar, los mismos diseños experimentales utilizados para hacer avanzar las ciencias básicas y aplicadas pueden utilizarse para evaluar y perfeccionar procedimientos específicos a medida que se ponen en práctica, y también para evaluar la eficacia práctica de una intervención. En resumen, la investigación analítico-conductual y la práctica están entrelazadas.

Fuera del análisis de conducta, muchos psicólogos afirman apoyarse principalmente en la experiencia clínica y no tanto en la literatura de investigación para articular lo que hacen. De hecho, una buena cantidad de pruebas que abarcan varias décadas indican que los psicólogos en ejercicio apenas leen investigaciones ni tampoco cambian su práctica basándose en los resultados de investigación (por ejemplo, Cohen et al., 1986; Gyani et al., 2014; Morrow-Bradley & Elliott, 1986; Safran et al., 2011; Stewart & Chambless, 2007; Stewart et al., 2012). Además, parece que los psicólogos apenas realizan o participan en investigación (Cohen et al., 1986; Goldfried & Wolfe, 1996; Morrow-Bradley & Elliott, 1986; Norcross & Karpiak, 2012). Se han tratado algunas posibles razones para ello (Cohen et al., 1986; Goldfried & Wolfe, 1996; Morrow-Bradley & Elliott, 1986), pero la investigación mediante encuestas sugiere que uno de los factores son los tipos de diseños experimentales empleados en la mayoría de las investigaciones en psicología (Goldfried & Wolfe, 1996; Morrow-Bradley & Elliott, 1986). La dependencia de diseños de grupos y de datos de efectos agregados significa que, en la práctica, los psicólogos no saben cómo responderá cada individuo a una intervención concreta. También significa que la mayoría de los psicólogos en la práctica no podrán evaluar su eficacia usando los diseños de investigación más comunes en la bibliografía, porque el acceso a grandes grupos con asignación aleatoria es sencillamente inviable para el psicólogo medio que atiende a una persona cada vez.

Por estas y otras razones, algunos han pedido una adopción más amplia de los diseños experimentales de caso único como estrategia de investigación en psicología (por ejemplo, Barlow y Nock, 2009; Morgan y Morgan, 2001; Normand, 2016). Es una suerte que no se necesite tal llamamiento en el caso de los analistas de conducta, ya que los diseños de caso único ya informan sus sectores básico y aplicado. Además de consumir esa literatura de investigación y utilizar diseños experimentales de caso único para evaluar las prácticas clínicas cotidianas, muchos analistas también contribuyen a la literatura de investigación realizando evaluaciones experimentales de intervenciones conductuales. Una revisión superficial de los autores que figuran en las investigaciones publicadas en las revistas sugiere que muchos profesionales son también investigadores, porque muchos de los colaboradores enumeran afiliaciones a servicios clínicos.[2] Esto puede ser una ventaja tanto para los científicos como para los consumidores, pero también plantea algunas cuestiones éticas importantes en relación a la investigación clínica. Toda investigación con participantes está sujeta a una mi-

[2] Por ejemplo, desde 2017, más del 40 % de los artículos de investigación publicados en el *Journal of Applied Behavior Analysis* incluyen al menos un autor que declara una afiliación clínica.

nuciosa supervisión ética, pero las directrices éticas que se han desarrollado suelen describirse en términos de investigaciones realizadas por personas que no son profesionales y que trabajan en universidades o centros de investigación. Cuando los analistas de conducta en ejercicio realizan investigaciones utilizando a sus clientes como participantes, es necesario considerar varias cuestiones éticas importantes. Es difícil encontrar orientaciones claras sobre la investigación dirigida por profesionales en el ámbito de la psicología, quizá porque pocos psicólogos realizan investigaciones. Lo mismo puede decirse de varias profesiones afines, como la educación y la educación especial, donde la intersección de la investigación y la práctica se articula con frecuencia como la colaboración entre investigadores independientes con servicios aplicados. Por ejemplo, la Asociación Británica de Investigación Educativa (2018) ofrece la siguiente orientación:

> las instituciones y los entornos en los que se desarrolla la investigación también tienen un interés en la misma y deben tenerse en cuenta en el proceso de obtención del consentimiento. Los investigadores deben reflexionar sobre si deben dirigirse a los tutores antes de dirigirse directamente a los participantes, y sobre si deben adoptar los procedimientos de aprobación ética y salvaguarda propios de una institución. Y esto suele ser un requisito (pág. 9).

De esta afirmación se desprende que el código asume que los investigadores no serán profesionales que trabajen en la institución en la que se realiza la investigación. El código ético de la Asociación Estadounidense de Investigación en Educación (2011) sí aconseja específicamente: "Al planificar la investigación, los investigadores educativos seleccionan participantes en investigación con los que no tengan ninguna otra relación (por ejemplo, profesor, supervisor, mentor o empleador; pág. 152). El código reconoce brevemente que, en ocasiones, la investigación necesitará implicar a participantes con los que se tenga otra relación, pero esas situaciones, y otras relacionadas con la práctica, no se abordan en ningún otro lugar del código ético. La literatura médica está repleta de reflexiones sobre las cuestiones éticas que surgen cuando un médico actúa como clínico e investigador en la clínica. Aunque las circunstancias de los médicos no son idénticas a las de los analistas de conducta en ejercicio, existen algunas similitudes, como las interacciones cara a cara, la participación tanto en la evaluación como en el tratamiento de diversos problemas, y la supervisión de otros profesionales implicados en la evaluación y el tratamiento. Debido a estas similitudes, y a pesar de las diferencias, se tratarán las orientaciones de la literatura médica cuando sea pertinente. Concretamente para el análisis de conducta, el apartado 6 del Código Ético para Analistas de Conducta de BACB contiene 11 entradas relativas a la ética en la investigación. La mayoría de ellas no sugieren ninguna cuestión única para analistas de conducta en la práctica. Es decir, se aplican de forma similar a los investigadores cualesquiera que sean sus circunstancias. Por ejemplo, la sección 6.06 estipula que los analistas de conducta deben ser competentes en la realización de investigaciones antes de llevarlas a cabo, y esto se aplica independientemente del entorno en el que se realice la investigación. Es cierto que muchos profesionales pueden haber obtenido títulos de programas de formación de posgrado que no formaban eficazmente en habilidades de investigación, pero lo mismo podría decirse de cualquier programa de formación de posgrado. La cuestión es si el analista ha desarrollado las habilidades requeridas, y esto no se ve directamente afectado por el entorno y las actividades en las que participa. Este artículo se centra en áreas seleccionadas del apartado 6 que sí sugieren cuestiones únicas para analistas de conducta que realizan investigaciones paralelamente a su práctica.

Relaciones duales y conflictos de intereses

> *Código ético para analistas de conducta: 6.03 Investigación en la prestación de servicios.* Los analistas de conducta que realicen investigaciones durante la prestación de servicios deben organizar las actividades de investigación de forma que se dé prioridad a los servicios y al bienestar de los clientes. En estas situaciones, los analistas deben cumplir todos los requisitos éticos tanto para la prestación de servicios como para la investigación dentro del código. Cuando se ofrezcan servicios profesionales como incentivo para la participación en la investigación, los analistas deben aclarar la naturaleza de los servicios y los posibles riesgos, obligaciones y limitaciones para todas las partes.

Relaciones duales

Una relación dual es problemática porque hay estímulos discriminativos similares y destacados en dos situaciones diferentes que, de otro modo, deberían evocar conductas diferentes. Cuantos más estímulos sean comunes a las dos situaciones, más difícil será la discriminación. En cualquier relación dual, las mismas personas están presentes en dos circunstancias que difieren en otros aspectos importantes. Dado que las relaciones se caracterizan por la interacción social, las personas implicadas son posiblemente los estímulos más destacados. Esas personas son los mediadores de otras interacciones discriminativas, motivadoras, reforzantes y punitivas. Cuando las mismas personas interactúan de forma similar en el mismo ambiente físico, como una sala de tratamiento o un despacho, sólo quedan estímulos discriminativos más sutiles para ocasionar una respuesta diferencial. Esos estímulos podrían ser insuficientes, haciendo necesaria la disposición de eventos discriminativos suplementarios a través de diferentes situaciones.

En la investigación clínica, existe una relación dual cuando el investigador también presta servicios clínicos o supervisa o gestiona de otro modo la prestación de servicios clínicos al participante en la investigación. Actuar en dos o más de estos roles difumina la línea que separa investigación de práctica (Hay-Smith et al., 2016). Esto puede resultar especialmente problemático cuando se realiza una investigación de evaluación o intervención, ya que las actividades en cada uno de estos roles son similares, si no idénticas. Así, el participante puede tener dificultades para discriminar las circunstancias qué actividades son de investigación y qué actividades son clínicas. Esto puede dar lugar a problemas, como cuando las circunstancias que implican actividades de investigación evocan conductas relevantes para las circunstancias en las que se prestan los servicios clínicos. Por ejemplo, las demandas de alteraciones sutiles en un procedimiento de intervención podrían acomodarse fácilmente como parte de la práctica clínica, pero no tanto cuando un protocolo de investigación demanda coherencia a lo largo del tiempo y de los participantes. Denegar tales modificaciones en el entorno de la investigación podría repercutir en las interacciones posteriores en el entorno clínico.

La investigación en entornos clínicos plantea cuestiones relativas a la distinción entre las tareas de investigación y las intervenciones clínicas también para el investigador. De gran importancia es determinar cuándo una actividad se califica de investigación, lo que puede no ser sencillo. Según BACB, "el uso de un diseño experimental no constituye una investigación" (Behavior Analyst Certification Board®, 2020, pág. 8). En cambio, la investigación y la práctica pueden distinguirse, en parte, preguntándose si el objetivo de la actividad es desarrollar un conocimiento generalizable o ayudar a un cliente individual (Brody et al., 2005). Dicho esto, es útil preguntarse si la intención es publicar o presentar los resultados de la actividad, aunque esto no siempre se sabrá de antemano. Los planes para publicar o presentar los hallazgos podrían hacerse sólo después de que se haya realizado una intervención de carácter novedoso (Brody et al., 2005). Para los analistas de conducta, "cualquier actividad basada en datos, incluido el análisis de datos preexistentes, y que se diseña para generar conocimientos generalizables para la disciplina", se considera una investigación (Behavior

Analyst Certification Board, 2020, pág. 8). Determinar si una actividad constituye investigación es importante porque pueden entrar en juego ciertas consideraciones éticas (por ejemplo, el apartado 6 del Código Ético de BACB). Si las actividades se consideran como práctica clínica, podrían pasarse por alto algunas cuestiones importantes que se tratan en este artículo.

Una vez identificadas las actividades de investigación, es oportuno escribir qué actividades son de investigación y proporcionar esta información al participante. Los analistas ejercen un rol doble cuando realizan actividades de investigación junto con actividades clínicas con la misma persona o personas, aunque éstas no cambien en aras de la investigación. Un enfoque para manejar estas relaciones duales es evitarlas haciendo que personas diferentes presten los servicios clínicos y administren los procedimientos de investigación respectivamente. No obstante, esto no elimina necesariamente la doble función en situaciones en las que todas las partes se conocen e interactúan entre sí con regularidad. En las instituciones pequeñas, puede que no sea posible mantener a una o más personas estrictamente en un rol exclusivo. Además, en muchos casos puede no ser apropiado que los procedimientos sean administrados por alguien que no sea un clínico y que forme parte solo del equipo de investigación. Si la misma persona o personas van a prestar a veces servicios clínicos y en otros momentos van a actuar como investigadores, se debe procurar que las diferencias entre esas funciones y lo que puede esperarse de las distintas personas implicadas durante esas situaciones queden claras. Además, si es posible, las actividades podrían realizarse en diferentes entornos para potenciar las propiedades discriminativas de las actividades clínicas y de investigación.

Conflictos de intereses

Código ético para analistas de conducta. 6.07. Conflicto de intereses en la investigación y la publicación. Al realizar investigaciones, los analistas de conducta identifican, revelan y abordan los conflictos de intereses (por ejemplo, personales, económicos, relacionados con la organización, relacionados con los servicios). También identifican, revelan y resuelven los conflictos en sus actividades editoriales y de publicación.

Dichos conflictos son problemáticos porque hay operaciones motivadoras y estímulos discriminativos relevantes para dos o más clases de conductas conflictivas, y que quizás sean incompatibles. En estas situaciones, la clase de conducta que se espera que tenga lugar podría no darse porque los intereses relevantes para una clase de conducta incompatible se imponen a la conducta ética. Cuando los conflictos de intereses son inevitables, se pueden fijar estrategias de contracontrol (Delprato, 2002; Skinner, 1953/2021). Esto puede hacerse exponiendo claramente las circunstancias conflictivas para que puedan, en cierta medida, influir también en la conducta del participante. Además, organizar la supervisión de otras personas para las que los intereses en conflicto no supongan conductas conflictivas podría ser de ayuda.

Conflictos de intereses económicos

La línea que separa la investigación clínica de la promoción de productos o servicios de los que un proveedor puede beneficiarse, económicamente, también puede ser difícil de ver. En una situación ideal, la investigación consiste en descubrir relaciones funcionales para predecir y controlar mejor la conducta. Al poner en práctica la investigación analítico-conductual, la predicción y el control deben mejorar ante todo el estado del cliente. Pero hay otras variables que también influyen en las prácticas de investigación. La publicación de resultados de investigación dignos de mención puede reportar prestigio, promoción profesional y beneficios económicos, entre otras cosas (Chivers, 2019). Cuando la realización de un estudio y la publicación de los resultados están influidas por variables distintas de la predicción y el control de la conducta estudiada, existe el riesgo de deslizarse hacia la investigación promocional (Johnston & Pennypacker, 2009, pág. 64). Es decir, proponerse demostrar que algo funciona en lugar de evaluar si algo funciona.

En medicina, por ejemplo, hay circunstancias en las que un médico actúa también como investigador cuando ha inventado el dispositivo o método del objeto de estudio. En estas circunstancias, se considera inadecuado que el médico-investigador sea quien obtenga el consentimiento informado de los participantes porque las "motivaciones contradictorias del médico comprometen de forma inaceptable su capacidad para ofrecer recomendaciones que sirvan a los intereses del paciente" (Morain et al., 2019, pág. 15). Aunque es probable que los analistas en ejercicio desarrollen procedimientos de intervención específicos que, por ejemplo, dispositivos médicos comercializables, los procedimientos de intervención pueden ser rentables y plantear un conflicto de intereses. Por ejemplo, los profesionales suelen escribir los procedimientos que desarrollan y luego, obtienen beneficios vendiendo estos manuales, impartiendo talleres sobre temas relacionados, etc. Esto introduce una serie de variables de control que pueden influir en la conducta del profesional mientras se dedica tanto a la investigación como a la práctica. Demostrar que los procedimientos que uno utiliza, especialmente los que uno desarrolla, son especialmente eficaces puede afectar al resultado final. Desde un punto de vista, los informes de esos hallazgos pueden verse como publicidad de la calidad de los servicios prestados y justificación de los honorarios que se cobran.

Los conflictos de intereses también pueden implicar fuentes de control más sutiles. Un ejemplo interesante que ha recibido atención en los últimos años es el pago de honorarios por conferencias a psicólogos de cierto renombre, especialmente cuando pueden ser de muchos miles de dólares por evento (Chivers, 2019). Aunque es posible que los analistas no perciban regularmente honorarios de cinco o seis cifras por dar conferencias, algunos perciben regularmente pagos relativamente elevados por consultas o talleres. En la mayoría de los casos, los honorarios por hablar no dependen de ningún hallazgo de investigación específico. Sin embargo, dichos hallazgos de los que ha informado una persona suelen ser importantes para su reputación y, por lo tanto, para ser invitados a hablar a cambio de honorarios o afectan a la decisión de alguien de asistir al evento. Cuando un psicólogo u otro científico adquiere una reputación por una determinada línea de investigación que ha resultado en unos hallazgos concretos, aumentan los incentivos para defender esa investigación, más aún cuando el prestigio y la remuneración quedan ligadas a esa línea de investigación.

Esto no quiere decir que los analistas no deban desarrollar y comercializar sus procedimientos, publicar investigaciones clínicas, realizar talleres y similares. No obstante, tales actividades crean conflictos de intereses que deben identificarse. Deben tomarse medidas, tales como realizar investigación para que esos conflictos se reduzcan al mínimo. Es importante revelar esto cuando se publiquen los resultados de la investigación relacionada y otros artículos académicos (y revelarlo durante las charlas y talleres y mientras se presten servicios de consultoría). Podría también ser conveniente abstenerse de lucrarse de tales procedimientos hasta que se disponga de pruebas independientes, libres de conflictos de intereses indebidos, que respalden los productos o procedimientos que se promocionan.

Realizar una investigación que implique la prestación de servicios clínicos plantea una consideración económica adicional; se supone que los participantes ya están pagando por los servicios clínicos y, si las actividades de investigación tienen lugar junto con esos servicios clínicos, podrían estar pagando por participar en la investigación. Cuando los procedimientos experimentales coexisten con los procedimientos estándar, la solución sería renunciar a todos los honorarios que de otro modo se devengarían. Si se trata de una investigación real, y no de una de promoción (Johnston & Pennypacker, 2009, pág. 64), es de suponer que los investigadores no estén seguros de los resultados de los procedimientos que se están evaluando. Cobrar a alguien por recibir servicios con efectos desconocidos no sería éticamente defendible. Pero, todo cambia cuando se prestan otros servicios clínicos necesarios (evaluaciones funcionales y de preferencias) junto a los procedimientos experimentales, pero independientes de ellos. La situación más turbia, que además es común, se da cuando no se facturan servicios clínicos específicos (como una evaluación para un problema de conducta concreto), sino que se cobra una tarifa por hora (o equivalente) que cubre todos los servicios. De nuevo, en estos casos sugeriríamos renunciar a todos los honorarios que correspondan al tiempo en que se esté realizando la actividad de investigación.

Otros conflictos de intereses

El beneficio económico, el prestigio y la promoción profesional no son los únicos conflictos de intereses que pueden surgir. Las decisiones de tratamiento en beneficio del cliente pueden entrar en conflicto también con las decisiones sobre los procedimientos dictados por un protocolo de investigación. Como se indica claramente en la sección 6.03 del Código para Analistas de Conducta: "Los analistas de conducta que realicen investigaciones en el contexto de la prestación de servicios deben organizar las actividades de investigación de forma que se dé prioridad a los servicios y al bienestar del cliente" (Behavior Analyst Certification Board, 2020). Quizá la circunstancia más obvia relacionada con la investigación del análisis aplicado de la conducta sea el uso de líneas de base. Demorar el tratamiento más de lo que sería habitualmente en la práctica o eliminar un tratamiento aparentemente eficaz con el fin de demostrar el control experimental se opone a los intereses del cliente. Gran parte de la bibliografía publicada en la que se tratan cuestiones éticas en la investigación clínica o se informa de las opiniones de los pacientes sobre su participación en la investigación (como Cho et al., 2015; Kelley et al., 2015) se centra en estudios en los que los participantes fueron asignados aleatoriamente a un grupo de tratamiento o de control. Estas investigaciones sugieren que los participantes no siempre comprenden el proceso de aleatorización y el papel que desempeña, pero muchos de ellos afirman estar preocupados por el grado en que la investigación podría socavar la atención individual que reciben (por ejemplo, Kelley et al., 2015).

Se desconoce hasta qué punto estas cuestiones son ciertas en el caso de los participantes en investigación de caso único, especialmente en la investigación analítico-conductual. Es importante señalar que la mayor parte de esta investigación difiere de los estudios médicos habituales, especialmente de los ensayos controlados aleatorizados (ECA). Aunque el tratamiento puede demorarse hasta cierto punto o retirarse por un breve periodo de tiempo, los diseños experimentales de caso único que utilizan con más frecuencia los analistas tienen como resultado que cada participante está expuesto a la intervención, normalmente tras un periodo de espera. Este no es siempre el caso en los diseños de investigación de grupo (entre sujetos), como los ECA. En los diseños de investigación que implican grupos de control o comparación, un determinado número de participantes no recibe el tratamiento hasta que ha transcurrido un periodo de tiempo considerable o, en algunos casos, no llega a recibirlo nunca. Aun así, es importante que los participantes potenciales comprendan que el tratamiento puede retrasarse o suprimirse, no por una ganancia clínica, sino por las demandas del diseño experimental. Esto es especialmente importante para que los participantes puedan dar realmente su consentimiento informado (ver más adelante) para su participación. Durante ese proceso, deben proporcionarse y explicarse ejemplos de situaciones en las que podría demorarse o retirarse el tratamiento. Cuando sea factible, se podría recordar a los participantes ese propósito en el momento en que surjan tales situaciones durante la investigación.

Consentimiento informado

> *Código ético para analistas de conducta: 6.04 Consentimiento informado en investigación.* Los analistas de conducta son responsables de obtener el consentimiento informado (y el asentimiento cuando sea pertinente) de los posibles participantes en investigación en las condiciones exigidas por el comité de revisión de la investigación. Cuando los analistas son conscientes de que los datos obtenidos de clientes

anteriores o actuales, partes interesadas, supervisados y estudiantes durante la prestación habitual de servicios podrían difundirse a la comunidad científica, saben que deberían tener el consentimiento informado para el uso de los datos antes de su difusión. Especifican que los servicios no se verán afectados por dar o denegar el consentimiento y ponen a su disposición el derecho a retirar el consentimiento en cualquier momento y sin penalización.

El consentimiento informado significa que un participante consiente en tomar parte en un experimento libre de la influencia de cualquier variable de control irrelevante suministrada por los experimentadores. Las variables que influyen en la conducta del participante deben ser las que ya forman parte de su historia personal, así como las operaciones motivadoras (OM) relevantes relacionadas con la investigación, tal y como la presente el experimentador. El experimentador debe ser cauteloso a la hora de organizar OM durante el consentimiento, especialmente las que puedan estar relacionadas con los procedimientos y resultados del tratamiento. Puede que sea imposible evitar el establecimiento de OM, pero probablemente lo más seguro sea errar por el lado de crear relaciones de abolición (Laraway et al., 2003), en el sentido de disminuir la eficacia del reforzamiento para la participación y reducir las conductas que indican consentimiento. Los estímulos discriminativos introducidos deben limitarse a descripciones verbales de los procedimientos experimentales con pocos autoclíticos. Y, en la medida de lo posible, los OM y estímulos discriminativos relevantes para las actividades clínicas deben reducirse o eliminarse, por ejemplo, utilizando lugares físicos y personal diferentes durante las actividades de investigación.

El consentimiento informado requiere que se informe a los posibles participantes sobre las actividades de investigación en las que participarán, los riesgos y beneficios asociados a su participación, así como su derecho a dejar de participar en cualquier momento o a no participar. Esta información debe explicarse claramente en un lenguaje accesible al nivel educativo de los participantes y con las consideraciones culturales apropiadas. El potencial participante debe tener la oportunidad de hacer preguntas y se le debe dar el tiempo necesario para considerar las ventajas y desventajas de participar antes de aceptar hacerlo. También es de vital importancia en toda investigación en la que participen personas el grado en que puedan dar y den su consentimiento informado libremente, es decir, sin coacción. Los posibles participantes deben poder negarse a participar, o dejar de participar después de haber aceptado hacerlo, sin pérdida alguna de los privilegios a los que de otro modo tendrían derecho. De hecho, se podría argumentar que nos sentimos más libres en condiciones que están exentas de un control aversivo (por ejemplo, Skinner, 1971), como la pérdida potencial de privilegios por no participar en una investigación. Es mejor abordar las ventajas que tendrán al participar. Sin embargo, los incentivos favorables a la participación no deben ser tan sustanciales que creen circunstancias que dificulten al posible participante decir que no. Brody et al. (2005) advirtieron contra la amenaza del "error terapéutico" que se produce "cuando los sujetos creen desesperadamente que un estudio les ofrece su última esperanza", porque esto puede comprometer la voluntariedad de su participación (pág. 1412). Es importante que los investigadores consideren si el proceso de consentimiento informado hace que las personas puedan comprender bien y tomen decisiones de forma voluntaria, o si se queda corto al servir únicamente para revelar información a los participantes (Brody et al., 2005).

La relación entre un cliente y un proveedor de servicios que realiza una investigación es más importante que la existente entre un participante de investigación y, por ejemplo, un miembro del profesorado o un estudiante. Desde la perspectiva del participante, es probable que se asuma que la investigación es importante para la persona que la realiza, de modo que negarse a participar en ella se considera negarse a ayudar al investigador a hacer algo importante. Este sería el caso en cualquier tipo de investigación, clínica o de otro tipo, pero en el caso de un posible participante que también esté recibiendo servicios clínicos, una invitación a participar en una investigación realizada por un proveedor de servicios podría sugerir que se producirán algunas pérdidas importantes si se niegan. Quizás contarán con menos personas que atiendan sus necesidades o se dedicarán menos recursos a sus servicios. Tal vez no se le dé prioridad a la hora de programar sesiones de tratamiento o reuniones clínicas (que un posible participante vaya a perder algún privilegio es algo distinto a que crea que puede perderlos). En esta situación, cabe preguntarse si el consumidor puede dar libremente su consentimiento.

Los analistas de conducta consideran que nuestro comportamiento no es realmente "libre", sino que está determinado por nuestras circunstancias, pasadas y presentes.[3] Aun así, podría decirse que el grado de libertad relativa que tenemos se sitúa por la influencia que opera sobre nuestra conducta. Entregar 20 dólares cuando alguien te pide un donativo para una obra benéfica es un acto más libre que hacer lo mismo con alguien, pero apuntándote con una pistola. La cuestión es lo fuertes que son las consecuencias asociadas a la participación, siendo el grado de libertad percibida una evaluación de la fuerza con la que las consecuencias dispuestas por el experimentador compiten con las contingencias de reforzamiento existentes fuera del control del experimentador. Por ejemplo, ofrecer una gran suma de dinero, especialmente a una persona económicamente desfavorecida, puede llevar a una situación en la que esa persona no pueda rechazarla. Lo mismo puede decirse a la hora de ofrecer servicios de intervención a una persona o familia que los necesite. Es importante que los analistas "aclaren la naturaleza de los servicios y los posibles riesgos, obligaciones y limitaciones para todas las partes" cuando ofrezcan servicios de intervención como parte de una investigación o como incentivo para participar en ella (punto 6.03).

[3] No cabe duda de que algunos aceptarían que la conducta está controlada en la mayoría de las circunstancias, pero no en todas. No es necesario llegar a un acuerdo sobre este punto para el argumento que sigue.

Existen estrategias que pueden minimizar la coacción en el proceso de consentimiento informado. Para empezar, sería aconsejable que el personal que no esté implicado de otro modo con el cliente lleve a cabo las actividades de captación y consentimiento informado (Persons et al., 2021). Aunque la normativa no lo exige, el Informe Belmont y la Declaración de Helsinki de la Asociación Médica Mundial, las dos declaraciones fundamentales sobre la protección de los sujetos humanos, hicieron esta recomendación (Comisión Nacional para la Protección de los Sujetos Humanos de la Investigación Biomédica y Conductual, 1978; Asociación Médica Mundial, 2013). Por ejemplo, la Declaración de Helsinki dice:

> "Al solicitar el consentimiento informado para la participación en un estudio de investigación, el médico debe ser especialmente cauteloso si el posible sujeto tiene una relación de dependencia con el médico o puede dar su consentimiento bajo coacción. En tales situaciones, el consentimiento informado debe ser solicitado por una persona debidamente cualificada y completamente independiente de esta relación".

Sin embargo, como la mayoría de las consideraciones éticas, la cuestión no es sencilla. Hasta la fecha, no existen estudios empíricos sobre el comportamiento ético realizados específicamente en el contexto de la investigación analítico conductual. La literatura médica, por otra parte, sugiere que los posibles participantes a veces, o quizá a menudo, prefieren que su médico les explique los riesgos y beneficios de participar en un estudio (Kelley et al., 2015).

También puede ser aconsejable permitir que el potencial participante espere un tiempo antes de firmar y entregar los formularios de consentimiento (Loewenstein et al., 2011; Loewenstein et al., 2012; Persons et al., 2021). Esto les da la oportunidad de considerar los beneficios y los riesgos asociados a la participación, e incluso les permite conocer la opinión de otras personas y aprender más sobre lo que se les propone, si están dispuestos a hacerlo. Mejor aún, podría contarse de un tercero que sea neutral en una fecha posterior para que presenciara la firma y recogiera el formulario de consentimiento (Loewenstein et al., 2011; Loewenstein et al., 2012). En la medida de lo posible, es aconsejable mantener el estado de participación en el anonimato frente a otras personas de la organización, excepto para aquellas partes que deban saberlo por motivos legales o metodológicos, o para tomar decisiones sobre la atención continuada. Es importante utilizar contratos y un lenguaje de consentimiento informado que especifique claramente los derechos del cliente que se mantendrán incluso en caso de no participar. Por último, parece razonable realizar las actividades de investigación, incluido el reclutamiento, en momentos distintos de las sesiones de tratamiento o consulta programadas regularmente (Persons et al., 2021).

Comité ético

> *Código ético para analistas de conducta: 6.02 Revisión de la investigación.* Los analistas de conducta realizan investigaciones, ya sean independientes o durante la prestación de servicios, pero sólo tras la aprobación de un comité formal de revisión de investigaciones.

Un obstáculo para muchos analistas que quieren realizar investigaciones clínicas es el establecimiento de, o la asociación con, un comité ético o un panel de revisión similar. El objetivo de un comité ético es garantizar la protección de los participantes mediante la revisión de las actividades de investigación propuestas para determinar si son éticamente defendibles y si los beneficios potenciales de los hallazgos de la investigación superan los riesgos potenciales para los participantes. En la práctica, la revisión del comité ético puede ayudar a proteger al investigador en caso de demandas judiciales derivadas de daños reales o percibidos que resulten durante la investigación. Según la Oficina para la Protección de la Investigación en Seres Humanos (OHRP, por sus siglas en inglés) del Departamento de Salud y Servicios sociosanitarios (HHS, en inglés) de EEUU, cualquier actividad de investigación con personas debe ser revisada y aprobada por un panel que no tenga ninguna implicación en la investigación propuesta. La oficina también estipula que el comité debe estar formado por al menos cinco miembros procedentes de diversos ámbitos e incluir a personas que hayan realizado investigaciones en humanos, así como a personas que no lo hayan hecho. Además, debe incluir al menos un miembro que no sea investigador y otro que no esté afiliado a la institución que realiza la investigación. Es importante que quienes proponen la investigación o la realizarán no puedan votar sobre la propuesta de investigación, pero pueden proporcionar información sobre la propuesta.

La ley exige que toda investigación en humanos financiada con fondos federales sea aprobada por un comité ético acreditado, pero el espíritu de la ley se aplica a toda investigación en humanos, esté o no financiada con fondos federales (Osborne & Luoma, 2018). Además, algunos estados tienen normativas que exigen que cualquier actividad de investigación con personas sea aprobada por un panel de revisión formal, independientemente del estado de la financiación federal. Y cada vez más revistas exigen que se atestigüe que todas las actividades de investigación fueron aprobadas por un comité ético o un panel de revisión similar antes de su publicación, lo que significa que la difusión de los resultados de la investigación depende de la revisión y aprobación del comité.

La mayoría de los miembros de comité están afiliados a una universidad u hospital, pero esto no es un requisito e incluso las pequeñas organizaciones clínicas podrían concebiblemente convocar un panel de este tipo. Sin embargo, las instituciones más grandes están en mejores condiciones de reunir comités de revisión que se ajusten a las expectativas federales, especialmente en lo que se refiere a los miembros. Incluso cuando las organizaciones clínicas se asocian con organizaciones de investigación más grandes, como las universidades, los procedimientos del comité pueden resultar onerosos para los investigadores de múltiples centros (Brody et al., 2005), dado que la normativa federal afirma que "en la realización de proyectos de investigación en cooperación, cada institución es responsable de salvaguardar los derechos y el bienestar de los participantes" (U.S. Department of Health & Human Services Office of Human Research Protections, s.f.). En otras palabras, se espera una revisión independiente por parte del comité de cada institución asociada, a menos que exista una aprobación especial para un acuerdo de revisión conjunta.

LeBlanc et al. (2018) abordaron los retos asociados a la formación de un comité de revisión de la investigación, y ofrecieron sugerencias para establecer y mantener dicho comité en un entorno de servicios sociosanitarios (ver también Persons et al., 2021). De hecho, las normas para establecer un comité pueden ser prohibitivas para una organización clínica pequeña en la que hay pocos miembros cualificados para la composición del comité y en la que la mayoría de los miembros, por lo demás cualificados, estarían directamente implicados en cualquier actividad de investigación propuesta. En lugar de establecer un comité interno, una institución podría asociarse con un comité establecido en otra institución (una universidad local) o utilizar los servicios de uno que sea comercial. Sin embargo, asociarse con otra institución podría ser difícil, ya que los comités institucionales suelen estar sobrecargados de trabajo por sus propuestas de investigación y puede haber poco que ganar aumentando su carga ayudando a agencias externas. Además, asumir propuestas de investigación externas podría exponer a la institución a una responsabilidad legal adicional. Los comités comerciales existen con el objetivo expreso de servir a entidades que de otro modo no pueden acceder a un comité ético. La principal desventaja de los comerciales es que hay una tarifa asociada a la revisión, aunque cabe señalar que también hay costes asociados al establecimiento y mantenimiento de un comité interno. Igualmente, los honorarios cobrados por los comerciales pueden ser elevados, llegando a los miles de dólares por revisión.

Tabla 1 Sugerencias para mitigar problemas éticos

PROBLEMA	SUGERENCIAS PARA MITIGARLA
Relaciones duales	- Establecer por escrito qué actividades son de investigación y cuáles son servicios clínicos. - Prestar servicios clínicos y realizar actividades de investigación utilizando personal diferente. - Prestar servicios clínicos y realizar actividades de investigación en lugares distintos.
Conflicto de intereses	- Revelar claramente, por escrito o verbalmente, los posibles conflictos de interés a los potenciales participantes de investigación, en los productos escritos y al inicio de las presentaciones profesionales. - Abstenerse de obtener beneficios hasta que finalicen las actividades de investigación. - Involucrar en la supervisión de las actividades de investigación a personas que no tengan conflictos de interés. - Proporcionar y explicar ejemplos de situaciones en las que el tratamiento pueda retrasarse o suspenderse. - Recordar a los participantes el motivo del retraso o suspensión en el momento en que dichas situaciones surjan durante las actividades de investigación.
Consentimiento informado	- Contar con una tercera parte neutral para explicar y obtener el consentimiento. - Mantener el estatus de participación de forma anónima dentro de la organización, cuando corresponda. - Explicar los requisitos de participación y obtener el consentimiento en distintos momentos y en un lugar neutral.
Comités éticos institucional (CEI)	- Colaborar con un CEI existente en una institución local. - Contratar los servicios de un CEI comercial. - Desarrollar un CEI cooperativo entre varias agencias.

Una alternativa reciente a los comités comerciales es el Behavioral Health Research Collective (BHRC), un grupo sin ánimo de lucro de organizaciones de atención sanitaria conductual que gestionan colectivamente un comité registrado a nivel federal (https://bhrccomité ético.org). Aunque el BHRC no aceptaba nuevos miembros durante la redacción de este artículo, el modelo general podría aplicarse en la creación de un nuevo colectivo. Es decir, varias instituciones clínicas podrían colaborar para formar un comité interinstitucional de forma que los costes y la carga de trabajo se distribuyeran equitativamente y se minimizaran los conflictos de intereses en la revisión de protocolos individuales. También han surgido otros recursos, principalmente en el ámbito médico, con el objetivo de complementar el marco actual de revisión de la investigación con participantes por parte de las consultas éticas (de Melo-Martín et al., 2007; Emanuel et al., 2000; Porter et al., 2018; Sugarman et al., 2003). Por ejemplo, la Consulta Ética sobre Investigación (CEI) es un grupo que ha surgido en el ámbito médico en la última década con el objetivo de tratar cuestiones éticas nuevas o persistentes durante el proceso de investigación. Más de tres docenas de instituciones estadounidenses han desarrollado servicios de REC (Porter et al., 2018). Asimismo, la Clinical Research Ethics Collaborative se creó como un grupo nacional de consultores en ética de la investigación médica que trabajan para apoyar a los médicos mediante la consulta ética de la investigación clínica; en 2018, la Collaborative contaba con 54 miembros de 35 instituciones (Porter et al., 2018). Porter et al. (2018) sugirieron que la consulta sobre ética en la investigación podría ser valiosa como recurso para los investigadores con cuestiones éticas novedosas y desafiantes durante la investigación, para ayudar con los crecientes desafíos asociados con el proceso de consentimiento informado, y los riesgos y beneficios que conllevan las actividades de investigación. También como sistema de apoyo cuando los investigadores se encuentran con obstáculos y conflictos imprevistos durante sus actividades de investigación.

Para complicar aún más las cosas, en la comunidad médica han surgido inquietudes en torno a si un comité independiente, formado por un grupo diverso de investigadores, no especialistas y miembros de la comunidad, es el adecuado para revisar la investigación especializada (Brody et al., 2005). Algunos sugirieron que los expertos en la materia podrían ser más adecuados para revisar investigación especializada (Brody et al., 2005). También se ha sugerido que los comités comerciales, incluso nacionales, podrían revisar los protocolos de forma más eficiente y ser designados para toda una materia, como uno nacional para la investigación relacionada con el cáncer (Brody et al., 2005). La colaboración entre investigadores y especialistas en ética es esencial a medida que surgen problemas durante la investigación, y los servicios de consulta ética podrían aumentar la conciencia de los investigadores sobre las implicaciones éticas de su trabajo más allá del proceso de revisión, dar lugar a mejores normativas de investigación a lo largo del tiempo y facilitar una cultura organizacional receptiva al reconocimiento y la resolución de conflictos éticos (de Melo-Martín et al., 2007). Sin embargo, estos beneficios potenciales no se han investigado empíricamente y aún está por ver hasta qué punto será útil o generalizada la consulta ética.

Conclusión

En muchos sentidos, los analistas de conducta en la práctica se encuentran en una situación privilegiada para ejercer el anhelado modelo científico-clínico (Hayes et al., 1999) del que con tanta frecuencia se habla en psicología. Los analistas no se enfrentan a las barreras que impiden a muchos psicólogos consumir y contribuir a la literatura de investigación. Los diseños experimentales de caso único, que son más comunes en la literatura de investigación básica y aplicada, proporcionan información sobre cómo afectan variables independientes específicas a la conducta de participantes individuales. Esos mismos diseños permiten demostrar las relaciones funcionales de forma individual, lo que significa que los profesionales pueden utilizarlos para evaluar su práctica caso por caso. En nuestra opinión, esto es algo positivo. Sin una evaluación continua de la práctica, una ciencia rigurosa podría, por comodidad, derivar en pseudociencia (ver Normand, 2008, para tratarlo).

Aun así, las ventajas de realizar investigación en contextos prácticos no son razones para ignorar algunas de las desventajas relativas a la protección de los participantes. Insistimos en que son desventajas potenciales en la medida en que pueden superarse, siempre que los investigadores puedan identificarlas en sus prácticas y tomar medidas para minimizar cualquier influencia adversa (ver el resumen en la Tabla 1). En nuestra opinión, los pasos más críticos que pueden dar los investigadores son el establecimiento de (o la asociación con) un comité de revisión que sea rigurosa, la separación de los servicios clínicos de las actividades de investigación (en cuanto a finanzas, personal y entornos) siempre que sea posible, y la divulgación liberal de los posibles conflictos de interés en los artículos publicados y durante las presentaciones en conferencias y talleres. Además, cabe considerar si las revistas que publican investigaciones realizadas en entornos de práctica deberían exigir más detalles sobre los procedimientos de reclutamiento y consentimiento cuando los participantes también reciben otros servicios clínicos prestados por las mismas personas o institución. Estas acciones servirían para proteger mejor a los participantes y, al mismo tiempo, seguir apoyando a los analistas de conducta en su importante labor de investigación.

REFERENCIAS

Abramson, M. (1996). Reflections on knowing oneself ethically: Toward a working framework for social work practice. *Families in Society: The Journal of Contemporary Social Services, 77*(4), 195–202.

Adamson, R. M., & Lewis, T. J. (2017). A comparison of three opportunity-to-respond strategies on the academic engaged time among high school students who present challenging behavior. *Behavioral Disorders, 42*(2), 41–51.

Ala'i-Rosales, S. (2020). *Cultural responsiveness, social justice, and behavior analysis.* Association for Behavior Analysis International.

Alcoff, L. M. (2007). *Epistemologies of ignorance: Three types.* In S. Sullivan & N. Tuana (Eds.), Race and epistemologies of ignorance (págs. 39–58). State University of Nueva York Press.

Allen, K. D., & Warzak, W. J. (2013). The problem of parental nonadherence in clinical behavior analysis: Effective treatment is not enough. *Journal of Applied Behavior Analysis, 33(3)*, 373–391. https://doi.org/10.1901/jaba.2000.33-373

Alsawaier, R. S. (2017). The effect of gamification on motivation and engagement. International *Journal of Information & Learning Technology, 35,* 56–79. https://doi.org/10.1108/IJILT-02-2017-0009

Ambrose, N. G., & Yairi, E. (2002). The Tudor study: Data and ethics. *American Journal of Speech-Language Pathology, 11*(2), 190–203. https://doi.org/10.1044/1058-0360(2002/018)

American Academy of Pediatrics. (2001). Institutional ethics committees. *Pediatrics, 107, 205–209.* American Society for Bioethics and Humanities. (2011). *ASBH core competencies for health care ethics consultations* (segunda ed.). Glenview, IL: Author.

American Education Research Association. (2011). Code of ethics. *Educational Researcher, 40(3)*, 145–156. https://doi.org/10.3102/0013189X11410403

American Psychological Association (Ed.). (2019). *Publication manual of the American psychological association* (séptima ed.). American Psychological Association.

American Psychological Association. (1953). *Ethical standards for psychologists.* https://www.apa.org/pubs/books/supplemental/Essential-Ethics-Psychologists/1953ethicscode.pdf

American Psychological Association. (2017). *Ethical principles of psychologists and code of conduct.* https://www.apa.org/ethics/code/.

Animal Training Academy. (2020). Episode 119: Dr. Gregory Hanley; Values first & widely effective [Video]. YouTube. https://www.youtube.com/watch?v=NiyOrCZ-0NhY

Antes, A. L., Murphy, S. T., Waples, E. P., Mumford, M. D., Brown, R. P., Connelly, S., & Devenport, L. D. (2009). A meta-analysis of ethics instruction effectiveness in the sciences. *Ethics & Behavior, 19,* 379–402. https://doi.org/10.1080/10508420903035380

Apps, M. A. J., Grima, L. L., Manohar, S., & Husain, M. (2016). The role of cognitive effort in subjective reward devaluation and risky decision-making. *Scientific Reports, 5,* 16880. https://doi.org/10.1038/srep16880

Aristotle. (1999). *Nicomachean ethics* (2nd ed., T. Irwin, Trans.). Indianapolis, IN: Hackett.

Aristotle. (2009). *The Nicomachean ethics* (W.D. Ross & L. Brown, Eds). Oxford University Press. (original work published ca. 330 B.C.).

Arya, K., Margaryan, A., & Collis, B. (2003). Culturally sensitive problem solving activities for multi-national corporations. *TechTrends, 47,* 40–49. https://doi.org/10.1007/BF02763283.

Ashcroft, R. E. (2008). The Declaration of Helsinki. In E. J. Emanuel, C. Grady, R. A. Crouch, R. K. Lie, F. G. Miller, & D. Wendler (Eds.), *The Oxford textbook of clinical research ethics* (págs. 141–148). Oxford University Press.

Association of Professional Behavior Analysts. (2017). *Overview of state laws to license or otherwise regulate practitioners of applied behavior analysis.* www.apbahome.net

Austin, J. (2000). Performance analysis and performance diagnostics. In J. Austin & J. E. Carr (Eds.), *Handbook of applied behavior analysis* (págs. 321–349). Reno, NV: Context Press.

Austin, P. C., & Hux, J. E. (2002). A brief note on overlapping confidence intervals. *Journal of Vascular Surgery, 36*(1), 194–195. https://doi.org/10.1067/mva.2002.125015

Autism Speaks. (2017). *State priorities.* https://www.autismspeaks.org/state-initiatives

Azrin, N. H., & Holz, W. C. (1966). Punishment. In W. K. Honig (Ed.), *Operant behavior: Areas of research and application* (págs. 380– 447). Appleton-Century-Crofts.

Baer, D. M., & Wolf, M. M. (1987). Some still-current dimensions of applied behavior analysis. *Journal of Applied Behavior Analysis, 20*(4), 313–327. https://doi.org/10.1901/jaba.1987.20-313

Bailey, A. (2007). Strategic ignorance. In S. Sullivan & N. Tuana (Eds.), *Race and epistemologies of ignorance* (págs. 77–94). State University of Nueva York Press.

Bailey, J. S. (2021). Practical vs. theoretical ethics: A response to Cox. *Journal of Applied Behavior Analysis, 54,* 192–196. https://doi.org/10.1002/jaba.788

Bailey, J. S., & Burch, M. R. (2019). *Ética para analistas de conducta* (tercera ed.). ABA España. (Original publicado en 2016)

Bailey, J. S., & Burch, M. R. (2022). *Ética para analistas de conducta* (cuarta ed.). ABA España.

Bailey, J., & Burch, M. (2011). *Ethics for behavior analysts: 2nd expanded edition.* Nueva York: Routledge.

Bailey, J., & Burch, M. (2021). *25 Habilidades esenciales para analistas de conducta profesionales.* ABA España. (Original publicado en 2010)

Balas, E. A., & Boren, S. A. (2000). Managing clinical knowledge for health care improvement. In *Yearbook of Medical Informatics 2000: Patient-Centered Systems* (págs. 65–70). Schattauer Verlagsgesellschaft.

Bannerman, D. J., Sheldon, J. B., Sherman, J. A., & Harchik, A. E. (1990). Balancing the right to habilitation with the right to personal liberties: The rights of people with developmental disabilities to eat too many doughnuts and take a nap. *Journal of Applied Behavior Analysis, 23*(1), 79–89. https://doi.org/10.1901/jaba.1990.23-79

Barlow, D. H., & Nock, M. K. (2009). Why can't we be more idiographic in our research? *Perspectives on Psychological Science, 4(1), 19–2*1. https://doi.org/10.1111/j.1745-6924.2009.01088.x

Barnes-Holmes, D., O'Hora, D., Roche, B., Hayes, S. C., Bissett, R. T., & Lyddy, F. (2001). Understanding and verbal regulation. In S. C. Hayes, D. Barnes-Holmes, & B. Roche (Eds.), *Relational frame theory: A post-Skinnerian account of human language and cognition* (págs. 106–117). Nueva York: Kluwer Academic Publishers.

Bauer, M. S., Damschroder, L., Hagedorn, H., Smith, J., & Kilbourne, A. M. (2015). An introduction to implementation science for the non-specialist. *BMC Psychology, 3(1), 32.* https://doi.org/10.1186/s40359-015-0089-9

Baum, W. M. (1995). Rules, culture, and fitness. The Behavior Analyst, *18*(1), 1–21.

Baum, W. M. (2005). *Understanding behaviorism: Behavior, culture, and evolution* (2a ed.). Blackwell.

Behavior Analyst Certification Board (2020). *Ethics code for behavior analysts.* Autor

Behavior Analyst Certification Board. (2001). *Guidelines for responsible conduct for behavior analysts.* Autor.

Behavior Analyst Certification Board. (2014). *Professional and ethical compliance code for behavior analysts.* Autor.

Behavior Analyst Certification Board. (2014, September). Special edition on ethics [Special issue]. *BACB Newsletter.*

Behavior Analyst Certification Board. (2018). *A summary of ethics violations and code-enforcement activities: 2016–2017.* Author.

Behavior Analyst Certification Board. (2019). *Recent changes to the BACB's international focus.* Autor

Behavior Analyst Certification Board. (2020). *Ethics code for behavior analysts.* Autor.

Behavior Analyst Certification Board. (2022). *Board-certified behavior analyst handbook.* Autor.

Behavior Analyst Certification Board. (2022). *US employment demand for behavior analysts: 2010–2021.* Autor.

Behavior Analyst Certification Board. (2023). *A summary of ethics violations and code-enforcement activities 2019–2021.* Autor.

Behavior Analyst Certification Board. (2023a). *BACB disciplinary actions.* Autor.

Behavior Analyst Certification Board. (2023b). *BACB certificant registry.* Autor.

Behavior Analyst Certification Board. (n.d.) *BACB certificant data.* Autor

Bell, J. A. H., Salis, M., Tong, E., Nekolaichuk, E., Barned, C., Bianchi, A., et al. (2022). Clinical ethics consultations: A scoping review of reported outcomes. *BMC Medical Ethics, 23*(1), 99. https://doi.org/10.1186/s12910-022-00832-6

Benbunan-Fich, R.,&Hiltz, S. R. (1999). Impacts of asynchronous learning networks on individual and group problem solving: A field experiment. *Group Decision and Negotiation, 8, 409–426.* https://doi.org/10.1023/A:1008669710763.

Bialaszek, W., Marcowski, P., & Ostaszewski, P. (2017). Physical and cognitive effort discounting across different reward magnitudes: Tests of discounting models. *PLoS ONE, 12*(7), e0182353. https://doi.org/10.1371/journal.pone.0182353

Blased, K.. A., Friedman, R. M., & Wallace, F. (2005). *Implementing research: A synthesis of the literature* (FMHI Publication No.231). Tampa, FL: University of South Florida, Louis de lar Parte Florida Mental Health Institute, the National Implementation Research Network.

Bonner, C., Trevana, L. J., Gaissmaier, W., Han, P. K. J., Okan, Y., Ozanne, E., et al. (2021). Current best practice for presenting probabilities in patient decision aids: Fundamental principles. *Medical Decision Making, 41*(7), 821–833. https://doi.org/10.1177/0272989X21996328

Bosch, S., & Fuqua, R. W. (2001). Behavioral cusps: A model for selecting target behaviors. *Journal of Applied Behavior Analysis, 34*(1), 123–125. https://doi.org/10.1901/jaba.2001.34-123

Botha, M., Hanlon, J., & Williams, G. L. (2021). Does language matter? Identity-first versus person-first language use in autism research: A response to Vivanti. *Journal of Autism and Developmental Disorders.* https://doi.org/10.1007/s10803-020-04858-w

Boutot, E. A., & Hume, K. (2012). Beyond time out and table time: Today's Applied Behavior Analysis for students with autism. *Education and Training in Autism and Developmental Disabilities, 47*(*1*), 23–38.

Bowman, K. S., & Weiss, M. J. (2022). Teaching graduate students to translate nonbehavioral treatments into behavioral principles. *Behavior Analysis Practice, 16,* 1–17. https://doi.org/10.1007/s40617-022-00736-2

Breiman, L. (2001). Random forests. *Machine Learning, 45,* 5–32. https://doi.org/10.1023/A:1010933404324

Brethower, D. M. (1982). The total performance system. In R. M. O'Brien, A. M. Dickinson, & M. P. Rosie (Eds.), *Industrial behavior modification: A management handbook* (págs. 350–369). Nueva York: Pergamon Press.

British Educational Research Association. (2018). *Ethical guidelines for educational research.* https://www.bera.ac.uk/researchers-resources/publications/ethical-guidelines-for-educational-research-2018.

Brodhead, M. T. (2015). Maintaining professional relationships in an interdisciplinary setting: Strategies for navigating nonbehavioral treatment recommendations for individuals with autism. *Behavior Analysis in Practice, 8*(1), 70–78. https://doi.org/10.1007/s40617-015-0042-7

Brodhead, M. T. (2019). Culture always matters: Some thoughts on Rosenberg and Schwartz. *Behavior Analysis in Practice, 12*(4), 826–830. https://doi.org/10.1007/s40617-019-00351-8

Brodhead, M. T., & Higbee, T. S. (2012). Teaching and maintaining ethical behavior in a professional organization. *Behavior Analysis in Practice, 5(2), 82–88*. https://doi.org/10.1007/BF033 91827

Brodhead, M. T., Cox, D. J., & Quigley, S. P. (2018). Identifying your scope of competence in autism treatment. In M. T. Brodhead, D. J. Cox, & S. P. Quigley (Eds.), *Practical ethics for the effective treatment of autism spectrum disorders*. Cambridge, MA: Academic Press. https://doi.org/10.1016/B978-0-12-814098-7.00004-3.

Brodhead, M. T., Cox, D. J., & Quigley, S. P. (2022). *Practical ethics for the effective treatment of autism spectrum disorders* (2a ed.). Academic Press.

Brodhead, M. T., Durán, L., & Bloom, S. E. (2014). Cultural and linguistic diversity in recent verbal behavior research on individuals with disabilities: A review and implications for research and practice. *The Analysis of Verbal Behavior, 30*(1), 75–86. https://doi.org/10.1007/s40616-014-0009-8

Brodhead, M. T., Quigley, S. P., & Cox, D. J. (2018). How to identify ethical practices in organizations prior to employment. *Behavior Analysis in Practice, 11*(2), 165–173. https://doi.org/10.1007/s40617-018-0235-y.

Brodhead, M. T., Quigley, S. P., & Wilczynski, S. M. (2018). A call for discussion about scope of competence in behavior analysis. *Behavior Analysis in Practice, 11*(4), 424–435. https://doi.org/10.1007/s40617-018-00303-8

Brody, B. A., McCullough, L. B., & Sharp, R. R. (2005). Consensus and controversy in clinical research ethics. *JAMA, 294(11), 141*1–1414. https://doi.org/10.1001/jama.294.11.1411

Brummett, A., & Ostertag, C. J. (2018). Two troubling trends in the conversation over whether clinical ethics consultants have ethics expertise. *HEC Forum, 30,* 157–169. https://doi.org/10.1007/s10730-017-9321-8.

Bunger, A., Griffey, R., & Hensley, M. (2011). Outcomes for implementation research: Conceptual distinctions, measurement challenges, and research agenda. *Administration & Policy in Mental Health, 38*(*2*), 65–76. https://doi.org/10.1007/s10488-010-0319-7

Capriotti, M. R., & Donaldson, J. M. (2022). "Why don't behavior analysts do something?" Behavior analysts' historical, present, and potential future actions on sexual and gender minority issues. *Journal of Applied Behavior Analysis, 55*(1), 19–39. https://doi.org/10.1002/jaba.884

Care in Behavior Analytic Treatment: Can outcomes be enhanced by attending to relationships with caregivers? *Behavior Analysis in Practice, 12*(3), 654–666. https://doi.org/10.1007/s40617-018-00289-3

Catania, A. C. (1988). The operant behaviorism of B. F. Skinner. In A. C. Catania & S. Harnad (Eds.), The selection of behavior: The operant behaviorism of B. F. Skinner: Comments and consequences (págs. 3-8). Cambridge: Cambridge University Press.

Catania, A. C., Shimoff, E., & Matthews, B.A. (1989). An experimental analysis of rule-governed behavior. In S.C. Hayes (Ed.), *Rule-governed behavior: Cognition, contingencies, and instructional control* (págs. 119-150. Plenum Press.

Catania, C. N., Almeida, D., Liu-Constant, B., & Reed, F. D. D. (2009). Video modeling to train staff to implement discrete-trial instruction. *Journal of Applied Behavior Analysis, 42*(*2*), 387–392. https://doi.org/10.1901/jaba.2009.42-387

Chang, C. C., & Lin, C. J. (2001). LIBSVM: A library for support vector machines. https://www.csie.ntu.edu.tw/~cjlin/papers/libsvm.pdf

Chapman, G. B., & Elstein, A. S. (1995). Valuing the future: Temporal discounting of health and money. *Medical Decision Making, 15*(4), 373–386. https://doi.org/10.1177/0272989X9501500408

Charania, S. M., LeBlanc, L. A., Sabanathan, N., Ktaech, I. A., Carr, J. E., & Gunby, K. (2010). Teaching effective hand-raising to children with autism during group instruction. *Journal of Applied Behavior Analysis, 43,* 493–497.

Chazin, K. T., Velez, M. S., & Ledford, J. R. (2021). Reducing escape without escape extinction: A systematic review and meta-analysis of escape-based interventions. *Journal of Behavioral Education.* https://doi.org/10.1007/s10864-021-09453-2

Chen, J., Zhang, J., & Li, X. (2003). [Entrenamiento individualizado para niños con autismo: Observación de 30 casos]. *Revista China de Salud Mental, 17*(2), 130–132. (Original en chino)

Chen, X. Y., & Cheng, J. (2020). [Investigación sobre el uso de métodos de intervención en instituciones de rehabilitación designadas para niños con trastorno del espectro autista en China]. *Revista China de Medicina de Rehabilitación, 35*(5), 590–594. https://doi.org/10.3969/j.issn.1001-1242.2020.05.015 (Original en chino)

China Disabled Persons' Federation. (2021). [Boletín estadístico sobre el desarrollo de las personas con discapacidad en 2020]. Disponible en: https://www.cdpf.org.cn/zwgk/zccx/tjgb/d4baf2be2102461e96259fdf13852841.htm (Original en chino)

Chivers, T. (2019). Does psychology have a conflict-of-interest problem? *Nature, 571, 2023. h*ttps://doi.org/10.1038/d41586-019-02041-5

Cho, M. K., Magnus, D., Constantine, M., Lee, S. S.-J., Kelley, M., Alessi, S., Korngiebel, D., James, C., Kuwana, E., & Gallagher, T. H. (2015). Attitudes toward risk and informed consent for research on medical practices: A cross-sectional survey. *Annals of Internal Medicine, 162(10), 690*–696. https://doi.org/10.7326/M15-0166

Chowdhury, M., & Benson, B. A. (2011). Use of differential reinforcement to reduce behavior problems in adults with intellectual disabilities: a methodological review. *Research in Developmental Disabilities, 32*(2), 383–394. https://doi.org/10.1016/j.ridd.2010.11.015

Christensen, A., Cote, J., & Lathan, C. K. (2018). Developing ethical confidence: The impact of action-oriented ethics instruction in an accounting curriculum. *Journal of Business Ethics, 153, 1157–117*5. https://doi.org/10.1007/s10551-016-3411-4

Clayton, M., & Headley, A. (2019). The use of behavioral skills training to improve staff performance of discrete trial training. *Behavioral Interventions,* 34(1), 136–143. https://doi.org/10.1002/bin.1656

Codding, R. S., & Lane, K. L. (2015). A spotlight on treatment intensity: An important and often overlooked component of intervention inquiry. *Journal of Behavioral Education, 24,* 1–10. https://doi.org/10.1007/s10864-014-9210-z

Code, L. (2004). The power of ignorance. *Philosophical Papers, 33*(*3*), 291–308. https://doi.org/10.1080/05568 64040 94851 44

Cohen, L. H., Sargent, M. M., & Sechrest, L. B. (1986). Use of psychotherapy research by professional psychologists. *American Psychologist, 41*(2), 198. https://doi.org/10.1037/0003-066X.41.2.198

Colombo, R. A., Taylor, R. S., & Hammond, J. L. (2021). State of current training for severe problem behavior: A survey. *Behavior Analysis in Practice, 14*(1), 11–19. https://doi.org/10.1007/s40617-020-00424-z

Common, E. A., Lane, K. L., Cantwell, E. D., Brunsting, N. C., Oakes, W. P., Germer, K. A., & Bross, L. A. (2020). Teacher-delivered strategies to increase students' opportunities to respond: A systematic methodological review. Behavioral Disorders, *45*(*2*), 67–84.

Conine, D. E., Campau, S. C., & Petronelli, A. K. (2022). LGBTQ+ conversion therapy and applied behavior analysis: A call to action. *Journal of Applied Behavior Analysis, 55*(1), 6–18. https://doi.org/10.1002/jaba.876

Conners, B. M., & Capell, S. T. (2020). Test Bank for Multiculturalism and Diversity in applied behavior analysis: Bridging theory and application. In B. M. Conners & S. T. Capell (Eds.), *Multiculturalism and diversity issues in applied behavior analysis: Bridging theory and application* (págs. 199–242). Routledge.

Conners, B. M., & Capell, S. T. (Eds.). (2020). *Multiculturalism and diversity issues in applied behavior analysis: Bridging theory and application.* Routledge.

Conners, B. M., Johnson, A., Duarte, J., Murriky, R., & Marks, K. (2019). Future directions of training and fieldwork in diversity issues in applied behavior analysis. *Behavior Analysis in Practice, 12*(4), 767–776. https://doi.org/10.1007/s40617-019-00349-2

Cooper, A. (Presenter). (2011). *The sissy boy experiment* [TV series episodes]. In A. Cooper (Presenter), *Anderson Cooper 360.* CNN.

Courtney, W. T., Hartley, B. K., Rosswurm, M., LeBlanc, L. A., & Lund, C. J. (2021). Establishing and leveraging the expertise of advisory boards. *Behavior Analysis in Practice, 14,* 253–263. https://doi.org/10.1007/s40617-020-00503-1

Courtwright, A. (2013). From unregulated practice to credentialed profession: Implementing ethics consultation competencies. *American Journal of Bioethics, 13*(2), 16–17. https://doi.org/10.1080/15265161.2012.750389.

Cox, D. J. (2020). A guide to establishing ethics committees in behavioral health settings. *Behavior Analysis in Practice, 13*(4), 939–949. https://doi.org/10.1007/s40617-020-00455-6

Cox, D. J. (2020a). Moral philosophy, ethical theories, and applied ethics. *8th Annual Ethics in Professional Practice Conference*, Beverly, MA. https://doi.org/10.13140/RG.2.2.20697.75361

Cox, D. J. (2020b). A guide to establishing ethics committees in behavioral health settings. *Behavior Analysis in Practice, 13,* 939–949. https://doi.org/10.1007/s40617-020-00455-6

Cox, D. J. (2020c). A guide to establishing ethics committees in behavioral health settings. *Behavior Analysis in Practice, 13*(4), 939– 949. https://doi.org/10.1007/s40617-020-00455-6

Cox, D. J. (2021). Descriptive and normative ethical behavior appear to be functionally distinct. *Journal of Applied Behavior Analysis, 54*(*1*), 168–191. https://doi.org/10.1002/jaba.761

Cox, D. J., & Brodhead, M. T. (2021). A proof of concept analysis of decision-making with time-series data. *The Psychological Record, 71,* 349–366. https://doi.org/10.1007/s40732-020-00451-w

Cox, D. J., & Dallery, J. (2018). Influence of second outcome on monetary discounting. *Behavioural Processes, 153,* 84–91. https://doi.org/10.1016/j.beproc.2018.05.012

Cox, D. J., & Javed, A. (2022). Televisibility-and-harm [Computer software]. GitHub. https://zenodo.org/badge/latestdoi/532253440

Cox, D. J., & Vladescu, J. C. (2023). *Statistics for applied behavior analysis practitioners and researchers.* Academic Press.

Cox, D. J., Dolan, S. B., Johnson, P., & Johnson, M. W. (2020). Delay and probability discounting in cocaine use disorder: Comprehensive examination of money, cocaine, and health outcomes using gains and losses at multiple magnitudes. *Experimental and Clinical Psychopharmacology, 28*(6), 724–738. https://doi.org/10.1037/pha0000341

Craft, J. L. (2013). A review of the empirical ethical decision-making literature: 2004–2011. *Journal of Business Ethics, 117, 221–259.* https://doi.org/10.1007/s10551-012-1518-9.

Curran, G. M., Bauer, M., Mittman, B., Pyne, J. M., & Stetler, C. (2012). Effectiveness-implementation hybrid designs: Combining elements of clinical effectiveness and implementation research to enhance public health impact. *Medical Care, 50*(*3*), 217–226. https://doi.org/10.1097/MLR.0b013 e3182 408812

Daniels, A. C., & Daniels, J. E. (2004). *Performance management: Changing behavior that drives organizational effectiveness.* Atlanta, GA: Performance Management Publications.

Daniels, N. (2006). Equity and population health: Toward a broader bioethics agenda. The Hastings Center Report, *36*(*4*), 22–35. https://doi.org/10.1353/hcr.2006.0058

Davidson, M. (2017). Vaccines as a cause of autism—myths and controversies. *Dialogues in Clinical Neuroscience, 19*(4), 403–407. https://doi.org/10.31887/DCNS.2017.19.4/mdavidson

Dawson, G., & Bernier, R. (2013). A quarter century of progress on the early detection and treatment of autism spectrum disorder. *Development and Psychopathology, 25,* 1455–1472.

Dawson, G., Rogers, S., Munson, J., Smith, M., Winter, J., Greenson, J., Donaldson, A., & Varley, J. (2010). Randomized, controlled trial of an intervention for toddlers with autism: The Early Start Denver Model. *Pediatrics, 125(1), e17*–e23. https://doi.org/10.1542/peds.2009-0958

Day, W. (1977). Ethical philosophy and the thought of B. F. Skinner. In J. E. Krapfl & E. A. Vargan(Eds.), Behaviorism and ethics (págs. 7-23). Kalamazoo, MI: Behaviordelia.

de Melo-Martín, I., Palmer, L. I., & Fins, J. J. (2007). Viewpoint: Developing a research ethics consultation service to foster responsive and responsible clinical research. *Academic Medicine, 82*(9), 900–904. https://doi.org/10.1097/ACM.0b013 e3181 32f0ee

Deardorff, D. K. (2009). Implementing intercultural competence assessment. In D. K. Deardorff (Ed.), *The sage handbook of intercultural competence* (págs. 477–491). Sage Publications.

Delprato, D. J. (2002). Countercontrol in behavior analysis. *The Behavior Analyst, 25*(2), 191–200. https://doi.org/10.1007/BF033 92057

Dennison, A., Lund, E. M., Brodhead, M. T., Mejia, L., Armenta, A., & Leal, J. (2019). Delivering home-supported applied behavior analysis therapies to culturally and linguistically diverse families. *Behavior Analysis in Practice, 12*(4), 887–898. https://doi.org/10.1007/s40617-019-00374-1

Deochand, N., & Fuqua, R. W. (2016). BACB certification trends: State of the states (1999 to 2014). *Behavior Analysis in Practice, 9(3), 243*–252. https://doi.org/10.1007/s40617-016-0118-z

Deochand, N., Eldridge, R. R., & Peterson, S. M. (2020). Toward the development of a functional analysis risk assessment decision tool. *Behavior Analysis in Practice, 13*(4), 978–990. https://doi.org/10.1007/s40617-020-00433-y

Department of Health and Human Services Office of Human Research Protections. (n.d.). *Federal policy for the protection of human subjects ('Common Rule').* http://www.hhs.gov/ohrp/regulations-and-policy/regulations/common-rule

Desrochers, M. N., Hile, M. G., & Williams-Moseley, T. L. (1997). Survey of functional assessment procedures used with individuals who display mental retardation and severe problem behaviors. *American Journal on Mental Retardation, 101(5), 535*–546.

DeStefano, F., & Shimabukuro, T. T. (2019). The MMR vaccine and autism. *Annual Review of Virology, 6*(1), 585–600. https://doi.org/10.1146/annurev-virology-092818-015515

Dicheva, D., Dichev, D., Agre, G., & Angelova, G. (2015). Gamification in education: A systematic mapping study. Educational *Technology & Society, 18,* 75–88. https://www.jstor.org/stable/jeductechsoci.18.3.75.

Diener, L. H., McGee, H. M., & Miguel, C. F. (2009). An integrated approach for conducting a behavioral systems analysis. *Journal of Organizational Behavior Management, 29,* 108–135. Family Education Rights and Privacy Act, 20 U.S.C. § 1232g (1974).

Digdon, N. (2020). The Little Albert controversy: Intuition, confirmation bias, and logic. *History of Psychology, 23*(2), 122–131. https://doi.org/10.1037/hop0000055

Digdon, N., Powell, R. A., & Harris, B. (2014). Little Albert's alleged neurological impairment: Watson, Rayner, and historical revision. *History of Psychology, 17*(4), 312–324. https://doi.org/10.1037/a0037325

DiGennaro Reed, F. D., & Henley, A. J. (2015). A survey of staff training and performance management practices: The good, the bad, and the ugly. *Behavior Analysis in Practice, 8(1), 16*–*26*. https://doi.org/10.1007/s40617-015-0044-5

Dingfelder, H. E., & Mandell, D. S. (2011). Bridging the research-topractice gap in autism intervention: An application of diffusion of innovation theory. *Journal of Autism & Developmental Disorders, 41*(5), 597–609. https://doi.org/10.1007/s10803-010-1081-0

Dittrich, L. (2016). *Patient H. M.: A story of memory, madness, and family secrets.* Nueva York: Random House.

Dixon, M. J., & Vargo, K. K. (2017). Training kindergarten students lockdown drill procedures using behavioral skills training. *Journal of Applied Behavior Analysis, 50,* 407–412. https://doi.org/10.1002/jaba.369

Dogan, R. K., King, M. L., Fischetti, A. T., Lake, C. M., Matthews, T. L., & Warzak, W. J. (2017). Parent-implemented behavioral skills training of social skills. *Journal of Applied Behavior Analysis, 50,* 805–818. https://doi.org/10.1002/jaba.411

Doke, L. A., & Risley, T. R. (1972). The organization of day-care environments: Required vs. optional activities. *Journal of Applied Behavior Analysis, 5, 405–420.*

Donvan, J. J., & Zucker, C. B. (2017). *In a different key: The story of autism.* Nueva York, NY: Crown.

Dougher, M. J. (2017). President's column. *Inside Behavior Analysis, 9(2), 2–4.*

Eccles, M. P., & Mittman, B. S. (2006). Welcome to implementation science. *Implementation Science, 1(1), 1–3.* https://doi.org/10.1186/1748-5908-1-1

Editors of The Lancet. (2010). Retraction—Ileal-lymphoid-nodular hyperplasia, non-specific colitis, and pervasive developmental disorder in children. *The Lancet, 375*(9713), 445. https://doi.org/10.1016/S0140-6736(10)60175-4

Eikeseth, S., Smith, T., Jahr, E., & Eldevik, S. (2002). Intensive behavioral intervention at school for 4-to 7-year-old children with autism. *Behavior Modification, 26,* 49–68.

Emanuel, E. J., Wendler, D., & Grady, C. (2000). What makes clinical research ethical? *JAMA, 283(20), 270*1–2711. https://doi.org/10. 1001/jama.283.20.2701

Epstein, R. (1987). In the yellow wood. In S. Modgil & C. Modgil (Eds.), B. F. Skinner: Consensus and controversy (págs. 333-335). Philadelphia: Falmar Press.

Erath, T. G., DiGennaro Reed, F. D., Sundermeyer, H. W., Brand, D., Novak, M. D., Harbison, M. J., & Shears, R. (2020). Enhancing the training integrity of human service staff using pyramidal behavioral skills training. *Journal of Applied Behavior Analysis, 53(1)*, 449–464. https://doi.org/10.1002/jaba.608

Estle, S. J., Green, L., Myerson, J., & Holt, D. D. (2006). Differential effects of amount on temporal and probability discounting of gains and losses. *Memory & Cognition, 34*(4), 914–928.

Fantini, A. E. (2009). Assessing intercultural competence. In D. K. Deardorff (Ed.), *The sage handbook of intercultural competence* (págs. 456–476). Sage Publications.

Feng, J. R., & Wei, S. H. (2018). [Estudio sobre la resiliencia psicológica de los padres que acompañan a niños con autismo en instituciones de rehabilitación]. *Educación Especial Moderna, 11*, 38–43. (Original en chino)

Fisher-Borne, M., Cain, J. M., & Martin, S. L. (2015). From mastery to accountability: Cultural humility as an alternative to cultural competence. *Social Work Education, 34*(2), 165–181. https://doi.org/10.1080/02615479.2014.977244

Fisher, C. B. (2016). *Decoding the ethics code: A practical guide for psychologists* (4ª ed.). Los Angeles, CA: Sage.

Fisher, W. W., & Lerman, D. C. (2014). It has been said that, "There are three degrees of falsehoods: Lies, damn lies, and statistics.". *Journal of School Psychology, 52*(2), 243–248. https://doi.org/10.1016/j.jsp.2014.01.001

Fisher, W. W., Luczynski, K. C., Hood, S. A., Lesser, A. D., Machado, M. A., & Piazza, C. C. (2014). Preliminary findings of a randomized clinical trial of a virtual training program for applied behavior analysis technicians. *Research in Autism Spectrum Disorders, 8(9), 1044*–1054. https://doi.org/10.1016/j.rasd.2014.05.002

Fisher, W. W., Thompson, R. H., Hagopian, L. P., Bowman, L. G., & Krug, A. (2000). Facilitating tolerance of delayed reinforcement during functional communication training. *Behavior Modification, 24*(1), 3–29. https://doi.org/10.1177/0145445500241001

Fixsen, D. L.,Naoom, S. F., Blasé, K.A., Friedman, R.M.,& Wallace, F. (2005). *Implementing research: A synthesis of the literature (FMHI Publication No.231).* Tampa, FL: University of South Florida, Louis de lar Parte Florida Mental Health Institute, the National Implementation Research Network.

Flowers, J., & Dawes, J. (2023). Dignity and respect: Why therapeutic assent matters. *Behavior Analysis in Practice.* Advance online publication. https://doi.org/10.1007/s40617-023-00772-6

Fong, E. H., & Tanaka, S. (2013). Multicultural Alliance of Behavior Analysis standards for cultural competence in behavior analysis. *International Journal of Behavioral Consultation and Therapy, 8*(2), 17–19.

Fong, E. H., Catagnus, R. M., Brodhead, M. T., Quigley, S., & Field, S. (2016). Developing the cultural awareness skills of behavior analysts. *Behavior Analysis in Practice, 9(1), 84–94.* https://doi.org/10.1007/s40617-016-0111-6

Fong, E. H., Ficklin, S., & Lee, H. Y. (2017). Increasing cultural understanding and diversity in applied behavior analysis. *Behavior Analysis: Research and Practice, 17*(2), 103–113. https://doi.org/10.1037/bar00 00076

Friedman, J. H. (2001). Greedy function approximation: A gradient boosting machine. *Annals of Statistics, 29*(5), 1189–1232. https://www.jstor.org/stable/2699986

Frilund, A. J., Beck, H. P., Goldie, W. D., & Irons, G. (2020). The case for Douglas Merritte: Should we bury what is alive and well? *History of Psychology, 23*(2), 132–148. https://doi.org/10.1037/hop0000142

Garbutt, G., & Davies, P. (2011). Should the practice of medicine be a deontological or utilitarian enterprise? *Journal of Medical Ethics, 37*(5), 267–270. https://doi.org/10.1136/jme.2010.03611

Garrett, R. (1979). Value conflict in a Skinnerian analysis. *Behaviorism, 7, 917.*

Garrett, R. (1987). Practical reason and a science of morals. In S. Modgil & C. Modgil (Eds.), B. F. Skinner: Consensus and controversy (págs. 319-327). Philadelphia: Falmar Press.

Garza, K. L., McGee, H. M., Schenk, Y. A., & Wiskirchen, R. R. (2018). Some tools for carrying out a proposed process for supervising experience hours for aspiring board certified behavior analysts. *Behavior Analysis in Practice, 11*(1), 62–70. https://doi.org/10.1007/s40617-017-0186-8

Gilroy, S. P., Kaplan, B. A., & Leader, G. (2018). A systematic review of applied behavior economics in assessments and treatments for individuals with developmental disabilities. *Review Journal of Autism and Developmental Disorders, 5,* 247–259. https://doi.org/10.1007/s40489-018-0136-6

Glago, K., Mastropieri, M. A., & Scruggs, T. E. (2009). Improving problem solving of elementary students with mild disabilities. *Remedial and Special Education, 30*(6), 372–380. https://doi.org/10.1177/0741932508324394.

Glenn, S. S. (1989). Verbal behavior and cultural practices. *Behavior Analysis and Social Action, 7(1–2), 10*–15.

Goldfried, M. R., & Wolfe, B. E. (1996). Psychotherapy practice and research: Repairing a strained relationship. *American Psychologist, 51*(10), 1007. https://doi.org/10.1037//0003-066X.51.10.1007

Goldiamond, I. (1974). Toward a constructional approach to social problems: Ethical and constitutional issues raised by applied behavior analysis. *Behaviorism, 2*(1), 1–84.

Gonzalez, C., & Dutt, V. (2016). Exploration and exploitation during information search and consequential choice. *Journal of Dynamic Decision Making, 2*(2), 1–8.

Goode, D., Hill, D. B., Reiss, J., & Bronston, W. (2013). *History and sociology of the Willowbrook State School.* American Association on Intellectual and Developmental Disabilities.

Gornick, M. C., & Zikmund-Fisher, B. J. (2019). What clinical ethics can learn from decision science. *AMA Journal of Ethics, 21*(10), E906–E912. https://doi.org/10.1001/amajethics.2019.906

Graber, A., & Graber, J. E. (2019). The unique challenge of articulating the behavior analysts' ethical obligations and the case of punishment. *Behavior Analysis in Practice, 12*(3), 688–695. https://doi.org/10.1007/s40617-018-00310-9

Graham, G. (1977). On what is good: A study of B. F. Skinner's operant behaviorist view. Behaviorism, *5, 97-112.*

Grant, J., Green, L., & Mason, B. (2003). Basic research and health: a reassessment of the scientific basis for the support of biomedical science. *Research Evaluation, 12*(3), 217–224. https://doi.org/10.3152/147154403781776618

Greely, H. T., & Cho, M. K. (2013). The Henrietta Lacks legacy grows. *EMBO Reports, 14*(10), 849. https://doi.org/10.1038/embor.2013.148

Green, D. R., Ferguson, J. L., Cihon, J. H., Torres, N., Leaf, R., McEachin, J., Rudrud, E., Schulze, K., & Leaf, J. B. (2019). The teaching interaction procedure as a staff training tool. *Behavior Analysis in Practice, 13,* 421–433. https://doi.org/10.1007/s40617-019-00357-2

Guo, Y. Q. (2006). Training parents and professionals to help children with autism in China: The contribution of behaviour analysis. *International Journal of Psychology, 41*, 523–526.

Gyani, A., Shafran, R., Myles, P., & Rose, S. (2014). The gap between science and practice: How therapists make their clinical decisions. *Behavior Therapy, 45*(*2*), 199–211. https://doi.org/10.1016/j.beth.2013.10.004

Hackenberg, T. D., & Joker, V. R. (1994). Instructional versus schedule control of humans' choices in situations of diminishing returns. *Journal of the Experimental Analysis of Behavior, 62,* 367–383. https://doi.org/10.1901/jeab.1994.62-367.

Halpern, S. D., Loewenstein, G., Volpp, K. G., Cooney, E., Vranas, K., Quill, C. M., et al. (2013). Default options in advance directives influence how patients set goals for end-of-life care. *Health Affairs, 32*(2), 408–417.

Hanley, G. (2021, 9 de septiembre). A perspective on today's ABA from Dr. Hanley. Practical Functional Assessment. https://practicalfunctionalassessment.com/2021/09/09/a-perspective-on-todays-aba-by-dr-greg-hanley/

Hanley, G. P., Iwata, B. A., & McCord, B. E. (2003). Functional analysis of problem behavior: A review. *Journal of Applied Behavior Analysis, 36*(*2*), 147–185. https://doi.org/10.1901/jaba.2003.36-147

Harchik, A. E., Sherman, J. A., Sheldon, J. B., & Strouse, M. C. (1992). Ongoing consultation as a method of improving performance of staff members in a group home. *Journal of Applied Behavior Analysis, 25*(3), 599–610. https://doi.org/10.1901/jaba.1992.25-599

Harris, B. (1979). Whatever happened to Little Albert? *American Psychologist, 34*(2), 151–160. https://doi.org/10.1037/0003-066X.34.2.151

Harris, B. (2020). Journals, referees, and gatekeepers in the dispute over Little Albert, 2009–2014. *History of Psychology, 23*(2), 103–121. https://doi.org/10.1037/hop0000087

Harrison, J. (1967). Ethical naturalism. In P. Edwards (Ed.), *The encylopedia of philosophy* (Vol. 3, págs. 69-71). Nueva York: MacMillan.

Hay-Smith, E. J. C., Brown, M., Anderson, L., & Treharne, G. J. (2016). Once a clinician, always a clinician: A systematic review to develop a typology of clinician-researcher dual-role experiences in health research with patient-participants. *BMC Medical Research Methodology, 16*, 95.

Haydon, T., Macsuga-Gage, A. S., Simonsen, B., & Hawkins, R. (2012). Opportunities to respond: A key component of effective instruction. *Beyond Behavior, 22*(1), 23–31. https://doi.org/10.1177/107429561202200105

Hayes, S. C. (1989). *Rule-governed behavior: Cognition, contingencies, and instructional control.* Plenum Press.

Hayes, S. C., Barlow, D. H., & Nelson-Gray, R. O. (1999). *The scientist practitioner: Research and accountability in the age of managed care* (segunda ed.). Allyn & Bacon.

Health care ethics consultation competencies and standards: A roadmap still needing a compass. *American Journal of Bioethics, 13*(2), 20–22. https://doi.org/10.1080/15265161.2012.750396.

Health Insurance Portability and Accountability Act, Pub. L. No.104-191, § 264, 110 Stat.1936 (1996).

Heller, P., Keith, R., & Anderson, S. (1992). Teaching problem solving through cooperative grouping. Part 1: Group versus individual problem solving. *American Journal of Physics, 60*, 627–636. https://doi.org/10.1119/1.17117.

Henrietta Lacks: Science must right a historical wrong [Editorial]. (2020). *Nature, 585*(7823), 7. https://doi.org/10.1038/d41586-020-02494-z

Heward, W. L., Gardner, R., Cavanaugh, R. A., Courson, F. H., Grossi, T. A., & Barbetta, P. M. (1996). Everyone participates in this class: Using response cards to increase active student response. *Teaching Exceptional Children, 28*(2), 4–10.

Heywood, J. (1562). *The proverbs and epigrams of John Heywood.* Manchester, UK: Spenser Society.

Hinman, L. M. (1979). How not to naturalize ethics: The untenability of a Skinnerian naturalistic ethics. Ethics, *89*, 292-297.

Ho, D. (2016). Keeping it ethically real. *Journal of Medicine and Philosophy, 41*, 369–383.

Hoagland, S. L. (2007). Denying relationality: Epistemology and ethics and ignorance. In S. Sullivan & N. Tuana (Eds.), *Race and epistemologies of ignorance* (págs. 95–118). State University of Nueva York Press.

Hocutt, M. (1977). Skinner on the word "good": A naturalistic semantics for ethics. Ethics, *87*, 319-338.

Hogan, A., Knez, N., & Kahng, S. (2015). Evaluating the use of behavioral skills training to improve school staffs' implementation of behavior intervention plans. *Journal of Behavioral Education, 24*(2), 242–254. https://doi.org/10.1007/s10864-014-9213-9

Homlitas, C., Rosales, R., & Candel, L. (2014). A further evaluation of behavioral skills training for implementation of the picture exchange communication system. *Journal of Applied Behavior Analysis, 47*(*1*), 198–203. https://doi.org/10.1002/jaba.99

Hormio, S. (2018). Culpable ignorance in a collective setting. *Acta Philosophica Fennica, 94*, 7–34.

Horton, R. (2004). A statement by the editors of The Lancet. *The Lancet, 363*(9411), 820–821. https://doi.org/10.1016/S0140-6736(04)15699-7

Hou, Z. (1995). [Características clínicas y modelo de corrección del autismo infantil]. *Desarrollo Psicológico y Educación*, (4), 55–58. (Original en chino)

Houmanfar, R., & Johnson, R. (2003). Organizational implications of gossip and rumor. *Journal of Organizational Behavior Management, 23*, 117–138.

Houmanfar, R., Rodrigues, N. J., & Swetz, G. S. (2009). Role of communication networks in behavioral systems analysis. *Journal of Organizational Behavior Management, 29*, 257–275. https://doi.org/10.1080/01608060903092102.

Hume, D. (1998). An *enquiry concerning the principles of morals* (T.L. Beauchamp, Ed.). Oxford University Press. (original work published 1751).

Hursh, S. R., & Roma, P. G. (2016). Behavioral economics and the analysis of consumption and choice. *Managerial and Decision Economics, 37*, 224–238. https://doi.org/10.1002/mde.2724

Hursh, S. R., & Silberberg, A. (2008). Economic demand and essential value. *Psychological Review, 115*(1), 186–198. https://doi.org/10.1037/0033-295X.115.1.186

Hutchinson, R. R. (1977). By-products of aversive control. In *Handbook of Operant Behavior* (págs. 415–431). Routledge/Taylor & Francis Group.

Ikuenobe, P. (1998). Colonialism in Africa, culturally induced moral ignorance, and the scope of responsibility. *Journal for the Theory of Social Behaviour, 28*(2), 109–128. https://doi.org/10.1111/1468-5914.00066

Iltis, A. S., & Rasmussen, L. M. (2016). The "ethics" expertise in clinical ethics consultation. *Journal of Medicine and Philosophy, 41*, 363– 368. https://doi.org/10.1093/jmp/jhw013.

Isser, M. (2020). The grooming gap: What "looking the part" costs women. In *These Times.* https://inthesetimes.com/article/groom ing-gap-women-economics-wage-gender-sexism-make-up-styli ng-dress-code.

Johnson, A. H. (2022). The weight of harm: A response to "Editor's Note: Societal changes and expression of concern about Rekers and Lovaas' (1974) Behavioral treatment of deviant sex-role behaviors in a male child." *Behavior Analysis in Practice, 15*(3), 971–979. https://doi.org/10.1007/s40617-022-00683-y

Johnston, J. M., & Pennypacker, H. S. (2009). *Strategies and tactics of behavioral research* (tercera ed.). Routledge.

Jones, B., & Rachlin, H. (2006). Social discounting. *Psychological Science, 17*(4), 283–286. https://doi.org/10.1111/j.1467-9280.2006.01699.x

Jones, S. H., St. Peter, C. C., & Ruckle, M. M. (2020). Reporting of demographic variables in the *Journal of Applied Behavior Analysis. Journal of Applied Behavior Analysis, 53*(3), 1304–1315. https://doi.org/10.1002/jaba.722

Joyce, N. R., & Rankin, T. J. (2010). The lessons of the development of the first APA ethics code: Blending science, practice, and politics. *Ethics & Behavior, 20*(6), 466–481. https://doi.org/10.1080/10508422.2010.521448

Kahneman, D. (2012). *Pensar deprisa, pensar despacio.* Debate.

Kangas, B. D., & Vaidya, M. (2007). Trends in presentations at the annual conference of the Association for Behavior Analysis. *The Behavior Analyst, 30*(2), 117–131.

Kant, I. (1964). *Groundwork of the Metaphysic of Morals* (H.J. Paton, trans.). Harper and Row. (Original publicado en 1785).

Kant, I. (1996). *Practical philosophy* (M. J. Gregor, Trans.). Cambridge University Press.

Kapp, S. K., Steward, R., Crane, L., Elliott, D., Elphick, C., Pellicano, E., & Russell, G. (2019). 'People should be allowed to do what they like': Autistic adults' views and experiences of stimming. *Autism, 23*(7), 1782–1792. https://doi.org/10.1177/1362361319829628

Kazdin, A. E. (2011). *Single-case research designs: Methods for clinical and applied settings.* Oxford University Press.

Keith-Spiegel, P. (2013). Confronting an unethical colleague. In G. P. Koocher, J. C. Norcross, & B. A. Greene (Eds.), *Psychologists' desk reference* (tercera ed., págs. 567–571). Oxford University Press. https://doi.org/10.1093/med:psych/9780199845491.001.0001

Kelley, M., James, C., Alessi Kraft, S., Korngiebel, D., Wijangco, I., Rosenthal, E., Joffe, S., Cho, M. K., Wilfond, B., & Lee, S. S.-J. (2015). Patient perspectives on the learning health system: The importance of trust and shared decision making. *American Journal of Bioethics, 15*(9), 4–17. https://doi.org/10.1080/15265 161.2015.1062163

Kelly, E. M., Greeny, K., Rosenberg, N., & Schwartz, I. (2020). When rules are not enough: Developing principles to guide ethical conduct. *Behavior Analysis in Practice, 14,* 491–498. https://doi.org/10.1007/s40617-020-00515-x

Kelly, M. P., & Trifyllis, I. (2022). Developing national occupational standards for behavior analysis. *European Journal of Behavior Analysis, 23*(2), 196–214. https://doi.org/10.1080/15021149.2022.2137654

Kemmerer, A. (2021). Practicing with compassionate care: A missing piece in behavior analytic training. *Autism Spectrum News.* https://www.autismspectrumnews.org/practicing-with-compassionate-care-a-missing-piece-in-behavior-analytic-training/

Kidder, R. M. (2005). *Moral courage.* Nueva York: HarperCollins.

Kidder, R. M. (2009). *How good people make tough choices: Resolving the dilemmas of ethical living* (Edición revisada). Nueva York: Harper.

Kitcher, R. (1980). Ethical relativism and behavior therapy. *Journal of Consulting and Clinical Psychology, 48,* 1-7.

Kix, P. (2008, 17 de junio). The shocking truth. *Boston Magazine.* http://www.bostonmagazine.com/2008/06/the-shocking-truth/

Koocher, G. P., & Keith-Spiegel, P. (2008). *Ethics in psychology and the mental health professions: Standards and cases* (tercera ed). Oxford University Press.

Krueger, P. M., Wilson, R. C., & Cohen, J. D. (2017). Strategies for exploration in the domain of losses. *Judgment and Decision Making, 12*(2), 104–117.

Kurtz, P. F., Boelter, E. W., Jarmolowicz, D. P., Chin, M. D., & Hagopian, L. P. (2011). An analysis of functional communication training as an empirically supported treatment for problem behavior displayed by individuals with intellectual disabilities. *Research in Developmental Disabilities, 32*(6), 2935–2942. https://doi.org/10.1016/j.ridd.2011.05.009

Lamb, E. (2019). A balanced view on ABA therapy, by an autistic adult. The Autism Café. https://theautismcafe.com/a-balanced-view-on-aba-therapy-by-an-autistic-adult.

Laraway, S., Snycerski, S., Michael, J., & Poling, A. (2003). Motivating operations and terms to describe them: Some further refinements. *Journal of Applied Behavior Analysis, 36,* 407–414.

Larcher, V., Slowther, A. M., & Watson, A. R. (2010). Core competencies for clinical ethics committees. *Clinical Medicine (London, England), 10,* 30–33. https://doi.org/10.7861/clinmedicine.10-1-30.

Laudan, L. (1977). *Progress and its problems: Towards a theory of scientific growth.* Berkeley: University of California Press.

Lavie, T., & Sturmey, P. (2002). Training staff to conduct a paired-stimulus preference assessment. *Journal of Applied Behavior Analysis, 35*(2), 209–211. https://doi.org/10.1901/jaba.2002.35-209

Leaf, J. B., Tsuji, K. H., Lentell, A. E., Dale, S. E., Kassardjian, A., Taubman, M., McEachin, J., Leaf, R., & Oppenheim-Leaf, M. L. (2013). A comparison of Discrete Trial Teaching implemented in a one-to-one instructional format and in a group instructional format. *Behavioral Interventions, 28,* 82–106. https://doi.org/10.1002/bin.1357

Leaf, R. B., Taubman, M. T., McEachin, J. J., Leaf, J. B., & Tsuji, K. H. (2011). A program description of a community-based intensive behavioral intervention program for individuals with Autism Spectrum Disorders. *Education And Treatment Of Children, 34*(2), 259–285.

LeBlanc, L. A., Heinicke, M. R., & Baker, J. C. (2012). Expanding the consumer base for behavior-analytic services: meeting the needs of consumers in the 21st century. *Behavior Analysis in Practice, 5*(1), 4–14.

LeBlanc, L. A., Nosik, M. R., & Petursdottir, A. (2018). Establishing consumer protections for research in human service agencies. *Behavior Analysis in Practice, 11*(4), 445–455. https://doi.org/10.1007/s40617-018-0206-3

LeBlanc, L. A., Onofrio, O. M., Valentino, A. L., & Sleeper, J. D. (2020). Promoting ethical discussions and decision making in a human service agency. *Behavior Analysis in Practice, 13,* 905–913. https://doi.org/10.1007/s40617-020-00454-7

LeBlanc, L. A., Sellers, T. P., & Alai, S. (2020). *Building and sustaining meaningful and effective relationships as a supervisor and mentor.* Cornwall on Hudson, NY: Sloan Publishing.

LeBlanc, L. A., Taylor, B. A., & Marchese, N. V. (2020). The training experiences of behavior analysts: Compassionate care and therapeutic relationships with caregivers. *Behavior Analysis in Practice, 13*(2), 387–393. https://doi.org/10.1007/s40617-019-00368-z

Lerman, D. C., & Vorndran, C. M. (2002). On the status of knowledge for using punishment: Implications for treating behavior disorders. *Journal of Applied Behavior Analysis, 35(4)*, 431–464. https://doi.org/10.1901/jaba.2002.35-431

Li, A., Wallace, L., Ehrhardt, K. E., & Poling, A. (2017). Reporting participant characteristics in intervention articles published in five behavior-analytic journals, 2013–2015. *Behavior Analysis: Research and Practice, 17*(1), 84–91. https://doi.org/10.1037/bar0000071

Li, X. (2019). [Política social para personas con autismo y sus familias en China: Agenda y perspectivas]. *Bienestar Social (Edición Teórica)*, (10), 12–18. (Original en chino)

Liao, Y., Dillenburger, K., & Buchanan, I. (2018). Does culture matter in ABA-based autism interventions? Parent and professional experiences in the UK and China. *European Journal of Behavior Analysis, 19*(1), 11–29. https://doi.org/10.1080/15021149.2017.13996 57

Linscheid, T. R., & Meinhold, P. (1990). The controversy over aversives: Basic operant research and the side effects of punishment. In *Perspectives on the use of non-aversive and aversive interventions for persons with developmental disabilities.* Sycamore Publishing.

Linstead, E., Dixon, D. R., French, R., Granpeesheh, D., Adams, H., German, R., Powell, A., Stevens, E., Tarbox, J., & Kornack, J. (2017). Intensity and learning outcomes in the treatment of children with autism spectrum disorder. *Behavior Modification, 41*(2), 229–252. https://doi.org/10.1177/01454 45516 667059

List, J. A., Samek, A., & Suskind, D. L. (2018). Combining behavioral economics and field experiments to reimagine early childhood education. *Behavioural Public Policy, 2*(1), 1–21. https://doi.org/10.1017/bpp.2017.6

Liu, M. H., & Zhao, Y. S. (2019). [Estudio sobre la efectividad de la intervención con Análisis Aplicado de Conducta (ABA) en las habilidades sociales de niños con autismo]. *Medicina de Rehabilitación, 10*(18), 50–53. (Original en chino)

Liu, Q., Hsieh, W. Y., & Chen, G. W. (2020). A systematic review and meta-analysis of parent-mediated intervention for children and adolescents with autism spectrum disorder in mainland China, Hong Kong, and Taiwan. *Autism, 24*(8), 1960–1979.

Liu, Yao, & X., Wang, M., & Du, L. (2020). Academic support for students with developmental disabilities in elementary schools: the roles and experiences of Chinese classroom teachers. *International Journal of Developmental Disabilities, 66(1)*, 1–12. https://doi.org/10.1080/20473869.2019.1653659.

Locke, J. (1980). *Second treatise of government* . C. B. Macpherson, Ed. Hackett Publishing. (original work published 1689).

Loewenstein, G., Cain, D. M., & Sah, S. (2011). The limits of transparency: Pitfalls and potential of disclosing conflicts of interest. *American Economic Review, 101(3), 423*–428. https://doi.org/10.1257/aer.101.3.423

Loewenstein, G., Sah, S., & Cain, D. M. (2012). The unintended consequences of conflict of interest disclosure. *JAMA, 307(7), 669*–670. https://doi.org/10.1001/jama.2012.154

Lotfizadeh, A. D., Kazemi, E., Pompa-Craven, P., & Eldevik, S. (2020). Moderate effects of low intensity behavioral intervention. *Behavior Modification,* 44(1), 92–113. https://doi.org/10.1177/0145445518796204

Lovaas, O. I. (1987). Behavioral treatment and normal educational and intellectual functioning in young autistic children. *Journal of Consulting and Clinical Psychology, 55*(1), 3–9.

Lovaas, O. I. (1987). Behavioral treatment and normal educational and intellectual functioning in young autistic children. *Journal of Consulting and Clinical Psychology, 55*(1), 3–9.

Luczaj, P., Cacciaguerra-Decorato, F., & Conners, B. M. (2020). Cultural incompetency in applied behavior analysis service delivery models: Implications for behavior analysts. En B. M. Conners & S. T. Capell (Eds.), *Multiculturalism and diversity issues in applied behavior analysis: Bridging theory and application* (págs. 115–122). Routledge.

Lunn, P. D., & Choisdealbha, A. (2018). The case for laboratory experiments in behavioural public policy. *Behavioural Public Policy, 2*(1), 22–40. https://doi.org/10.1017/bpp.2016.6

Madden, G. J. (2000). A behavioral economics primer. In W. K. Bickel & R. E. Vuchinich (Eds.), *Reframing health behavior change with behavioral economics* (págs. 3–26). Lawrence Erlbaum Associates.

Mailey, C., Day-Watkins, J., Pallathra, A. A., Eckerman, D. A., Brodkin, E. S., & Connell, J. E. (2020). Using adaptive computer-based instruction to teach staff to implement a social skills intervention. *Journal of Organizational Behavior Management, 41(1)*, 2–15. https://doi.org/10.1080/01608 061.2020.17768 07

Mazur, J. E. (1987). An adjusting procedure for studying delayed reinforcement. In M. L. Commons, J. E. Mazur, J. A. Nevin, & H. Rachlin (Eds.), *Quantitative analysis of behavior: The effect of delay and of intervening events on reinforcement value* (Vol. 5, pp. 55–73). Lawrence Erlbaum Associates.

McAllister, J. W. (1972). *Report of resident abuse investigating committee.* Tallahassee: Division of Retardation, Department of Health and Rehabilitative Services.

McCabe, H. (2008a). Two decades of serving children with autism in the People's Republic of China: Achievements and challenges of a state-run mental health center. *Disability and Society, 23*(3), 271–282.

McCabe, H. (2008b). The importance of parent-to-parent support among families of children with autism in the People's Republic of China. *International Journal of Disability, Development, and Education, 55*(4), 303–314.

McCabe, H. (2013). Bamboo shoots after the rain: Development and challenges of autism intervention in China. *Autism: The International Journal of Research and Practice, 17*(5), 510–526.

McCabe, H., & Deng, G. (2018). "So they'll have somewhere to go": Establishing Non-governmental organizations (NGOs) for children with autism in the People's Republic of China. *Voluntas: International Journal of Voluntary and Non-profit Organizations, 29*(5), 1019–1032. https://doi.org/10.1007/s11266-017-9879-4

McCabe, H., & Tian, H. (2001). Early intervention for children with autism in the People's Republic of China: A focus on parent training. *The Journal of International Special Needs Education, 4, 39–43.*

McClimans, L., & Slowther, A. (2016). Moral expertise in the clinic: Lessons learned from medicine and science. *Journal of Medicine and Philosophy, 41*, 401–415. https://doi.org/10.1093/jmp/jhw011.

McKerchar, T. L., & Renda, C. R. (2012). Delay and probability discounting in humans: An overview. *The Psychological Record, 62,* 817–834.

Mead Jasperse, S. C., Kelly, M. P., Ward, S., Fernand, J. K., Joslyn, P. R., & van Dijk, W. (2023). Consent and assent practices in behavior analytic research. *Behavior Analysis in Practice.* Advance online publication. https://doi.org/10.1007/s40617-023-00838-5

Medeiros, K. E., Watts, L. L., Mulhearn, T. J., Steele, L. M., Mumford, M. D., & Connelly, S. (2017). What is working, what is not, and what we need to know: A meta-analytic review of business ethics instruction. *Journal of Academic Ethics, 15,* 245–275. https://doi.org/10.1007/s10805-017-9281-2

Medina, J. (2013). *The epistemology of resistance: Gender and racial oppression, epistemic injustice, and resistant imaginations.* Oxford University Press.

Meehl, P. E. (1956). Wanted—A good cook-book. *American Psychologist, 11*(6), 263–272. https://doi.org/10.1037/h0044164

Menzel, P. (2007). Allocation of scarce resources (págs. 305–322). Blackwell Publishing Ltd. https://doi.org/10.1002/9780470690 932.ch17

Miles, N. I., & Wilder, D. A. (2009). The effects of behavioral skills training on caregiver implementation of guided compliance. *Journal of Applied Behavior Analysis, 42,* 405–410. https://doi.org/10.1901/jaba.2009.42-405

Milgram, S. (1963). Behavioral study of obedience. *Journal of Abnormal and Social Psychology, 67*(4), 371–378. https://doi.org/10.1037/h0040525

Milgram, S. (1974). *Obedience to authority.* Harper.

Mill, J. S. (1957). *Utilitarianism.* Nueva York: Bobbs-Merrill (Original publicado 1861).

Mills, C. (2007). White ignorance. In S. Sullivan & N. Tuana (Eds.), *Race and epistemologies of ignorance* (págs. 13–38). State University of Nueva York Press.

Mitteer, D. R., Greer, B. D., Randall, K. R., & Briggs, A. M. (2020). Further evaluation of teaching behavior technicians to input data and graph using GraphPad prism. *Behavior Analysis: Research & Practice, 20*(2), 81. https://doi.org/10.1037/bar0000172

Montmarquet, J. A. (1987). Epistemic virtue. *Mind, 96*(384), 482–497.

Montmarquet, J. A. (1995). Culpable ignorance and excuses. *Philosophical Studies, 80*(*1*), 41–49. https://doi.org/10.1007/BF00990535

Moon, M. (2019). Institutional ethics committees. *Pediatrics, 143*(*5*), *e201*90659.

Moore, G. E. (1903/1966). *Principia ethica.* Cambridge: Cambridge University Press.

Moore, J. W., Fisher, W. W., & Pennington, A. (2004). Systematic application and removal of protective equipment in the assessment of multiple topographies of self-injury. *Journal of Applied Behavior Analysis, 37*(*1*), 73–77. https://doi.org/10.1901/jaba.2004.37-73

Morain, S. R., Joffe, S., & Largent, E. A. (2019). When is it ethical for physician-investigators to seek consent from their own patients? *American Journal of Bioethics, 19*(4), 11–18. https://doi.org/10.1080/15265161.2019.1572811

Morford, Z. H., Witts, B. N., Killingsworth, K. J., & Alavosius, M. P. (2014). Gamification: The intersection between behavior analysis and game design technologies. *The Behavior Analyst, 37,* 25–40. https://doi.org/10.1007/s40614-014-0006-1

Morgan, D. L., & Morgan, R. K. (2001). Single-participant research design: Bringing science to managed care. *American Psychologist, 56*(*2*), 119–127. https://doi.org/10.1037//0003-066X.56.2.119

Morris, C., Detrick, J. J., & Peterson, S. M. (2021). Participant assent in behavior analytic research: Considerations for participants with autism and developmental disabilities. *Journal of Applied Behavior Analysis, 54*(4), 1300–1316. https://doi.org/10.1002/jaba.859

Morris, Z. S., Wooding, S., & Grant, J. (2011). The answer is 17 years, what is the question: Understanding time lags in translational research. *Journal of the Royal Society of Medicine, 104(12), 510*– 520. https://doi.org/10.1258/jrsm.2011.110180

Morrow-Bradley, C., & Elliott, R. (1986). Utilization of psychotherapy research by practicing psychotherapists. *American Psychologist, 41*(*2*), 188. https://doi.org/10.1037/0003-066X.41.2.188

Mulhearn, T. J., Steele, L. M., Watts, L. L., Medeiros, K. E., Mumford, M. D., & Connelly, S. (2017). Review of instructional approaches in ethics education. *Science & Engineering Ethics, 23,* 883–912. https://doi.org/10.1007/s11948-016-9803-0

Mumford, M. D., Feldman, J. M., Hein, M. B., & Nagao, D. J. (2001). Trade-offs between ideas and structure: Individual versus group performance in creative problem-solving. *Journal of Creative Behavior, 35*, 1–23. https://doi.org/10.1002/j.2162-6057.2001.tb01218.x.

Münscher, R., Vetter, M., & Scheurle, T. (2015). A review and taxonomy of choice architecture techniques. *Journal of Behavioral Decision Making, 29*(5), 511–524. https://doi.org/10.1002/bdm.1897

Myerson, J., Green, L., & Morris, J. (2011). Modeling the effect of reward amount on probability discounting. *Journal of the Experimental Analysis of Behavior, 95*(2), 175–187. https://doi.org/10.1901/jeab.2011.95-175

National Academy of Sciences. (2009). *On being a scientist: A guide to the responsible conduct in research* (tercera ed.). Washington, DC: The National Academies Press.

National Autism Center. (2015). *Findings and conclusions: National standards project, phase 2.* Autor.

National Commission for the Protection of Human Subjects in Biomedical & Behavioral Research. (1979). *The Belmont report: Ethical principles and guidelines for the protection of human subjects of research.* U.S. Department of Health and Human Services. https://www.hhs.gov/ohrp/regulations-and-policy/belmont-report/read-the-belmont-report/index.html

National Commission for the Protection of Human Subjects of Biomedical and Behavioral Research. (1978). *The Belmont report: Ethical principles and guidelines for the protection of human subjects of research.* https://www.hhs.gov/ohrp/regulations-and-policy/belmont-report/read-the-belmont-report/index.html.

National Research Act of 1974, 42 U.S.C. § 201 et seq. (1974). https://uscode.house.gov/view.xhtml?path=/prelim@title42/chapter6A/subchapter3&edition=prelim

Neely, L., Graber, J., Kunnavatana, S., & Cantrell, K. (2020). Impact of language on behavior treatment outcomes. *Journal of Applied Behavior Analysis, 53*(*2*), 796–810. https://doi.org/10.1002/jaba.626

Newhouse-Oisten, M. K., Peck, K. M., Conway, A. A., & Frieder, J. E. (2017). Ethical considerations for interdisciplinary collaboration with prescribing professionals. *Behavior Analysis in Practice, 10*(2), 145–153. https://doi.org/10.1007/s40617-017-0184-x

Norcross, J. C., & Karpiak, C. P. (2012). Clinical psychologists in the 2010s: 50 years of the APA Division of Clinical Psychology. *Clinical Psychology: Science & Practice, 19*(1), 1–12. https://doi.org/10.1111/j.1468-2850.2012.01269.x

Nordyke, N. S., Baer, D. M., Etzel, B. C., & LeBlanc, J. M. (1977). Implications of the stereotyping and modification of sex role. *Journal of Applied Behavior Analysis, 10*(3), 553–557. https://doi.org/10.1901/jaba.1977.10-553

Normand, M. P. (2008). Science, skepticism, and applied behavior analysis. *Behavior Analysis in Practice, 1(2), 42–49*. https://doi.org/10.1007/BF033 91727

Normand, M. P. (2016). Less is more: Psychologists can learn more by studying fewer people [Opinion]. *Frontiers in Psychology, 7(934).* https://doi.org/10.3389/fpsyg.2016.00934

Normand, M. P., & Donohue, H. E. (2023). Research ethics for behavior analysts in practice. *Behavior Analysis in Practice, 16*(1), 13–22. https://doi.org/10.1007/s40617-022-00698-5

Nosik, M. R., & Williams, W. L. (2011). Component evaluation of a computer based format for teaching discrete trial and backward chaining. *Research in Developmental Disabilities, 32*(5), 1694– 1702. https://doi.org/10.1016/j.ridd.2011.02.022

Nuremberg Military Tribunals. (1949). *Trials of war criminals before the Nuremberg Military Tribunals under Control Council law No. 10* (Vol. 2). U.S. Government Printing Office. https://archive.org/details/TrialsOfWarCriminalsBeforeTheNurembergMilitaryTribunalsUnderControlCouncil

O'Donohue, W., & Ferguson, K. E. (2011). Behavior analysis and ethics. In W. W. Fisher, C. C. Piazza, & H. S. Roane (Eds.), *Handbook of applied behavior analysis* (págs. 489–497). Guilford Press.

O'Leary, P. N., Miller, M. M., Olive, M. L., & Kelly, A. N. (2015). Blurred lines: ethical implications of social media for behavior analysts. *Behavior Analysis in Practice, 10*(1), 45–51. https://doi.org/10.1007/s40617-014-0033-0

O'Leary, P. N., Miller, M. M., Olive, M. L., & Kelly, A. N. (2017). Blurred lines: ethical implications of social media for behavior analysts. *Behavior Analysis in Practice, 10*(1), 45–51.

Office of the Secretary. (1979). The Belmont report. https://www.hhs.gov/ohrp/regulations-and-policy/belmont-report/read-the-belmont-report/index.html

Oliver, A. C., Pratt, L. A., & Normand, M. P. (2015). A survey of functional behavior assessment methods used by behavior analysts in practice. In *Journal of Applied Behavior Analysis, 48*(4), 817–829. https://doi.org/10.1002/jaba.256

Olonoh, A. (2006). Formstack.com

Osborne, T. L., & Luoma, J. B. (2018). Overcoming a primary barrier to practice-based research: Access to an institutional review board (IRB) for independent ethics review. *Psychotherapy, 55*(3), 255–262. https://doi.org/10.1037/pst0000166

Owiny, R. L., Spriggs, A. D., Sartini, E. C., & Mills, J. R. (2018). Evaluating response cards as evidence based. *Preventing School Failure, 62*(2), 59–72. https://doi.org/10.1080/1045988X.2017.1344953

Padilla Dalmau, Y. C., Wacker, D. P., Harding, J. W., Berg, W. K., Schieltz, K. M., Lee, J. F., Breznican, G. P., & Kramer, A. R. (2011). A preliminary evaluation of functional communication training effectiveness and language preference when Spanish and English are manipulated. *Journal of Behavioral Education, 20*(4), 233–251. https://doi.org/10.1007/s10864-011-9131-z

Page, S. E. (2018). *The model thinker: What you need to know to make data work for you.* Basic Books.

Parsons, M. B., Rollyson, J. H., & Reid, D. H. (2012). Evidence-based staff training: A guide for practitioners. *Behavior Analysis in Practice, 5(2), 2–11.* https://doi.org/10.1007/BF03391819

Parsons, M. B., Rollyson, J. H., & Reid, D. H. (2013). Teaching practitioners to conduct behavioral skills training: A pyramidal approach for training multiple human service staff. *Behavior Analysis in Practice, 6(2), 4–16.* https://doi.org/10.1007/BF03391798

Patel, M. S., Day, S., Small, D. S., Howell, J. T., Lautenbach, G. L., Nierman, E. H., & Volpp, K. G. (2014). Using default options within the electronic health record to increase the prescribing of generic-equivalent medications. *Annals of Internal Medicine, 161*(10), S44–S52.

Pedregosa, F., Varoquaux, G., Gramfort, A., Michel, V., Thirion, B., Grisel, O., et al. (2011). Scikit-learn: Machine learning in Python. *Journal of Machine Learning Research, 12,* 2825–2830. https://jmlr.csail.mit.edu/papers/volume12/pedregosa11a/pedregosa11a.pdf

Peláez, M., & Moreno, R. (1998). A taxonomy of rules and their correspondence to rule-governed behavior. *Revista Mexicana de Análisis de la Conducta, 24*(2), 197–214.

Pellecchia, M., Iadarola, S., & Stahmer, A. C. (2019). How meaningful is more? considerations regarding intensity in early intensive behavioral intervention. *Autism: The International Journal of Research & Practice, 23*(5), 1075–1078. https://doi.org/10.1177/1362361319854844

Peng, C. Y. J., Lee, K. L., & Ingersoll, G. M. (2002). An introduction to logistic regression analysis and reporting. *Journal of Educational Research, 96*(1), 3–14. https://doi.org/10.1080/00220670209598786

Pennington, R. C., & Courtade, G. R. (2015). An examination of teacher and student behaviors in classrooms for students with moderate and severe intellectual disability. *Preventing School Failure, 59*(*1*), 40–47. https://doi.org/10.1080/1045988X.2014.919141

Perone, M., & Hursh, D. E. (2013). Single-case experimental designs. In G. J. Madden (Ed.), *APA handbook of behavior analysis: Volume 1. Methods and principles.* American Psychological Association. https://doi.org/10.1037/13937-005

Persons, J. B., Osborne, T. L., & Codd, R. T. (2021). Ethical and legal guidance for mental health practitioners who wish to conduct research in a private practice setting. *Behavior Therapy, 52*(*2*), 313–323. https://doi.org/10.1016/j.beth.2020.04.012

Peters-Scheffer, N., Didden, R., Mulders, M., & Korzilius, H. (2013). Effectiveness of low intensity behavioral treatment for children with autism spectrum disorder and intellectual disability. *Research in Autism Spectrum Disorders, 7(9), 1012*–1025. https://doi.org/10.1016/j.rasd.2013.05.001.

Piazza, J. L., Hickey, J., Leaf, J. B., Weiss, M. J., & Brodhead, M. T. (2023). Implementing a training package to instruct trainees in the assessment of ethical scenarios: Building supervisory repertoires. *Behavior Analysis in Practice.* https://doi.org/10.1007/s40617-023-00802-3

Porter, K. M., Danis, M., Taylor, H. A., Cho, M. K., & Wilfond, B. S. (2018). The emergênce of clinical research ethics consultation: Insights from a national collaborative. *American Journal of Bioethics, 18*(1), 39–45. https://doi.org/10.1080/15265161.2017.1401156

Post, L. F., & Blustein, J. (2015). *Handbook for health care ethics committees.* Baltimore, MD: Johns Hopkins University Press.

Powell, B. J., McMillen, J. C., Proctor, E. K., Carpenter, C. R., Griffey, R. T., Bunger, A. C., Glass, J. E., & York, J. L. (2012). A compilation of strategies for implementing clinical innovations in health and mental health. *Medical Care Research and Review, 69*(*2*), 123–157. https://doi.org/10.1177/10775 58711 430690

Powell, B. J., Waltz, T. J., Chinman, M. J., Damschroder, L. J., Smith, J. L., Matthieu, M. M., Proctor, E. K., & Kirchner, J. E. (2015). A refined compilation of implementation strategies: Results from the Expert Recommendations for Implementing Change (ERIC) project. *Implementation Science, 10,* 21. https://doi.org/10.1186/s13012-015-0209-1

Pritchett, M., Ala'i-Rosales, S., Cruz, A. R., & Cihon, T. M. (2021). Social justice is the spirit and aim of an applied science of human behavior: Moving from colonial to participatory research practices. *Behavior Analysis in Practice, 15*(4), 1074–1092. https://doi.org/10.1007/s40617-021-00591-7

Proctor, E. K., Landsverk, J., Aarons, G., Chambers, D., Glisson, C., & Mittman, B. (2009). Implementation research in mental health services: an emerging science with conceptual, methodological, and training challenges. *Administration & Policy in Mental Health, 36*(*1*), 24–34. https://doi.org/10.1007/s10488-008-0197-4

Proctor, E., Silmere, H., Raghavan, R., Hovmand, P., Aarons, G., Bunger, A., Griffey, R., & Hensley, M. (2011). Outcomes for implementation research: Conceptual distinctions, measurement challenges, and research agenda. *Administration & Policy in Mental Health, 38*(*2*), 65–76. https://doi.org/10.1007/s10488-010-0319-7

Protection of Human Subjects, 45 C.F.R. Part 46 (1991). https://www.ecfr.gov/on/2018-07-19/title-45/subtitle-A/subchapter-A/part-46

Qu, X. (2021). Structural barriers to inclusive education for children with special educational needs and disabilities in China. *Journal of Educational Change.* https://doi.org/10.1007/s10833-021-09426-2.

Qualified Applied Behavior Analysis Credentialing Board. (2021). *QABA ethical code of conduct.* https://qababoard.com/wp-content/uploads/Code-of-Ethics-03-25-21.pdf

Rachlin, H. (1995). Behavioral economics without anomalies. *Journal of the Experimental Analysis of Behavior, 64*(3), 397–404.

Rachlin, H. (2006). Notes on discounting. *Journal of the Experimental Analysis of Behavior, 85*(3), 425–435. https://doi.org/10.1901/jeab.2006.85-05

Rachlin, H., Arfer, K. B., Safin, V., & Yen, M. (2015). The amount effect and marginal value. *Journal of the Experimental Analysis of Behavior, 104*(1), 1–6. https://doi.org/10.1002/jeab.158

Rajaraman, A., Hanley, G. P., Gover, H. C., Staubitz, J. E., Simcoe, K. M., & Metras, R. (2022). Minimizing escalation by treating dangerous problem behavior within an enhanced choice model. *Behavior Analysis in Practice, 15*(1), 219–242. https://doi.org/10.1007/s40617-020-00548-2

Randolph, J. J. (2007). Meta-analysis of the research on response cards: Effects on test achievement, quiz achievement, participation, and off-task behavior. *Journal of Positive Behavior Interventions, 9(2), 113*–128.

Rasmussen, C. E., & Williams, K. I. (2006). *Gaussian processes for machine learning.* MIT Press.

Rasmussen, L. M. (2016). Clinical ethics consultants are not "ethics" experts—but they do have expertise. *Journal of Medicine and Philosophy, 41,* 384–400. https://doi.org/10.1093/jmp/jhw012.

Reed, P., Osborne, L. A., & Corness, M. (2007). Brief report: Relative effectiveness of different home-based behavioral approaches to early teaching intervention. *Journal of Autism and Developmental Disorders, 37,* 1815–1821. https://doi.org/10.1007/s10803-006-0306-8

Reese, H. W. (1966). *The analysis of human operant behavior.* William C. Brown.

Rehfeldt, R. A. (2011). Toward a technology of derived stimulus relations: An analysis of articles published in the Journal of Applied Behavior Analysis, 1992–2009. *Journal of Applied Behavior Analysis, 44*(*1*), 109–119. https://doi.org/10.1901/jaba.2011.44-109

Reichow, B. (2012). Overview of meta-analyses on early intensive behavioral intervention for young children with autism spectrum disorders. *Journal of Autism and Developmental Disorders, 42,* 512–520. https://doi.org/10.1007/s10803-011-1218-9

Rekers, G. A. (1972). *Pathological sex-role development in boys; Behavioral treatment and assessment* (Publication No. 7233978) [Doctoral dissertation, University of California, Los Angeles]. ProQuest Dissertations & Theses Global.

Rekers, G. A., & Lovaas, O. I. (1974). Behavioral treatment of deviant sex-role behaviors in a male child. *Journal of Applied Behavior Analysis, 7*(2), 173–190. https://doi.org/10.1901/jaba.1974.7-173

Reynolds, G. (2006). The stuttering doctor's "Monster Study." In R. Goldfarb (Ed.), *Ethics: A case study from fluency.* Plural Publishing.

Rhodes, R. (2019). Why not common morality? *Journal of Medical Ethics, 45,* 770–772. https://doi.org/10.1136/medethics-2019-105621.

Rice, T. W. (2008). The historical, ethical, and legal background of human-subjects research. *Respiratory Care, 53*(10), 1325–1329.

Rios, D., Schenk, Y. A., Eldridge, R. R., & Peterson, S. M. (2020). The effects of remote behavioral skills training on conducting functional analyses. *Journal of Behavioral Education, 29*(2), 449–468. https://doi.org/10.1007/s10864-020-09385-3

Rispoli, M., O'Reilly, M., Lang, R., Sigafoos, J., Mulloy, A., Aguilar, J., & Singer, G. (2011). Effects of language of implementation on functional analysis outcomes. *Journal of Behavioral Education, 20*(4), 224–232. https://doi.org/10.1007/s10864-011-9128-7

Ritter, B. A. (2006). Can business ethics be trained? A study of the ethical decision-making process in business students. *Journal of Business Ethics, 68,* 153–164. https://doi.org/10.1007/s10551-006-9062-0

Rivard, M., Morin, M., Mello, C., Terroux, A., & Mercier, C. (2019). Follow up of children with autism spectrum disorder 1 year after early behavioral intervention. *Behavior Modification, 43*(4), 490– 517. https://doi.org/10.1177/0145445518773692

Romanczyk, R. G. (2017). Ethical and competent practice in applied behavior analysis: Perspective, requirements, and dilemmas. In J. K. Luiselli (Ed.), *Applied behavior analysis advanced guidebook: A manual for professional practice* (págs. 389–408). Academic Press. https://doi.org/10.1016/B978-0-12-811122-2.00017-6

Rosales, R., Stone, K., & Rehfeldt, R. A. (2009). The effects of behavioral skills training on implementation of the picture exchange communication system. *Journal of Applied Behavior Analysis, 42(3)*, 541–549. https://doi.org/10.1901/jaba.2009.42-541

Roscoe, E. M., Phillips, K. M., Kelly, M. A., Farber, R., & Dube, W. V. (2015). A statewide survey assessing practitioners' use and perceived utility of functional assessment. *Journal of Applied Behavior Analysis, 48*(*4*), 830–844. https://doi.org/10.1002/jaba.259

Rosenberg, N. E., & Schwartz, I. S. (2019). Guidance or compliance: What makes an ethical behavior analyst? *Behavior Analysis in Practice, 12,* 473–482. https://doi.org/10.1007/s40617-018-00287-5

Rosenfarb, I. S., Newland, M. C., Brannon, S. E., & Howey, D. S. (1992). Effects of self-generated rules on the development of schedule-controlled behavior. *Journal of the Experimental Analysis of Behavior, 58,* 107–121.

Rothman, K. J., Greenland, S., & Lash, T. L. (2008). *Modern epidemiology.* Lippincott Williams & Wilkins.

Rottschaeffer, W. R. (1980). Skinner's science of values. *Behaviorism, 8, 99-112.*

Rummler, G. A. (2004). *Serious performance consulting according to Rummler.* Silver Spring, MD: International Society for Performance Improvement.

Rummler, G. A., & Brache, A. P. (1995). *Improving performance: How to manage the white space on the organization chart* (segunda ed.). San Francisco, CA: Jossey-Bass.

Rumsfeld, D. H. (2002). DoD news briefing—Secretary Rumsfeld and Gen. Department of Defense. https://archive.ph/20180320091111/http://archive.defense.gov/Transcripts/Transcript.aspx?TranscriptID=2636

Safran, J. D., Abreu, I., Ogilvie, J., & DeMaria, A. (2011). Does psychotherapy research influence the clinical practice of researcher–clinicians? *Clinical Psychology: Science & Practice, 18*(4), 357–371. https://doi.org/10.1111/j.1468-2850.2011.01267.x

Sailer, M., & Homner, L. (2020). The gamification of learning: A meta-analysis. *Educational Psychology Review, 32,* 77–112. https://doi.org/10.1007/s10648-019-09498-w

Schreck, K. A., & Miller, V. A. (2010). How to behave ethically in a world of fads. *Behavioral Interventions, 25,* 307–324. https://doi.org/10.1002/bin.305

Saini, V., Fisher, W. W., & Retzlaff, B. J. (2018). Predictive validity and efficiency of ongoing visual-inspection criteria for interpreting functional analyses. *Journal of Applied Behavior Analysis, 51,* 303–320. https://doi.org/10.1002/jaba.450

Samuelson, P. A. (1937). A note on measurement of utility. *Review of Economic Studies, 4*(2), 155–161. https://doi.org/10.2307/2967612

Sarokoff, R. A., & Sturmey, P. (2004). The effects of behavioral skills training on staff implementation of discrete-trial teaching. *Journal of Applied Behavior Analysis, 37*(4), 535–538. https://doi.org/10.1901/jaba.2004.37-535

Schild, C., Lilleholt, L., & Zettler, I. (2021). Behavior in cheating paradigms is linked to overall approval rates of crowdworkers. *Journal of Behavioral Decision Making, 34*(2), 157–166. https://doi.org/10.1002/bdm.2195

Schlinger, H., & Blakely, E. (1987). Function-altering effects of contingency-specifying stimuli. The Behavior Analyst, *10,* 41–45. https://doi.org/10.1007/bf03392405.

Schreck, K. A., & Miller, V. A. (2010). How to behave ethically in a world of fads. *Behavioral Interventions, 25*(4), 307–324.

Schwenke, D., Senftleben, U., & Scherbaum, S. (2022). Better together? *Memory & Cognition.* https://doi.org/10.3758/s13421-022-01290-6

Seabold, S., & Perktold, J. (2010). Statsmodels: Econometric and statistical modeling with Python. In *Proceedings of the 9th Python in Science Conference* (págs. 57–61). https://doi.org/10.25080/Majora-92bf1922-011

Sellers, T. P., Alai-Rosales, S., & MacDonald, R. P. F. (2016). Taking full responsibility: the ethics of supervision in behavior analytic practice. *Behavior Analysis in Practice, 9*(4), 299–308.

Sellers, T. P., Alai-Rosales, S., & MacDonald, R. P. F. (2016a). Taking full responsibility: The ethics of supervision in behavior analytic practice. *Behavior Analysis in Practice, 9, 299–308.* https://doi.org/10.1007/s40617-016-0144-x

Sellers, T. P., Valentino, A. L., & LeBlanc, L. A. (2016b). Recommended practices for individual supervision of aspiring behavior analysts. *Behavior Analysis in Practice, 9(4), 274–*286. https://doi.org/10.1007/s40617-016-0110-7

Sellers, T. P., Valentino, A. L., Landon, T. J., & Aiello, S. (2019). Board certified behavior analysts' supervisory practices of trainees: Survey results and recommendations. *Behavior Analysis in Practice, 12*(3), 536–546. https://doi.org/10.1007/s40617-019-00367-0

Shafer-Landau, R. (Ed.). (2013). *Ethical theory: an anthology* (2ª ed.). Chichester: Wiley-Blackwell.

Shieh, S., & Deng, G. (2011). An emerging civil society: The impact of the 2008 Sichuan Earthquake on grassroots associations in China. *The China Journal, 65,* 182–194.

Shook, G. L., Ala'i-Rosales, S., & Glenn, S. S. (2002). Training and certifying behavior analysts. *Behavior Modification, 26*(1), 27–48. https://doi.org/10.1177/01454 45502 02600 1003

Shook, G. L., Ala'i-Rosales, S., & Glenn, S. S. (2002). Training and certifying behavior analysts. *Behavior Modification, 26*(1), 27–48. https://doi.org/10.1177/0145445502026001003

Shotwell, A. (2011). *Knowing otherwise: Race, gender, and implicit understanding.* Pennsylvania State University Press.

Skinner, B. F. (1948). *Walden two.* Hackett.

Skinner, B. F. (1969). *Contingencies of reinforcement.* Nueva York: Meredith.

Skinner, B. F. (1974). *About behaviorism.* Knopf.

Skinner, B. F. (1987). *Upon further reflection.* Englewood Cliffs, NJ: Prentice Hall.

Skinner, B. F. (1988). Selection by consequences. En A. C. Catania & S. Harnad (Eds.), *The selection of behavior: The operant behaviorism of B. F. Skinner: Comments and consequences* (págs. 11-20). Cambridge: Cambridge University Press.

Skinner, B. F. (2021). *Ciencia y conducta humana.* ABA España. (Original publicado en 1953)

Skinner, B. F. (2023). *Más allá de la libertad y la dignidad.* ABA España. (Original publicado en 1971)

Skinner, B. F. (2025). *Conducta verbal.* ABA España. (Original publicado en 1957)

Slocum, T. A., Detrich, R., Wilczynski, S. M., Spencer, T. D., Lewis, T., & Wolfe, K. (2014). The evidence-based practice of applied behavior analysis. *The Behavior Analyst, 37*(1), 41–56. https://doi.org/10.1007/s40614-014-0005-2

Smith, C. M. (2005). Origin and uses of primum non nocere—above all, do no harm! *Journal of Clinical Pharmacology, 45*(4), 371–377. https://doi.org/10.1177/0091270004273680.

Smith, S. W., Lochman, J. E., & Daunic, A. P. (2005). Managing aggression using cognitive-behavioral interventions: State of the practice and future. *Behavioral Disorders, 30*(3), 227–240. https://doi.org/10.1177/019874290503000307.

Society for Implementation Research Collaboration. (2020). *Instrument repository.* https://societyforimplementationresearchcol laboration.org/measures-collection

Society for the Experimental Analysis of Behavior, & LeBlanc, L. A. (2020). Editor's note: Societal changes and expression of concern about Rekers and Lovaas' (1974) Behavioral treatment of deviant sex-role behaviors in a male child. *Journal of Applied Behavior Analysis, 53*(4), 1830–1836. https://doi.org/10.1002/jaba.768

Spangler, P. F., & Marshall, A. M. (1983). The unit play manager as facilitator of purposeful activities among institutionalized profoundly and severely retarded boys. *Journal of Applied Behavior Analysis, 16*(3), 345–349.

St. Peter, C. C., Byrd, J. D., Pence, S. T., & Foreman, A. P. (2016). Effects of treatment-integrity failures on a response-cost procedure. *Journal of Applied Behavior Analysis, 49*(2), 308–328. https://doi.org/10.1002/jaba.291

State Council. (2015). [Opinión del Consejo de Estado sobre la aceleración del proceso de bienestar de las personas con discapacidad]. Disponible en: http://www.gov.cn/zhengce/content/2015-02/05/content_9461.htm (Original en chino)

Steele, L. M., Mulhearn, T. J., Medeiros, K. E., Watts, L. L., Connelly, S., & Mumford, M. D. (2016). How do we know what works? A review and critique of current practices in ethics training evaluation. *Accountability in Research, 23,* 319–350. https://doi.org/10.1080/08989621.2016.1186547

Steinbrenner, J. R., Hume, K., Odom, S. L., Morin, K. L., Nowell, S. W., Tomaszewski, B., Szendrey, S., McIntyre, N. S., Yücesoy-Özkan, S., & Savage, M. N. (2020). *Evidence-based practices for children, youth, and young adults with Autism.* The University of North Carolina at Chapel Hill, FPG Child Development Institute, National Clearinghouse on Autism Evidence and Practice Review Team.

Stephenson, J. (2006). Response cards: Increasing individual responding during whole-class teaching. *Australian Journal of Learning Difficulties, 11*(2), 57–62. https://doi.org/10.1080/19404 15060 95468 08

Stewart, R. E., & Chambless, D. L. (2007). Does psychotherapy research inform treatment decisions in private practice? *Journal of Clinical Psychology, 63*(*3*), 267–281. https://doi.org/10.1002/jclp.20347

Stewart, R. E., Stirman, S. W., & Chambless, D. L. (2012). A qualitative investigation of practicing psychologists' attitudes toward research-informed practice: Implications for dissemination strategies. *Professional Psychology: Research & Practice, 43*(*2*), 100. https://doi.org/10.1037/a0025694

Sue, D. W., & Sue, D. (2002). *Counseling the cultural diverse: Theory and practice* (cuarta ed.). J. Wiley.

Sugai, G., O'Keeffe, B. V., & Fallon, L. M. (2012). A contextual consideration of culture and school-wide positive behavior support. *Journal of Positive Behavior Interventions, 14*(4), 197–208. https://doi.org/10.1177/1098300711426334

Sugarman, J., Eckenwiler, L. A., & Emanuel, E. J. (2003). Research oversight through new lenses: The consortium to examine clinical research ethics. *Irb, 25*(1), 9–10. U.S.

Sullivan, S., & Tuana, N. (Eds.). (2007). *Race and epistemologies of ignorance.* State University of Nueva York Press.

Sun, X., Allison, C., Wei, L., Matthews, F. E., Auyeung, B., Wu, Y. Y., Griffiths, S., Zhang, J., Baron-Cohen, S., & Brayne, C. (2019). Autism prevalence in China is comparable to Western prevalence. *Molecular Autism, 10*(7), 1–19. https://doi.org/10.1186/s13229-018-0246-0

Sundberg, M. L. (2014). VB-MAPP. *Verbal Behavior Milestones Assessment and Placement Program* (segunda ed.). AVB Press.

Sundberg, M. L., & Partington, J. W. (1998). *Teaching language to children with autism or other developmental disabilities.* AVB Press.

Sush, D., & Najdowski, A. (2019). *A workbook of ethical case scenarios in applied behavior analysis.* Elsevier. https://doi.org/10.1016/C2017-0-03492-4

Tai, S. S. M., & Miltenberger, R. G. (2017). Evaluating behavioral skills training to teach safe tackling behaviors to youth football players. *Journal of Applied Behavior Analysis, 50,* 849–855. https://doi.org/10.1002/jaba.412

Tanaka-Matsumi, J., Seiden, D. Y., & Lam, K. N. (1996). The culturally informed functional assessment (CIFA) interview: a strategy for cross-cultural behavioral practice. *Cognitive and Behavioral Practice, 3*(2), 215–233.

Taubman, M., Brierley, S., Wishner, J., Baker, D., McEachin, J., & Leaf, R. B. (2001). The effectiveness of a group discrete trial instructional approach for preschoolers with developmental disabilities. *Research in Developmental Disabilities, 22,* 205–219.

Taylor, B. A., LeBlanc, L. A., & Nosik, M. R. (2019). Compassionate Care in Behavior Analytic Treatment: Can outcomes be enhanced by attending to relationships with caregivers? *Behavior Analysis in Practice, 12*(3), 654–666. https://doi.org/10.1007/s40617-018-00289-3

Taylor, L. E., Swerdfeger, A. L., & Eslick, G. D. (2014). Vaccines are not associated with autism: An evidence-based meta-analysis of case-control and cohort studies. *Vaccine, 32*(29), 3623–3629. https://doi.org/10.1016/j.vaccine.2014.04.085

Teodorescu, T. M., & Binder, C. (2004). Getting to the bottom line: Competence is what matters. *Performance Improvement, 43,* 8–12.

Tessman, L. (2017). *When doing the right thing is impossible.* Oxford University Press.

Thaler, R. H., & Sunstein, C. R. (2018). *Un pequeño empujón: El impulso que necesitas para tomar mejores decisiones sobre salud, dinero y felicidad.* Taurus. (Original publicado en 2009)

Thompson, J. L., Wood, C. L., Preston, A., & Stevenson, B. (2019). Teaching unison responding during small-group direct instruction to students with autism spectrum disorder who exhibit interfering behaviors. *Education And Treatment Of Children, 42(1)*, 1–24.

Thompson, T. (2012). Joseph V. Brady: Synthesis reunites what analysis has divided. *The Behavior Analyst, 35*(2), 197–208. https://doi.org/10.1007/BF03392278

Tincani, M., & Travers, J. (2019). Replication research, publication bias, and applied behavior analysis. *Perspectives on Behavior Science, 42(1)*, 59–75. https://doi.org/10.1007/s40614-019-00191-5

Tobin, M. J. (2022). Fiftieth anniversary of uncovering the Tuskegee syphilis study. *American Journal of Respiratory and Critical Care Medicine, 205*(10), 1145–1158. https://doi.org/10.1164/rccm.202201-0136SO

Tolich, M. (2014). What can Milgram and Zimbardo teach ethics committees and qualitative researchers about minimizing harm? *Research Ethics, 10*(2), 86–96. https://doi.org/10.1177/1747016114523771

Trump, C. E., Pennington, R. C., Travers, J. C., Ringdahl, J. E., Whiteside, E. E., & Ayres, K. M. (2018). Applied Behavior Analysis in special education: Misconceptions and guidelines for use. *Teaching Exceptional Children, 50(6)*, 381–393. https://doi.org/10.1177/00400 59918 775020

Turner, L. B., Fischer, A. J., & Luiselli, J. K. (2016). Towards a competency-based, ethical, and socially valid approach to the supervision of applied behavior analytic trainees. *Behavior Analysis in Practice, 9(4), 287*–298. https://doi.org/10.1007/s40617-016-0121-4

Turner, M. E., & Pratkanis, A. R. (1998). Twenty-five years of group-think theory and research: Lessons from the evaluation of a theory. *Organizational Behavior and Human Decision Processes, 73,* 105–115. https://doi.org/10.1006/obhd.1998.2756.

U.S. Department of Health and Human Services Office of Human Research Protections. (n.d.). *Federal policy for the protection of human subjects* ('Common Rule'). http://www.hhs.gov/ohrp/regulations-and-policy/regulations/common-rule

U.S. Holocaust Memorial Museum. (2006). *Holocaust encyclopedia: Nazi medical experiments.* https://encyclopedia.ushmm.org/content/en/article/nazi-medical-experiments

U.S. Holocaust Memorial Museum. (n.d.-a). *The doctors' trial: The medical case of the subsequent Nuremberg proceedings.* https://www.ushmm.org/information/exhibitions/online-exhibitions/special-focus/doctors-trial

U.S. Holocaust Memorial Museum. (n.d.-b). *Nuremberg code.* https://www.ushmm.org/information/exhibitions/online-exhibitions/special-focus/doctors-trial/nuremberg-code

Valentino, A. L., LeBlanc, L. A., & Sellers, T. P. (2016). The benefits of group supervision and a recommended structure for implementation. *Behavior Analysis in Practice, 9(4), 320*–328. https://doi.org/10.1007/s40617-016-0138-8

Vallat, R. (2018). Pingouin: Statistics in Python. *Journal of Open Source Software, 3*(31), 1026. https://doi.org/10.21105/joss.01026

Van Houten, R., Axelrod, S., Bailey, J. S., Favell, J. E., Foxx, R. M., Iwata, B. A., & Lovaas, O. I. (1988). The right to effective behavioral treatment. *Journal of Applied Behavior Analysis, 21*(4), 381–384. https://doi.org/10.1901/jaba.1988.21-381

Vanselow, N. R., Thompson, R., & Karsina, A. (2011). Data-based decision making: The impact of data variability, training, and context. *Journal of Applied Behavior Analysis, 44,* 767–780. https://doi.org/10.1901/jaba.2011.44-767

Vietze, P., & Lax, L. E. (2020). Early intervention ABA for toddlers with ASD: Effect of age and amount. *Current Psychology, 39,* 1234–1244. https://doi.org/10.1007/s12144-018-9812-z

Virtanen, P., Gommers, R., Oliphant, T. E., Haberland, M., Reddy, T., Cournapeau, D., Burovski, E., et al. (2020). SciPy 1.0: Fundamental algorithms for scientific computing in Python. *Nature Methods, 17*(3), 261–272. https://doi.org/10.1038/s41592-019-0686-2

Waddington, H., van der Meer, L., Sigafoos, J., & Ogilvie, E. (2020). Evaluation of a low-intensity version of the early start Denver model with four preschool-aged boys with autism spectrum disorder. *International Journal of Developmental Disabilities, 66(4)*, 257–269. https://doi.org/10.1080/20473869.2019.1569360

Wailer, B. (1982). Skinner's two stage value theory. *Behaviorism, 10,* 25-44.

Wakefield, A. J., Murch, S. H., Anthony, A., Linnell, J., Casson, D. M., Malik, M., Berelowitz, M., Dhillon, A. P., Thompson, M. A., Harvey, P., Valentine, A., Davies, S. E., & Walker-Smith, J. A. (1998). Ileal-lymphoid-nodular hyperplasia, non-specific colitis, and pervasive developmental disorder in children. *The Lancet, 351*(9103), 637–641. https://doi.org/10.1016/S0140-6736(97)11096-0

Wang, P. (2008). Effects of a parent training program on the interactive skills of parents of children with autism in China. *Journal of Policy and Practice in Intellectual Disabilities, 5(2), 96–1*04.

Wang, Q. C. (2021). [Impacto del tratamiento basado en análisis de conducta combinado con el modelo Denver en la rehabilitación de niños con autismo]. *Teoría y Práctica Médica, 34*(11), 1966–1968.

Wang, Y., Kang, S., Ramirez, J., & Tarbox, J. (2019). Multilingual diversity in the Field of applied behavior analysis and autism: A brief review and discussion of future directions. *Behavior Analysis in Practice, 12*(4), 795–804. https://doi.org/10.1007/s40617-019-00382-1

Warren, S. F., Fey, M. E., & Yoder, P. J. (2007). Differential treatment intensity research: A missing link to creating optimally effective communication interventions. *Mental Retardation and Developmental Disabilities Research Reviews, 13,* 70–77. https://doi.org/10.1002/mrdd.20139

Watson, J. B., & Rayner, R. (1920). Conditioned emotional reactions. *Journal of Experimental Psychology, 3*(1), 1–14. https://doi.org/10.1037/h0069608

Watson, P. J., & Workman, E. A. (1981). The non-concurrent multiple baseline across-individuals design: An extension of the traditional multiple baseline design. *Journal of Behavior Therapy & Experimental Psychiatry, 12*(3), 257–259. https://doi.org/10.1016/0005-7916(81) 90055-0

Watts, L. L., Medeiros, K. E., Mulhearn, T. J., Steele, L. M., Connelly, S., & Mumford, M. D. (2017). Are ethics training programs improving? A meta-analytic review of past and present ethics instruction in the sciences. *Ethics & Behavior, 27,* 351–384. https://doi.org/10.1080/10508422.2016.1182025

Weatherly, J. N., Terrell, H. K., & Derenne, A. (2010). Delay discounting of different commodities. *Journal of General Psychology, 137*(3), 273–286. https://doi.org/10.1080/00221309.2010.484449

Weindling, P. (2022). From the Nuremberg "doctor's trial" to the "Nuremberg code." In S. Gallin & I. Bedzow (Eds.), *Bioethics and the Holocaust: A comprehensive study in how the Holocaust continues to shape the ethics of health, medicine and human rights* (págs. 1–20). Springer. https://doi.org/10.1007/978-3-031-01987-6_12

Weindling, P., von Villiez, A., Loewenau, A., & Farron, N. (2016). The victims of unethical human experiments and coerced research under National Socialism. *Endeavour, 40*(1), 1–6. https://doi.org/10.1016/j.endeavour.2015.10.005

Weiss, M. J., Gatzunis, K., & Aljohani, W. (2020). How to integrate multiculturalism and diversity sensitivity into the training and ethical skill set of behavior analysts. In B. M. Conners & S. T. Capell (Eds.), *Multiculturalism and diversity issues in applied behavior analysis: Bridging theory and application* (págs. 167– 180). Routledge.

West, C. (2008). The history of APS. *APS Observer, 21*(7). https://www.psychologicalscience.org/observer/the-history-of-aps

Westerlund, A., Sundberg, L., & Nilsen, P. (2019). Implementation of implementation science knowledge: The research-practice gap paradox. Worldviews on Evidence-Based Nursing, *16*(5), 332–334. https://doi.org/10.1111/wvn.12403

Wetz, K. M., Hook, C. C., Hellyer, J. M. H., & Mueller, P. S. (2013). Health care ethics consultation competencies and standards: A roadmap still needing a compass. *American Journal of Bioethics, 13*(2), 20–22. https://doi.org/10.1080/15265161.2012.750396.

WHO. (2021). *Autism Spectrum Disorders. Fact Sheet.* World Health Organization. https://www.who. int/news-room/fact-sheets/detail/autism-spectrum-disorders

Wieland, J. W. (2017a). Responsibility for strategic ignorance. *Synthese, 194(11), 4477–*4497. https://doi.org/10.1007/s11229-016-1145-6

Wieland, J. W. (2017b). Willful ignorance. *Ethical Theory and Moral Practice, 20*(1), 105–119. https://doi.org/10.1007/s10677-016-9722-9

Wiggins, B. E. (2016). An overview and study on the use of games, simulations, and gamification in higher education. *International Journal of Game-Based Learning, 6, 18–29.* https://doi.org/10.4018/IJGBL.2016010102

Wilczynski, S. M., Henderson, A., Harris, N. R., Kosmala, S. D., & Bostic, J. (2016a). Evidence-based practice culture and young children with autism Spectrum disorder. *Perspectives in Early Childhood Psychology and Education, 1(2), 141–*160.

Wilczynski, S. M., Trammell, B., Caugherty, N., Shellabarger, K., & Kaake, A. (2016b). Integrating evidence-based practice into early childhood alternative settings with children with ASD. *Perspectives in Early Childhood Psychology and Education, 1(2), 73–9*1.

Winkler, R. C. (1977). What types of sex-role behavior should behavior modifiers promote? *Journal of Applied Behavior Analysis, 10*(3), 549–552. https://doi.org/10.1901/jaba.1977.10-549

Wolf, M. M. (1978). Social validity: The case for subjective measurement or how applied behavior analysis is finding its heart. *Journal of Applied Behavior Analysis, 11*(2), 203–214. https://doi.org/10.1901/jaba.1978.11-203

Wong, C., Odom, S. L., Hume, K. A., Cox, A. W., Fettig, A., Kucharczyk, S., et al. (2015). Evidence-based practices for children, youth, and young adults with autism spectrum disorder: a comprehensive review. *Journal of Autism and Developmental Disorders, 45*(7), 1951–1966.

World Medical Association. (1964). *World Medical Association Declaration of Helsinki—ethical principles for medical research involving human subjects.* https://www.wma.net/wp-content/uploads/2018/07/DoH-Jun1964.pdf

World Medical Association. (2013). World Medical Association Declaration of Helsinki: Ethical principles for medical research involving human subjects. *JAMA, 310*(20), 2191–2194. https://doi.org/10.1001/jama.2013.281053

World Medical Association. (2017). *World Medical Association Declaration of Geneva.* https://www.wma.net/policies-post/wma-declaration-of-geneva/

World Medical Association. (2022). *World Medical Association International Code of Medical Ethics.* https://www.wma.net/policies-post/wma-international-code-of-medical-ethics/

Wright, P. I. (2019). Cultural humility in the practice of applied behavior analysis. *Behavior Analysis in Practice, 12*(4), 805–809. https://doi.org/10.1007/s40617-019-00343-8

Yan, J., Zhuang, X. X., & Chen, J. (2020). [Investigación sobre la rehabilitación familiar de niños en edad preescolar con necesidades especiales]. *Revista del Instituto Normal de Shaanxi para la Educación Preescolar, 36*(6), 114–119. (Original en chino)

Yi, R., & Bickel, W. K. (2005). Representation of odds in terms of frequencies reduces probability discounting. *The Psychological Record, 55,* 577–593.

Yoder, P. J., & Woynaroski, T. (2015). How to study the influence of intensity of treatment on generalized skill and knowledge acquisition in students with disabilities. *Journal of Behavioral Education, 24*(1), 152–166. https://doi.org/10.1007/s10864-014-9216-6

Zarcone, J., Brodhead, M., & Tarbox, J. (2019). Beyond a call to action: An introduction to the special issue on diversity and equity in the practice of behavior analysis. *Behavior Analysis in Practice, 12*(4), 741–742. https://doi.org/10.1007/s40617-019-00390-1

Zheng, P., Gray, M. J., Zhu, W.-Z., & Jiang, G. R. (2014). Influence of culture on ethical decision making in psychology. *Ethics & Behavior, 24*(6), 510–522

Zhu, J., Zou, H., Rosset, S., & Hastie, T. (2009). Multi-class AdaBoost. *Statistics and Its Interface, 2,* 349–360. https://hastie.su.domains/Papers/SII-2-3-A8-Zhu.pdf

Zou, B., Ke, X., Hong, S., Hang, Y., Chen, Y., Chen, X., & Wang, M. (2008). [Eficacia del entrenamiento con enseñanza por ensayos discretos aplicado por los padres a niños con autismo]. *Revista China de Salud Mental, 9,* 634–636, 665. (Original en chino)

Zur, O. (2007). *Boundaries in psychotherapy: Ethical and clinical explorations.* Washington, DC: American Psychological Association.

Zuriff, G. (1987). Naturalist ethics. In S. Modgil & C. Modgil (Eds.), B. F. Skinner: Consensus and controversy (págs. 309-381). Philadelphia: Falmar Press. American Education Research Association. (2011). Code of ethics. *Educational Researcher, 40*(3), 145–156. https://doi.org/10.3102/00131 89X11 410403

ÍNDICE ANALÍTICO

Notas

www.ingramcontent.com/pod-product-compliance
Lightning Source LLC
LaVergne TN
LVHW100411051026
849518LV00004B/1240
* 9 7 8 8 4 0 9 7 2 6 1 8 9 *